W0227159

GÜTERSLOHER
VERLAGSHAUS

Gütersloher Verlagshaus. Dem Leben vertrauen

Joachim Kunstmann

RÜCKKEHR DER RELIGION

Glaube, Gott und Kirche neu verstehen

Gütersloher Verlagshaus

Bibliografische Information der Deutschen Nationalbibliothek

Die Deutsche Nationalbibliothek verzeichnet diese Publikation in der
Deutschen Nationalbibliografie; detaillierte bibliografische Daten
sind im Internet über http://dnb.d-nb.de abrufbar.

Mix
Produktgruppe aus vorbildlich bewirtschafteten
Wäldern und anderen kontrollierten Herkünften
www.fsc.org   Zert.-Nr. GFA-COC-001278
© 1996 Forest Stewardship Council

Verlagsgruppe Random House FSC-DEU-0100
Das für dieses Buch verwendete FSC-zertifizierte Papier *Munken Premieum*
liefert Arctic Paper Munkedals AB, Schweden.

1. Auflage
Copyright © 2010 by Gütersloher Verlagshaus, Gütersloh,
in der Verlagsgruppe Random House GmbH, München

Umschlaggestaltung: Init GmbH, Bielefeld
Umschlagmotiv: © Polka dot/Jupiterimages
Satz: SatzWeise, Föhren
Druck und Einband: CPI – Ebner & Spiegel, Ulm
Printed in Germany
ISBN 978-3-579-08036-9

www.gtvh.de

Gottes Ehre ist der lebendige Mensch
Irenäus von Lyon

Inhalt

Vorwort

Das vorliegende Buch versucht, zu einem neuen Verstehen des Christentums zu gelangen. Es stellt daher eingespielte kirchliche und theologische Selbstverständlichkeiten in Frage. Es geht von der Annahme aus: Das Christentum ist eine religions-kritische Religion, im Sinne eines permanenten Einspruchs gegen alle Vermittlungsformen, die sich zwischen Gott und den Mensch stellen.

Ich meine: gerade darin ist es eine kluge und wahre, weil auf das Leben bezogene Religion. Kirche, Theologie und Glaube können niemals Selbstzweck sein, der Satz »außerhalb der Kirche kein Heil« ist nicht nur religiös anmaßend, sondern unchristlich. Wollte die Kirche diese Überlegungen, die zum Urbestand christlicher Einsicht gehören, ernst nehmen, wäre ihr ein »Ruck in den Köpfen« abverlangt, der in die Wurzeln ginge.

Ich bin davon überzeugt, dass ein solcher Wandel im Verstehen angesichts des veränderten Bewusstseins überfällig und eine Frage des kirchlichen Überlebens geworden ist. Ebenso überzeugt bin ich davon, dass es für die Schattenseiten des modernen Lebens nichts Hilfreicheres gibt als die oft kaum noch verständlichen Einsichten und Orientierungen der christlichen Religion.

Dankbar bin ich den vielen Menschen, die sich mit dem Christentum beschäftigen, sich auf es einlassen und ihre Erfahrungen mit ihm weitergeben. Dann danke ich denen, die mich begleitet haben. Zunächst dem Verlagslektor Diedrich Steen. Seine kluge, umsichtige und engagierte Begleitung des Buches hat gut getan und inspiriert; das zu sagen, ist mir mehr als eine Formalität. Ein herzlicher Dank geht an PD Dr. Johannes Schwanke für theologisches Gespräch und viele ebenso kritische wie kluge Rückmeldungen und Hinweise; an PD Dr. Ingo Reuter für seine skeptisch-konstruktiven Rückfragen und Anregungen; an Ruthild und Matthias Kunstmann für kritische Lektüre des Manuskripts. Der größte, schwer auszusprechende Dank gilt meiner Frau Sylvia und meinen Kindern. Das Buch verdankt so manches schließlich dem Blick auf den Altdorfer Wald und die Ostsee, die mich auf ihre Weise über die religiöse Tiefe des Lebens belehren.

Im Oktober 2009   *Joachim Kunstmann*

1. Das Christentum neu verstehen
Eine Einladung

Religion? ... und das Christentum?

Religion ist als Thema in die öffentliche Diskussion zurückgekehrt. Religiöse Fragen und Ereignisse finden ihren Weg in die Medien, Soziologen und Philosophen denken neu über die Funktionen der Religion nach, und auch im Privatbereich zeigt sich eine neue Offenheit für Spiritualität und religiöses Erleben. Religion scheint wieder zu faszinieren. Eine »Wiederkehr der Religion« wird diskutiert; sogar von einem »Megatrend Religion« ist die Rede.

Eine andere Beobachtung steht zur angeblichen Wiederkehr der Religion allerdings im klaren Widerspruch: gelebte religiöse Praxis und Deutung verschwinden merklich aus dem Leben der Menschen. Religiöse Überzeugung und fromme Übung findet sich im modernen Leben immer seltener, allenfalls noch bei religiösen Randgruppen, die öffentlich aber als unmodern und antiquiert gelten. Wenn zeitgleich Anfang Oktober 2007 die »ZEIT« den Titel »Warum die Kirche nervt« und der »Stern« den Titel »Warum es keinen Gott gibt« bringen, dann wird augenfällig, dass Religion als Thema durchaus da ist, freilich in ungewohnt neuem Zuschnitt.

Immer mehr Menschen weichen vor dem religiösen Vakuum aus in die leere Betriebsamkeit eines pragmatischen Nihilismus. Für Peter Sloterdijk etwa ist Rilkes Satz »Du musst dein Leben ändern«, den er als Titel eines neuen Buches gewählt hat, gar kein religiöser Satz mehr, sondern eine Aufforderung zum permanenten Training und zur aktiven Lebensgestaltung. Religion gilt ihm als altes, inhaltsleer gewordenes Märchen. Damit aber werden die existenziellen Fragen nach Lebensdeutung und Sinn regelrecht suspendiert; die alten Kulturen, die für diese Fragen bisher zuständig waren –, Kunst, Philosophie und Religion – erscheinen als überflüssig.

Diese Beobachtungen machen deutlich, dass das neue Interesse an Religion die Frage und die Suche nach etwas Verlorengegangenem ist. Das gilt auch da, wo die Religion zur Zielscheibe der Kritik wird. Die Religion wird zum Platzhalter einer Sehnsucht, die von niemandem mehr genährt wird, offensichtlich nicht einmal mehr von den religiösen Institutionen.

Das moderne Leben orientiert sich am Erfolg. Unmittelbarer Nutzen, Effizienz, gesteigerte Umsätze, Durchsetzungsfähigkeit, spontane Bedürfnisbefriedigung und intensives Erleben bestimmen die Lebenseinstellung. Damit bleibt das nicht unmittelbar Nutzbare auf der Strecke. Die zweckfreien, nicht verwertbaren und nicht mit Geld zu bezahlenden Bereiche der Kultur und des sozialen Lebens – Kunst, Bildung, Liebe, um ihrer selbst willen gelebte menschliche Beziehungen wie Freundschaften, Geselligkeit usw., zeitaufwändige Kultivierungen, schließlich die Religion – werden immer mehr dem ökonomischen Kalkül unterstellt oder als unwichtige Verzierungen eingestuft. Dabei sind gerade sie es, die dem Leben Grund und Sinn geben. Spiel, Muße, Erotik und Genuss fallen einer schnellen Pragmatik zum Opfer, die die lustvollen und kraftspendenden existenziellen Pausen aus dem Leben herausstreicht. Die Fassaden der Häuser bleiben glatt, die Kleidung ist uniformiert und ohne Extravaganzen, die Haare sind kurz. Der schweifende Blick findet in der modernen Welt keine verschwenderische Schönheit mehr.

Pragmatischer Realismus beherrscht auch das Denken: »So läuft das nun mal« – ein typischer Satz, der keine Erklärungen sucht und keine Alternativen mehr kennt. Dieser Realismus trägt Züge einer gelangweilten Resignation, einer mutlosen Einbuße an Vitalität und eines entleerten Bezugs zur Welt, die die Möglichkeit eines anderen Denkens und Wahrnehmens – wie es die Religion ganz grundlegend vor Augen führt – gar nicht mehr für möglich halten.

Dennoch, und wohl gerade deshalb: Religion interessiert wieder. Sie ist offenbar gerade nicht der Hort der weltfremden Illusionen und der Freiheitsbeschränkung, als den sie eine ideologische Modernität bisher hatte sehen wollen. Ganz im Gegenteil: wo die Religion fehlt, verarmt das Leben, und mit ihm das Denken. Nachdenken über die religiösen Grundprobleme steht im Interesse von Aufklärung und Vernunft – so der Religionsphilosoph Thomas Rentsch.

Das Christentum wird von der neu erwachten religiösen Frage und Sehnsucht kaum berührt. »Die Menschen leiden heute an Fragen, die das gesamte tradierte Frömmigkeitsschema sprengen«, sagt Eugen Drewermann. Kirche, Dogmatik und Predigt haben inzwischen ein ausgesprochen schlechtes Image. Selbst Kernaussagen des Christentums sind nur noch einer kleinen Gruppe von Insidern bekannt. Die kulturelle Prägekraft des Christentums ist nahezu versiegt.

Das Christentum ist nach wie vor für viele Menschen eine Heimat – freilich eine, in der sie sich zunehmend unwohl und fremd zu fühlen scheinen. Das eigene Leben ist in Kirche, Gottesdienst und Gemeinde immer schwerer unterzubringen. Woher kommt das? Woher kommt die blutleere Inspirationslosigkeit dieser alt-ehrwürdigen Tradition, die immer mehr zu einer befremdlichen Sonderwelt am Rande und im Abseits des modernen Lebens wird?

Der christliche Gott scheint unzugänglich geworden in den metaphysischen Labyrinthen der Theologen, ebenso aber in der Schwundstufe eines »lieben Gottes«, den niemand mehr ernst nehmen kann. Er ist in unverständlich gewordenen Glaubensformeln eingeschlossen, die mit dem Alltagsleben der Menschen offensichtlich nichts mehr zu tun haben. In den Kirchen aber scheinen diese Glaubensformeln nach wie vor als völlig selbstverständlich zu gelten. Wer da etwa Aussagen des Glaubensbekenntnisses in Frage stellt, löst Überraschung aus, und bisweilen durchaus auch Entrüstung.

Man könnte einwenden: Glaubens-Dogmatik und Alltagsleben haben sich auch früher nicht so leicht verbinden lassen. Das mag sein – aber die Verbürgung von Gewissheit und die ontologische Sicherheit, die die christliche Dogmatik den Menschen im Hintergrund ihres Lebens gab, war groß und bedeutsam. Seit das Christentum jedoch seine normierende Kraft verloren hat, vermag seine Dogmatik auch kaum noch Gewissheit zu geben.

Ebenso neu wie bedenklich ist, dass über diese Dinge nicht gesprochen wird. Das christliche Denken ist durch die Jahrhunderte hindurch immer Ausdruck und Niederschlag geistiger Auseinandersetzungen gewesen. Denn von Anfang an hat das Christentum mit massiven Infragestellungen gerungen. Es hat diese entweder als ketzerisch abgewehrt, oder es hat sie theologisch integriert und so sein eigenes Selbstverständnis weiterentwickelt. Heute allerdings scheint die geistige Auseinandersetzung des Christentums mit der religiösen Entwicklung und mit den existenziellen Fragen der Menschen fast vollständig zum Erliegen gekommen zu sein. An seine Stelle ist ein standardisierter und formelhafter Glaube getreten. Die Tatsache etwa, dass für einen großen Teil der heutigen Zeitgenossen Glaube als Ausdruck psychischer Schwäche gilt und Religion als ein antiquiertes Märchen, ist in Theologie und Kirche kaum bekannt und wird jedenfalls nicht diskutiert. Derartige Einschätzungen lösen keinerlei ernst zu nehmende oder gar engagierte geistige Reaktionen aus. Stattdessen zeigt sich eine harmoniebedachte brave Selbstgenügsamkeit kirchlicher Rede und Arbeit, eine Flucht vieler Frommer in gläubige Innerlichkeit, und ein Ausweichen der wissenschaftlichen Theologie in Spezialdiskurse, die niemand versteht und die auch religiös interessierte Christen nichts mehr angeht.

Das Christentum gilt den meisten Zeitgenossen als ehrbare alte Tradition, die nicht schadet, die nicht ärgert, die aber auch niemandem wirklich nützt. Das Christentum steht wie eine fremde Welt in der modernen: ein historisches Museum. Christentum wird mit Belanglosigkeit assoziiert. Damit ist das kirchlich verfasste Christentum in eine Defensive geraten, die historisch vollkommen neu ist. Täuschen kann sich über diese Situation nur, wer die sichtbare Präsenz der Kirchen mit ihrer faktischen Bedeutung für das Leben verwechselt.

Der Verlust der christlichen Symbole, Geschichten und Deutungen mag im modernen Leben wenig auffallen. Doch er ist in seiner Bedeutung kaum zu ermessen. Daher wage ich den Versuch, das Christentum neu zu denken: als eine Religion, die sich der Inspiration eines ebenso radikalen wie menschlichen Stifters verdankt; als eine Religion, deren innerste Idee weder eine fromme Gläubigkeit, noch eine sakrale Kirchenmacht ist, sondern eine heilsame Wandlung, die den Menschen ins Leben stellt.

Absicht und These dieses Buches ist es zu zeigen, dass das Christentum über ungehobene Schätze und eine tiefe Lebensklugheit verfügt, die selbst im eigenen Haus oft kaum noch bekannt sind, die dort zumindest aber offensichtlich nicht mehr glaubwürdig und überzeugend angeboten werden. Dabei könnten sie gerade für das heute psychisch immer mehr belastete Leben von höchster Bedeutung sein.

Die Kirche als religiöse Institution wird dringend gebraucht. Ebenso unverzichtbar ist eine kritisch-rationale Theologie. Die Dogmen, Geschichten und Deutungen, die hier bewahrt und interpretiert werden, können nicht einfach ad acta gelegt werden. Sie sind Angebote des Verstehens, die nicht nur für die religiöse Orientierung von Bedeutung sind, sondern auch für das moderne Leben. Ohne den klaren Bezug zu diesem Leben sind sie aber weder hilfreich noch wahr.

Kritische Fragen, unbequeme Unterscheidungen

Theologie und Kirche – und mit ihnen die oft naiv-schlichte Einstellung landläufiger christlicher Frömmigkeit – müssen sich darum kritisch befragen lassen. Meine Einschätzung ist, dass diese Befragung angesichts der dramatischen Einbrüche im Christentum ins Prinzipielle gehen muss und daher stellenweise nicht anders als radikal ausfallen kann. Wo die christliche Kultur und das Alltagsleben der Menschen zunehmend wie zwei verschiedene Welten nebeneinander stehen, helfen weder kirchliche Verwaltungsreformen noch theologische Spezialdiskurse, und schon gar kein betont missionarisches Auftreten. Einzig eine Veränderung im Selbstverständnis kann hier weiterführen. Das Christentum muss sich – so wie es seinen eigenen Anfängen gemäß ist – *als Religion* begreifen und artikulieren.

Wer die kritische Befragung eines eingespielten religiösen Selbstverständnisses unternimmt, stößt auf eine Reihe von Schwierigkeiten. Nicht nur, weil hier ein sensibler Punkt menschlichen Selbstverständnisses berührt ist. Sondern auch deshalb, weil die Religion ein Feld von geradezu exemplarischer Unübersichtlichkeit ist. »Religion« lässt die verschiedensten Assoziationen zu, von inspirierter Mystik bis hin zu fanatischer Gewalt.

Die Komplexität des Themas lässt sich darum gar nicht anders bewältigen als durch Vereinfachungen. Begriffe wie »Kirche« oder »Christentum« sind so komplex, dass man sie nur sehr pauschal verwenden kann – wenn man nicht ganz auf sie verzichten will. Pauschale Begriffe und Behauptungen sind also zu riskieren. Sie müssen sich schlicht als plausibel erweisen.

Die offensichtliche Wirkungslosigkeit differenzierter theologischer Spezialdiskurse dürfte die derzeit weit größere Gefahr sein als der hier unternommene Versuch eines beherzten neuen Verstehens. Theologisch-wissenschaftliche Differenzierung und Genauigkeit führen nicht nur zu einer zunehmenden Unverständlichkeit, sondern vor allem dazu, dass sich gar niemand mehr traut, grundsätzliche Fragen zu stellen. Immer gibt es einen Spezialisten, der es weit besser und genauer weiß. Darum gibt es kaum noch ein Gespräch über das Selbstverständnis des Christentums in der Gegenwart.

Allzu vieles im christlichen Denken ist zum hinderlichen Ballast geworden. Das führt dazu, dass das kulturelle Erbe des Christentums – differenziert, gelehrt, bewundernswert, zutiefst menschlich – zunehmend unter Verschluss bleibt. Ohne Experten ist es nicht mehr zugänglich, die aber sind mit ihren Spezialthemen beschäftigt. So fehlt dann auch die Inspiration für neue, heute angemessene religiöse Darstellungsformen.

Erich Auerbach schreibt im Nachwort zu seinem großartigen Buch »Mimesis«, einer Abhandlung über die abendländische Literatur: »Es ist übrigens sehr möglich, dass das Buch sein Zustandekommen dem Fehlen einer großen Fachbibliothek verdankt; hätte ich versuchen können, mich überall zu informieren, was über so viel Gegenstände gearbeitet worden ist, so wäre ich vielleicht nicht mehr zum Schreiben gekommen.« Wer so denkt, braucht Mut; vielleicht aber auch nur ein übervolles Herz. Denn er riskiert den Vorwurf des Dilettantismus. Und der scheint Theologen große Angst zu machen. Das ist verständlich, denn schließlich haben die Theologen unter inzwischen recht widrigen Bedingungen eine große Sache zu verteidigen. Und ihr Denkniveau war schon immer sehr hoch. Hier hilft die Einsicht des ebenso unkonventionellen wie genialen Egon Friedell weiter, der für seine »Kulturgeschichte der Neuzeit« lapidar voraussetzt, »… dass allen menschlichen Betätigungen nur so lange eine wirkliche Lebenskraft innewohnt, als sie von Dilettanten ausgeübt werden. Nur der Dilettant, der mit Recht auch Liebhaber, Amateur genannt wird, hat eine wirkliche menschliche Beziehung zu seinen Gegenständen … Der Mut über Zusammenhänge zu reden, die man nicht vollständig kennt, über Tatsachen zu berichten, die man nicht genau beobachtet hat, Vorgänge zu schildern, über die man nichts ganz Zuverlässiges wissen kann, kurz: Dinge zu sagen, von denen sich höchstens beweisen lässt, dass sie falsch sind, dieser Mut ist die Voraussetzung aller Produktivität.«

Ich halte es daher nicht nur für unumgänglich, sondern darüber hinaus auch für dringend geboten, eine Einschätzung des Christentums zu unternehmen, die sich nicht an jeder Stelle mit theologischer Fachliteratur absichert.

Zu riskieren ist meiner Einschätzung nach aber auch noch etwas anderes, nämlich der Mut zur Bewertung, statt zu der theologisch üblichen sachlichen Beschreibung. Das Christentum birgt eine Lebensklugheit und inspirierende Lebendigkeit, die unter kirchlichen Traditionen, theoretischen Einmauerungen und eingespielten Routinen wie unter Geröllhalden verborgen und oft kaum noch zu erkennen sind. Der vorliegende Versuch, das Christentum nicht als einen Glauben, sondern als Religion zu verstehen, ist in der klaren Überzeugung vorgenommen, dass allein dieses Verständnis seine tiefen humanen Einsichten neu ans Licht bringen kann. Eine derartige Bedeutung des Begriffes Religion für das Christentum zu behaupten, braucht tatsächlich einen gewissen Mut. Denn sie richtet sich gegen theologische Widerstände, die durchaus nachvollziehbar sind.

Von Religion ist hier keineswegs nur deshalb die Rede, um öffentlich verstanden zu werden, sondern vor allem auf Grund einer dringend nötigen, in Frömmigkeit, Theologie und Kirche aber viel zu wenig bewussten Einsicht: dass nämlich auch im Christentum selbst zwischen Religion und Religion dringend zu unterscheiden ist. Zur Unterscheidung zwischen absolutistischen Wahrheitsbehauptungen, Aberglauben, Magie, falscher Vertröstung, Fanatismus, kurz: religiöser Ideologie auf der einen und einer lebensfördernden kritischen Religion auf der anderen Seite kann ein kluges Christentum gerade anleiten – wenn es sich denn als Religion versteht. Diese Unterscheidung ist sogar eine seiner Kern-Einsichten, und keineswegs ist das die Unterscheidung zwischen wahrem christlichem Glauben oder kirchlich garantiertem Heil auf der einen und falscher heidnischer Religion auf der anderen Seite. Beide Seiten sind in jeder Religion präsent, die ideologische wie die lebensfördernde. Auch im Christentum. Und selbst die Theologie ist eben keineswegs frei von ideologischen Verzeichnungen, auch wenn sie sich selbst als kritische Instanz versteht.

»Religion ist zu wichtig, um sie den Falschen zu überlassen«, so Friedrich Wilhelm Graf. In der Tat. Wer aber sind die Falschen, wenn man sie auch in den eigenen Reihen vermuten muss? Die heute gängigen Unterscheidungen zwischen exklusivistischer, inklusivistischer und pluraler Interreligiosität, die sich nur auf das Verhältnis *zwischen* den Religionen beziehen, verdecken diese fundamentale Einsicht eher, als sie sie klären. Wir sind dazu angehalten, die Ideologie im eigenen Haus zu suchen; und nicht nur beiläufig festzustellen, dass es schon auch im Christentum gewalttätige und zwanghafte Phänomene gebe.

Die Behauptung, vieles im Christentum sei Ideologie, wird Widerstände auslösen. Sie stellt kirchliche Macht, theologische Wortführerschaft, vor allem aber die Gewissheit des Glaubens in Frage. Der Widerstand gegen solche Infragestellung ist unbedingt ernst zu nehmen. Auch die Rede von angeblich notwendigen »Verabschiedungen« überholter dogmatischer Vorstellungsgehalte muss sorgsam geprüft werden. Denn die religiöse Tradition hat oft mehr Bedeutungsgehalt und Tiefe, als das einem einzelnen Zeitgenossen jeweils einleuchten mag. Zudem können auch fragwürdige religiöse Gehalte religiöse Identitäten verbürgen, die man daher nicht einfach als Unsinn erklären kann. Der Prüfstein kann auf der einen Seite immer nur die Übereinstimmung mit dem eigenen religiösen Ursprung sein, und das religiöse Inspirationspotenzial und der mögliche Bezug zum Leben auf der anderen. Christliche Bekenntnisse und Lehraussagen müssen sich daran messen lassen, ob und wie sie die Botschaft des Jesus präsent halten, der als der Christus bekannt wird, oder ob sie diese eher verschleiern. Und sie müssen sich daran messen lassen, ob sie die Kraft haben, das Leben zu deuten. Dafür braucht es kritische theologische Rationalität, mehr noch aber religiöse Intuition und eine religiöse Kompetenz, ohne die auch die Theologie nicht auskommen kann.

Wer von der »Idee« des Christentums fasziniert ist, wird sich im Übrigen wohl aller habhafter Mittel bedienen, um ihrer auch wirklich in angemessener Weise ansichtig zu werden. Darum ist die in der akademischen Theologie verbreitete Geringschätzung der (Religions-)Psychologie, der Religionswissenschaft und »alternativer«, etwa spiritueller, religiöser Erkenntniswege ebenso unsinnig wie auch verräterisch;

zeigt sie doch häufig eher ein Interesse an Theologie als an dem, worauf sich die Theologie im Grunde bezieht; oder an Kirche als solcher, statt an dem, was ihre Funktion und Aufgabe wäre. Autoren wie Eugen Drewermann, Jörg Zink oder Willigis Jäger mögen kritisiert, dürfen aber nicht theologisch unterschätzt werden, was allzu oft geschieht. Für ihre theologische und kirchliche Ausgrenzung oder Abwertung sind die Gründe oft nicht wirklich stichhaltig. Sie können umgekehrt sogar deutlich machen, dass schon immer ein bemerkenswert hohes Maß an religiösem Gespür und religiöser Innovation bei den spirituellen Denkern und bei den »Ketzern« zu finden war. Nicht nur so überragende religiöse Geister wie Dostoijewski, Lessing, Pascal oder Meister Eckhart gehören in diese religionsgeschichtliche Kategorie, sondern auch viele Propheten, Martin Luther – und Jesus selbst.

Das verbreitet wahrgenommene christliche Kreisen um sich selbst ist freilich inzwischen kaum noch Zeichen von Überheblichkeit, sondern weit eher von Unsicherheit – und zwar einer Unsicherheit, die nicht nur Angst vor kritischer Befragung spiegelt, sondern vor allem die Verstörung durch den eigenen Bedeutungsverlust. Gegen scharfe Argumente konnte sich das Christentum immer gut verteidigen. Geringschätzung jedoch macht es in einer Weise verwundbar, die ihm selbst offensichtlich in seinen Ausmaßen noch keineswegs klar ist. Ich stelle neben theologischen darum auch diplomatische Rücksichten hinten an und hoffe, dass die Argumentation dies rechtfertigen wird. Unter Bedingungen dramatischen Wandels werden mir meine Leser das hoffentlich nachsehen; sie wollen sich mit diesem Buch sicher nicht langweilen.

Das Christentum neu verstehen

Mein Versuch, das Christentum neu zu denken, richtet sich an vier grundlegenden Ideen aus, die eng zusammengehören. Ich lade meine Leser dazu ein, diese Gedanken wohlwollend und kritisch zu prüfen.

1. Das Christentum ist eine einzigartige religiöse und kulturelle Kraft, die sich dem modernen Leben neu vermitteln muss. Die religiöse Kraft des Christentums bleibt unter Verschluss, wenn sie sich nicht zeitgemäß vermittelt. Der Mensch der Gegenwart, sein Leben und Denken, sein Verhalten und seine Bedürfnisse – und nicht zuerst oder gar allein »der« Glaube oder »die« Kirche – sind unverzichtbare Basis und Ausgangspunkt für jede sinnvolle Theologie und kirchliche Arbeit. Auch das unreflektierte religiöse Zeitbewusstsein, oft genug von Kirche und

Theologie als minderwertige »Cafeteria-Religiosität«, als »Zoo religiöser Gefühle« usw. deklassiert, ist um der Menschen willen ernst zu nehmen und für die eigene Ortsbestimmung unverzichtbar. Auch freie Religiosität braucht freilich die religiösen Erfahrungen der Tradition, ein angemessen reflektiertes theologisches Niveau und eine offene Kommunikation.

2. Es geht um Religion, nicht nur weil diese Bezeichnung alternativlos ist, sondern weil vor allem deren Fehlformen auch im Christentum von zentraler Bedeutung sind. Einen klaren und nüchternen Blick für die eigenen ideologischen Verzerrungen zu finden, erscheint als eines der dringendsten Erfordernisse zur Selbstklärung des Christentums – und zur Selbstklärung der Menschen, die sich als christlich oder einfach nur als religiös verstehen. Diejenigen, die Religion dezidiert ablehnen, weisen möglicherweise nur ideologische Formen von Religion von sich. Die stark wachsende Distanz zum Christentum ist von vornherein im Recht, wenn sie sich auf solche ideologischen Formen bezieht. Sie stellt eine massive Anfrage an das institutionalisierte Christentum dar, deren Recht dort allerdings noch kaum bemerkt wird. Glaube, Bekenntnis, Dogma, Theologie und Kirche müssen sich daraufhin befragen lassen, ob sie im christlichen Sinne lebendige Religion sind, oder rationalisierter und institutionalisierter religiöser *Ersatz*, also Ideologie. Die Klärung und Unterscheidung von »wahrer« (d. h. kluger und sinnvoller) und neurotischer Religion muss eine zentrale Aufgabe christlicher Theologie sein – und nicht die Selbstklärung der eigenen Tradition, das allzu verbreitete Kreisen um historisch vergangene und oft kaum noch nachvollziehbare historische theologische Entscheidungen.

3. Wer die tiefgreifende religiöse Ambivalenz von Dogma, Glaube und Kirche erkennt, der wird sich in aller Regel am Stifter des Christentums orientieren, und damit an seinem religiösen Ursprung: an Jesus von Nazareth. Wo ist Jesus im Christentum? Da ist vor allem von der Bezeugung des auferstandenen Christus die Rede. Jesus von Nazareth dagegen wird bezeichnender Weise als »historischer Jesus« tituliert. Wer sich auf Botschaft und Leben des Jesus einlässt (und dazu reicht eine Lektüre des Markus-Evangeliums, zu der man nicht einmal zwei Stunden braucht), wird sich der Faszination dieses einmalig freien, souveränen und in allem so beeindruckend schlichten Menschen kaum entziehen können. Meinen die christologischen Dogmen wirklich diesen Jesus? Wo ist sein inspirierender Geist in Theologie und Kirche zu spüren? Im theologischen Wissenschaftsbetrieb ist er eine Randfigur; im Gottesdienst wird er in Lesungen zitiert, in grundlegenden Dimensionen seiner Lehre und seines Lebens aber nahezu vollständig über-

gangen. Theologisch üblich und immer wieder auch explizit eingefordert wird, das Christentum mit dem *Bekenntnis* zu Christus, also im Grunde mit Paulus beginnen zu lassen. Damit ist nichts gegen Paulus gesagt, dem das Christentum die Verschmelzung mit dem griechischen Denken, seinen hochstehenden Intellekt, gewichtige begriffliche Zuordnungen und sogar mystische Grundimpulse verdankt. Dass mit dieser Auffassung aber eine folgenschwere Grundentscheidung getroffen ist, die nahezu exklusiv am Heilsgeschehen im Glauben orientiert ist, die Botschaft und das Leben des Jesus dagegen an den Rand des christlichen Interesses rückt, ist im Christentum kaum bewusst.

4. Tatsächlich hat sich das Christentum von Anfang an auf die paulinischen Begriffe Glaube, Gnade, Geist, Gehorsam und Gerechtigkeit gegründet, und nicht auf die jesuanischen der Liebe und des Reiches Gottes. Oft wird diese Grundentscheidung mit der vielsagenden Bemerkung legitimiert, dass man über den historischen Jesus ja nicht viel wisse. So freilich muss auch die radikale Religionskritik Jesu unbeachtet bleiben, die weit über Karl Marx und Sigmund Freud ins Prinzipielle menschlicher Lebensorientierung hinausgeht, und die durch die Überhöhung des Jesus zum himmlischen Herrscher-Christus auch der eigenen Überzeugung nicht gefährlich werden kann. Nicht die Liebe, sondern ein Denken in Rechtskategorien hat das Christentum geprägt und bereits früh von seinen eigenen Ursprüngen entfremdet. Man kann sich des Eindrucks nicht erwehren, dass von Jesus im abendländischen Christentum bis heute eher eine starke Unterströmung ausgeht, die sich offiziell nicht wirklich durchsetzen konnte. Sie ließ sich durch die Jahrhunderte aber auch nicht zum Schweigen bringen. Franz von Assisi, Martin Luther und Leo Tolstoi, viele Ketzer, Mystiker, Reformatoren und natürlich viele Gläubige hat sie bis heute inspiriert.

Aufgenommen sind damit vor allem die Grundanliegen der Liberalen Theologie, die zum Fortbestehen des Christentums immer dringender und unverzichtbarer werden: die primäre Orientierung am Evangelium (statt an der paulinischen und augustinischen Theologie), die freie kritische Erforschung der eigenen Quellen, der Bezug zur Kultur und dem hier jeweils gegebenen Verstehenshorizont, schließlich die Hochschätzung des Religionsbegriffs, der gegen eine einseitige Fixierung auf Glaubensgehalte ins Feld geführt wird.

Mit diesen Überlegungen verbinde ich die Vision eines aus seinem Kern heraus erneuerten Christentums, das sich selbst treu und den Menschen heilsam ist. Ich hoffe und setze auf eine erneute christliche

Selbstbesinnung und darauf, dass die Frage nach dem religiös Wesentlichen im Christentum neu gestellt wird.

Allem voran soll die kritische, mystische, urmenschliche und heilsame Religion Jesu wieder spürbar werden und christliche Frömmigkeit, Theologie und Kirche erneut bestimmen. Theologen und Kirchenleitungen sollen sich als beherzte Sachwalter des Christentum empfehlen, religiöse Lebendigkeit und Klugheit soll an die Stelle weltferner christlicher Sonderwelten treten. Der christliche Kultus soll ein Ort des Sich-Wiederfindens der Menschen, der spirituellen Energie und hilfreicher Impulse für das Leben werden.

Ich wünsche mir eine neue religiöse Kommunikationskultur, in der sich glaubensfromme, liberale und spirituell bewegte Christen nicht argwöhnisch gegenüberstehen, sondern sich zuhören und voneinander lernen.

Das Wissen darum, dass Religion kein Selbstzweck, sondern Medium der Lebensentfaltung und der Heilung ist, soll zum ausdrücklichen und gestalteten Axiom christlich-religiösen Denkens und Tuns werden. Die vielen modernen Sinnsucher sollen im Christentum ein profiliertes und geschätztes Forum für religiöse Inspiration und religiösen Austausch finden. Auch wer selbst nicht mitmacht und hingeht, soll sagen können: das ist kompetent, vernünftig und hilfreich. Statt weiterhin allzu einseitig auf den rechten Glauben und die wahre Kirche, soll im Christentum auf das reflektierte mystische Bewusstsein des nahen Gottes und auf die Pflege und Einübung einer christlichen Haltung zum Leben gesetzt werden; auf eine heilsame christliche Lebenskunst, die Orientierung und Gelassenheit zu geben vermag.

Die möglichen und nötigen Schritte auf dem Weg dorthin kann ich nicht im Einzelnen vorzeichnen. Sie müssen sich aus der Praxis ergeben und sich in ihr bewähren.

Meine Leser sind eingeladen, den Weg eines Umdenkens im Christentum mitzugehen. Ich hoffe auf wohlwollende Offenheit gegenüber meinen kritischen, bisweilen wohl auch etwas polemisch geratenen Anfragen. Nichts läge mir ferner, als einfach nur Recht haben zu wollen. Was mich treibt, ist die Sehnsucht nach unbeschädigtem Leben, und ein Empfinden für die Unverzichtbarkeit der Religion. Darum wünsche ich mir ein engagiertes Mitdenken und eine offene und beherzte Kommunikation über die hier zur Diskussion gestellten Fragen und neuen Bewertungen.

2. Resonanz und Leere
Religion, Christentum und modernes Leben

Es braucht wohl kaum eigens nachgewiesen zu werden, dass Ideen und geistige Gehalte, die sich nicht erkennbar artikulieren, auch inhaltlich verloren gehen. Mit den Formen verlieren sich auch die Ideen selbst. Auch der Religion kann darum nach dem weitgehenden Verlust ihrer Selbstverständlichkeit, Verbindlichkeit und praktischen Befolgung nicht so ohne weiteres eine Rückkehr bescheinigt werden.

Gott ist für das moderne Leben prinzipiell belanglos geworden. Die gesellschaftlichen Systeme funktionieren ohne ihn, und es fällt nicht auf, ob jemand glaubt oder nicht. Nicht nur die Ausgliederung der Religion aus der allgemeinen Lebensorientierung, sondern auch der innere Druck und der mit ihm einhergehende Mangel an Lebensfreude sind religiös folgenreich. Denn gleichzeitig mit der zunehmenden Verzweckung, der schwindenden Emotionalität, der wachsenden Unzufriedenheit verblasst die religiöse Grundfähigkeit: das Staunen und die Fähigkeit, sich über »einfache« Dinge wie die bloße Existenz der Welt oder des eigenen Lebens zu freuen. Religionslosigkeit ist nicht nur eine Option, sondern eine erwartbare Folge der modernen Zivilisation.

Grundfragen, die sich dem Menschen heute stellen, sind die nach der Erfüllung von Sehnsüchten, nach Geborgenheit, Zugehörigkeit, Selbstwertgefühl, Würde, einem tragfähigen Grund und generell nach Sinn. Sie lassen sich mit den traditionellen Denk- und Sprachmustern des etablierten Christentums nur nach aufwändigen Übersetzungs- und Verständigungsbemühungen vermitteln, die in einer schnelllebigen Gesellschaft kaum noch abgewartet werden. Niemand hat die Distanz zum modernen Leben, in die das Christentum hier geraten ist, so klar gesehen und eindrucksvoll belegt wie Matthias Kroeger, der als kluger Kenner der Religion nicht nur den nötigen kritischen Überblick, sondern der als Kirchenhistoriker auch das Wissen um die unschätzbare Bedeutung der christlichen Tradition hat. Sein Buch »Im religiösen Umbruch der Welt«[1] ist die derzeit beste und eine fast singuläre Bestandsaufnahme der christlichen Lage.

Offensichtlich aber empfinden Menschen eine spirituelle Leere und einen Mangel an innerem Halt. »Wer nicht Auskunft geben kann über

---

1. Matthias Kroeger: Im religiösen Umbruch der Welt.

Herkunft und Zukunft seines Lebens, über die Fundamente, die ihn in der Tiefe tragen und bestimmen, wenn alles Äußere brüchig und hinfällig wird, ist der jeweiligen Situation ausgeliefert.«[2] Das Verblassen der Religion und der Rückzug des Christentums bedeuten eine dramatische Verarmung des Lebens, die durch nichts anderes mehr ausgeglichen wird. Wir brauchen Religion nicht unbedingt, es lässt sich auch ohne sie leben. Aber ein Leben ohne Religion ist ein ärmeres, unbewussteres, sinnleereres Leben. Und – was gerade von den rationalen Kritikern der Religion allzu schnell übersehen wird – der Verzicht auf Religion bedeutet immer auch den folgenschweren Verzicht auf ein kritisches Widerlager gegen höchst problematische Entwicklungstendenzen der modernen Zivilisation. Religionsverlust und achselzuckende Anpassung an die Verhältnisse gehen parallel. Religion kehrt darum zurück – allerdings nicht als Überzeugung und geübte Praxis, sondern als Thema und Ausdruck einer Sehnsucht.

Das neue Interesse an Religion macht es unverzichtbar, zuerst einmal das nach wie vor faszinierende Phänomen »Religion« zu beleuchten. Was ist da eigentlich verloren gegangen, das jetzt so sehr zu fehlen scheint? Nicht nur die Theologie verzichtet auf eine Beschreibung, sondern inzwischen auch die Religionswissenschaft; angeblich mache die unverrechenbare Komplexität der Religion eine genaue Benennung unmöglich. Das freilich ist meiner Einschätzung nach nicht nur fachwissenschaftlicher, sondern auch methodischer Unsinn. Denn ließen sich nur empirisch exakt überprüfbare Phänomene definieren, käme die Geisteswissenschaft zu gar keinen Beschreibungen mehr. Und Schwierigkeiten sollten nicht dazu führen, ihnen aus dem Weg zu gehen. Sinnvoll dagegen ist es, wenigstens den Versuch einer Bestimmung zu unternehmen.

---

2. Gerhard Ruhbach: Theologie und Spiritualität, 69.

2.1 Was ist Religion?
Erfahrungen des Heiligen – und lebensferne Sonderwelten

Gesteigertes Bewusstsein des Lebens

Was ist Religion? Die weihevolle Stimmung in einem indischen Tempel gehört ebenso zu ihr wie die ekstatischen Tänze der Derwische, die hinduistische Pilgerschaft zum heiligen Fluss Ganges, das Opfer von Tieren, die Katechismen Luthers, das Gebet einer Nonne oder die fanatische Gewalt islamischer Gotteskrieger. Eines haben diese verschiedenen Erscheinungsformen gemeinsam: sie sind Ausdruck einer Erfahrung des Heiligen. Diese kann den Menschen so ergreifen, dass sie Welt und Leben in eine neue Perspektive rückt. Diese Erfahrung muss freilich näher bestimmt werden.

Zwei grundlegende Unterscheidungen sind dabei unverzichtbar. Einmal gibt es Religion als objektives kulturell sichtbares Phänomen, dann als innere Bewegung; dafür wird oft der Begriff »Religiosität« gebraucht.[3] Eine weitere unverzichtbare Unterscheidung ist die zwischen kluger und neurotischer, bzw. lebens-steigernder und lebens-einschränkender Religion. Verzichtet man auf diese Unterscheidung, so lässt sich auf die pauschale Kritik der Religion als Gewaltpotenzial, Projektion und Dummheit schwer antworten. Auch für die Trennung zwischen sinnvoller Religion und religiöser Ideologie hat man dann keinen Maßstab. Und man entkommt dann auch kaum der illusorischen Einschätzung der eigenen Religion als wahr, aller fremder Religion als falsch. Dass heilsame und zerstörende Formen in der Religion nahe beieinander liegen, und zwar in jeder Religion, macht aber gerade deren Wesen und Faszination aus.

Eine plausible und umfassende Definition gibt Ulrich Barth: »Religion ist die Deutung von Erfahrung im Horizont des Unbedingten.«[4] Das heißt: In der Religion bezieht sich der Mensch auf ein größeres Gegenüber. Darum ist Religion wesentlich ein Phänomen der *Resonanz*, die zu Ergriffenheit und »Enthusiasmus bei feierlicher Bewegtheit« (William James) auf der einen (»Religiosität«), zu kulturell sichtbarer Symbolisierung auf der anderen Seite führt (»Religion«). Religion ist also ein Entsprechungsverhältnis, und keineswegs immer ein Umgang

---

3.   Eine erste umfassende Annäherung an dieses Phänomen bieten Hans-Ferdinand Angel u. a.: Religiosität.
4.   Ulrich Barth: Was ist Religion? Der Aufsatz gilt als theologischer Klassiker zur Religionsfrage.

mit »Transzendenz«, wie so oft gesagt wird. Subjektiv ist das Bewusstsein der eigenen Geschöpflichkeit und Vorfindlichkeit ein Grunddatum religiöser Resonanz und religiösen Selbstverstehens; es führt eine Dimension der Unbedingtheit mit sich: die Erfahrung des Heiligen, das Bewusstwerden des Daseins und des gegebenen Lebens ist nicht unterschreitbar. In der Religion sind darum außergewöhnliche Bewusstseinsformen anzutreffen, die dort auch kultiviert werden.

Religion ist zugleich eine bestimmte Deutung und Auffassung des Lebens. Sie ist »eine der conditio humana unveräußerliche Tiefenhermeneutik des Daseins.«[5] Sie führt zu einer spezifischen inneren Einstellung und Haltung dem Leben gegenüber (»Re-ligio« wird in der Regel mit »Rückbindung« übersetzt) und zu einer damit verbundenen bzw. diese begleitenden Praxis, die der erfahrenen Resonanz entsprechen und aus dieser entstehen.

Jeder Religion liegt eine Erfahrung umfassender Evidenz zu Grunde, die sich beschreiben und deren Aufscheinen sich oft sogar historisch einkreisen lässt. Diese Erfahrung nimmt den Menschen in einer Weise in Beschlag, der er sich nicht entziehen kann. Die Grund-Einsicht des Buddha, des Laotse, des Jesus[6], aber auch der Stammesreligionen, lässt sich jeweils relativ klar beschreiben. Religion hat einen Glutkern, der sich aus einer aufwühlenden Erfahrung speist, und der sich in Liebe ebenso wie in Fanatismus äußern kann. Ohne Begeisterung sind nur abgestandene Formen von Religion zu haben.

Religion ist keineswegs immer Gottesglaube, sondern zunächst ein Erschauern, in ihren reiferen Formen ein Erfasstwerden von der Heiligkeit und Unantastbarkeit des plötzlich gewahrten Lebens. Sie ist »Aufklärung über sinnkonstitutive Unverfügbarkeit«[7]. Darum hat Religion immer mit Bedeutung, Lebenssteigerung und -bewahrung zu tun. Sie führt ein Wissen um die Würde des Gegebenen mit sich; und darum hat in ihr auch die rituelle und symbolische Bearbeitung von Gewalt eine zentrale Bedeutung. Hermann Timm hat Religiosität sogar umfassend mit dem Begriff »Pietät« wiedergegeben, verstanden als Haltung der Ehrfurcht vor dem Gegebenen. Religiöses Ergriffensein führt außer zu Erfahrungen von Überschreitung und Verwandlung gleichsam automatisch zu einer gesteigerten Bejahung des Lebens.[8]

---

5. A.a.O., 557.
6. Jesus hat seine religiöse Inspiration offenbar bei seiner Taufe durch Johannes erhalten; das jedenfalls wird in der Exegese meist angenommen.
7. Thomas Rentsch: Religiöse Vernunft, 258.
8. Für William James ist die Folge einer religiös bedingten Verwandlung »ein neuer Geschmack am Leben, der diesem wie ein Geschenk beigegeben wird;

Das zeigt: Religion ist nicht Ethik und schon gar nicht auf Moral reduzierbar – auch wenn sie immer wieder moralisch instrumentalisiert wird. »Nicht der Unglaube, die Moral ist der entschiedene Gegner der Religion.«[9] Sie hat allerdings durch ihre inspirierende und wandelnde Dynamik eine ethische Haltung zur *Folge*. Anders als die Ethik versucht eine kluge Religion nicht, den Menschen zu ändern; sie weiß oft auch um die Aussichtslosigkeit solcher Versuche. Sie versucht den Menschen eher durch Bewusstwerdungs-Prozesse zu führen und ihn so zu verwandeln.[10] Hier hat kluge Religion ihr eigentliches Potenzial. Sie vermag eine Veränderung des Blicks anzustoßen, die für die Lebenseinstellung und das Lebensgefühl eines Menschen, aber natürlich auch für seine Tatkraft und Kreativität, von entscheidender Bedeutung werden können. Religion vermag wie nichts sonst Moral zu begründen und zu motivieren, ist gerade darum aber von dieser zu unterscheiden. Religion gibt es auch ohne Praxis, nämlich etwa in Form einer Wahrnehmungsoffenheit oder gelassenen inneren Haltung.

Religion ist ebenso wenig aufzulösen in vernünftige Einsicht, und nur unter Brüchen und Verlusten überführbar in (dogmatische oder religionswissenschaftliche) Rationalität. Die Reflexion *über* Religion unterscheidet sich von Religion ähnlich wie die Kunsttheorie von der Erfahrung oder der Herstellung eines Kunstwerks. Friedrich Schleiermacher sprach vom »schneidenden Gegensatz« der Religion zu »Moral« und »Metaphysik«; denn, so seine berühmte Definition, »ihr Wesen ist weder Denken noch Handeln, sondern Anschauung und Gefühl.« Sie

… ein Gefühl von Geborgenheit und eine friedliche Grundstimmung«. William James: Die Vielfalt religiöser Erfahrung, 473 f. – Richard Schröder gibt Religion mit »Respekt« wieder. Richard Schröder: Abschaffung der Religion?, 90. Das Buch ist ausgesprochen lesenswert und argumentiert ebenso klug wie sachlich. Schröder wendet sich gegen den »Gotteswahn« und die These vom »egoistischen Gen« Richard Dawkins', der für eine Abschaffung der Religion plädiert; er gibt mit einer Fülle höchst plausibler Argumente nicht nur ein kluges Plädoyer für die Religion, sondern auch eine generelle Verteidigung der Geisteswissenschaften und der allgemeinen Lebenserfahrung, die er gegen die derzeit gängige Verabsolutierung naturwissenschaftlicher Erkenntnisse stellt.

9. Carl Friedrich von Weizsäcker: Im Garten des Menschlichen, 473.

10. »Auf nur sittlicher Grundlage erwächst weder das Bedürfnis nach ›Erlösung‹, noch das Bedürfnis nach so sonderbaren Dingen wie ›Weihe‹ oder ›Bedeckung‹ oder ›Entsühnung‹. Solche Dinge, in Wahrheit die tiefsten Mysterien der Religion selbst, können für Rationalisten und Moralisten nur mythologische Fossilien sein.« Rudolf Otto: Das Heilige, 70.

ist nicht Reflexion, sondern »Sinn und Geschmack fürs Unendliche«[11] und kann konsequenterweise auch als ein »Gegenstand des Genusses« erscheinen.[12]

Wunderbar klar und mit ironischem Unterton sagt in diesem Sinne Rudolf Otto zu Beginn seines wirkungsmächtigen Buches über »Das Heilige«: »Wir fordern auf, sich auf einen Moment starker und möglichst einseitiger religiöser Erregung zu besinnen. Wer das nicht kann oder wer solche Momente überhaupt nicht hat, ist gebeten nicht weiterzulesen.«[13] Otto bestimmt Religion ganz von der Erfahrung her – ohne bei dieser stehen zu bleiben. Religiöse Betroffenheiten setzen immer das Gefühl eines begegnenden Überlegenen, Transzendenten voraus, das oft als das eigentlich Wirkliche erfahren wird. Das Heilige begegnet als »Numinosum«, das sich vor allem im »Kreaturgefühl« zeigt; es ist die gleichzeitige Erfahrung eines »mysterium tremendum« und eines »fascinans«, ein gleichzeitiges ehrfurchtsvolles Erschauern und ein Hingezogensein, die zusammen eine »Kontrastharmonie« ausbilden. Diese kann eine leise Gemütsstimmung sein, aber auch eine dramatische seelische Erregung.[14]

---

11. Friedrich Schleiermacher: Über die Religion, 240, 242.
12. A. a. O., 217. – Schleiermacher hat das später präzisiert als »eine Bestimmtheit des Gefühls oder des unmittelbaren Selbstbewusstseins«, wobei die Bestimmung »unmittelbar« selbst wiederum auf dessen Gefühlsqualität verweist. Umschrieben wird das als das Gefühl, »dass wir uns unserer selbst als schlechthin abhängig, oder, was dasselbe sagen will, als in Beziehung mit Gott bewusst sind«: Das ist die viel zitierte »schlechthinige Abhängigkeit« des Menschen vom Gegebensein des Lebens. Friedrich Schleiermacher: Der christliche Glaube, 633 und 642.
13. Rudolf Otto: Das Heilige, 8. Das Buch ist das meist aufgelegte Buch über Religion im 20. Jahrhundert.
14. A. a. O., 123. – Otto sieht diese Erfahrung auf dem Grund der Theologie Luthers: »dass der *Unnahbare* nahbar wird, dass der *Heilige* eitel Güte ist, dass die *majestas* sich zum Vertrauten macht, diese Kontrast-harmonie ist das Innerste von Luthers Religion.« Erkennbar nimmt Luther hier die Erfahrung und Botschaft Jesu auf. Otto zeigt eindringlich, dass diese Erfahrung zwar auf rationale Klärung verwiesen bleibt, keineswegs aber in ihr aufgeht. Am Beispiel gesagt: »Die Rationalisierung dieser … numinosen ira (Zornerfahrung) besteht in ihrer *Auffüllung* mit den rational-ethischen Momenten der göttlichen Gerechtigkeit in Vergeltung und Strafe für sittliche Verfehlung.« Oder: Prädestination »ist nichts anderes als ein Ideogramm gesteigerten Kreaturgefühls.« A. a. O., 112.

Religion ergreift, inspiriert, verwandelt. Darum ist sie wesentlich nicht »Kontingenz-Bewältigung« (d. h. deutender und tröstender Umgang mit dem Schicksal), und darum ist sie auch keineswegs auf das Bewusstsein der Endlichkeit zu reduzieren. Sie entzündet sich ebenso, und weit eher noch, an der überwältigenden Erfahrung der Lebensfülle. Der Glaube an Gott und die religiöse Erfahrung schaffen mindestens ebenso viele Kontingenzen, wie sie angeblich »bewältigen«! Und darum gehören alle »Gottesbeweise« und Gottespostulate nicht zur Religion im eigentlichen Sinne, sondern in den Bereich der philosophischen Rationalität. Religion ist wesentlich eine aus einer Urerfahrung heraus erwachsene Sicht auf das Leben, eine Gesamt-Deutung, die nicht für Erklärungen taugt und die sich nur sehr eingeschränkt begrifflich weitergeben lässt, die sich dagegen vor allem symbolisch und gestisch vermittelt.

Religionen leben aus ihrer Ur-Erfahrung wie aus einer Quelle, und darum versuchen sie, Orte und Strukturen bereitzustellen, die diese Erfahrung lebendig halten: Sakralräume, heilige Schriften, sakrale Ämter, Riten usw. Die Religion hat hier im Unterschied zu Kunst und Philosophie eine eigenständige symbolische Kultur, zu der auch bestimmte Weisen der Sozialisation und der Tradierung gehören. Gelebte Religion ließe sich mit Wilhelm Gräb zusammenfassend beschreiben als eine »Kultur der Symbolisierung letztinstanzlicher Sinnhorizonte alltagsweltlicher Lebensorientierung«[15], die einen »Lebensgewinn« durch »Entsprechung zu einer letzten Wirklichkeit« verheißt (Gerd Theißen).

Die Erfahrung der Ergriffenheit ebenso wie die konstitutive Symbolik der religiösen Kultur machen es augenfällig, dass Religion in hohem Maße an sinnliche Erfahrung gebunden ist: an Wahrnehmung, an inneren Mitvollzug und an »szenisches Verstehen« (Alfred Lorenzer). Sie hat darum eine Nähe zur Kunst, und drückt sich vorwiegend in ästhetischen Gestaltungen aus: in Bildern, poetischer Sprache, kunstvoll gestalteten Räumen, rituellen Prozessen, dramatischen Inszenierungen, prächtigen Gewändern usw. Auch für Religion gilt, was Paul Klee von der Kunst gesagt hat: Sie »gibt nicht das Sichtbare wieder, sondern *macht sichtbar*«[16]. Religion ist darum vor allem am Akt der

---

15. Wilhelm Gräb: Religion als Deutung des Lebens, 33.
16. Daraus folgt, »… dass Religion in allen Äußerungen ihrer sogenannten ›Erschließungssituationen‹ den Notationsregeln ästhetischer Phänomene folgt, sei es im Singen und Sagen, Bewegen und Bilden, Behüten und Bauen. Stets

symbolischen Re-Präsentation, der je neuen Übersetzung und darstellenden Inszenierung interessiert, und das gerade nicht deshalb, um ein bereits Festliegendes immer neu vor Augen zu führen, sondern um aus einer vorgängig gemachten Erfahrung heraus je neue Erfahrung anzustoßen und neues Leben zu schöpfen. Religion hat einen Hang und inneren Drang zur rhetorischen oder zeichenhaften Mitteilung und dadurch auch zur Gemeinschaftsbildung. Nicht die Symbole und zeichenhaften Repräsentationen selbst aber sind Religion, auch wenn sie die Aura des Besonderen und der Heiligkeit in sich tragen; das Heilige erscheint »in, mitten und unter« ihnen.[17] Das zeigt: Das Leben einer Religion hängt vor allem daran, wie die Dynamik und Spontaneität ihrer Ausdrucksformen, zentral ihres Kultus, religiöse Erfahrung transparent machen und je neu anstoßen.

Alle objektiven Religionsformen – Lehren, Heilige Schriften, Institutionen, auch der Kultus usw. – haben ihren Sinn und Zweck in der Bewahrung und Bereitstellung der religiösen Erfahrung und Inspiration, der sie also dienend zugeordnet sind. Sobald sich die Medien, Objektivierungen und Träger religiöser Ergriffenheit von dieser Aufgabe entfernen, beginnt die Religion zu erstarren. Alle wirklich großen Geister der Religionsgeschichte – Jesus, Buddha, Franz von Assisi, Meister Eckhart, Martin Luther usw. – haben immer die Möglichkeit eines Aufgehens der religiösen Praxis in der Lebenspraxis vor Augen gehabt. Das wird man freilich als religiösen Grenzfall verstehen müssen, der ein hohes Maß an Inspiration voraussetzt. Ohne religiöse Institutionen nämlich werden religiöse Erfahrungen und Ideen schnell verblassen.

Die religiösen Medien und kulturellen Symbole müssen immer wieder angefragt und aufgesprengt werden, um sie vor der Erstarrung und dem Unverständlichwerden zu schützen. Propheten, Reformatoren, Ketzer werden innerhalb der religiösen Kultur zwar als provozierend und bedrängend erfahren, sie halten diese Kultur aber gerade lebendig. Bemerkenswert klar sagt das Paul Tillich: »Jede Religion …, die das radikale Fragen ihrer intellektuellen Kritiker letztlich nicht vertragen kann, ist Aberglaube.«[18] Hier zeigt sich eine eminent kritische Dimension aller echten Religion, die in deren Beschreibung als Trost-Institution, als Stärkung der Schwachen (»Opium des Volkes«: Karl

---

sind Kunstäußerungen nicht nur im Spiel, sondern konstitutiv.« Rainer Volp: Die Kunst, Gott zu feiern, 226.

17. So Martin Luthers berühmte Umschreibung der materiellen Elemente des Sakraments, die ganz grundsätzlich für die Religion gilt.

18. Paul Tillich: Gesammelte Werke Bd. XIII, 344.

Marx) oder als »Kontingenzbewältigung« (Hermann Lübbe) völlig übergangen wird. Die funktionale und sichernde Dimension der Religion gibt es immer auch, sie ist aber nur deren eine Seite. Kluge Religion ist immer religionskritisch. Sie weiß zu unterscheiden zwischen den Trägern und Medien des Heiligen und dem Heiligen selbst. Und sie weiß zu unterscheiden zwischen dem, was dem Leben wirklich zuträglich ist und was nicht. »Nicht die Religion ist die größte Illusion, sondern der Glaube, man könne die zu großen Fragen mit den Bordmitteln der Vernunft beantworten.«[19]

Religion und das, was von ihr in Erscheinung tritt, sind also strikt zu unterscheiden. In ihrer kulturellen Sichtbarkeit ist Religion im eigentlichen Sinne gar nicht antreffbar – es gibt gar keine objektive Religion. Was von ihr erscheint, ist grundsätzlich profan, auch wenn die religiösen Erfahrungen, Ideen und Aussagen auf diese kulturell sichtbaren Formen und Zeichen angewiesen bleiben. »Der Respekt vor allen Religionen ist irreligiös«[20], und »jede heilige Schrift ist nur ein Mausoleum der Religion, ein Denkmal«[21]. Christlich gesehen kann der Glaube nicht der Bibel gelten, sondern nur Gott. Und es gilt ganz grundsätzlich: »Ein Glaube, der seine Symbole wörtlich versteht, wird zum Götzenglauben.«[22] Diese Dialektik zu begreifen und bewusst zu halten, ist Grundaufgabe jeder klugen Religion, christlich gesehen: der Theologie.

Die »protestantische« Konfession ist aus genau dieser Einsicht in die Nicht-Fixierbarkeit von Religion heraus entstanden. Wie Albert Schweitzer immer wieder herausgehoben hat, ist sie die einzige Religionsform überhaupt, die sich die kritische Offenlegung der eigenen Quellen zum Programm gemacht hat; in dieser Funktion hat sie eine gewichtige Bedeutung, die über die eigenen Konfessionsgrenzen hinausgeht. Sie kann darum als eine prinzipiell kluge Religionsform verstanden werden, die ihre Einsichten in der Realität freilich keineswegs immer wach hält. Ihr gilt die Kirche als funktionale Größe, denn sie dient der Weitergabe des eigentlich Heiligen, des Evangeliums. Sie ist *semper reformanda*, der ständigen Reformierung bedürftig; und innerhalb der Kirche ist das ebenso das priesterliche Amt. Sakramente sind Zeichen, deren Wirksamkeit am Glauben des Empfangenden hängt,

---

19. Norbert Bolz: Das Wissen der Religion, 140.
20. Nicolás Gómez Dávila: Das Leben ist die Guillotine der Wahrheiten, 140.
21. Friedrich Schleiermacher: Über die Religion, 283.
22. Paul Tillich: Gesammelte Werke Band VIII, 147.

nicht an einer objektiv garantierbaren Wirkung. Entscheidend ist allein der Glaube, verstanden als persönliche Beziehung zu Gott.

Paul Tillich hat in diesem Sinne den Begriff der »Protestantischen Profanität« geprägt. »Nichts ist weniger protestantisch als die katholische Sanktionierung einer besonderen Philosophie, einer besonderen Kunst, einer besonderen Ethik«[23] – denn sie käme nicht nur einer Stillstellung der religiösen Bewusstseinsentwicklung gleich, sondern sie erklärte Dinge für heilig, die ihre Heiligkeit nur als Hinweise, Symbole und Durchgänge beanspruchen können. Das alles zeigt den prinzipiellen protestantischen Einspruch gegen eine Religion, die sich selbst als göttlich und absolut begreift. Die Schlagseite des Protestantismus ist im Gegenzug zum Katholizismus, dem seine Kritik in besonderem Maße gilt, eine ästhetische und symbolische Enthaltsamkeit, die meint, das Heilige auf das »Wort« der glaubens-weckenden »Verkündigung« reduzieren zu können.

Religion lässt sich nicht in Worte, Sätze oder gar Beweise fassen. Darum ist sie auch nicht andemonstrierbar, sie kann immer nur angestoßen und geweckt werden, vergleichbar der Entwicklung einer Begabung; und diese Begabung gibt es je nach Person in ganz verschiedenen Graden. Friedrich Schleiermacher hat die religiöse Begabung mit der Musikalität verglichen. Sie ist eine Form von Sensibilität.

Ebenso sperrig wie gegen ihre Objektivationen verhält eine kluge Religion sich gegenüber den üblicherweise als besonders religiös eingeschätzten Mirakeln und angeblich übernatürlichen Ereignissen. Religion ist eine spezifische Weise, das Ganze zu erfahren und zu deuten, ein bestimmter Blick auf die Wirklichkeit. »Alles ist göttlich!«[24] Religion darf keine Sonderwirklichkeit etablieren, wenn sie sich nicht von der religiösen Erfahrung und vom Leben überhaupt absondern will. Darum gilt: das Wunder ist nicht Durchbrechung der Realität, sondern spiegelt eine Grunderfahrung, die *aller* Realität gilt. »Wunder ist nur der religiöse Name für Begebenheit … Nicht der hat Religion, der an eine heilige Schrift glaubt, sondern der, welcher keiner bedarf, und sich wohl selbst eine machen könnte.«[25] Unnachahmlich präzise hat es Paul Tillich formuliert: »Alles ist profan, und alles Profane ist potentiell religiös.«[26] Selten werden aus dieser Einsicht die Konsequenzen gezogen, und dann typischerweise eher von einem theologischen Außenseiter

23. A. a. O., Band VII, 61.
24. Friedrich Schleiermacher: Über die Religion, 352.
25. A. a. O., 281 und 283.
26. Paul Tillich: Gesammelte Werke Band VII, 63.

wie Willigis Jäger: »Im Rollerskating oder Paragliding steckt potentiell genau so viel Religiosität wie in einem Gottesdienst.«[27]

Kluge Religion, die sich ihrer eigenen Zerrformen von Selbst-Verabsolutierung und Lebens-Absonderung bewusst ist, bewahrt eine kritische Potenz in sich, die dem Leben als Ganzem zugetan ist. Sie ist das klare Gegenteil von Ideologie – auch wenn die Ideologie als große Gefahr in der Religion selbst präsent ist.[28] Als Bewahrung und Steigerung von Lebendigkeit kann sie im Kern nur anti-totalitär sein. Die Kritik der Religion gilt nicht nur den religiösen Wunschbildern und Verfestigungen, sondern auch allen partikularen Letztverbindlichkeiten, die den Status eines absoluten Wertes einnehmen; vor allem der Anhäufung von Macht, heute vor allem der ökonomischen Akkumulation des Kapitals und dem uneingeschränkten Ideal des Erfolgs. Religion stellt *sie* unter Projektionsverdacht im Sinne Ludwig Feuerbachs.

Im Spektrum der menschlichen Kultur nimmt die Religion seit jeher einen besonderen Platz ein. Neben der Bereitstellung von Schutzraum und Nahrung (Arbeit, Versorgung, Ökonomie), der Bewältigung von Angst (Moral, Recht, Verfassung, Wissenschaft) steht in der Kultur die Steigerung von Bewusstsein durch symbolische Vergewisserung an oberster Stelle, die durch Kunst, Philosophie und Religion geleistet wird. Religion ist eine spezifische Form der Anpassung an die Realität und der Lebenssicherung. In besonderer Weise erfüllt sie die Aufgabe aller Kultur: die Minderung von Überlebensdruck und die Steigerung von Lebendigkeit. Jeder Kulturverlust liefert die Menschen den grundsätzlich härteren Bedingungen eines (auch innergesellschaftlich) höheren Selektionsdrucks aus – was heute in deutlicher Weise der Fall ist. Genau darum rückt die Bedeutung der Religion als Kulturphänomen erneut in das Bewusstsein der Menschen. Der Verlust von Religion ist ein Verlust von Lebendigkeit und von symbolischer Sicherheit. Religion ließe sich darum als Herz der Kultur verstehen. Erfahrung des Heiligen, Wandlung, Heilung, Nächstenliebe, Mitleid, Liebe und Schöpfungsbewusstsein sind Formen grundlegender Lebensbejahung.[29]

---

27. Willgis Jäger: Die Welle ist das Meer, 24.
28. Religion ist als »sinnliches Symbolsystem der nicht-sprachlich unterworfenen Sehnsüchte und Wünsche … die der Ideologie gegenüber andere Seite.« Alfred Lorenzer: Das Konzil der Buchhalter, 11.
29. Genial und souverän ist der Entwurf von Gerd Theißen: Biblischer Glaube in evolutionärer Sicht. »Die zentrale Wirklichkeit … wird sich als eine Wirklichkeit offenbaren, welche eine unbedingte Variationstoleranz hat … Die Öffnung für diese Variationstoleranz ist Religion. Die These dieses Buches lautet:

So wie die anderen gesellschaftlichen und kulturellen Teilbereiche auch, führt die Religion eine spezifische »Systemrationalität« mit sich, eine religiöse Vernunft. Sie weiß um die Entzogenheit von Leben und von Gelingen, und um die Transzendenz – also entzogene Vorgabe – von Sinnbedingungen. Sehr formal gesagt ist es schlicht die Anerkennung eines Größeren, die mit der Religion gemeint ist. Diese Anerkennung ist der aktiven Selbstmächtigkeit entgegengesetzt und gibt dem Menschen ein weit größeres Maß an Freiheit als diese; sie wird Gelassenheit erzeugen, während letztere immer zur Konkurrenz führt. Diese Einsicht ist religiöse Vernunft. Sie dürfte im Gegensatz zur wachsenden Irrationalität der Entwicklungen der spätmodernen Zivilisation gerade von besonders realistischer und lebensbewahrender Bedeutung sein. In ihrem Bezug zum Ganzen des Lebens ist die Religion darum nicht auf das eigene religiöse Segment zu beschränken. Im Gegenteil: wo Religion ihrem Sinn gerecht wird, ist sie eine Wahrnehmung, Durchdringung und Gestaltung des Alltäglichen, und nicht eines gesonderten Bereichs. Man muss da realistischerweise von einer »höheren Vernunft« sprechen, die nur auf Kosten eines gesamtkulturellen und humanen Verfalls auf Dauer auszublenden ist.

Neurotische Fehlformen der Religion

Fanatismus, Gewalt und Zwang sind in den Religionen so verbreitet, dass sie oft als ein Wesensmerkmal der Religion gelten. Wesen und Unwesen der Religion, kluge und neurotische Religion müssen darum so klar wie möglich voneinander unterschieden werden. Und darum bedarf die Fehlform der Religion einer eigenen Beleuchtung.

Kern jeder religiösen Fehlform ist die Verwechslung und Identifikation der Medien des Heiligen mit dem Heiligen selbst. Wo das geschieht, werden – so Paul Tillich – diese Medien »dämonisch«. Diese Verwechslung ist nun in der Religion ausgesprochen naheliegend und wahrscheinlich. Sie resultiert nämlich aus dem Streben nach der Bewahrung der heiligen Erfahrung, aus dem unbedingten Wunsch nach Gewissheit und Sicherheit in Heilsdingen; darüber hinaus auch aus der Sehnsucht nach der Nähe zum Heiligen. »Es ist fast typisch für Gläubige, dass sie aus ihren eigenen religiösen Aussagen Idole ma-

Wenn Kultur generell ein selektionsmindernder Prozess ist, so ist die Religion das Herzstück der Kultur.« A. a. O., 71.

chen.«[30] Nirgends sonst sind Menschen so sensibel, angreifbar und »nervös« wie dort, wo es um das ihnen Unbedingte geht.

Man kann es nicht scharf genug formulieren: im Kern jeder Religionspraxis steckt eine fundamentalistische, d. h. absolutistische Neigung. Diese Ab-solutheit (= Los-Lösung) lässt sich als das Bestreben verstehen, die heiligen Dinge der Verunreinigung und der Relativierung durch die Realität zu entziehen. Der Fundamentalismus betreibt eine solche Absolutheit durch die hartnäckige Verteidigung von angeblich unumstößlichen, jeder Kritik entzogenen Wahrheiten. Die Neigung dazu muss in einer Zeit des fortschreitenden Relativitätsbewusstseins entsprechend stark sein. Je größer die Verunsicherung, desto wahrscheinlicher die Flucht in scheinbar feste Gewissheiten. Fundamentalismus ist eine Erscheinung der *Moderne*. Aus psychologischer Sicht ist er eine Regression: das Ausweichen vor Anpassungs- und Entwicklungsproblemen durch eine Rückkehr in die vermeintliche Sicherheit einer vorausliegenden Entwicklungsstufe. Sigmund Freuds Kritik der Religion als infantiler Wunschvorstellung, als Illusion eines in den Himmel projizierten Trost-Vaters und als die Verweigerung vernünftigen Erwachsenwerdens bleibt bis ins Detail hinein gültig und beachtenswert. Freilich nicht als Beschreibung von Religion – sondern von neurotischer Religion.

Religiöse Absolutismen sind irreligiös. Was generell gilt, gilt auch für die Religion: »Alles Unbedingte gehört in die Pathologie.«[31] Religion ist darum vor ihren glühenden Verächtern ebenso in Schutz zu nehmen wie vor ihren glühenden Verteidigern und Anhängern. In einem System der absoluten Unterscheidung zwischen »wahr« und »falsch« gibt es nur Autorität und Hörigkeit, und es ist in einem solchen System nicht möglich, erwachsen zu werden. Auch für die Religion gilt aber das Luthersche *simul* (zugleich)[32]: sie ist immer falsch (als Selbstzweck) und zugleich wahr (als Hilfe zum Leben). Und in ihren zum Falschen neigenden Gestaltungsformen ist sie doch notwendig und ebenso wenig wegzudenken wie die menschliche »Sünde«.

Der Fundamentalismus lässt sich nicht als eine soziologisch eingrenzbare Sonderform in oder am Rande der Religionen verstehen. Er ist als Verwechslung von Glaubensaussagen mit Sachverhaltsbehaup-

---

30. John Shelby Spong: Was sich im Christentum ändern muss, 76.
31. Friedrich Nietzsche: Jenseits von Gut und Böse, 100.
32. Der Mensch ist nach Luther niemals »rein« und ganz heilig, sondern immer zugleich gerechtfertigt vor Gott und Sünder. Wo das auseinandergerissen wird, kommt es zu ideologischen Verzerrungen und falschem Streben, die weder der Realität, noch der Einsicht der Religion gerecht werden.

tungen oder einem Geltungssystem von (heiligen) Sätzen im Denken der Religion selbst präsent. Die Unterschlagung des grundlegend symbolischen Charakters aller Glaubensaussagen zeigt sich im Christentum vor allem dort, wo Glaube nicht als Vertrauenshaltung, sondern als Überzeugung und als Für-Wahr-Halten(-Müssen) verstanden wird. Christlich glaubt man dann nicht an Gott, sondern an die Bibel, das Bekenntnis, die Kirche oder das Dogma.

Als ebenso fundamentalistisch müssen die als sakrosankt aufgefassten Vermittlungsformen religiöser Erfahrungen und Ideen gelten. Die Vorstellung einer einzig wahren und heilsnotwendigen Kirche, eines *ex opere operato* (d. h. durch den bloßen Vollzug des geweihten Priesters) als unanfechtbar sakral verstandenen Sakraments, jede Form der heiligen Unberührbarkeit und Entzogenheit sind klare Symptome für neurotische Religionsformen. Sie sind Magie und Aberglaube und ersetzen das Heilige durch sich selbst. Die Verwaltung der Religion durch geweihte Berufene, die Anhäufung von religiöser Macht, die Konstitution von religiösem Zwang und – dem genau entsprechend – die Entstehung religiöser Abhängigkeiten sind die unausweichliche Folge. Das gilt auch dann, wenn die Routinen und die mit dieser einhergehenden Banalisierungen einer etablierten religiösen Institutionsform diesen Zwang oft gar nicht deutlich sehen lassen. Die Religion mutiert dann zur Ausgestaltung einer vom ubrigen Leben abgetrennten Sonderkultur, die Friedrich Nietzsche als »Hinterwelt« verspottet hat. Die »*Objektivität* der religiösen und kirchlichen Tatsachen: eine selbstgenügsam fertige, absolut eigenwertige Welt des Transzendenten, zu der das Individuum nur aufschauen, an der es irgendwie teilhaben oder Gnade von ihr empfangen kann«[33], wird zur fremden, entzogenen Weltwirklichkeit, die sich dem Leben und religiösen Empfinden des Menschen gegenüberstellt – und die wiederum die objektiv vorhandenen religiösen Mittel, Ideen und Rituale als Vermittlungswege zu ihr braucht. Damit etabliert sich der Zirkel religiöser Macht. Man mache sich klar, dass das frühe Christentum fast vollständig frei war von Ritual- und Reinheitsvorschriften; es hatte nicht einmal zentrale Heiligtümer – und gerade darin eine seiner großen Faszinationen.

Die Schärfe dieser Einsicht tritt in der Konsequenz zu Tage, dass Religion keineswegs primär für Trost und Hilfe sorgt. Sie stellt sich gerade nicht an die Stelle einer realistischen und zupackenden Hinwendung zum faktisch vorfindlichen Leben. Allzu oft gilt: »Entweder die Menschen glauben, etwas Besonderes zu sein, oder sie glauben an einen

---

33. Georg Simmel: Das Problem der religiösen Lage, 192.

Retter.«[34] Das aber ist Ausdruck einer Lebens-Verweigerung. Das Wunder ist keineswegs »des Glaubens liebstes Kind« (Johann Wolfgang v. Goethe), sondern des Aberglaubens, der sich durch Wunder-, Magie- und Zaubergläubigkeit gerade definiert. Jesus hat darum die Forderung nach »Zeichen« klar zurückgewiesen (Mk 8,12).

In dieser Logik werden sogar Fürbittgebete prekär. »Wer Gott um Gaben bitt', der ist gar übel dran; / er betet das Geschöpf und nicht den Schöpfer an«, dichtet Angelus Silesius. Nicht Trost, sondern Bewusstseinswandel, Umkehr und innere Stärkung sind die Triebfedern einer klugen Religion. Oder wie es Søren Kierkegaard ausdrückt: »Vermöge der Einladung an alle, ›die mühselig und beladen sind‹, ist das Christentum nicht, wie der Pastor flennend und unwahr es in die Gesellschaft einführt, als ein Prachtstück von milden Trostgründen in die Welt gekommen – sondern als das Unbedingte.«[35]

Trost und Vertröstung liegen nah beieinander; ebenso Wunder- und Aberglaube, kindlich bleibende Abhängigkeit und Lebensverweigerung. Religion ist allzu oft der Ort, an dem die Hilfe erwartet wird, die sich sonst nicht einstellt, und die man sich selbst nicht wirklich holen will. Diese Haltung aber macht den Menschen klein, nicht lebensfähig. Die Einsicht ist hart, aber im Christentum an zentraler Stelle abzulesen, nämlich in der Passion des Jesus: Gott greift nicht ein.

Der Protestantismus, positiv verstanden als die evangelische Konfession, hat genau hier sein Fundament und sein bleibendes Recht: als Protest gegen alle religiösen Vergegenständlichungen innerhalb wie außerhalb der Religion, und als Einspruch gegen das Ausweichen vor den realen Gegebenheiten und Anforderungen des Lebens durch religiöse Praxis und Frömmigkeit. Die Religion kann nicht einer Absicherung der Existenz dienen – alle solche Sicherungen sind Illusion. Will der Protestantismus sich selbst treu bleiben, so muss er die Einsicht wach halten, dass es keinen Wahrheitsbesitz und keine objektiv gültige Offenbarung gibt. Umgekehrt ist die Erfahrung von Gnade nicht an gegebene Formen der Religion gebunden.

---

34. Irvin D. Yalom: Die Liebe und ihr Henker, 14.
35. Søren Kierkegaard: Einübung im Christentum, 61. Vgl. »So wurde das Christentum in der Christenheit abgeschafft – mittels der Milde.« A. a. O., 219. »Um Gottes willen, geh zu niemandem, dich ›beruhigen‹ zu lassen.« A. a. O., 64.

Die Religion und die Angst

Hinter allen Formen regressiver und fundamentalistischer Tendenzen in der Religion steckt eine Angst, die einen eigenen Gedankengang verdient. Zunächst ist es die Angst, das für unersetzbar wertvoll Gehaltene nicht unverfälscht zu bewahren. Dann aber auch die Angst, die sich hinter allen von Menschen errichteten, der Sicherheit dienenden Systemen und Strukturen erkennen lässt: die Angst nämlich, die ganz generell mit dem Bewusstsein von Freiheit gegeben ist, und die zu ertragen zum Schwersten gehört, was Menschen zugemutet ist. Denksysteme, Weltanschauungen, Wissenschaften, Staatengebilde, militärische Systeme, das Rechtssystem usw., versuchen Sicherheiten gegen die Last und Zumutungen der Freiheit zu geben. Diese Systeme führen aber ganz automatisch einen Zug zur Rigidität mit sich: wer sie anzweifelt, stellt die in ihnen garantierte Sicherheit selbst in Frage. Dass dies selbst in der grundlegend um Aufklärung und rationale Durchsicht bemühten Wissenschaft gilt, merkt man spätestens dann mit Deutlichkeit, wenn man innerhalb einer wissenschaftlichen Gemeinschaft daran geht, eingespielte Standards in Frage zu stellen.

Dieser fundamentale Zusammenhang von Angst und Bemühung um Systemsicherheit gilt nun in vorrangiger Weise gerade für die religiöse Kultur. Der Fundamentalismus ist Anfang des 20. Jahrhunderts auch historisch zuerst als religiöses Phänomen in Erscheinung getreten. Er zeigt eine Angst, die zum Fanatismus führt, in dem die eigene Unsicherheit aktivistisch betäubt wird.

Eugen Drewermann vertritt die Auffassung, Religion sei die einzige angemessene und umfassende Beruhigung der Daseinsangst des Menschen. Das ist ein nachvollziehbarer Gedanke. Einzig und allein in einem Gefühl der Geborgenheit und des Vertrauenkönnens, wie es die Religion kommuniziert und auch bereitstellt, kann sich menschliches Leben in Freiheit entfalten. Fundamentalistische religiöse Absicherungen sind von dieser klugen, auf das gelebte Leben bezogenen Absicht dann freilich gerade zu unterscheiden. Auch wenn sie selbst im Bereich der Religion zu Hause sind, so geben sie doch eine falsche, weil künstlich erzwungene Sicherheit und schneiden so gerade vom Leben ab.

Im Christentum ist es vor allem die rationale Form der Lehre, die sich vom Leben und Empfinden der Menschen abhebt, und die in der Tendenz steht, eine religiöse Sonderwirklichkeit zu etablieren. »Indem die Dogmen der Religion, wenn sie vom Unbewussten isoliert gesehen werden, im Menschen selber keine Grundlage besitzen, verwandelt sich die religiöse Botschaft notgedrungen in eine gefühlskalte, heterogene bzw. heteronome Doktrin, die lediglich durch den Anspruch innerer (und äußerer) Gewalt Gehorsam und Unterwerfung fordern kann ... Selbstschikanen, Perfektion und Sündenreinheit werden jetzt die Vorbedingungen der Einheit mit Gott.«[36] Ablesbar ist diese Fehlentwicklung auch im Kultus: »Das Ritual ist nicht mehr Expression der menschlichen Wünsche und Hoffnungen, sondern Mittel, etwas zu erreichen. Die Rechtfertigung des Lebens liegt im Zeremoniell. Darum werden seine Verletzungen so empört aufgenommen. Sie sind Infragestellungen eines künstlich und ängstlich gehüteten Sinnes.«[37] Der Ritual- und innere Glaubenszwang (ich *muss* das einhalten, tun, glauben) ist Ausdruck einer gesteigerten Sehnsucht nach Gewissheit, die auch zur Unterwürfigkeit unter religiöse Machtansprüche und diktatorische Disziplinierungen führt. Menschliches Tun und göttliche Gnade werden dann zu zwei voneinander getrennten Bereichen, die sich mühsam amalgamieren müssen. Kluge Religion aber ist eine Frage des Blicks, der Perspektive, keineswegs eines heiligen Bereichs.

Symptomatisch für die Abtrennung von der Realität ist die Unfähigkeit, sich mit den gängigen Denk- und Lebensweisen organisch und plausibel zu verbinden und *in ihnen* die eigene Erfahrung, Idee und Perspektive zum Ausdruck zu bringen. Der christliche Streit um eine angebliche Alternative zwischen Schöpfung und Evolution, der das exemplarisch zum Ausdruck bringt, ist darum nicht nur peinlich, sondern Ausdruck einer neurotischen religiösen Fehlhaltung. Folge solchen Denkens ist nicht nur die Abwertung der Lebenswirklichkeit, sondern auch die zunehmende Erklärungsbedürftigkeit und Skurrilität des Christlichen. Abschottung stellt sich an die Stelle von Verwandlung; vermeintliche Sicherheit an die der Freiheit. Das Bescheidwissen in Sachen Religion, die Verwaltung des »Glaubensgutes«, die Berufung zur Belehrung der anderen, die als unwissend und unmündig eingestuft werden, sind weitere Folgen. Was hier zum Ausdruck kommt, ist neben dem Streben nach religiöser Sicherheit auch eine unbewusste Kultivierung von Hass. »Für viele Fromme aller Zeiten war die Liebe zu Gott nichts anderes als die Kehrseite ihrer Lebensverachtung.«[38]

Strukturierender Hintergrund aller Fehlformen von Religion ist die *Ideologie*. Damit ist ein Ideengebäude bezeichnet, das der konkreten Wirklichkeit vor- und übergeordnet wird und Erfahrungen (unbewusst) selektiert. Ideologien ergeben stabile Systeme, die die Sicherheit

---

36. Eugen Drewermann: Der Krieg und das Christentum, 369 und 371.
37. Fulbert Steffensky: Feier des Lebens, 76 f.
38. Paul Tillich: Religiöse Reden, 194.

einer vermeintlich klaren Zuordnung suggerieren. Sie schließen sich aber vor Kritik, Veränderung und neuer Erfahrung ab. Geht die Entwicklung des Lebens und des Bewusstseins weiter, werden Ideologien zu Zwangssystemen, die das Leben einschränken.

Fanatismus, Dogmatismus, Traditionalismus und kirchliche Exklusivitätsansprüche sind verschiedene Ausprägungen von Ideologie im Christentum, d. h. von einem ebenso erstarrten wie wirlichkeitsunangemessenen Denken, das die Tendenz zur Unterdrückung in sich trägt. Äußere und innere Gewalt ist deren Folge. Ihre spezifisch katholische Ausprägung hat sie in der Einschätzung von Weihe, Sakrament und Kirche als heilsnotwendig und sakrosankt, was sich christlich mit gutem Grund als eine widergöttliche Selbst-Überhöhung verstehen lässt. Der Katholizismus ist eine von Priestern verwaltete Religion, in der dem Prophetischen, Kritischen, Verändernden kaum eine Chance zur Artikulation eingeräumt wird. Sie führt zur Auftrennung der Wirklichkeit in katholisch und unheilig, schließlich dazu, dass die Kirche gegenüber einer »sündigen«, »modernistischen« Welt die Mauern hochzieht.

Eine spezifisch evangelische Ausprägung hat die Ideologie vor allem im Biblizismus, der die Bibel nicht als vielfach geschichtete Erfahrungs-Überlieferung, sondern als geoffenbartes und sakrosanktes Gotteswort versteht. Typisch dafür ist etwa die Formulierung »Die Bibel sagt« oder sogar: »Es hat Gott gefallen, sich so zu äußern«; ferner das »Ein für alle mal« der biblischen Offenbarung, das in naiver Weise das Wissen um historische Entwicklungen überspringt und die weitergehende Erfahrung des Göttlichen stillstellt. Die protestantische Bibel- und Bekenntnishörigkeit, die stark ausgeprägte theologische Lehrform, ist zwar keineswegs prinzipiell un-christlich, wirkt aber faktisch normierend und ersetzt nur allzu oft die verwandelnde Dynamik der eigenen Religion. Die faktische Sonderstellung des Pfarrers (der doch nur ein Amt innehat), der Umgang mit dem Sakrament (das doch eigentlich gleichbedeutend neben dem verkündigten Wort steht) usw. zeigen absichernde Tendenzen. Dass *alles* zum Ort der Religion werden kann und dass jeder »Laie« geistlich tätig sein kann, wird allzu oft nicht wirklich ernst genommen.

Die Ambivalenzen und Fehlformen der Religion zeigen die Unerlässlichkeit einer kritischen Analyse. Wo es um die tiefen, wirklich entscheidenden Fragen geht und Menschen sichergehen wollen, liegt die Gefahr »absolut wahrer«, statischer und vom Leben abgehobener Lehren allzu nahe. Ihr ist oft genug auch die christliche Theologie erlegen, obwohl sie um der kritischen Sichtung willen ganz unverzichtbar bleibt. Ihre Begriffe und ihr Ver-Stand sind statisch und haben bereits früh eine lebensferne metaphysische Wirklichkeit etabliert, die die religiöse Ur-Erfahrung und die Inspiration ihres Stifters kaum noch durchscheinen ließen. »Nur eine nachträgliche Abstraktion kann innerhalb eines religiösen Lebens die Religion vom Leben scheiden – eine Abstraktion, die freilich außerordentlich durch das Aufwachsen der Sondergebilde begünstigt wird, mit denen das religiöse Sein sich sozusagen vom Leben abdestilliert und sich ein nur ihm gehöriges Gebiet erbaut: die Welt des Transzendenten, die kirchliche Dogmatik, die Heilstatsachen.«[39] Dogma, Heilsvorstellungen und Kirche sind in dieser Sicht der Hinweis auf *mangelnde* Religiosität. Wo sie sich an die Stelle der lebendigen Religion selbst gesetzt haben – und das ist in der christlichen Theologie in bedenklichem Maße geschehen – da hat sich das Medium zur Sache, die Reflexion zur Ideologie gemacht, und damit, statt aufklärend zu wirken, den Urfehler aller falschen Religion in sich selbst begangen.

»Religion ist, was immer sie noch sein mag, die Gesamtreaktion eines Menschen auf das Leben.«[40] Allein das Leben kann letztes Kriterium für die Unterscheidung zwischen einer wahren, klugen, lebendigen Religion und ihrer neurotischen Fehlform sein. »Leben« ist freilich ein weiter Begriff. Über das, was Leben ausmacht, lässt sich aber doch Einigkeit herstellen. Leben bedeutet vor allem *Lebendigkeit*, es ist wesentlich Prozess, Entwicklung, Beziehung, also grundlegend dynamisch. Umgekehrt muss einleuchten: jedes Stillstellen von Leben führt zu seinem Tod; und das ist in der Verweigerung von Bewegung, von Nahrung, von Entwicklung und Freiheit (d. h. der Möglichkeit, Beziehungen aufzunehmen) ebenso der Fall wie in seiner sezierenden analytischen Zergliederung. »Wechselwirkung« lässt sich darum als »Wesen des Lebendigen überhaupt« angeben: so Georg Simmel. Alles isolierte Leben stirbt ab; Beziehung ist Ausdruck von Lebendigkeit. Und darum sind Polarität und Komplementarität dem Leben angemessener als eine einlinig kausale Logik[41], Emotion und Intuition mehr als Rationalität.

Religion ist – ganz wie das Leben selbst – ein ambivalentes Phänomen. Erfahrungen des Göttlichen, Heiligkeit, Deutungen des Ganzen usw. können ebenso ideologisch wie heilsam sein. Sie lassen sich definitiv nicht ohne Gefühlsbeteiligungen verstehen. Emotionen aber lassen sich theologisch nur schwer einfassen. Bezeichnend ist darum, dass die

---

39. Georg Simmel: Das Problem der religiösen Lage, 190 f.
40. William James: Die Vielfalt religiöser Erfahrung, 67.
41. Georg Simmel in einem bedeutsamen Nebensatz: »Leben, nämlich um die Widersprüche unbekümmert ...« Das Problem der religiösen Lage, 190.

christliche Theologie für die dramatischen Verwüstungen der natürlichen Welt und des Seelenlebens der Menschen heute kaum eine Sprache, oft nicht einmal ein Sensorium ausgebildet hat. Eine Religion aber,
die sich von den faktischen Lebensbedingungen absondert, verliert damit auch ihre eigene Lebendigkeit.

2.2 Wiederkehr und Verschwinden der Religion
Neue Fragen, neue Ratlosigkeiten

Die angebliche Wiederkehr der Religion ist ein nahezu unbestrittenes Phänomen. Unter Intellektuellen war Religion jahrzehntelang Tabuthema; umso erstaunlicher ist das jetzige Interesse. Unter Soziologen und Philosophen gilt das Interesse als Folge eines zunehmenden Unbehagens an der Moderne, vor allem am unglaubwürdig gewordenen Fortschrittsgedanken und am Abbau sozialer Verlässlichkeiten. Die fortschreitende Technisierung auf der einen und die Fragen der Lebensführung auf der anderen Seite fallen immer mehr auseinander.

Einen viel beachteten Vorstoß hatte bereits 1986 der Philosoph Hermann Lübbe gesetzt, als er Religion als »Kontingenzbewältigungspraxis« bezeichnete – also als den Bereich der Kultur, der sich mit den technisch nicht lösbaren Problemen des Schicksals befasst. Der Soziologe Niklas Luhmann hat entsprechend die gesellschaftlichen Funktionen von Religion zum Thema gemacht. Und immer wieder wird die Rede des lange religions-apathischen Jürgen Habermas von 2001 zitiert, in der er die humanen Potenziale der Religion für bis auf weiteres nicht ersetzbar erklärt. Als Thema ist Religion unbestritten wieder da. Die Rede von Religion ist aus dem Schatten des Peinlichen herausgetreten und hat sogar persönlich gefärbte Stellungnahmen wieder salonfähig gemacht. »Heute gibt es keine plausiblen starken Gründe mehr dafür, Atheist zu sein oder doch die Religion abzulehnen.«[42]

Mit der Abschaffung alter religiöser Formen, kirchlicher Machtstrukturen und christlicher Dogmen können die Weltdeutungen und vor allem das Lebenswissen der Religion offenbar nicht ad acta gelegt werden. Die moderne Situation macht dieses »Wissen« in geradezu drängender Weise erneut nötig. Denn »nichts kennzeichnet die Moderne tiefenschärfer als die Suche nach dem (verlorenen) Sinn. Sinnfragen aber sind Fragen der Religion.«[43]

Das Interesse an Religion ist aber nicht selbst schon Religion. Eine unmittelbar einleuchtende Gegenlesung zur These von der Wiederkehr der Religion in der westlichen Zivilisation macht Norbert Bolz auf: »Gott und die Seele sind die Ausgestoßenen der modernen Gesell-

---

42. Gianni Vattimo: Glauben – philosophieren, 18 f. Der Postmoderne-Philosoph bietet ein eindrucksvolles und inspirierendes Beispiel einer persönlichen, eigenwillig-kritischen Rückbesinnung auf das Christentum.
43. Wilhelm Gräb: Sinnfragen, 8.

schaft.«[44] Pierre Bourdieu spricht neben Umbesetzungen im »religiösen Feld« von einer »Auflösung des Religiösen«[45]. Vor allem der »Herrschaftsbereich der Geistlichen« habe keine klaren Grenzen mehr; ihre Aufgaben werden z. B. von Psychotherapeuten übernommen.

Ganz augenfällig ist: die vorherrschende Einstellung ist Agnostizismus bei hoher Toleranz, die an Gleichgültigkeit grenzt. Gelebte Religion, der persönliche spirituelle Vollzug, Selbstverpflichtung, Glaube und Bekenntnis sind längst zu Randphänomenen des gesellschaftlichen Lebens geworden. Trotz des Interesses gilt Religion faktisch weitgehend als ein Sich-Verlassen auf alte, unbeweisbare Traditionen, die dem Leben heute wenig Stütze geben können; Religion gilt als kompliziert, oft als unfriedlich. Vor allem aber ist sie reine Privatsache, und dies fast mehr noch als die Sexualität. Über Religion spricht man nicht. Allenfalls wird über die eigene religiöse Indifferenz geredet, über unsinnige Behauptungen von Transzendenz usw.[46]; echte religiöse Kommunikation aber wird nicht geübt, und ist eigentlich auch nicht erwünscht. Auf einer Party etwa würde der Beginn eines Gesprächs über Gott oder eigene Glaubensvorstellungen als Peinlichkeit aufgefasst werden.

Es dürfte kaum einen zweiten Bereich geben, in dem die »Freisetzungen« von festen Vorgaben und gegebenen Ordnungsrahmen – also die Individualisierung – so tiefgreifend durchgeschlagen haben wie in dem der Religion. Die Religion wird kaum noch gesellschaftlich gestützt; so gut wie niemand wünscht noch ihren Einfluss in öffentlichen Bereichen. Die modernen Teilbereiche der Gesellschaft – Wissenschaft, Technik, Konsummarkt usw. – kommen nicht nur ohne Religion aus, sie würden sich die Einmischung der Religion auch strikt verbitten. Die Frage nach dem, was heilig sei, wird heute ersetzt durch die Frage nach dem, was *mir* heilig ist. Eine religionspädagogische Untersuchung[47] hat in der Befragung von Schülern einen erstaunlichen Katalog zu Tage gefördert: Heilig sind die eigene Wohnung, die Familie, der Teddybär, das eigene Zimmer, die Kuschelecke des Lebens also, die persönlich-gemütliche Reichweite – in merkwürdiger Entsprechung zum archaischen Verständnis des Heiligen als dem ausgegrenzten Bereich.[48] Die strikte

---

44. Norbert Bolz: Das Wissen der Religion, 9.
45. Pierre Bourdieu: Die Auflösung des Religiösen, 231 ff. Bourdieu hat bei seiner Darstellung recht einseitig das katholische Priesteramt im Blick.
46. Vgl. dazu EKG (Hg.): Kirche in der Vielfalt der Lebensbezüge, 397 ff.
47. Georg Hilger: Wahrnehmungsschulung für die Religiosität Jugendlicher, 246 ff.
48. In der Sicht von Soziologen tritt die persönliche Liebesbeziehung an die Stelle der Religion. Die Liebe siedelt heute aber nicht zufällig nahe am Katastrophi-

Ablehnung von Autoritätsvorgaben, von Dogma und Belehrung ist zu einem standardisierten Grundmotiv der Einstellung geworden. Niemand lässt sich gern religiös etwas vorschreiben. Religiöse Verpflichtungen werden abgelehnt.

Gleichzeitig herrscht bei vielen religiöse Ratlosigkeit. Mit der Ablehnung des Bekenntnisglaubens schwindet auch die religiöse Gewissheit. »Man hat alte Zöpfe abgeschnitten. Doch man hat nicht mehr das Empfinden, dadurch eine Last losgeworden zu sein. Man fasst sich an den Kopf und registriert eine betrübliche Kahlheit. Da ist nichts mehr, was Geist und Seele wärmen, schützen und schmücken könnte … Aus eigener Kraft findet man nicht zurück zur alten Pracht.«[49]

Wo ist eigentlich echte religiöse Bewegung auszumachen? Sie zeigt sich weltweit vor allem als Erstarken des christlichen Charismatikertums, des islamischen Selbstbewusstseins und des religiösen Fundamentalismus. Taizé ist nach wie vor aktuell. Große religiöse Events finden die Aufmerksamkeit der Medien. Einen regelrechten Boom erlebt der lange vergessene Jakobsweg in Nordspanien; ein »Gedrängel auf dem Pfad der Sinnsucher«. Hape Kerkelings Erfahrungen dort (»Ich bin dann mal weg«), haben eine Millionenauflage erreicht. Jeder fünfte Deutsche hält sich nach Umfragen für »sehr religiös«.

In Deutschland sind aber anderen Umfragen zu Folge gerade einmal noch 10 % der Bevölkerung Traditions-Christen, 40 % gelten als religiös indifferente Alltagspragmatiker (die am schnellsten wachsende Gruppe), 15 % als spirituelle Sinnsucher, 35 % als religiös Kreative (Menschen, die ihre religiöse Orientierung wechseln und selbst zusammensuchen). Das alles zeigt: Religion gilt wieder als interessant, wird aber als Erlebnis gesucht und dabei zunehmend diffus und sozial un-

schen. Denn sie entzieht sich notorisch der Machbarkeits- und Verfügbarkeitslogik des Technischen. Die Frage: wer macht und braucht wen wozu? ist in Liebesbeziehungen schwer lösbar. Vgl. dazu Ulrich Beck / Elsabeth Beck-Gernsheim: Das ganz normale Chaos der Liebe.

49. Johann Hinrich Claussen: Zurück zur Religion, 253. Claussens Buch gibt eine Reihe sehr treffender Beschreibungen der Einstellung zum Christentum. Seine These allerdings, wir kämen vom Christentum nicht los (oder es gebe sogar ein neu erwachtes Interesse an ihm) lässt sich schon auf Grund seiner Szenarien nicht halten, die allesamt Restbestände eines immer *geringer* werdenden Interesses am Christentum beschreiben. Eine tatsächliche Rückwendung ist bei Claussen gar nicht in Sicht. Und sie ist auch nicht zu haben ohne eine kritische Aufarbeitung der christlichen Tradition – und ohne die Neubesinnung auf Religion.

sichtbar. Religion kehrt wieder als Suche nach Religion.[50] Faktisch zeigen sich im Grunde nur religiöse Restbestände. Aus dem Alltagsleben der Menschen zieht sich die Religion als geübte Praxis und als gelebte Überzeugung ganz eindeutig mehr und mehr zurück.

Die viel beschworene »Wiederkehr der Religion« ist also eine Defizitanzeige. Was da wiederkehrt, ist nicht Religion, sondern das Bewusstsein ihres Fehlens. Dazu passt die verbreitete Einschätzung der Religion als einer zwar faszinierenden, aber skurril-befremdlichen und wenig hilfreichen Gegenwelt. Und darum kann Religion nicht unter die »Modernisierungsgewinner« (Hermann Lübbe) gerechnet werden. Religiös gewinnen lediglich die vormodernen, meist neurotischen Religionsformen. Die Einschätzung Volker Gerhardts trifft die Lage genau: Die Europäer mögen Religion interessant finden und ihre Funktionen ehrbar. »In Wahrheit aber ist ihnen der Glaube gleichgültig geworden. Für sie ist Gott ein alt gewordenes Gespenst, das so lange hilfreich gewesen sein mag, wie man noch nicht wusste, was wir heute zu wissen glauben.«[51]

Für die Menschen bilden die klassischen Orte heiliger Erfahrung, Kirche und Natur, immer weniger einen vertrauten Lebensraum. Wunderbar pointiert schreibt Asfa-Wossen Asserate: »Das Grab Christi zu befreien konnte über Jahrhunderte die Herzen der Armen und der Reichen mit wilden Träumen und der Bereitschaft zu äußersten Opfern erfüllen; der Traum vom heizbaren Swimmingpool bewegt die müden Hinterteile schon heute nicht mehr zehn unbezahlte Schritte über die Straße.«[52] Und das hängt nicht nur an äußeren Gegebenheiten, sondern vor allem an einer veränderten Einstellung. »Der moderne Mensch will die höhere Gewalt nicht erleiden, sondern sein.«[53] Religion wird da automatisch zur Antiquität. Weil es »keine nichtreligiösen Gründe mehr gibt, religiös zu sein« (Niklas Luhmann), wird sie zum allenfalls noch

50. Das hat Rüdiger Safranski richtig gesehen: »Das [derzeitige] religiöse Bedürfnis ist eine Sehnsucht nach Religion, das Verlangen also, in einen religiösen Lebens- und Erfahrungszusammenhang hineinzukommen … Man will in einem geistig-seelischen Sinne zu Hause sein.« Rüdiger Safranski: Religiöse Sehnsucht – Sehnsucht nach Religion, 17.
51. Volker Gerhardt: Individuum und Religion, 28. – Die Wiederentdeckung der Religion ist eine »Recherche du temple perdu«, wie Gianni Vattimo ironisch, aber hintersinnig formuliert. Sie ist »auch die Anerkennung einer notwendig entleerten Beziehung.« Gianno Vattimo: Glauben – Philosophieren, 7 und 9.
52. Asfa-Wossen Asserate: Manieren, 23.
53. Peter Sloterdijk: Chancen im Ungeheuren. Vorwort zu William James: Die Vielfalt religiöser Erfahrung, 12.

geduldeten Randbereich. Dem Austritt aus der Kirche folgt in aller Regel kein Eintritt in eine andere religiöse Gemeinschaft, sondern der Übergang in eine pragmatische Lebenshaltung und in eine religiöse, rituelle und gestische Abstinenz.

Der Hinweis, dass viele öffentlichen Umfragen Religion und Kirche vorschnell gleichschließen, ist natürlich richtig. Kirchenaustritte bedeuten noch keine Absage an Religion überhaupt. Der religiöse Bedeutungsverlust lässt sich aber nicht mit dem Argument einer bloßen »Ausdifferenzierung« der Religion dementieren.[54] Der durchschnittliche westliche Mensch ist inzwischen trotz seiner »Bildung« (besser: Informiertheit) ein religiöser Analphabet. Matthias Kroeger spricht bereits von einer »Barbarisierung und Provinzialisierung des humanen und religiösen Bewusstseins« und sieht auf religiösem Gebiet »nur individuelle und d. h. ungeheuer instabile, flüchtige und zudem rapide abnehmende Formenreste.«[55] Die Religion unterliegt einem *gravierenden* Bedeutungsverlust. Statt einer Wiederkehr der Religion offenbart sich bei genauerem Hinsehen ein religiöses Vakuum, das historisch neu ist.

Darum ist nach wie vor von einer voranschreitenden Säkularisierung zu sprechen. Der Ausdruck stand ursprünglich für die Verstaatlichung sakraler Güter im Gefolge der religionskritischen Aufklärung in den Jahren 1803/06, und wurde dann für eine offensichtlich immer vollständigere Verdrängung und Ersetzung von Religion durch die Entwicklungen der Moderne benutzt. In der Tat gehen immer mehr ursprünglich religiöse Funktionen in profane Zuständigkeiten über und leben dort als »profanierte Religion« weiter: für körperliche und seelische Heilung sind nicht mehr Schamanen und Priester, sondern Mediziner und Psychotherapeuten zuständig; das Recht wird nicht mehr sakral, sondern staatlich garantiert; Bildung ist Sache des Staates, nicht mehr der Kirchen; Ehen werden rechtlich ausschließlich vor dem Standesamt geschlossen – usw. Religion scheint in diesem Prozess schlicht überflüssig zu werden. Auch wenn man bestimmte Funktionen der Religion für nicht ersetzbar hält, ist damit ist noch keineswegs, wie immer wieder behauptet wird, eine Widerlegung oder auch nur Modifikation

---

54. Wie viel Sinn macht die Einschätzung, dass im Bereich »individueller Religiosität nur eingeschränkt von einer Erosion des Glaubens« gesprochen werden könne? Hans-Georg Ziebertz (Hg.): Erosion des christlichen Glaubens?, 81. Bei aller klugen Differenzierung ist vor allem der häufige Hinweis auf Thomas Luckmanns »Unsichtbare Religion« da noch kein Argument. – Auch die Einschätzung Volker Drehsens, das »religiöse Volumen« bleibe in etwa gleich, ist eigentlich nicht belegbar. Und was wäre damit eigentlich gesagt?
55. Matthias Kroeger: Die Notwendigkeit der unakzeptablen Kirche, 130; 194.

der Säkularisierung gegeben. Diese schreitet weiter voran. Der Religionssoziologe Franz-Xaver Kaufmann hat die Rede von der Säkularsierung sogar als »Verharmlosung« bezeichnet. Auch Unersetzliches kann verloren gehen, wie die Zerstörung der Natur zur Genüge beweist.

Die Behauptung, der Mensch sei »unheilbar religiös«, ist in dieser Perspektive nicht mehr sinnvoll. »Man kann geboren werden, leben und sterben, ohne an Religion teilzunehmen; und auch wenn die Religion sagen wird, dass dies alles in Gottes Welt geschieht, kann der Einzelne dies schadlos ignorieren« – so Niklas Luhmann bereits 1989.[56] Die religionsfreien Systeme prägen längst das allgemeine Bewusstsein. Sie bedeuten eine »zunehmende Irrelevanz religiöser Momente für das tägliche Leben der heutigen Menschen«[57]. Trotz und neben der religiösen Suche herrscht ein hohes Maß an religiöser Indifferenz, eine Atmosphäre »religionsfreundlicher Anspruchslosigkeit« (Rudolf Englert). Woran liegt es, dass diese religiöse Verarmung so wenig bemerkt wird? Warum gelten Suche, Sehnsucht und Interesse an Religion so vorschnell als deren Wiederkehr?

56. Niklas Luhmann: Die Ausdifferenzierung der Religion, 349.
57. Franz Josef Wetz: Illusion Menschenwürde, 129.

2.3 Ein altes Märchen, das nicht weiterhilft?
Einbrüche im Christentum

Rückzugstendenzen

Wenn religiöse Suche zum Trend wird, dann sollte man erwarten können, dass auch dem Christentum ein gewisses Interesse gilt. Die religiöse Suche findet im Christentum aber so gut wie keine Resonanz. In der
Wahrnehmung der Menschen werden Kirche und Theologie oft gar
nicht mehr mit Religion überhaupt in Verbindung gebracht: Was an
Religion interessiert, wird da offensichtlich nicht mehr vermutet. Die
Unkenntnis gegenüber dem Christentum, seiner Symbolik, seiner
wichtigsten Aussagen und auch seiner Fehlformen, ist weit fortgeschrit-
ten.

Wo befindet sich das Christentum angesichts der neuen Frage nach
Religion? Die theologischen Fakultäten stehen seit einigen Jahren unter
starkem Druck; immer weniger Studierende kommen. Religionslehrer
durchaus, aber evangelischer Pfarrer möchte man nicht mehr gerne
werden, katholischer Priester schon lange nicht mehr: die Priestersemi-
nare stehen leer. Gäbe es nicht die Staatskirchenverträge, wäre die Lage
für die akademische Theologie schon wahrhaft bedrohlich. Die Kirchen
scheinen nach wie vor gesellschaftlich präsent zu sein. Freilich sind die
Hinweise auf ein sich rapide verschlechterndes Image unübersehbar geworden – trotz der hohen Zahl der nach wie vor in ihnen Engagierten.
Viele Menschen sind am Christentum interessiert und fühlen sich den
Kirchen zugehörig. Gleichzeitig wächst aber auch die innere Distanz.
Das Tempo dieser Veränderungen ist im historischen Maßstab gesehen
rasant. Hat sich das Christentum überholt?

Die Einsicht mag Anhänger des Christentums schmerzen, ist aber
um der Ehrlichkeit willen nicht zu umgehen: Das Christentum steht in
der westlichen Welt in einem Kontinuitätsabbruch von geschichtlicher
Dimension. Von der alles strukturierenden abendländischen Geistes-
und Sozialmacht hat es sich in wenigen Jahrzehnten in ein zwar kirch-
lich-öffentlich nach wie vor gut sichtbares, faktisch aber quasi privat-
rechtliches Vereinswesen verwandelt. Der weitgehenden Selbstverständlichkeit von Christlichkeit, Kirchenzugehörigkeit und einem hohen
öffentlichen Kurswert theologischen Denkens in der ersten Hälfte des
20. Jahrhunderts, für den Namen stehen wie Paul Tillich, Karl Barth,
Rudolf Bultmann, Karl Rahner usw., folgt heute eine Zeit, in der theologische Fakultäten ums Überleben kämpfen, christliche Kirchen verkauft werden und christliche Begriffe wie Pfingsten, Papst, Luther,

Sakrament usw. selbst unter Gläubigen kaum noch zugeordnet werden können und zum Teil schon mit höchst skurrilen Vorstellungen verbunden werden. Christliche Glaubensaussagen sind vielen Menschen, und selbst Kirchenmitgliedern, inzwischen unverständlich und nahezu unbekannt. Selbst die ursprüngliche christliche Bedeutung des Weihnachtsfestes ist nur noch einer verschwindend kleinen Zahl geläufig.

Die anhaltend hohe Zahl der Kirchenaustritte und die schon fast sprichwörtliche Leere der Gottesdienste machen unmittelbar deutlich, dass sich die Menschen im Christentum offenbar nicht mehr wiederfinden. Im Vergleich zum nahezu flächendeckenden christlichen Selbstverständnis und zur fast lückenlosen kirchlichen Bindung noch in den 60er-Jahren wird die Dramatik des Wandels deutlich: Innerhalb von weniger als zwei Generationen ist das Christliche von einer umfassenden, lebensprägenden Selbstverständlichkeit zu einem alten Erbstück mutiert, dem allenfalls noch Museumswert bescheinigt wird. »Die Bewohner des Abendlandes haben das ›christlich‹ gestrichen.«[58]

In der Tat ist die Situation der Kirchen dramatisch. In einer einzigen Generation sind mehrere Millionen Menschen allein in Westdeutschland aus der Kirche ausgetreten. Schätzungen gehen davon aus, dass die Mitgliederzahl der evangelischen Kirche bis 2030 um ein Drittel schrumpfen, ihre Finanzkraft sich sogar halbieren wird. Diese Entwicklung erzeugt »Frustrationsschleifen« bei kirchlich Beschäftigten und Gemeindechristen, die ihrerseits destruktiv wirken. Die Entwicklung wird demnach nicht linear verlaufen, sondern sich zunehmend beschleunigen. Auch das Image der Kirche verschlechtert sich mit dem Mitgliederschwund und beschleunigt die mangelnde Attraktivität. Es bleiben vor allem die Alten und sozial Schwachen.

Diese Entwicklung macht auch vor der mächtigen katholischen Kirche nicht halt. Inzwischen lassen sich hierzulande weniger als die Hälfte der katholischen Paare kirchlich trauen. Die Zahl der Kindertaufen bricht ein. Der Priestermangel ist eklatant. Immer mehr Gemeinden werden zusammengefasst, riesige Gebiete müssen von einem einzigen Priester versorgt werden. Einzelne Bistümer können ihren Haushalt nur noch über Kredite finanzieren. Um nur ein Beispiel zu nennen: Das katholische Bistum Essen wird in den nächsten Jahren etwa ein Drittel seiner knapp 300 Kirchen abstoßen. Sie mutieren zu Ärzte-

---

58. Matthias Drobinski: Oh Gott, die Kirche, 173. Sehr ähnlich waren die Ergebnisse der SPIEGEL-Umfrage »Was glauben die Deutschen« schon 1992, die trotz ihrer methodisch fragwürdigen Einschränkung des Christlichen auf Inhalte des Glaubensbekenntnisses dieselbe Tendenz zeigte.

häusern, Kletterzentren, Supermärkten oder Wohnungen. In Holland sind bereits ca. 60 % aller Kirchen verkauft worden, was andernorts kaum bemerkt wird. Der Verkauf von Kirchengebäuden muss aber als symbolischer Akt verstanden werden, der die Entchristlichung selbst noch einmal beschleunigt.

Karl Rahner hatte bereits 1984 Deutschland als »heidnisches Land mit christlicher Vergangenheit und christlichen Restbeständen« bezeichnet. Diese Einschätzung erweist sich immer mehr als treffend. Die kirchliche Sozialisation ist bis auf Restgrößen faktisch zusammengebrochen. Auch wenn sich der Stil kirchlicher Arbeit verändert hat, der Ton freundlicher und weit weniger autoritär geworden ist, so ändern sich doch die kirchlichen Strukturen nicht, vor allem aber nicht die Glaubensüberzeugungen. Und die religiösen Rituale werden kaum anders vollzogen als vor Jahrhunderten.

Der »Knoten der Geschichte« hat sich weitgehend so gelöst, wie Friedrich Schleiermacher es befürchtet hatte: in eine ungläubige, materialistisch-positivistische Wissenschaft auf der einen Seite, und einen »barbarischen«, also ungebildet-naiven Glauben auf der anderen, der seine eigenen Vorannahmen nicht kennt. Heute steht eine kleiner werdende Herde von Überzeugten einer umfassenden religiösen Ignoranz gegenüber, die Religion zwar interessant findet, sie aber im Blick auf das eigene Leben und Denken weitgehend nur noch als Ausdruck menschlicher Unreife und Hilflosigkeit versteht, und die vor allem das sichtbare Christentum mit einer überholten Vorstellungswelt assoziiert. Eine aktive Auseinandersetzung mit diesem Christentum ist zur Seltenheit geworden.

Befremdlichkeiten

Wer sich die Gewohnheiten des modernen Lebens vor Augen führt, muss erkennen, *wie* fremd einem heutigen Zeitgenossen etwa der kirchlich nach wie vor gebräuchliche Gesangbuchvers sein muss: »Wenn meine Sünd mich kränken, / o mein Herr Jesu Christ / so lass mich wohl bedenken, wie du gestorben bist.« Welche Sünden sollten mich belasten? Konkurrenzdruck, Sinnlosigkeitsgefühle, Partnerschaftskrisen, Unzufriedenheit, Zeitmangel, Stress durchaus – aber Sünden? Und wenn: was haben meine Sünden mit Jesus von Nazareth zu tun, gar mit seinem Tod? Die gesamte Erlösungsvorstellung, wie sie für das etablierte Christentum von zentraler Bedeutung ist, ist da kaum noch als unverständlich, eher schon als skurril zu bezeichnen. Die Vorstellung eines objektiv gegebenen Heilsdramas widerspricht nicht nur dem historischen Denken, es ist vor allem auch nur unter größten Mühen noch anzugeben, was sie mit den Verheißungen und Schwierigkeiten des heutigen Lebens zu tun haben sollte. Ganz offensichtlich müsste man sich zuerst einmal die christliche Heilsvorstellung und Lebensdeutung mühsam zu eigen machen, um sich von ihr überhaupt angesprochen fühlen zu können. Das aber scheint einer funktional denkenden Zeit der freien Optionenvielfalt nicht mehr der Mühe wert, zumal keine klar erkennbaren Gewinne für das eigene Leben damit verbunden sind. Theologen werden sich beeilen zu erklären, dass es sich hier um Zusammenhänge des Glaubens handelt, die nur diesem ansichtig werden. Warum aber sollte man in diesen Glauben erst einmal hineinkommen wollen?[59]

Die Einstellung zur Kirche ist denn auch weit überwiegend negativ. Umfragen zeigen, dass die Bereitschaft zur Mitarbeit selbst dann gegen Null geht, wenn die Kirche sich den Wünschen der Befragten anpasst – man will da offenbar grundsätzlich nicht mehr mitmachen. Die Grundhaltung der meisten Menschen ließe sich in den Satz fassen: »Ich bin schon irgendwie religiös, aber natürlich nicht so wie die Kirche das will.« Niemand möchte sich »anpredigen« lassen. Der Begriff »dogmatisch« ist zum Synonym für starre Fixierung geworden.

Damit ist nun noch keineswegs etwas über die mögliche Bedeutung der Religion für das moderne Leben gesagt. Die Einschätzungen der Menschen zeigen zunächst nur dies, dass ihre eigenen Gedanken und Erfahrungen mit dem Christentum nicht mehr bruchlos zusammengehen. Die Kirchen kultivieren offensichtlich eine von den Fragen des

59. Ausgesprochen pointiert formuliert Carl Friedrich von Weizsäcker das Problem: »Die Rationalität der modernen Willens- und Verstandeswelt ist den selbsterzeugten Problemen nicht gewachsen. Die Rationalität unserer religiösen Überlieferung bleibt ihr gleichwohl unterlegen, weil sie Symbol und Wirklichkeit nicht auf der heute zugänglichen Bewusstseinsstufe hat unterscheiden können.« Carl Friedrich von Weizsäcker: Im Garten des Menschlichen, 507. Religion bleibt freilich hoch bedeutsam: »Die Wissenschaft führt an die Schwelle einer Erfahrung, die sich der Meditation, aber nicht der Reflexion erschließt«, a. a. O., 166. Das Buch ist eine Durchdringung naturwissenschaftlicher, weltpolitischer und religiöser Fragestellungen, das in seinen komplexen Verweisen und Zusammenstellungen fast einzigartig ist und noch weit mehr Aufmerksamkeit verdient hätte, zumal unter Theologen. Theologisch geht es mit sicherem Instinkt auf die zentralen Gehalte der christlichen Tradition und deren moderne Verstehensbedingungen zu: Bergpredigt, Luther, Bonhoeffer, die Vernunft der Affekte, Erkenntnistheorie und Meditation.

alltäglichen Lebens abgehobene Sonderwelt, die nicht attraktiv ist. Die vierte Mitgliedschaftsuntersuchung der Evangelischen Kirche in Deutschland[60] hat als eines ihrer zentralen Ergebnisse zu Tage gebracht: Kirchlichkeit und mordernitätsfreundliche Haltung widersprechen sich. Für eine Kirche, die sich traditionell als Volkskirche versteht, ist das eine Fatalität. Sie wird zu einer »Kirche fürs Volk, das nicht zur Kirche kommt«[61]. Auch für die meisten Christen selbst gerät die Kirche an den Rand des eigenen Lebens: »Man tritt nicht aus, geht vielleicht noch zu Weihnachten in die Kirche, lässt sich katholisch trauen, weil das die Oma so wünscht; man hält sich aber ansonsten fern vom Gemeindeleben.«[62] Vor allem in der intellektuellen Öffentlichkeit ist das Ansehen der Kirche gering.

Bemerkenswert ist, dass auch ein Großteil der gläubigen Christen auf Distanz zu Dogma und Kirche geht. Bei Religionslehrern etwa, die für die Tradierung und Sozialisation des Christentums längst wichtiger geworden sind als die Geistlichen, wurde eine »Entkoppelung« der eigenen religiösen Haltung und Absicht von der kirchlichen Religionsform (Andreas Feige) festgestellt; man fühlt sich weit eher einem privat verantworteten, kritischen Glauben verpflichtet als einer konfessionellen Kirchlichkeit. Das Ziel des Religionsunterrichts ist für die Religionslehrer durchgängig keineswegs mehr eine Hinführung zur christlichen Kirche, sondern eine selbst verantwortete Religiosität.

Vor allem unter den Jüngeren wird das Christentum inzwischen weitgehend als eine für andere zwar tolerierbare, für einen selbst aber nichtssagende naive Illusion aufgefasst – ein altes Märchen, das historisch nicht verbürgt ist. Viele haben vom Christentum das Bild einer geradezu mittelalterlichen magischen Praxis. Das Christliche bildet den Gegenpol zu einem durchgreifend selbstverständlich gewordenen naturwissenschaftlich grundierten Materialismus und Positivismus.[63]

---

60. EKD (Hg.): Kirche in der Vielfalt der Lebensbezüge.
61. Peter Rosien: Mein Gott, mein Glück, 173. Das Buch von Rosien ist ein engagierter, kritischer und beherzter Vorstoß. Es bleibt insgesamt aber so subjektiv, dass es *argumentativ* nicht wirklich überzeugt.
62. Matthias Drobinski: Oh Gott, die Kirche, 85.
63. Holger Oertel: Gesucht wird: Gott?, 410. »Die Befragten assoziieren ›Kirche‹ nicht selten mit Bevormundung, Disziplinierung und negativer Autorität und stellen sie dem angestrebten Lebensstil der Selbstbestimmung und lustbetonten Spontanität entgegen.« A. a. O., 411. »Religion wird … als Widerspruch zu kritischer Rationalität und wissenschaftlichem Fortschritt verstanden und steht nach Auffassung der Jugendlichen einer individuellen Entfaltung der Person tendenziell gegenüber.« A. a. O., 412 (im Text kursiv).

Es sind nur wenige Jahrzehnte, in denen die innere Distanz der Menschen zu Kirche, Dogma und Christentum massiv angewachsen ist. Umfragen belegen: Das in den Kirchen sichtbare Christentum gilt nicht nur als rückständig und naiv, sondern auch als bevormundend, vor allem aber: als wenig hilfreich für öffentliche und private Belange. Theologische Differenzierungen sind kaum noch bekannt. Die alte Religionskritik an der Wende zum 20. Jahrhundert, die Religion als »Projektion« (Ludwig Feuerbach), »Opium des Volkes« (Karl Marx) und »Illusion« (Sigmund Freud) verstand und auf kindliche Bedürfnisse und Wunschphantasien zurückführte, ist offenbar mehr als nur ein Diskurs unter Intellektuellen gewesen. Sie zeigt ein verändertes Bewusstsein an, das inzwischen zur Normalität geworden ist. Und sie trifft das *Christentum* – keineswegs mehr pauschal die Religion, die ja als durchaus interessant gilt. Christentum und rationales erwachsenes Denken sind in Opposition getreten.

Das Wissen um die Vielgestaltigkeit und Relativität von Religion steht nicht nur dem religiösen Fundamentalismus, sondern ganz offensichtlich auch einer wahrgenommenen Absolutheit von dogmatisch normierter Rechtgläubigkeit und kirchlichem Selbstverständnis klar gegenüber. Wenn alles relativ ist, dann muss es auch der Glaube sein. Veränderung ist zu einem prinzipiellen Grundzug des modernen Lebens geworden. Ganz unabhangig davon, wie man das bewertet: Dynamik und Flexibilität, Anpassungsfähigkeit, Durchsetzungsvermögen und Erfolgsstreben gelten als Grundtugenden des Verhaltens. Prinzipielle Revidierbarkeit, das Wissen um historische Bedingtheit und umfassende Relativität sind inzwischen gängige Selbstverständlichkeiten. Absolute religiöse Aussagen lassen sich damit kaum noch vermitteln. Wo die Frage nach religiöser Orientierung nicht stillgestellt ist, wird darum nicht religiöse Wahrheit und Überzeugung gesucht, sondern eher Inspiration und Lebenshilfe. Sind die im heutigen Christentum zu finden?

Auch viele Bedürfnisse der heutigen Menschen finden sich im Christentum offenbar nicht wieder. Zeittypische Bedürfnisse spiegeln sich dagegen vor allem in der Populären Kultur. Diese zeigt eine eindringliche, oft schon übersteigerte Suche nach intensiven Erlebnissen und nach einem erfüllten Leben. Ebenso zeigt sie die Kehrseite solcher Bedürfnisse: ungestillte Sehnsüchte etwa und innere Leere. Wo aber taucht in den Kirchen die Suche nach Lebenslust oder die ungestillte Sehnsucht auf? Man assoziiert die Kirche eher mit Lustfeindschaft und einer lebensfern-steifen Demutshaltung. Das mag auch daran liegen, dass das etablierte Christentum bisher allzu eindeutig und einseitig zur Hochkultur gehört hat und entsprechend hohe Zugangsschwellen mit sich führt, die kaum jemand noch überschreiten mag. Dient aber Religion nicht der Lebens-Steigerung? Hat sie denn nichts zu tun mit der Suche der Menschen? Kann sie auskommen ohne Lust und intensive Erfahrungen?

Das Christentum steht am Rand. Andreas Mertin spricht bereits von einem »elementaren Kulturverlust«. Christliche Kunst steht im kulturellen Abseits, moderne Kunst in der Kirche tut sich ausgesprochen schwer. Von einer prägenden Präsenz des Christlichen in den Massenmedien kann keine Rede sein. Die Produkte der Popkultur sind trotz vieler religiöser Zitate, Symbole und Äquivalente nicht mehr christlich; sie kennen keinen allmächtigen Gott, keine tradierten Wahrheitsansprüche und keine Erlösung durch Christus, sondern nur durch Helden und Retter oder durch die Liebe zwischen Mann und Frau. Gerade die Popkultur aber zeigt eine inzwischen erheblich gesteigerte Komplexität der Lebenswahrnehmung: Liebe braucht Opfer, Mörder können auch liebenswert sein, für das gute Leben gibt es kaum ein Rezept – außer der Liebe, aber auch die ist ambivalent und schwierig. Simple Happy Ends wirken heute langweilig. So führen das »Harry Potter«, »Titanic«, »Der Herr der Ringe« und viele andere Produktionen vor Augen, die stark nachgefragt sind. Beim Christentum dagegen wird so eine auf das Leben bezogene Komplexität kaum noch sichtbar und inzwischen von vielen auch gar nicht mehr vermutet.[64]

Ein lebensferner Glaube?

Dogmen, Bekenntnisse und Kirchenrecht geltend offensichtlich als bevormundend, ihre Tendenzen zum Eingriff in das Privatleben werden als Anmaßungen erlebt.[65] Die Wahrnehmung eines autoritären Grundgestus lässt sich als tiefster Grund der Ablehnung des Christentums vermuten. Letztbegründungen wie das Dogma oder die Idee der Unverzichtbarkeit der Kirche werden heute offenbar als Vereinnahmungen

---

64. Ein erster grundsätzlicher Versuch eines theologischen Verstehens der Popkultur, das über die Feststellung religiöser Äquivalente hinauskommen will: Verf. / Ingo Reuter (Hg.): Sinnspiegel.
65. Auch wenn sich die Menschen unter soziologischem Blickwinkel durch Konsummarkt und Ökonomie durchaus bevormunden lassen, tun sie das nur unter der Prämisse einer (vermeintlich) eigenen Wahl. Der *Gestus* von Bevormundung wird grundsätzlich abgelehnt.

eingeschätzt, ebenso das prinzipiell in Abhängigkeit haltende altkirchliche Schema von Sünde und Kirchenbuße. Kreuz und Kreuzzüge sind schnell assoziiert. Inquisition, Judenhass und Hexenverfolgung können als Belege für eine prinzipielle Unduldsamkeit der christlichen Religion dienen. Viele meinen: Wo absolute Überzeugungen herrschen, kann die Folge gar keine andere als Intoleranz und Gewalt sein; andernfalls würde sich die Religion ja selbst nicht ernst nehmen.[66]

Die individuelle Version des modernen funktionalen Denkens, die Frage: was »nützt« es, »was bringt mir das?«, scheint Glaube und Religion – so wie man sie kennt und versteht – nicht mehr unter die Nützlichkeiten des selbstbestimmten Lebens zu rechnen. Man glaubt längst schon zu wissen, was einem in der Kirche gesagt wird, kann das aber nicht brauchen. Eine Untersuchung von Holger Oertel zur Einstellung von Schülern macht deutlich, dass der Glaube als Hilfe für Schwache gilt; man setzt sich von ihm schon deshalb ab, um sich selbst nicht als hilflos zu zeigen.[67] Andere mögen den Glauben nötig haben – ich selbst komme (hoffentlich) ohne ihn aus. Eine verbreitete Areligiosität, in der Theologie so gut wie nirgends zum Thema gemacht, ist also zunehmend der Normalfall. Der Satz »Das muss jeder selbst wissen« ist in Umfragen zur Religion eine der häufigsten Stellungnahmen überhaupt.

---

66. Damit ist ein neuer Ton der Kritik gegeben: Nicht Atheismus ist sein Argument, sondern die Bestreitung der kulturellen Relevanz und der Lebensdienlichkeit des Christentums. Populär geworden ist vor allem die Kritik von Herbert Schnädelbach, der von sieben »Geburtsfehlern« des Christentums spricht, die sich alle auf innere und äußere Gewalt beziehen: die menschenverachtende »Erbsünde«, der »blutige Rechtshandel« der Erlösung am Kreuz, Missionsbefehl und Antijudaismus als prinzipielle Intoleranz, die Gerichtserwartung als »Instrumentarium unablässiger Verunsicherung und Disziplinierung der ›eigenen Leute‹«, die Askese-fördernde Aufspaltung von Diesseits und Jenseits und von Körper und Seele, schließlich der falsche »Umgang mit der historischen Wahrheit« als »zweckrationale Lüge« im eigenen Sinne. »Unausgesetzte Forderungen und Vorschriften« zeigen: Die »kulturelle Gesamtbilanz« des Christentums fällt »verheerend« aus. – Im einzelnen sind die Vorwürfe sehr pauschal, z. T. auch historisch naiv, dennoch symptomatisch für die derzeitige Kritik am Christentum. Die Hinweise auf den inneren Druck im Christentum und (»Geburtsfehler«) auf die sehr früh begonnene und bedeutende Verschiebung von Jesus zur theologischen Glaubenslehre sind aber nicht von der Hand zu weisen. Herbert Schnädelbach: Der Fluch des Christentums.

67. Holger Oertel: Gesucht wird: Gott? Die Untersuchung ist bemerkenswerterweise unter Gymnasiasten durchgeführt worden, denen man eigentlich ein differenzierteres Urteil unterstellen möchte. Vgl. Anm. 63.

Er zeigt die gesteigerte Individualisierung im religiösen Bereich: Jeder ist für sich selbst zuständig. Weder eine andere Person, noch ein institutionalisiertes Glaubenssystem kann mir letztlich weiterhelfen.

Selbst unter kirchentreuen Christen ist inzwischen ein durchgreifender und für das klassische christliche Selbstverständnis alarmierender Verlust dogmatischer Glaubensgewissheit zu bemerken. Auch Menschen, die sich bewusst als Christen verstehen, leben inzwischen ein normenfreies »Weihnachts-Christentum«; ihr Glaube ist eher mit der Krippe als mit dem Kreuz verbunden. 1997 hat der Praktische Theologe Klaus-Peter Jörns in einer groß angelegten Umfrage mit dem Titel »Die neuen Gesichter Gottes« diesen Einbruch auch unter den »Gottgläubigen« dokumentiert. An die Stelle von Rechtgläubigkeit sei die Suche nach Sinn und Geborgenheit getreten. Diese aber finde keinen Widerhall in der Theologie und in den Kirchen. Gespräche mit seiner Mutter am Sterbebett haben Jörns zu seiner Umfrage animiert; hier sei ihm »klar geworden, wie groß und tief die Kluft ist zwischen dem, womit sich Theologie und Lehre der Kirche auf der einen und der Glaube theologisch uninteressierter Menschen auf der anderen Seite beschäftigen.«[68]

Die statistischen Erhebungen von Jörns zeigen, dass der Glaube an einen persönlichen Gott mit jüngerem Alter geradezu dramatisch abnimmt. 70 % der über 45jährigen, und 73 % der über 64jährigen, aber nur 33 % der 16 bis 24jährigen glauben so. Stark zugenommen hat dagegen der Glaube an überirdische Mächte (vor allem an Engel), so dass Jörns für diesen Glaubenstyp eine von seinen vier Grundformen reserviert (»Transzendenzgläubige«). Regelrecht eingebrochen ist der Glaube an die Wahrheit dogmatischer Lehrsätze, auch unter Christen. Dass Jesus Gottes Sohn sei, dass es ein Jüngstes Gericht gebe, dass die Bibel heilig, eine Erlösung von Sünden notwendig, eine Auferstehung zu erwarten sei, dass man nach dem Tod in den Himmel komme – solche und andere klassisch christlichen Vorstellungsgehalte erhalten unter den Gläubigen gerade einmal um die 25 % Zustimmung, in der Gesamtauswertung nur etwa um die 12 %. Die »klassische Eschatologie« (Lehre von den letzten Dingen) mit den Vorstellungen von Himmel und Hölle ist nach diesem Befund mehr oder weniger im Verschwinden begriffen, ähnlich die Vorstellung eines trinitarischen Gottes. »In ganz zentralen, vor allem die Erlösungslehre betreffenden Punkten sind die ›alten‹, spezifisch christlichen Gesichtszüge Gottes nur noch im Glauben von Minderheiten zu erkennen.«[69] Dagegen wird immer deutlicher

---

68. Klaus-Peter Jörns: Die neuen Gesichter Gottes, 7.
69. A. a. O., 210. Vgl. a. a. O., 203 ff.

Gott in Verbindung mit dem Sinn des Lebens gebracht. An die Stelle von »Heil« und »Erlösung« sei, so Jörns, die Sehnsucht nach Geborgenheit getreten.

Auch für Christen scheint Religion jede Absolutheit, Verbindlichkeit und Selbstverständlichkeit zu verlieren. Gott wird inzwischen immer häufiger mit dem bestimmten Artikel verbunden: man spricht dann nicht mehr von »Gott«, sondern von »dem« Gott. »Der Gott« ist kein Absolutum mehr.

Positive Einstellungen zur Kirche finden sich am ehesten dort, wo in persönlichen Übergängen ritualisierte Lebensbegleitung erwartet wird, oder wenn Besinnung gesucht wird; ferner, wenn es um Hilfe für Schwache und für gesellschaftliche Randgruppen, und wenn es um die Formulierung und Garantie von Werten geht, denen man selbst allerdings oft gar nicht folgen würde. Dem entspricht der Ruf nach klaren Stellungnahmen der Kirche, die dann aber niemand als verbindlich auffasst. Auch die Bewunderung des katholischen Papstes und seiner archaischen Auftrittsästhetik wird von einer nahezu durchgehenden Gleichgültigkeit gegenüber seinen kirchlichen und ethischen Weisungen begleitet. Die Kirche steht als Garantin einer heilen Welt da – die es so gar nicht mehr gibt. Kirchen sind allenfalls noch gefragt als Vertreter einer Zivilreligion, als Kitt für gesellschaftliche Bruchstellen.

Kaum jemand aber macht sich klar, dass diese Erwartungen, auch wenn sie von der Kirche selbst bedient werden, mit der menschlichen Realistik, dem Ernst und der tiefen Einsicht des Christentums in die Ambivalenzen des Lebens kaum vereinbar sind. Vor allem die relativ hohe Wertschätzung der Kirchen als karitativer Institutionen ist eine Sackgasse, die von den Kirchen selbst als solche aber gar nicht wahrgenommen wird. Soziale Arbeit ist human und christlich unverzichtbar. Wird sie zur ersten und alleinigen Aufgabe, bedeutet das aber: die Kirchen gelten als nicht mehr zuständig für *religiöse Fragen*. Und diese Fehldeutung wird von den Kirchen selbst bedient. Damit verlieren sie nicht nur das bisherige Monopol für Religion, sondern sogar schon eine Zuständigkeit für Religion überhaupt. Das Christentum »wirkt jetzt eher wie das Zitat einer Religion, die es früher einmal gegeben hat. Oder wie Folklore.«[70]

Diese Diagnose ist für das verfasste Christentum eine Fatalität ersten Ranges. Und sie wird intern kaum bemerkt. Hier, und nicht im weitgehenden Ausfall des Wissens um die Bekenntnisse, Dogmen, Geschichten und Traditionen des Christentums, zeigt sich das eigentliche

---

70. Harald Martenstein: Ihr Christen! Die ZEIT Nr. 7, 08.02.2007.

Problem der Kirchen. »Die Worte ›Gott‹ und ›Christus‹ scheinen zu einer Art hochrangigen Verschlussformel geworden zu sein.«[71] Damit gerät das Christentum ins Abseits einer unverständlichen Hinterwelt. Seine menschlichen Einsichten, seine Erfahrungen mit Gott, sein Wissen um den Menschen, sein Wissen um Sünde und Gnade und seine ebenso tiefen wie realistischen Bilder eines heilen Lebens stehen nicht mehr zur Verfügung.

Symptomatisch für eine Einstellung, die dem Christentum faktisch gar nicht mehr gerecht wird, ist Richards Dawkins' Bestseller »Der Gotteswahn«.[72] Die generelle Behauptung, Religion führe zu Gewalt, wird da weder mit Franz von Assisi, Mutter Theresa, dem christlichen Liebesgebot, gar der Aufforderung zur Feindesliebe, der Mitleids-Ethik des Buddhismus usw. abgeglichen – und vollkommen vergessen scheint, dass die großen menschenverachtenden Diktaturen des 20. Jahrhunderts ausgesprochen religionsfeindlich eingestellt waren; die Behauptung, Religion sei unbeweisbare Illusion, wird mit Akribie an den auch im Christentum selbst seit Jahrhunderten überholten mittelalterlichen Gottesbeweisen demonstriert; der Hinweis, Religion lasse sich nicht beweisen, führt einen an gläubigen Fanatismus grenzenden wissenschaftlichen Positivismus vor, der keinerlei Gespür mehr zu haben scheint für seine eigenen Begrenztheiten und für die höchst sensiblen Grundlagen sinnvollen Lebens. Lässt sich denn Liebe beweisen? Oder Kunst? Welche Religion ist da eigentlich gemeint? Dawkins' »aufklärerischer Furor« (Norbert Bolz) übersieht, dass seine an Fanatismus grenzende Kritik des Heiligen *Menschen* trifft, und dass schon aus diesem Grund die Religion nicht die Abschaffung, sondern einen grundsätzlichen Respekt verdient hat. Trotz seiner Vulgarität und seiner Ungereimtheiten erreicht das Buch Millionenauflagen. Offenbar suchen die Menschen nach wie vor nach Antworten auf Fragen, für die sie in den verfassten Kirchen keine Adresse finden.

Die Kirchen bedienen wider Willen solche religions- und vor allem christentumskritischen Haltungen. Wer christliche Impulse will, muss sich die inzwischen selbst zusammensuchen. Das ist anstrengend und nicht sicher vor Enttäuschungen.

Eugen Biser hat gesagt, das Christentum sei noch nicht erwachsen geworden; es habe seine Reife oder Blüte noch vor sich. Sehen wir aber nicht eher ein alt und müde gewordenes Christentum? Von der faszinierenden Offenheit, der provozierend religionskritischen Direktheit

---

71. Matthias Kroeger: Im religiösen Umbruch der Welt, 75.
72. Richard Dawkins: Der Gotteswahn.

und sozialen Schrankenlosigkeit des Jesus von Nazareth ist da wenig zu spüren. Dominieren nicht fixierte Bekenntnisse, dogmatische Eingrenzungen und kirchliche Strukturen? Jesus hat zwischen Armen, Kindern, Frauen, Kriminellen und sozialen Randsiedlern keinen Unterschied gemacht, und schon gar nicht zwischen religiös Außenstehenden und religiös Integrierten. Er hat im Gegenteil gerade diejenigen einer harschen Kritik unterzogen, die solche Unterscheidungen für selbstverständlich und unverzichtbar hielten. Und der Heidenapostel Paulus hat seinen Meister gut verstanden, wenn er die prinzipielle Gleichheit aller beschreibt, die »in Christus sind«: Da gibt es keinen Unterschied zwischen Juden und Griechen, zwischen Mann und Frau, nicht einmal zwischen Sklaven und Freien (Gal 3,28). Das ist radikal gedacht, wurde aber im Christentum aufgehoben zugunsten der dogmatisch klaren Unterscheidung zwischen der Zugehörigkeit zur Kirche und denen, die am Heil nicht teilhaben.

Dieses Modell der Zugehörigkeit hat auch im Christentum selbst immer wieder zu Protesten geführt. Es konnte sich aber so lange durchhalten, als das Christentum das religiöse Monopol innehatte. Seit jedoch die Einstellung zur Religion weitgehend zur Privatsache geworden ist, geraten seine absoluten und exklusiven Strategien in die Defensive. Mehr noch: sie werden für seine institutionelle Existenz geradezu fatal. Das Christentum redet von Themen und nimmt Unterscheidungen vor, die inzwischen selbst viele gläubige Christen nicht mehr interessieren.

2.4 Warum wir eine kluge Religion brauchen
Die Schattenseiten der Moderne und
das Lebenswissen des Christentums

Gnadenlos modern

Das moderne Leben scheint die Religion nicht mehr zu brauchen. Es ist ein aufgeklärtes, informiertes, anspruchsvolles und an Freiheiten unübersehbar reiches Leben – ein Paradies freier Möglichkeiten, technisch garantierter Sicherheiten, maximaler Selbstverwirklichung und luxuriöser Bequemlichkeit, das freilich immer mehr vor allem von psychischen Kosten beherrscht wird. Unzufriedenheit, Lustlosigkeit und Depressivität nehmen zu. Der Verlust religiöser Praxis und Haltung ist vor diesem Hintergrund alles andere als ein erneuter Freiheitsgewinn – eher ist er als eine weitere Verarmung es Lebens zu bewerten.

»Wahrscheinlich fühlte sich das Individuum noch nie so fremd in seiner Welt wie heute.«[73] Die Befriedigung von Bedürfnissen, die zum Grundmotiv des Konsummarktes, der Ökonomie und des privaten Lebens geworden ist, führt nach Gerhard Schulze ganz automatisch eine »Melancholie der Erfüllung« mit sich, die sich zur dauerhaften Unzufriedenheit auswächst. Hermann Timm hat zum Ende der 80er Jahre entdeckten Ozonloch metaphysische Assoziationen notiert: »Der Himmel ist offen, wie die Sehnsucht es erträumte, und die Erdbewohner sind entsetzt.«[74] Die Modernisierung hat eine Schlagseite, die von geradezu prinzipieller Unmenschlichkeit ist. Von »Anhedonie«, einem Rückgang der Emotion bei sachlich-funktionaler Kühle, gar von einem »erschöpften Selbst« (Alain Ehrenberg) ist die Rede. Die Begriffe »Mobbing« und »Burnout« sind innerhalb weniger Jahre zu Standartvokabeln der Alltagssprache geworden. Essstörungen und Suchtverhalten, Unzufriedenheit und Lustlosigkeit wachsen epidemisch an. Mangelnde Fröhlichkeit, stumme Gesichter und gebeugte, in sich versunkene Körperhaltungen sind vor allem bei jungen Menschen die auffallende Regel. Apathie und Coolness sind Normalhaltungen geworden. Lebensgefühl und Lebensqualität scheinen bei vielen auf die negative Seite zu geraten. »Dem modernen Leben fehlt es sehr an Leben.«[75] Die wachsende Ungeübtheit in basalen Kulturleistungen wie Lesen, Umgang mit Schriftsprache, Begegnungsverhalten mit anderen Menschen usw. wird

73. Peter Schellenbaum: Abschied von der Selbstzerstörung, 14.
74. Hermann Timm: Geerdete Vernunft, 27 f.
75. Finn Skårderud: Unruhe, 295.

immer offensichtlicher und verstärkt die voranschreitende individuelle Isolierung.

Leben wir aber denn nicht in einer in jeder Hinsicht unglaublich reichen Welt? Wie lässt sich die offensichtliche Eintrübung des Lebensgefühls erklären?

Das moderne Leben ist rational, damit aber noch keineswegs vernünftig. Die Zurichtung zum Gebrauch scheint der grundlegende Zug der modernen Zivilisation zu sein. Darum dominieren Funktionsdenken und Effektivitätskalküle ganz eindeutig über die nicht-verrechenbaren Seiten des Lebens wie Schönheit, Muße, Genuss, Geist, Bildung und Religion, die dem Leben aber weit mehr Reiz und Sinn geben als rationale Kalküle. Kalkulierende Rationalität und lebensbezogene Vernunft scheinen in höchst problematischer Weise immer mehr zu Gegenspielern zu werden. Rational und in sich durchaus sinnvoll sind moderne Verwaltung, staatliche Organisation, technische Hilfestellungen. Aber rational sind auch die Atombombe, die militärische Logik des Kräftegleichgewichts, Autobahnbau und Flugverkehr, die Organisation fundamentalistischer Systeme, die Gentechnik. Wie vernünftig aber sind diese Entwicklungen?

Die Orientierung an Markt und Konsum wird immer alternativloser und radikaler. Wissenschaft, Technik, Politik, Kultur, selbst die Religion, unterliegen zunehmend den Diktaten des Marktes. Dessen Rationalität ist die Logik der Verwertung. Das Gute, Wahre und Schöne kehrt wieder in Gütern, Waren und Design. Der Markt kennt keine an sich gültigen, sondern ausschließlich funktionale Werte: Nutzenkalküle. Damit fallen Werte wie Respekt, Würde, Erhabenheit, Altehrwürdigkeit, Bedeutung, Sinn usw. den neuen Werten von Dynamik, Anpassungsfähigkeit, Flexibilität, Erfolg usw. zum Opfer – und produzieren erhebliche Instabilitäten und entsprechenden psychischen Druck. Es liegt auf der Hand, dass nicht nur die Lebensfreude, sondern auch die Religion zu einem Opfer dieser Entwicklung wird.

Produktions- und erfolgssteigernde Konkurrenz wird zum Schlüsselphänomen, in der Ökonomie ebenso wie im Privatleben. Rohstoffplünderungen und gequälte Versuchstiere sind nicht bedauernswerte Nebenfolgen, sondern Symptome dieses Systems. »Gegen Widerstände ist das Regime immun; es arbeitet mit der Einbindung und Verwertung aller Kräfte und Möglichkeiten, mit allem, was die Produktionsprozesse steigert und beschleunigt, nicht mit dem, was sie unterbricht und in Frage stellt.«[76] Die kulturelle Leitgröße der Moderne ist nicht mehr

---

76. Ursula Frost: Anpassung und Widerstand, 22.

die Vernunft, sondern effektive Rationalität. Deren zentrales Medium ist das Geld. Es dominiert nicht nur Technik, Markt, Wissenschaft und Politik, sondern auch die Bildung und die private Lebensorientierung.

Unmittelbare Folgen für die Menschen sind komplexer werdende Anforderungen und zunehmende Unsicherheiten. Wachsende berufliche Risiken durch schnelle Austauschbarkeit, durch Bemessung am Erfolg (und nicht mehr an der tatsächlich erbrachten Leistung), durch die zunehmende Verlagerung von Arbeit und Produktion in die Hand von Finanz-Spekulanten, die die eigenen Firmen oft gar nicht mehr kennen, sorgen für mehr oder weniger latente Ängste. Auch das Verstehen der Welt, der ökonomischen und globalen Zusammenhänge, stellt immer höhere Anforderungen. Dazu kommen konsummarktbedingte ästhetische Standards und Verhaltensnormen, die vor allem Menschen mit schwachem Selbstwertgefühl unter Druck setzen, obwohl solche Standards von Menschen außerhalb der jeweiligen Bezugsgruppe oft kaum noch nachvollziehbar sind.

Die Freude über einen warmen Frühlingstag kann für informierte und sensible Menschen inzwischen stark getrübt sein durch das Wissen um den Klimawandel. Auch wenn nicht gleich Schreckensbilder aufsteigen – man traut zwar nicht der Politik, aber der Machbarkeit durch Technik immer noch erstaunlich viel zu – breitet sich ein Gefühl der Bedrohung im Bewusstsein der Menschen aus, die wenig grundsätzliche Lebensfreude aufkommen lässt. Ist die Eintrübung der Freude der Nenner, auf den sich die spätmoderne Entwicklung bringen lässt? Der einst euphorisch gefeierte Fortschritt erscheint immer mehr als ein Fort-Schreiten vom Vertrauten, Angemessenen, menschlich Zuträglichen. Marktbeobachter, Trendforscher und Ökonomen stimmen längst darin überein, dass der maximale Wohlstand längst erreicht ist und ein weitergehender wirtschaftlicher Fortschritt mit einer *sinkenden* Lebensqualität einhergeht. Das mit hohem Druck vorangetriebene Leben wird darum zunehmend als sinnlos erfahren.

Zu den Bedrohungen des Klimas, der Umwelt und der Arbeit gesellen sich die des Privatlebens, das zunehmend unter den Anforderungen des modernen Lebens leidet und entsprechend instabil geworden ist. Familienstrukturen geraten in die Mühlen von Anpassungsdruck, schneller Veränderung und Zeitnot. Ulrich Beck hat in seinem soziologischen Klassiker »Risikogesellschaft«[77] gezeigt, dass die technisch, ökonomisch und privat wachsenden Risiken zunehmend den Indivi-

---

77. Ulrich Beck: Risikogesellschaft. Beck analysiert wegweisend Risikoanhäufungen und Individualisierung in der fortgeschrittenen Moderne.

duen aufgebürdet werden, die zwar ein Höchstmaß an Freiheit, Wohlstand und offene Wahl- und Entscheidungsmöglichkeiten haben, die im Falle von Unglück und Misserfolg aber auf sich selbst gestellt sind. Wer die Kraft zur Selbstorganisation, zum Weiterleben oder zum Neubeginn nicht aufbringt, gerät schnell unter die Räder.

Dieser Zusammenhang ist unter dem Begriff »Individualisierung« bekannt geworden. Er beschreibt Freiheit und Autonomie als Basisannahmen des modernen Lebens. Jeder ist seines Glückes Schmied: das ließe sich als ein Generalnenner, geradezu als Glaubensbekenntnis der modernen Lebensführung ansehen. Alle Möglichkeiten stehen offen. Aber es kann keine allgemein gültige Anleitung mehr geben für ein individualisiertes Leben, keinen verbindlichen, sicheren, gewohnten und vertrauten Umgang mit ihm.[78] Seit dem Beginn der Neuzeit, verschärft noch einmal durch Aufklärung, Industrialisierung, 68er-Bewegung und Globalisierung, werden die Menschen in »Freisetzungsschüben« (Ulrich Beck) herausgelöst aus autoritären Vorgaben, sozialen Bindungen, tragenden Netzen, Traditionen und Gewohnheiten. Die tatsächliche Realisierung der entstandenen enormen Freiheitsgewinne steht bis heute an erster Stelle der Lebenswünsche. Inzwischen aber scheint Freiheit weitgehend in Einsamkeit und Leere umzuschlagen. Partnerschaften werden unter dieser Prämisse zu Risikogemeinschaften – eine symptomatische Parallele zu den Partnerschaften in der Geschäftswelt.

Auch das Privatleben der Menschen ist offensichtlich inzwischen durch ein funktionales, effizienzorientiertes Denken geprägt. Die mehr oder weniger latente Grundfrage »Was bringt mir das?« ist Cantus firmus einer schier unüberschaubaren Optionen-Vielfalt. Sie stellt immer höhere Anforderungen an die Bedürfnisbefriedigung – und wird ihrer Unüberschaubarkeit wegen doch zugleich durch Standards abgefertigt, die sich den allgemeinen Vorgaben unbewusst, aber sehr willig unterordnen. »Individualität ist in der Massengesellschaft zum Tabu geworden; wer in ihr vorankommen will, der passt sich ihren Mustern und Anforderungen an.«[79] Auch die durchgehende Orientierung an intensiven Erlebnissen, die Gerhard Schulze eindrücklich in seinem Buch »Die Erlebnisgesellschaft« beschreibt[80], wird zunehmend durch standardisierte Muster befriedigt, die das Individuum zum Teil einer amorphen Masse machen. Effektivität und Erlebniswünsche stehen der Selbstent-

78. Vgl. vom Verf.: Christentum in der Optionsgesellschaft.
79. Ursula Frost: Anpassung und Widerstand, 18.
80. Gerhard Schulze: Die Erlebnisgesellschaft.

wicklung und Reifung entgegen, Flexibilität und Anpassung dem kritischen Begreifen, die zunehmende Verwertung von Materie und Geist dem Respekt vor dem einzelnen Erscheinenden. Die Gesellschaft folgt insgesamt einer Logik der Verfügung unter fremde, vor allem ökonomische Zwecke, die alle persönliche Eigenständigkeit nur als Störung begreifen kann.

Bedürfnisse und ihre Folgen

Die Lebensorientierung ist innengeleitet. Autoritäten, moralische Vorgaben und Traditionsverpflichtungen gelten als überflüssige Behinderungen. Entscheidungen werden nicht mehr nach Pflicht und Verantwortung getroffen, sondern nach Bedürfnislagen; also nach Lust und Unlust. Das ist die erwartbare und notwendige Folge eines freien Lebens unter pluralen Optionen, in dem die Orientierung an festen strukturellen Vorgaben nur störend wirken kann. Der Soziologe Thomas Ziehe[81] hat dazu einen instruktiven Hinweis gegeben: es sei keine fünf oder sechs Generationen her, dass die Wahl eines Lebenspartners zur Heirat durch die Eltern vorgenommen wurde, und zwar keineswegs nur aus Standesgründen, sondern oft schlicht aus ökonomischen Interessen. Der Hof musste versorgt werden, und man brauchte Kinder und Erben. Solche Zwecke bestimmten über das private Leben. Heute käme so etwas – der religiöse Begriff legt sich hier nahe – einem Sakrileg gleich, einer ungeheuerlichen Anmaßung. Im persönlichen Bereich entscheiden wir selbst und lassen uns höchst ungern von außen beeinflussen oder gar festlegen. Wer aber hilft bei unseren Entscheidungen?

Wo alles selbst entschieden und verantwortet werden soll, nehmen Wahlentscheidungen und Auswahlüberlegungen viel Zeit und Energie in Anspruch. Individualisierung bedeutet auch eine erhöhte Selbstreflexion. Was brauche ich im Moment? Was will ich eigentlich? Bin ich schön, wichtig, erfolgreich (genug)? Das Kreisen um solche Fragen kostet nicht nur seelische Energie, sondern schneidet von Beziehungen ebenso ab wie vom spontanen Aufgehen im gegebenen Moment.

Bedürfnisse sind zum Dreh- und Angelpunkt des Lebens geworden. Wer Lust auf Befriedigung hat, geht »shoppen« und schafft sich Dinge an, die vor zwei Generationen noch gar niemand kannte. Der Konsummarkt bedient und provoziert immer neue Bedürfnisse. Egozentrismus wird zum Prinzip, das sich aber nicht mehr moralisch disqualifizieren

81. In einem Vortrag.

lässt, weil es umfassend und alternativlos geworden ist – und auch, weil die damit einhergehende Not einer inneren Leere und Unzufriedenheit immer unübersehbarer wird. Wer sich an den eigenen Bedürfnissen und deren Befriedigung orientiert, kann nicht mehr prinzipiell und ganz satt, fertig und zufrieden sein. Zugleich mit den immer höher geschraubten Freiheits- und Luxusbedürfnissen verlagert sich die Reizschwelle nach oben: Es muss schon viel passieren, dass bedürfnisorientierte Menschen etwas emotional überhaupt erreicht. Das Leben gerät dann zur zunehmend lustlosen Lustbefriedigung. Gerade viele materiell begüterten und selbstbestimmten Individuen sind offenbar zunehmend mit »Hilfskonstruktionen der Existenz aus Moden, Drogen und Zerstreuungen« umstellt[82] und verharren auf einer infantilen Stufe der Versorgungs-Bequemlichkeit, der regressiven Haltung, lahmgelegter Kräfte und herabgestimmter Motivation. Theodor W. Adorno hat es längst gesehen: sehr anders als es die optimistische Aufklärung erwartete, führt die selbstmächtige Vernunft den Menschen nicht in ein freies Leben, sondern in die weitgehend unbewusste, aber freiwillig gewählte Versklavung durch Wohlstand und Behaglichkeit.

Effizienz- und Bedürfnisorientierung, Freiheitsbedürfnisse und ökonomischer Anpassungsdruck haben eine gemeinsame Folge: nämlich einen tendenziellen Verlust von Außenbeziehungen. Die ohnehin schrumpfende, immer mehr auf Reservate zurückgedrängte Natur ist der Mehrzahl unserer Stadtmenschen schon nahezu unbekannt. Das Desinteresse an der Politik wächst kontinuierlich an. Kultur kennen die meisten Menschen nur noch durch den Unterhaltungsfilter der Medien. Tradition scheint unwichtig. Die sozialen Beziehungen zu anderen Menschen stören immer auch die eigenen individuellen Pläne. Bereits rein zeitlich sind Fernsehen und Internet die wichtigsten Spielpartner der Kinder und Gesprächspartner der Erwachsenen. Sie ersetzen zunehmend selbst gemachte Erfahrungen und soziale Kontakte und treiben die bereits bestehende soziale Abschottung weiter voran. Der damit einhergehende Ausfall von körperlicher Bewegung und kultureller und geistiger Übung verstärkt das verbreitete Gefühl innerer Unruhe und Unausgeglichenheit. Der spätmoderne Mensch ist, plakativ gesagt, auf sich selbst gestellt, materiell und technisch versorgt, aber seelisch unterernährt. Er kreist um sich selbst.

Die stetige Zunahme von Fettleibigkeit, Lustlosigkeit und Verhaltensauffälligkeiten bereits unter Kindern ist auch für oberflächliche Be-

---

82. Norbert Bolz: Das Wissen der Religion, 49

obachter kaum noch zu übersehen. Geringe Konzentrations- und Durchhaltefähigkeit, innere Unruhe und die permanente Suche nach Reizen spiegeln offensichtlich das Fehlen eines inneren Halts. Man kann vermuten, dass sich hier ein Mangel an Geborgenheit und gespürter Zuwendung bemerkbar macht, der durch Medien-, Waren- und Nahrungs-Konsum nicht ausgeglichen, sondern eher weiter verstärkt wird. Erfolg und Konsum sind keineswegs falsche Orientierungsgrundlagen. Wo Unersättlichkeit und Gier aber zu unbefragten Grundhaltungen werden, kann sich das Leben nicht entfalten. Möglichst viel zu bekommen, zu erreichen, zu haben, ist Ausdruck eines existenziellen Hungers, der den Menschen längst zu schaffen macht. Das Unbefriedigtsein stellt sich dann zunehmend auch im Moment des Habens ein, das Essen hört mit der Sättigung nicht auf, der Puls jagt auch am Ende des Tages noch weiter.

Ohnmacht, Erschöpfung und Scham

Das moderne Ideal ist der smarte, unabhängige und hochgradig anpassungsfähige, effiziente, alleinstehende, gut aussehende und selbstbewusst wirkende junge Manager mit hohem Gehalt. Dessen Effizienz schlägt freilich spätestens mit den Grenzen der körperlichen und psychischen Belastbarkeit in Gehetztheit um. Technische Kommunikationsmittel und moderner Verkehr spiegeln das Ideal einer permanenten »Erreichbarkeit«, deren Kehrseite eine faktische Abwesenheit ist. Telefon- und E-Mail-Verkehr rund um den Globus ersetzen die persönliche Präsenz. Auch gedanklich sind wir immer öfter »woanders«. »Multitasking« gilt nicht als Verrücktheit, sondern als Effizienz-Ideal. Das Eingespanntsein in Termine und Freizeitaktivitäten, die Angst etwas zu versäumen und die Angst vor Langeweile[83] bewirken gleichermaßen einen Mangel an Ausgeglichenheit und innerer Ruhe. So unendlich viel wäre noch zu erleben, auszuprobieren, zu kaufen; und die eigenen Planungen, der eigene Besitz, die Verwaltung von Versicherungen, Medienkommunikation usw. verlangen immer größere Budgets der zur Ver-

---

83. Treffend beobachtet ist der ironische Kommentar: »Sogar jetzt noch erzielte er die Höchstpunktzahl bei psychologischen Eignungstests, besonders, was Problemlösung und Zielsetzung betraf. Nur: zwischen den Tests wusste er nicht, was tun.« Walker Percy: Der Idiot des Südens, Frankfurt/M. 2004 (1985), 19. Percy spielt unter anderem auf die funktionale *Trimmung* des spätmodernen Lebens an, die sich gerade nicht mehr in Lebensfähigkeit übersetzt.

fügung stehenden Zeit. Das Gefühl, keine Zeit zu haben, nicht einmal für das, was einem eigentlich wichtig ist, ist weit verbreitet.

Die beginnende Moderne hat materielle Sicherheit, Freiheit und eine weitgehende Eindämmung der Angst vor dem Schicksal verheißen – an ihrem Ausgang produziert sie Unsicherheiten und einen Kräfteverschleiß, die viele Menschen inzwischen überfordern. Damit steht vor allem deren Selbstwertgefühl, und mit ihm der Kern ihrer menschlichen Existenz auf dem Spiel. Wie viel Respekt kann ich erwarten als Teil eines funktionalen Räderwerkes, das mir täglich meine Austauschbarkeit vor Augen führt? »Habe Mut, dich deines eigenen Verstandes zu bedienen« – dieser euphorische Satz Immanuel Kants ist angesichts solcher Bedrohungen von schierer Sinnlosigkeit. »Der Mensch ist heute frei wie ein in der Wüste verirrter Reisender.«[84]

Unsere spätmoderne Kultur ist ein idealer Nährboden für Ohnmachtsgefühle. Sie stellt den Menschen zunehmend auf sich selbst. Nur als Anteil an einem Konzern, durch Mitnutzung von technischen Geräten (Autos, Handys) fühlt der Mensch sich dann noch groß – während er doch die ständige mehr oder weniger latente Erwartung der Hilflosigkeit in sich hat. Das Wissen um das Alleingelassensein im Falle der Not gilt unter Verhaltensforschern aber als größter Stressfaktor überhaupt.

Die Umstellung der Orientierung vom Leistungsdenken auf reines Erfolgsdenken verschärft den seelischen Kräfteverschleiß. Leistung galt bisher als eines der Grundprinzipien der Moderne. Sie wurde verstanden als Faktor der Gerechtigkeit und der Demokratisierung. Wer etwas leistet, wird entsprechend entlohnt – und es sind gerade nicht Herkunft, Glück oder privilegierte Verbindungen, die das entscheiden sollen. Diese Idee gerät durch die Erfolgsorientierung in eine starke Schieflage: Spitzensportler, Models, Popstars, die Spitzenkräfte der Ökonomie und vor allem die Gewinner des Finanzmarktes etablieren eine »Wirtschaftskultur der Zufälligkeit« (Sighard Neckel), die dem Leistungsprinzip die Basis entzieht. Der Medienphilosoph Norbert Bolz hat entsprechend den »Sinn für die günstige Gelegenheit« als kulturelle Schlüsselkompetenz der Gegenwart benannt. Ist das zynisch oder nur realistisch? Der Traum vom schnellen Glück durch Geld, Liebe oder mediale Berühmtheit jedenfalls verträgt immer weniger die Konfrontation mit der »harten« Realität. Er unterstützt dagegen Fluchttendenzen in Grübelei und Selbstbespiegelung, in Suchtverhalten und Apathie.

---

84. Nicolás Gómez Dávila: Das Leben ist die Guillotine der Wahrheiten, 264.

Erfolgsorientierung und Effektivitätsdenken führen zu einem seelisch belastenden Konkurrenzverhalten, das sich in fast allen Lebensbereichen etabliert. Durchsetzungs- und Anpassungsfähigkeit gelten als Grundideale, sie schneiden jedoch vom gemeinsamen Leben ab. Das entstehende soziale Klima ist prinzipiell kalt: Vorn sein, sich beweisen, sich durchsetzen, Gelegenheiten nutzen und andere funktionsorientierte Verhaltensweisen geschehen in Angst um die eigene Position und gehen auf Kosten selbstverständlicher Verlässlichkeiten. Die Angst, nicht gebraucht zu werden, ersetzbar und als Mensch damit letztlich überflüssig zu sein, wird zu einer ständigen Bedrohung – und steigert noch einmal den inneren Druck. Dass die Entstehung von Verbänden, angefangen von Zellhäufungen bis hin zu sozialen Gebilden, grundlegendes Evolutionsprinzip und überlebensnotwendig ist, gerät zunehmend in Vergessenheit.[85]

Alain Ehrenbergs Buch »Das erschöpfte Selbst« – ein psychiatrisches Fachbuch, das in Frankreich zum Bestseller wurde – analysiert die Konsequenzen dieser neuen Verhaltensorientierung: »Die Person wird nicht länger durch eine äußere Ordnung (oder die Konformität mit einem Gesetz) *bewegt*, sie muss sich auf ihre inneren Antriebe stützen, auf ihre geistigen Fähigkeiten zurückgreifen. Die Begriffe Projekt, Motivation, Kommunikation bezeichnen heute die neuen Normen.«[86] Der Preis der unbegrenzten Möglichkeiten und Freiheiten ist eine prinzipielle Unsicherheit und ein Mangel an psychischer Energie. Gehorchen ist wesentlich einfacher und leichter einlösbar als der Vorsatz, sich selbst zu entwerfen. »Die Techniken zur Verbesserung seiner selbst enthemmen das Individuum, ermöglichen es ihm aber nicht, sich zu strukturieren.«[87]

Auf die psychische Befreiung folgt nach Ehrenberg die prinzipiell »unsichere Identität«, nach dem Durchgang durch die Emanzipation und als Folge der Individualisierung die Depression. Nicht mehr Schuld und Konflikt – das Bewusstsein für beide ist stark geschwunden – son-

---

85. Peter Sloterdijk betreibt in seinem bereits genannten Buch »Du mußt dein Leben ändern« einen ebenso symptomatischen wie erschreckenden philosophischen Preis des worcoholismus, dessen pragmatischer Nihilismus auf über 700 Seiten die wachsende seelische Auszehrung und Überforderung der Menschen mit keinem einzigen Gedanken streift. Schlichtweg alles, nicht nur die Religion, gilt da als »Übungssystem«; konsequenterweise hätte das auch für Philosophie, Kultur und jede Art der Welt- und Lebensdeutung gesagt werden müssen.
86. Alain Ehrenberg: Das erschöpfte Selbst, 8.
87. A. a. O., 142.

dern Fragen des »Wohlbefindens« und damit verbundene Mangelgefühle beherrschen die Menschen. Nicht Normenverletzungen, sondern Ohnmacht und Unfähigkeit zum Handeln lassen durchs Raster der allgemeinen Erwartung fallen. Derartige Lähmungen sind auch Folge der ständig anwesenden Möglichkeit der Enttäuschung und des Scheiterns, für die man längst ganz allein einstehen muss. »Die Erschütterungen sind individuelle geworden, sie kommen von innen.«[88] Aber nicht nur für die damit verbundenen latenten Ohnmachtsgefühle, auch ganz grundsätzlich gilt für das individualisierte Selbst: »Sich befreien macht nervös, befreit sein depressiv. Die Angst, man selbst zu sein, versteckt sich [jetzt] hinter der Erschöpfung, man selbst zu sein.«[89]

Psychische Folge aus Abhängigkeit, erhöhtem Druck und Isolation sind seelische Heimatlosigkeit und ein labiler werdendes Selbstwertgefühl. Nach Thomas Ziehe entstehen in diesem Klima »weiche Selbste«, die sich trotz großer Freiheitsgrade sehr schnell bevormundet fühlen und einen schmalen »Relevanzkorridor« ausbilden: alles, was außerhalb der eigenen Bedürfniswelt liegt, wirkt tendenziell fremd und uninteressant. Man zieht sich auf sich selbst zurück; die Lust zur Begegnung und Auseinandersetzung schrumpft. Kultur und Religion werden nicht mehr als unverzichtbare Lebenshilfen und Bereicherungen verstanden, sondern ganz im Gegenteil als Anstrengungen, die scheinbar der allgemeinen Suche nach Entlastung entgegenstehen.

Der norwegische Psychoanalytiker Finn Skårderud hat in seiner beeindruckenden Kultur-Analyse unter dem Titel »Unruhe« die Entwicklung auf die Formel gebracht, »dass wir nicht mehr mit dem großen Drama der Aufklärung beschäftigt sind, sondern mit dem Drama der Versorgung«[90]. Der Mangel an Energie, die Sehnsucht nach Liebe und die Fragen nach Lust, Motivation, Interesse werden zum Hauptproblem des heutigen Lebens. Damit ist über eine Veränderung der Sozialisation eine Veränderung unserer gesamten Kultur angezeigt. Sie entwickelt sich von der Schuldkultur zu einer Kultur der Scham. Nicht mehr das »Ich« mit seinen Verpflichtungen, Verantwortungen und seiner Schuld steht zur Diskussion, sondern das »Selbst« mit seiner Sehnsucht nach Beachtung, mit seiner Angst davor, übersehen zu werden und bedeutungslos zu sein, seinem labiler werdenden Selbstwertgefühl.

Die zunehmende Isolierung des Menschen fördert eine Sehnsucht nach Ernährtwerden und nach Verschmelzung zu Tage, die zum soge-

88. A. a. O., 162.
89. A. a. O., 53.
90. Finn Skårderud: Unruhe, 47.

nannten narzisstischen Charakter geführt hat.[91] Er löst den autoritäts-
geleiteten Charakter ab. »Patriarchale« Tugenden wie Ordnung, Struktur und Verzicht fallen ihm schwer. Seine Kennzeichen sind hohe
Aufmerksamkeitsbedürfnisse, Selbstbespiegelung, Unklarheit und Ent-
scheidungsschwäche, ein gesteigertes Harmoniebedürfnis und die
Sehnsucht nach Wärme und Verschmelzung, eine an Gleichgültigkeit
grenzende Toleranz. Er ist mutterorientiert, weich und verwöhnt. Damit ist ein nahezu vollständiger Verlust deduktiver Orientierung – d. h.
der Orientierung an vorausliegender Wahrheit und Gewissheit – gegeben, wie er für traditionsgeleitete Systeme wie die christliche Kirche
typisch ist. Was wahr ist, oder besser: was gut tut, kann ich nicht einem
vorgegebenen Normensystem entnehmen, sondern muss es im Zuge
der Befriedigung meiner Bedürfnisse selbst erst (und immer neu) erfahren.

Neben dem Streben nach Befriedigung unterliegt der narzisstische
Typus dem Ideal der Selbstverwirklichung und der Authentizität. Beide
sind sehr unklar definierbar und nie ganz erreichbar. Es fällt relativ
leicht, sich angesichts dieser Ideale als ungenügend oder gescheitert ein-
zuschätzen. Hier zeigt sich eine weitere Quelle von psychischem Druck:
Scham – die Grund-Angst des Narzissten – hängt an Vorstellungen von
dem, was andere von mir denken. Das aber habe ich selbst nicht in der
Hand, ich kann es nur mühsam zu steuern versuchen durch gewandtes
Auftreten und ästhetische Selbstdarstellung. Beide Ideale führen zum
permanenten und kraftzehrenden Vergleich: sind andere besser, schö-
ner, erfolgreicher als ich? Scham ist »unsichtbar« und macht Angst; sie
wird daher meist verschwiegen. Auch dies trägt zur inneren Versiege-
lung von Gefühlen und zur wachsenden Apathie bei.

Beschädigtes Leben – ratloses Christentum?

Der Verlust einer früher fraglos gegebenen ontologischen Sicherheit,
des Gefühls, getragen und in übergreifenden Zusammenhängen zwar
weitgehend fixiert, aber seelisch aufgehoben zu sein, prägt offenbar
mehr oder weniger bewusst den modernen Menschen. »Der moderne
Mensch untersteht dem Schicksal, sich die Dinge selbst zurechtlegen zu
müssen, autonom konstruierend wie ein zweiter Gott … die Alten hin-

---

91. Eine kluge Gegenüberstellung findet sich bei Hans-Jürgen Fraas: Pietas und
     eruditio, 56 f. und ders.: Bildung und Menschenbild in theologischer Perspek-
     tive, 158 ff.

gegen wussten sich in eine Seinsordnung hineingestellt, die ihnen höheren Orts als ›Kosmos‹, ›Schöpfung‹, ›Kirche‹ oder ›Ständeordnung‹ vorgegeben war. Sie konnten über das traditionsgeleitete Lernen induktiv in ihre Sinnwelt hineinwachsen, ohne sie a priori schultern zu müssen.«[92] In einer Phase, in der innere Leere zum Zeitsymptom wird, trägt das Ideal der selbstmächtigen Aktivität Züge einer Ideologie. »Während man früher pausenlos an Subversion dachte, ist man inzwischen dankbar für jedes Molekül stabiler Struktur. Dass sonst die wesentlichen Dinge nicht funktionieren, angefangen bei der Erziehung – das ist für meine Generation die entscheidende Entdeckung … Dass wir nach wie vor sinnlose autoritäre Verkrustungen für absurd halten, darüber streiten wir uns gar nicht mehr.«[93]

Nimmt man die skizzierte Entwicklung zusammen, so bewirkt die moderne Lebenssituation ein Grundgefühl von Haltlosigkeit und erfordert einen stark erhöhten Aufwand an psychischer Energie. Noch vor wenigen Generationen waren es die allgemeinen, weitgehend standardisierten sittlichen Anforderungen, denen man zu genügen hatte, die aber auch die Zugehörigkeit und Rechtschaffenheit der eigenen Person garantierten. Die Bedeutung solcher Standards ist längst geschwunden. Moralische Tugend garantiert heute kein Fortkommen, keine Erlebnisse und keinen Erfolg mehr. An ihre Stelle sind persönliche Freiheiten und neue soziale Spielräume getreten: Eine allein erziehende Mutter, ein sozialdemokratischer Arbeiter, ein Selbstmörder werden schon lange nicht mehr moralisch in Frage gestellt. Die psychischen Anforderungen richten sich dagegen auf seelische Energie, also auf Vitalität. Wer über sie nicht in genügendem Maße verfügt, versinkt schnell im Gefühl der Überforderung, psychologisch gesprochen – und längst zum Allgemeinbegriff geworden – in der Depression. Depressivität wird zum Hauptmerkmal psychischer Störungen und Schwächen; sie tritt an die Stelle von Schulderfahrung und Konflikt.

Das Gesagte kann und soll keine Schelte, gar Abwertung der Moderne sein. Diese hat unverzichtbare Errungenschaften der Lebenssicherung und der Lebenssteigerung ermöglicht, hinter die es kein Zurück geben kann. Wenn ein erheblicher Teil selbst der begüterten Menschen allerdings aus seelischen Gründen zu Verlierern werden, können Entwicklung und Ideale der (späten) Moderne nicht mehr umstandslos begrüßt werden. Die spätmoderne Kultur braucht ein *Korrektiv*. Die zunehmende Alternativlosigkeit, mit der sie sich spätestens seit

92. Hermann Timm: Sprachenfrühling, 75.
93. Peter Sloterdijk: »Religion ist nie cool!« Die ZEIT Nr. 7, 08. 02. 2007.

dem Zusammenbruch des Kommunismus und durch die geradezu hegemoniale Vorherrschaft ökonomischer Strukturen als absolutes System etabliert hat, muss wieder geöffnet werden.

Richten wir uns im unbefriedigten Leiden ein? Inflationäre Ratgeber- und Glücksliteratur, Psychoboom, Erlebniswünsche und Esoterik lassen sich als Hinweise auf einen Mangel an seelischer Ernährung deuten. Sie bieten keine grundsätzlichen, strukturellen Veränderungen mehr an. Einzig die Religion steht hier als humane und lebenskluge Form des Korrektivs zur Verfügung – *wenn* sie denn zur Verfügung steht. Nichts scheint für die Menschen heute so wichtig wie eine in kluger Weise auf das konkrete Leben bezogene Form der Religion. In ihren Symbolen, Deutungen und Ritualen ist ein tiefes Wissen um Bedeutung, Würde, Schönheit und Sinn aufbewahrt. Religion ist sozial und symbolisch weit umfassender als Philosophie und Kunst, da sie – über ein vertieftes Nachdenken und eine gesteigerte Wahrnehmung des Lebens hinaus – über einen Kultus, über archaische Riten, ein tradiertes Symbolsystem, über Gemeinschaften und christlich auch über eine interne Selbstklärung namens Theologie verfügt. Steht eine solche Religion zur Verfügung? Ist sie mit sich selbst beschäftigt? Oder zeigt sie sich nur als Fratze von Gewalt und innerem Zwang?

Was hat das Christentum dem unsicher gewordenen, bedrückten Zeitgenossen zu sagen? Wo in Kirche und Theologie findet er sich mit seinen Nöten wieder? Wo werden die Chancen und Folgelasten der Individualisierung konstruktiv aufgenommen? Muss man sich im Christentum nicht eher fremden Autoritäten unterstellen? Wo spielen da Bedürfnisse, Sehnsüchte, persönliche Fragen eine Rolle? Wo werden Fragen der Selbstschwäche, des Narzissmus und der Scham religiös bearbeitet und gedeutet?

Einem Kenner der Theologie muss auffallen, dass der mit seinen Bedürfnissen, Erfolgen, Sehnsüchten, Anerkennungs- und Erlebniswünschen beschäftigte Mensch der *homo incurvatus in se ipse* (der in sich gekrümmte Mensch) ist, wie Martin Luther ihn nennt – die exemplarische Beschreibung des Sünders. Womit freilich keineswegs eine moralische Verurteilung, sondern die Beschreibung der Verzweiflung des beziehungslosen Menschen gegeben ist. Jeder muss allein mit seinem Leben fertig werden – diese verbreitete und ganz selbstverständlich gewordene Einstellung ist eine »Haltung der Trostlosigkeit« (Fulbert Steffensky). Diese Verbindung zum modernen Leben wird theologisch kaum gezogen; kirchlich sind allenfalls moralische Einreden gegen moderne »Hybris« zu hören. Vielleicht ist es einfach noch zu ungeheuerlich, sich klar zu machen, dass der große neuzeitliche Aufbruch in die

Freiheit durch Abwendung von Versklavung, durch selbstmächtigen Gebrauch der Vernunft und durch selbst verantwortete Aktivität allmählich seinem Scheitern ins Gesicht sieht. Man muss immer noch den Mut zum Querdenken haben, um zu formulieren: »Autonomie und Verzweiflung sind Synonyme geworden.«[94] Der »Mythos von der totalen Selbstbestimmtheit des eigenen Lebens« und ein »beziehungsloser Autonomiebegriff« (Ingo Reuter) sind Ausdruck einer grundlegenden Haltlosigkeit des modernen Menschen geworden, dessen Autonomie ein Autonomie*streben* oder allenfalls -Bewusstsein geblieben ist – eigentlich ein unerfüllter Traum. Wo wird das christlich kompetent gedeutet und ritualisiert?

Wo im Christentum wird von Leistung und Erfolg und nicht nur von deren Schattenseiten gesprochen? Wo werden die Schattenseiten des modernen Lebens nicht nur abwertend, sondern konstruktiv gesehen und religiös gedeutet? Wo ist verstanden, dass Sünde nicht mehr als Schuld verstehbar ist, die im Glauben gesühnt ist – sondern als seelische Isolation, die Zusage und religiöse Deutung braucht?

Warum haben Theologie und Kirche so wenig Interesse am faktisch gelebten Leben? Die kirchliche und theologische Arbeit und Selbsteinschätzung sind merkwürdig traditionslastig und rückwärtsgewandt. Wenn christliche Aussagen aber nicht pauschal und fremd sein sollen, müssen sie die Bedingungen ihres Verstehens kennen – und sich der eigenen Relativität bewusst sein. Was ist das für eine Welt heute? Wie sind Leben, Denken und Selbstgefühl der Menschen beschaffen? Nicht nur von Werbestrategen, sondern gerade von den Vertretern der Religion wäre nachhaltiges Interesse zu erwarten, zu wissen, wo und zu wem sie sprechen. Andernfalls bleibt nicht nur die Botschaft, sondern vor allem auch die kritische Potenz des Christentums unter Verschluss. Wer sonst könnte einer radikal haltlos gewordenen Moderne noch den Spiegel vorhalten? Wer sonst könnte in fundierter und reflektierter Weise sagen, wie es sich zwischen »metaphysischer Obdachlosigkeit« (George Lukács), Umweltzerstörung, Auflösung sozialer Bindungen, innerer Unruhe, seelischer Leere und Erschöpfung sinnvoll leben lässt? Die Fragen sind drängend. Keineswegs nur für das Christentum, sondern auch für die Menschen.

---

94. Peter Sloterdijk: Kopernikanische Mobilmachung, 67.

Das moderne Leben braucht Religion – und ein verwandeltes Christentum

Selbstbehauptung, Selbstverwirklichung, Aktivität, Leistungs-, Erfolgs- und Absicherungsdenken, Funktionalität, Effizienz und Konkurrenz bezeichnen Grundzüge der weitgehend selbstverständlich gewordenen Wertorientierung. Diese schließt die religiöse Grunderfahrung von Gnade und das Bewusstsein des geschenkten Lebens geradezu grundsätzlich aus.

Das Wissen um radikale Pluralität und Relativität, der instabiler werdende Boden unter den eigenen Füßen, der wachsende Druck, der zunehmende Verlust natürlich gewachsener Ordnungen werfen jedoch existenzielle Fragen auf, die sich nicht mehr durch gesteigerten Konsum und die rastlose Suche nach Erlebnissen füllen lassen. Die Konsumabhängigkeit der westlichen Zivilisation dürfte inzwischen das weit stärkere »Opium des Volkes« geworden sein als eine religiöse Vertröstung. Eine auf das Leben bezogene Religion wird gerade immer unverzichtbarer. Denn niemand sonst fühlt sich für die großen Lebensfragen noch zuständig – abgesehen vielleicht von der ausufernden Ratgeberliteratur.

Die skizzierten Entwicklungen der modernen Lebenssituation legen eine religiöse Orientierung der Menschen mehr als nahe. Damit ist keineswegs eine religiöse Vertröstung gemeint, oder gar ein Ausweichen vor den realen Problemen – das Leben mit all seinen Schwierigkeiten und Freuden will ja gelebt und bestanden werden, und die gesellschaftlichen und politischen Themen brauchen gesellschaftliche und politische Lösungen. Für die Lebensfreude und Lebensfähigkeit der Menschen aber wird eine religiöse Orientierung zu einem Gebot der Klugheit.

Religion weiß zu unterscheiden zwischen dem »Letzten« und dem »Vorletzten« (Dietrich Bonhoeffer), dem also was trägt und von wirklicher Bedeutung ist, und was nicht. Sie hat einen Blick für die Verletzungen des Lebens, und ebenso für die Möglichkeiten seines Gelingens. Das Verblassen der Religion hat zu einer existenziellen Sprachnot geführt. Mit den Symbolen und Bildern des Lebens fehlen auch die Gesten und der Ausdruck für die Situationen, die im öffentlichen Leben weitgehend ausgeblendet werden: für Leiden, Tod, Abschied und Ohnmacht; vor allem aber auch für eine wirklich erfüllte Beziehung zur Welt und für ein sinnvolles Dasein.

Seltsamerweise wird der gewichtige Befund kaum diskutiert, dass die großen Diktaturen des 20. Jahrhunderts – vom Nationalsozialismus über den Stalinismus bis hin zu den Roten Khmer – ausgesprochen religionsfeindlich waren. Auch die beiden großen literarischen Schreckensvisionen des 20. Jahrhunderts, George Orwells »1984« und Aldous Huxleys »Brave New World«, beschreiben eine terroristische bzw. emotionskalte Welt ohne Religion. Keineswegs ist jeder Atheismus inhuman; jedoch besteht ganz offensichtlich ein innerer Zusammenhang zwischen Atheismus und Diktatur. Offensichtlich verträgt sich eine absolutistische menschliche Selbstermächtigung nicht mit dem Grundgedanken aller Religion: dass es etwas gibt, das größer ist als wir. Und offensichtlich ahnen Diktatoren, dass eine kluge Religion, die ihre eigene Fundamentalismusneigung kennt, wie nichts sonst um die fragile Würde des Menschen weiß und seine Freiheit will.

Der pauschale Kampf gegen Religion ist ein geradezu exemplarischer Vorgang von Vulgarität: der Respektlosigkeit vor den Grenzen der Scham und dem innersten Gefühl anderer Menschen. Er operiert mit der Technik der billigen Entlarvung, die hinter allem Großen, Erhabenen, Gelungenen und aller Schönheit einen simplen Trick der Selbsttäuschung vermutet. Die Dürftigkeit des Lebens ist seine Grundannahme.[95] Wer die Religion abschafft, trifft damit nicht nur einen Nerv und eine Quelle des Selbstwertgefühls und der Selbstbehauptung des Menschen, sondern fördert auch seine Abhängigkeit. Das freilich unternimmt in den westlichen Gesellschaften das ökonomisch gesteuerte Konsumverhalten fast noch gründlicher als jede Diktatur.

Allein in der Religion haben die Fragen und Sehnsüchte nach Würde und Bedeutung des Lebens noch einen guten Anwalt. Angesichts der beschriebenen inneren Leere, Energielosigkeit, Orientierungsunsicherheit und Unzufriedenheit der Menschen müssen die Gegenkräfte gegen die Risikoanhäufungen, die zunehmenden Konkurrenzen und die permanente Steigerung von Bedürfnissen mobilisiert werden.

Kaum etwas dürfte heute so dringend nötig sein wie eine echte, von der Wahrnehmung der Welt inspirierte und persönlichkeitsstabilisierende Bildung, eine klug kultivierte Begrenzung, das Wissen um Gnade und eine kluge Form gelebter Spiritualität. Flüchtige Informiertheit, rastlose Suche nach Befriedigung und Arbeitszwang dagegen werden dem Leben nicht gerecht.

Die Bildung der Persönlichkeit und der kluge Umgang mit dem

---

95. »Die Abwertung bestimmter Formen von Religion als Magie und primitive Form von Naturwissenschaft deutet oft eher auf die hermeneutische Sinnblindheit der Theoretiker denn auf die ›Dummheit‹ der Opfer ihrer Interpretationen hin.« Thomas Rentsch: Religiöse Vernunft, 251.

Leben und den eigenen Ressourcen, also die Lebenskunst, haben einen jahrhundertealten Erfahrungsschatz und ihre beste Adresse in der Religion. Religion bewahrt ein Wissen um den Wert der Person und um den symbolischen Umgang mit Sinn. Sie vermag ein Lebensvertrauen zu stiften, wie es sonst nur die Erfahrung der Liebe gibt. Geradezu verblüffend für eine sich aufgeklärt meinende Vernunft muss die Einsicht sein, »dass in einer Welt, die außer Kontrolle ist, gerade Frömmigkeit Handlungsfähigkeit garantiert.«[96] Darum ist auch die beliebte Haltung, die religiöse Erziehung der Kinder zu suspendieren, um die Kinder »später selbst entscheiden« zu lassen, pädagogischer und religiöser Unsinn. Ohne religiöse Elementarbildung sind Menschen kaum dazu in der Lage, sinnvolle Urteile in Sachen Religion zu fällen. Niemand käme ja auch auf den Gedanken, um der sprachlichen Wahlfreiheit willen auf das Sprechenlernen zu verzichten.

Um diese Potenziale wahrzunehmen, wäre es freilich erforderlich, die schlichte, aber verbreitete Ansicht einer religionskritischen Aufklärung hinter sich zu lassen, die unter Religion nur eine unglaubwürdig gewordene kindliche Wunschprojektion verstehen kann. Eine Religionskritik, die mit einer grundsätzlichen Verdächtigung der Religion arbeitet, wird immer auch die Menschen treffen, die sich religiös verstehen. Und sie muss übersehen, dass die wirklich radikalen Formen der Religionskritik in der Religion selbst zu Hause sind: bei ihren Propheten, Ketzern, Freigeistern und Reformatoren.

Religion ist eine sehr persönliche Lebenseinstellung und Haltung, die subjektiver Beliebigkeit aber weit entzogen ist. Denn sie lebt aus einem Symbolschatz und überlieferten Deutungen, die größer sind als die Sinndeutungen des einzelnen Menschen. »Religion ist Anthropologie« (Ludwig Feuerbach): natürlich ist sie das! Das heißt aber nicht: sie ist menschliche Naivität und bloßes Kreisen um die eigenen Wünsche und um sich selbst. Sondern sie meint gerade das Bezogensein des Menschen auf die ihm vorgegebene, schlechthin überlegene und immer auch bergende Wirklichkeit. Sie ist Öffnung zum immer unverrechenbaren Leben und eine entsprechende Resonanz, die als sinnvoll, manchmal sogar als beglückend erfahren wird; und nichts kann dem Menschen angemessener und förderlicher sein als dies.

Religion ist Lebens-Steigerung und Lebens-Bewahrung. Sie ist der Hort des Nicht-Funktionalisierbaren, in dem der Gedanke der Kostbarkeit des Lebens wachgehalten ist. Sie weiß um die Tiefendimensionen des Lebens, um seine Würde, und sie kennt Techniken des Verweilens

---

96. Norbert Bolz: Das Wissen der Religion, 129.

und der Bewusstwerdung. Ihre Einsicht in Ohnmacht, Begrenzung und Schmerz ist weit realistischer als der heute übliche positivistische Materialismus. Die Haltungen der Ehrfurcht, der sinnvollen Bescheidenheit, das Wissen um das Heilige bereichern das Leben um eine unverzichtbare Dimension, und sie können ihm einen tragenden Grund geben. Das ist alles andere als Vertröstung und sinnvoll gerade für eine autonome und wahrhaft freie Lebensführung. Nichts scheint dem modernen Leben mehr zu fehlen als genau dies.

Wer meint, ohne Religion auskommen zu können, verzichtet damit zum eigenen Schaden auf eine elementare Bewusstseinsebene. »Auch ungelebtes Leben geht zu Ende« (Erich Fried). Wie viel Leben steckt im Konsum, in Projekten, im Erfolg? Sie können durchaus zu Befriedigungen führen. Diese Ideale der Lebensausrichtung sollen daher nicht schlechtgeredet werden. Was im Leben allerdings wirklich von Bedeutung ist, ist nicht herstellbar; es unterliegt gerade nicht dem Nutzenkalkül. Von entscheidender Bedeutung für das Leben ist die eigene Lebenseinstellung – die innere Haltung und die Sicht auf die Welt. Das aber sind genau die Themen der Religion. »Seht die Vögel unter dem Himmel«: so Jesus von Nazareth; »Du wirst, was du ansiehst«: so ein Mystiker. »Glaubst du, so hast du« formuliert Martin Luther. Eine religiöse Haltung bedeutet eine Änderung des Blicks, die *alles* ändern kann. Sie kann zu Gelassenheit führen und zu einem fröhlichen Einverstandnis. Daran, und nicht an der Befriedigung von Bedürfnissen, entscheidet sich die Qualität eines Lebens.

Das verborgene Wissen des Christentums

Mit kluger religiöser Orientierung kann weder die Beliebigkeit der Esoterik, noch eine rein private Spiritualität gemeint sein, und schon gar nicht der fanatische Starrsinn fundamentalistischer Religiosität. Diese Religionsformen entziehen sich der »Cirkulation des religiösen Bewusstseins« (Friedrich Schleiermacher) ebenso wie den Anforderungen des realen Lebens. Ebenso wie das weltweit wachsende charismatische Christentum entziehen sie sich auch der kritisch-religiösen Rückfrage. Religion ist auf Pflege ebenso angewiesen wie auf kritische Selbstklärung. Es gibt sie nicht ohne eine religiöse *Kultur*. Lapidar und grundlegend formuliert Wilhelm Gräb: »Die gelebte Religion hat ihren objektiven Bestand in symbolischen Formen. Sie ist darauf angewiesen, dass kulturell vermittelte Lebensdeutungen und damit deren Symbolsprachen auf verständliche Weise kommuniziert werden. Nur dann haben diese die Chance, dass sie von den Menschen als prägende Gestalt ihrer lebensorientierenden Einstellungen und Vorstellungen übernommen werden, sie also zur Bildung ihres Menschseins beitragen.«[97] Das charismatische Christentum, das sich vor allem andernorts so sehr im Aufwind befindet, kann das nicht leisten. Es trägt Züge einer neurotischen Religiosität: die narzisstische Selbstbespiegelung der Aufführenden, die technisch induzierten Effekte, seelische Abhängigkeiten und die deutliche Kultivierung einer mit dem Alltag weitgehend unverbundenen Sonderwelt vermögen kurzzeitig ekstatische Erlebnisse zu geben, sind aber auf die Länge gesehen eher eine Form von Vertröstung als eine wirkliche Verwandlung der Lebenseinstellung. Sie können gerade das nicht leisten, was eine kluge Religion vermag, nämlich tragfähige Orientierung und gesteigerte Lebendigkeit zu geben. Noch mehr gilt das für alle Formen fundamentalistischer, an absoluten Wahrheiten orientierter Religion, auch wenn diese sich aus den spätmodernen Unsicherheiten heraus immer mehr nahe zu legen scheint. Sie verschließt sich in Scheinsicherheiten und fördert Isolation und eine (latente) Aggressivität. Fundamentalistische Religion führt darum gerade nicht zu Lebendigkeit und einem gesunden Selbstwertgefühl.

Schon aus Gründen der kulturellen Verwurzelung kann die heute benötigte Religion keine beliebige sein. Mehr denn je empfiehlt sich das Christentum, allerdings nicht mehr als dogmatisches System verstanden, sondern als eine heilsame und heilende Religion, in deren symbolischen Deutungen und Darstellungen sich die Menschen mit ihren Fragen, Nöten und Freuden wiederfinden. Wer, wenn nicht das Christentum, könnte einen realistisch-nüchternen Blick für die prinzipiellen Gnadenlosigkeiten der Moderne haben? Und wer wüsste so wie es zu sagen, wie man sinnvoll lebt, angesichts aller Erfahrungen von Belastung, von Begrenzung, von Gnade und Erfüllung?

Steht ein solches Christentum für die Fragen und Nöte der Menschen zur Verfügung? Es würde ja dringend gebraucht. Und das nicht nur, weil es eben die hierzulande bekannte und vertretene Religionsform ist. Sondern auch und vor allem deswegen, weil es keine andere Religion gibt, die ein so tiefes Wissen um den Menschen mit einer so ausdifferenzierten Form der Selbstkritik verbindet. Nur ein *kluges* Christentum würde dem Leben unter den Bedingungen einer technischen Zivilisation und eines hohen Autonomiebewusstseins wirklich weiterhelfen. Hat das Christentum also nicht mehr und ganz Anderes

---

97. Wilhelm Gräb: Religion als Deutung des Lebens, 17.

zu bieten als Warnungen vor Stammzellenforschung, kuriale Moralverbote und frommen Rückzug von der Welt?

Damit wird die *heutige Form* des Christentums zur offenen Frage. Was leisten Theologie und Kirche? Wie steht es um ihre religiöse Integrationsfähigkeit? »Wie religionsfähig ist die Volkskirche?« So fragte der Praktische Theologe Volker Drehsen bereits 1994. Offensichtlich tut sich das etablierte Christentum außerordentlich schwer mit seiner Selbsteinschätzung und seiner Positionierung im »religiösen Feld«. Warum ist es ein Philosoph, und nicht ein Theologe, der heute die Rückkehr zur Religion an die Säkularisierung bindet, und diese als legitime Folge des Christentums versteht? Gianni Vattimo, viel beachtet, interpretiert (wie bereits vor ihm der evangelische Theologe Friedrich Gogarten) die Säkularisierung als einen Gewinn, der aus dem Geist des Christentums selbst erwächst. Die Säkularisierung markiert für ihn eine Wendung zu einem nicht-absoluten, nicht-herrschaftlichen und menschenfreundlichen »schwachen Denken« *(pensiero debole)*, das sich aus der Erniedrigung Gottes in seiner Menschwerdung ergibt. Vattimo versteht die Säkularisierung als die Erfüllung der christlichen Wahrheit. »So gesehen, ist die Erlösung ein Ereignis, das die *kenosis*, die Herablassung Gottes, immer vollkommener verwirklicht.«[98] Die spätmodernen Beschädigungen des Lebens müssten eigentlich theologisches Grundthema sein – und nicht eine formelhafte Rede von »Gnade«, die sich in ihrem Bezug auf ein kaum noch nachvollziehbares Erlösungsgeschehen erschöpft.

Dass der klare Bezug zum faktisch gelebten Leben der Gegenwart nicht nur möglich, sondern im Kern des Christentums selbst angelegt ist, ist These und Anliegen des vorliegenden Buches. Das Christentum gruppiert seine Einsichten in ein sinnvolles Leben um eine einzige große Grunderfahrung herum: alles Leben ist Beziehung, ein abgeschnittenes Leben ist »Sünde« (Ab-Sonderung) und gleicht dem Tod. An der Erfahrung der Beziehung Gottes zum Menschen – und des Menschen zu Gott – zeigt das Christentum in immer neuen Variationen die Möglichkeiten eines erfüllten und lebendigen, ebenso aber die eines verfehlten Lebens auf. Bildung, Lebenskunst und die Erfahrungen von Gnade und Sinn sind in dieser Perspektive Ausdruck der Resonanz, die ein auf Leben und Welt bezogenes Dasein kennzeichnen, in denen Gott erscheint und erfahren wird.

Im Grunde ist das die Urerfahrung des Paulus, deren Klugheit in keinem einzelnen Leben ganz auszuschöpfen ist: nicht das »Gesetz«, der

---

98. Gianno Vattimo: Glauben – Philosophieren, 48.

Zwang der Verhältnisse, der innere oder äußere Druck – sondern allein der Christus als Überbringer und Darsteller der wärmenden und nährenden Liebe Gottes macht das Leben heil und sinnvoll. Erlösung meint kein Endziel in einer Überwelt, sondern die Befreiung von Überanstrengung und die Öffnung des Blicks für die Lebendigkeit und die Schönheit des Lebens. Jesus von Nazareth, der diese Perspektive geöffnet hat, hat das Leben mit Ehrfurcht, aber auch mit realistischer Nüchternheit betrachtet. Er hat ebenso unmissverständlich wie provozierend vor Augen geführt, dass die Religion selbst (und sie noch mehr als andere Größen!) den Menschen versklaven und vom Leben gerade abschneiden kann. Und er hat in seinen Reaktionen und Worten gezeigt, dass einzig ein Wissen um die Geborgenheit in Gott zu einer inneren Souveränität führen kann, die dem Leben – auch in seinen Fragen und Tiefen – wirklich gewachsen ist. *Das*, und nicht das Für-Wahr-Halten von dogmatisch geformten Bekenntnissätzen, ist christlicher »Glaube«. Wo ein entsprechender Perspektivwechsel subjektiv erlebt wird, kann eigentlich nur von einem Wunder gesprochen werden.

Zu der Klugheit des Christentums gehört die Einsicht, dass alle Strukturen und Ordnungen, so hilfreich und unersetzbar sie sein mögen, zum »Reich zur Linken« (Martin Luther) gehören. Sie sind vorläufig. Sie sind immer auch Ausdruck von Unsicherheit, Angst und einem Sicherungsbedürfnis, das die Gnadenlosigkeiten des Daseins gerade verstärkt. Ein kluges Christentum hat zu diesen Strukturen eine angemessene Distanz, indem es sich nicht auf sie *verlässt* – und doch gleichzeitig weiß, dass auch sie zum Reich Gottes gehören und nicht aus seiner Zuständigkeit herausfallen. Dasselbe gilt für den vom Leben abgetrennten »Sünder«: er, und eben gerade nicht der Gerechte und der »richtig« Glaubende, ist der von Gott in besonderem Maße geliebte Mensch.

Das Christentum verfügt über einen schier unauslotbaren Reichtum an Geschichten, Bildern, symbolisch verdichteten Erfahrungen, an poetischer Sprache und Musik, in denen diese grundlegenden Einsichten immer neu aufscheinen. Deren immense Bedeutung für die Menschen heute besteht auch dann, wenn man kirchlich normierte Glaubensansprüche nicht nachvollziehen kann oder will. In ihnen transportiert das Christentum die Einsicht, dass Lebensgewinn nicht durch Abgrenzung oder durch den Ausschluss anderer, also durch Konkurrenz erreicht wird, sondern dass eine umfassende Solidarität mit Mensch und Natur immer auch dem eigenen Leben dient. Dem Christen zeigt sich Gott in den Schwachen und Ausgegrenzten mit besonderer Deutlichkeit. Er weiß, dass die zentrale Wirklichkeit weder Endlichkeit noch Zerstörung ist, sondern Liebe.

Eine Frömmigkeit, Theologie oder Kirche, die meinen, über die »Wahrheit« von Gnade befinden, sie gar verwalten und austeilen zu können, verwechseln die Gnade mit unchristlicher Bevormundung. Wie alle Religion ist auch das Christentum anfällig für Ideologie, neurotische Fixierung und Fundamentalismen, und es ist ihnen oft genug erlegen. Das Christentum in seiner historisch gewordenen Form ist darum strikt zu unterscheiden von seiner ursprünglichen Idee, die in der Botschaft und im Leben des Jesus von Nazareth aufscheint. An ihr muss es sich bemessen lassen.

Die Unterschiede zwischen beiden sind wahrhaft gravierend und kaum zu übersehen: eine reiche Kirche auf der einen und Jesu Preisung der Armen auf der anderen Seite; eine mächtige Kirche und Jesu Aufforderung zum Dienen; die imposanten Gebäuden intellektueller Dogmatik und die flüchtige Poesie seiner Gleichnisse; der Prunk der Geistlichen und die Schlichtheit seines Lebens; der exklusive kirchliche Heilsanspruch und die stupende grenzenlose Offenheit Jesu, die in den Spatzen das Angesicht Gottes ebenso erkennt wie in Kindern, Huren, Halbkriminellen und »Ungläubigen«; die kirchliche Hierarchie und seine Durchbrechung aller Schranken zwischen Menschen; das kirchliche Rechtsdenken und die für Jesus einzig entscheidende Liebe; der christlich zu versöhnende Richtergott und der Gott der Liebe usw. – das alles ist »Christentum«. Dem nüchternen Beobachter wird es nicht schwer fallen, in der historisch gewordenen Gestalt des Christentums neurotische und selbstherrliche Formen der Religion zu erkennen, deren Grundkennzeichen eine sakrale Gewalt ist. Darum ist die Unterscheidung zwischen kluger und neurotischer Religion auch für das Christentum unverzichtbar.

Die Notwendigkeit einer solchen Unterscheidung wird allzu selten gesehen und durchgehalten, denn sie führt automatisch in den Widerspruch mit dem bestehenden Christentum. Frömmigkeit, Theologie und Kirche werden mit diesem Widerspruch offensichtlich von einem gewichtigen Teil der eigenen Tradition und des eigenen Selbstverständnisses abgeschnitten und kritisch mit den eigenen Quellen konfrontiert. Verzichtet man freilich auf eine entsprechende Kritik, so steht man nicht nur hilflos vor den vielen Gewalttaten des Christentums, die sich in Ketzerverfolgung, Inquisition, Albigenserkriegen, Hexenprozessen sogar gegen die eigenen Reihen gerichtet haben; man versteht dann auch die Abwertung des Körperlichen, insbesondere der Sexualität, die Unterschätzung der Natur und die inneren Zwänge nicht, die der Glaube oft mit sich geführt hat und noch mit sich führt.

Der christliche Glaube hatte allzu oft ideologische Züge. Die Heilsvermittlung war weitgehend autoritär. Sie hatte wenig Mühe, sich mit magisch-abergläubischen Vorstellungen zu verbinden. Der Glaube galt allzu oft als Verpflichtung und Forderung, die Bibel als wortwörtliche Offenbarung Gottes, das Heil als kirchlich gehüteter himmlischer Schatz, das kirchlich verwaltete Sakrament als objektives Heilsmittel. Das früher und heute übliche betont milde Auftreten vieler Kirchenvertreter kann diese prinzipiellen Einstellung nur kaschieren. Ideologie ist erkennbar im geistlichen Führungsanspruch des Papstes, in der Behauptung der Unverzichtbarkeit der Kirche, in der Gleichsetzung von Bibel und Wort Gottes, in der Sonntagspflicht; in der Exkommunikation von Personen, die ein bestimmtes, außerhalb der Kirche moralisch akzeptiertes Verhalten praktizieren (z. B. Homosexualität oder Ehescheidung). Erkennbar ist diese Gewalt ganz grundsätzlich »in jeder Letztheit, in jedem ersten Prinzip, das alles Weiterfragen zum Schweigen bringt«[99]. Alle diese Vorstellungen stoßen in der fortgeschrittenen Moderne nicht nur auf Ablehnung, sondern vor allem auf zunehmendes Unverständnis.

Wenn das Christentum seine tiefen Einsichten und reichen symbolischen Schätze neu einbringen will, muss es sich offensichtlich grundlegend verändern. Es muss sich als kluge Religion verstehen: als eine auf das Leben bezogene Inspiration und Haltung, die die Einsicht in die Fehlformen religiöser Neurosen in sich selbst wach hält.

99. A. a. O., 69.

3. Religiöser Inspirationsmangel?
Warum ein religionsloses Christentum nicht mehr interessiert

Warum gehen die Neubewertungen der Religion und die neue religiöse Suche so ganz und gar am etablierten Christentum vorbei? Waren die Zugangsschwellen zum Gottesdienst nicht schon immer recht hoch? Kirchensteuer, Zölibat, Pfarrherrlichkeit – das ist alles nicht neu. Und auch in der intensiven Nutzung der Medien, der Orientierung an Stars, in Ratgeberliteratur und Therapieszene herrscht ja ein hohes Maß an stereotypen Vorgaben. Warum also profitiert die christliche Religion nicht vom neuen Interesse an Religion?

Jede Firma, die einen solch massiven Imageverlust erlitte wie die Kirche, würde wohl umgehend scharfe Analysen anstellen, sich professionelles Feedback geben lassen und alle denkbaren Wege für Veränderungen öffnen. In der Kirche dagegen tun sich Änderungsvorschläge schwer. Sowohl in den Kirchenleitungen als auch bei den Gläubigen ist die Beharrungsfestigkeit hoch.

In den Kirche wird noch kaum Grundsätzliches diskutiert. Erkennbare Reaktionen auf die neue religiöse Suche gibt es nicht. Wo die eigene Krise überhaupt zum Thema gemacht wird (das geschieht vor allem in Akademietagungen), könnten die Analysen und Vorschläge unterschiedlicher kaum sein. Einige einzelne Veröffentlichungen nehmen sich inzwischen des Themas an, sind aber viel zu unterschiedlich strukturiert, um eine nachhaltige Veränderung anzustoßen. Vorangegangen ist hier unter anderen Herbert Lindner mit einer klugen Analyse der ortsgemeindlichen Strukturen und vielen Verbesserungsvorschlägen. Er beschreibt die Gemeinden als »Familienbetrieb(e) mit bürokratischem Dach«, spricht von »Effektivitätslücken« der »Angebote« und führt unternehmerische Begriffe wie »Vision« und »Leitbild« ein.[1] Das alles ist einleuchtend und klärend. Nicht klar ist allerdings, ob eine strukturell verbesserte Kirche tatsächlich wieder attraktiv für die Menschen werden kann. Ein weiteres Beispiel ist der Niederländer Jan Hendriks mit seiner Beschreibung der »Gemeinde als Herberge«.[2] Für ihn muss Kirche bzw. Gemeinde eine »Vision« haben, gastfreundlich-offen

---

1. Herber Lindner: Kirche am Ort.
2. Jan Hendriks: Gemeinde als Herberge.

sein, ein Klima des gegenseitigen Respekts verbreiten, Prioritäten setzen können, offene Gesprächsgruppen anbieten, Visitationen zulassen, Dienstleistungszentren und vor allem Runde Tische einrichten. Wer wollte das nicht unterschreiben? Das alles ist sympathisch, ebenso wie der geforderte »Abbau von Barrieren« und die Straffung interner Strukturen. Reicht all dies aber aus, wenn die Frage notorisch übergangen wird: wer will eigentlich – auch in eine strukturell verbesserte Kirche – kommen?

Ausgesprochen merkwürdig ist gerade in solchen Veröffentlichungen der häufig gegebene Hinweis auf die umfangreiche, bewundernswerte und engagierte Arbeit in den Kirchen, die sich dann, meist am Ende der Analysen, neben die Betonung von einer ganzen Palette von Dingen stellt, die alle wichtig zu sein scheinen – und die oft mehr oder weniger dem entsprechen, was faktisch bereits schon immer geschieht. Dann heißt es etwa: Die »bereits vorhandene Vielfalt kirchlicher Orte und Sozialformen kann – in bewusster Vielfalt – ausgebaut und gestärkt werden«[3]. Reicht das denn aus, angesichts der beschriebenen Lage? Wenn Wolfgang Lück sein mit klarer Analyse und überzeugender Position geschriebenes Buch mit dem Hinweis auf die »traumhafte« »Fülle von Aktivitäten« innerhalb der Kirche beschließt, dann weiß man nicht so recht, ob er da sein eigenes beherztes Plädoyer für Religion widerrufen oder sich über die faktische Änderungsresistenz der Kirche hinwegtrösten will.[4]

Natürlich stimmt es, dass in den Kirchen eine wahrhaft bewundernswerte Arbeit geleistet wird. Nirgends sonst als hier wird noch so selbstverständlich und in so großem Umfang Ehrenamt und Engagement zu Gunsten sozialer und humaner Zwecke betrieben. Und doch ist nicht zu übersehen, dass eigentlich weitgehende Ratlosigkeit vorherrscht. Das Christentum macht zunehmend den Eindruck eines adressatenlos werdenden Systems, das das eigene *Denken* nirgendwo in Frage stellt. Der anglikanische Bischof John Shelby Spong hat das gut verstanden. In seinem viel beachteten Buch über das Christentum hat er

3. Jan Hermelink: Die Vielfalt der Mitgliedschaftsverhältnisse, 432.
4. Als wichtige Beispiele: Herbert Linder: Kirche am Ort. Lindner analysiert trotz seiner (bewusst) einseitig strukturellen Zugangsweise sehr genau; er hat die Menschen am Rand und außerhalb der Kirche im Blick, allerdings zu sehr nur im Regionalbereich der einzelnen Gemeinden. Sein Leitbild ist eine »glaubensfördernde und lebensbegleitende Kirche«, die sich vor allem auf Kasualien und Kirchenjahr stützt. – Jan Hendrik: Gemeinde als Herberge. – Peter Böhlemann: Wie die Kirche wachsen kann. – Wolfgang Lück: Die Zukunft der Kirche. – Matthias Kroeger: Die Notwendigkeit der unakzeptablen Kirche.

sich als Gläubigen im »Exil« beschrieben[5] – womit er wohlgemerkt seine Position in den eigenen Reihen markiert. Für ihn ist die Situation des Christentums heute vergleichbar der des alten Volkes Israel in der Gefangenschaft in Babylon, bei der alles weggebrochen war, was damals Grundlage und Gewissheit der bisherigen Gottesidee und der religiösen Praxis war, angefangen von der Präsenz Gottes im Tempel bis hin zur Bundesidee, d. h. der Vorstellung von Gottes ständiger Begleitung des Volkes. Gerade aus dieser Exilssituation heraus aber hat sich der alttestamentliche Glaube an Gott völlig neu verstanden. Das Christentum ist heute ähnlich gehalten, sich in ganz grundsätzlicher Weise neu zu begreifen.

Offensichtlich wird die Logik der religiösen Veränderungen im institutionalisierten Christentum nicht begriffen. Die religiösen Bedürfnisse sind stark, finden da aber keinen Wiederhall. Die These ist: Das Christentum sollte die Neubewertung der Religion als Chance verstehen, sich selbst neu *als Religion* zu begreifen. Damit würde es nicht nur seinen eigenen Ursprüngen wieder neu gerecht, sondern auch wieder plausibel und hilfreich für die Menschen heute.

---

5. John Shelby Spong: Was sich im Christentum ändern muss. Das Buch ist bemerkenswert. Es ist eines der sehr wenigen Beispiele dafür, dass gläubige Kirchenchristen oder gar kirchliche Amtsträger zu einer kritischen Zusammenschau der eigenen Religion gelangen. Zwar verstören sie damit manche Gläubigen, geben aber auch konstruktive und wertvolle Hinweise auf neue Verstehensmöglichkeiten des Christlichen, die heute immer dringender benötigt werden. Spong ähnelt darin dem Buch von Bischof John A. T. Robinson (»Gott ist anders«), den er auch persönlich kannte.

3.1 Ein fragwürdiges religiöses Selbstverständnis
Rechtgläubigkeit, Kirchlichkeit und Ethik
an Stelle von Religion

Glaube statt Religion

Dass das Christentum eine Religion sei, zieht hierzulande kein Zeitgenosse in Zweifel; oft werden »Christentum« und »Religion« gar als ein und dasselbe verstanden. Umso erstaunlicher muss es erscheinen, dass die interne Selbstwahrnehmung des Christentums ganz anders aussieht. Der Begriff »Religion« wird da mit größter Skepsis betrachtet und eindeutig gemieden.

»Religion ist *Unglaube;* Religion ist ... *die* Angelegenheit des *gottlosen* Menschen.« Dieser Satz des bis heute einflussreichen Theologen Karl Barth ist zwar nicht als allgemeine Wahrheit gemeint, sondern er »formuliert das Urteil der göttlichen Offenbarung über alle Religion«[6]. Das ist also die Einsicht des Glaubens. Doch aus dieser Sicht ist klar: Religion ist menschliche Selbsterhebung und Wahn, sie kann das Wort Gottes nur verdunkeln. Die Logik dieser Theologie, die auch das Denken vieler Gläubigen auf den Punkt bringt, ist: Religion ist das Bemühen des Menschen um Gott, das Gott aber immer nur verfehlen kann; der Mensch ist Sünder, Gott aber ist erhaben und allem menschlichen Bemühen entzogen. Gott selbst jedoch wendet sich in seiner Offenbarung in Christus »direkt von oben« dem Menschen zu; die Anerkennung dieser Offenbarung geschieht im Glauben. – Woher aber stammt eigentlich das Wissen über Gottes Urteil? Alles theologische Reden ist menschlich. Auch »Glaube« ist Religion, und zwar auch dann, wenn er sich auf Offenbarung und göttliche Gnade zurückführt. Darum kann nicht zwischen falscher Religion und wahrem Glauben unterschieden werden, sondern beide, Glaube *und* Religion, gibt es in wahrer Form und in ideologischer Verzerrung.

Gott selbst, so Barth, sorge auch für das Verstehen seiner Offenbarung. Das freilich ist eine zirkulöse Argumentation aus der Sicht »des Glaubens«, die meint, die alleinige Ehre Gottes hochzuhalten. Dem spätmodernen Autonomiebewusstsein muss eine solche Logik aber geradezu als absurd anmuten. Und sie bedingt, dass man sich innerkirchlich und oft auch theologisch um die Welt außerhalb des Glaubens keine großen Gedanken macht. Wenn Barth im Übrigen meint, die christliche Theologie dürfe nicht beim Menschen ansetzen – bei seinem

---

6. Karl Barth: Die Kirchliche Dogmatik, Bd. I/2, 327.

Verstehen, seinen Bedürfnissen und seinen religiösen Erfahrungen – sondern allein bei Gott, dann widerspricht er dem Auftreten Jesu fundamental: ihm waren die Nöte und Bedürfnisse der Menschen das erste Anliegen; *in ihnen* sah er Gott.

In einer Zeit, in der das Christentum kulturell dominant war, war die Theologie Barths von einer beeindruckenden theologischen Klarheit und Konzentration, und sie wirkte als kritisches Korrektiv gegen die Verschwisterung mit der politischen Macht. Unter Bedingungen fortgeschrittenen Pluralitäts-Bewusstseins allerdings wirkt eine solche Theologie befremdlich. Sie strukturiert freilich das christliche Denken nach wie vor stark, nicht nur bei den Gläubigen, sondern auch in den Kirchenleitungen. Überall ist *Glaube* der christliche Grundbegriff; nicht Religion.

Für den Katholizismus liegen die Dinge auf den ersten Blick anders, und doch sehr ähnlich. Vor allem das Papsttum, die barocke Kirchenpracht und viele Phänomene der katholischen Volksfrömmigkeit sind eindeutig als religiös erkennbar. Sie sind allerdings an eine vormoderne Weltauffassung gebunden, die eine religiöse Sonderwelt neben der modernen Lebenswirklichkeit ausbildet und die für die religiösen Fragen der Menschen heute keinen substanziellen Anknüpfungspunkt mehr anbietet. Wo der Protestantismus als Religion kaum noch wahrnehmbar ist, steht ihm im Katholizismus in der Sicht der meisten Zeitgenossen eine erstarrte Religionsform mit bedenklich autoritären und abergläubisch-magischen Zügen gegenüber.

Die Ausdifferenzierung der Gesellschaft hat spezifische Systeme mit je eigenen »Systemrationalitäten« (Niklas Luhmann) hervorgebracht, die mit bestimmten Erwartungen verbunden werden. Von der Kirche werden systemspezifische – also religiöse – selbstevidente und umsetzbare (d.h.: nutzbare) Leistungen erwartet, die da aber offenbar nicht mehr nachvollziehbar angeboten werden. Dass Kirchenaustritte so gut wie nie aus theologischen Gründen oder auf Grund von Glaubens-Differenzen erfolgen, zeigt, wie weit Kirche und Religiosität der Menschen bereits auseinander geraten sind. Man sucht längst andernorts. Auch wenn es nicht ausgesprochen wird und nur halb bewusst ist: die Kirchen gelten als religiös inkompetent.

Vor allem in der protestantischen Theologie hat sich die Situation seit einiger Zeit zwar deutlich verändert; hier gibt es zumindest eine starke Fraktion, die wieder von Religion spricht. Einsichten und Leistungsfähigkeit dieser Theologie aber sind öffentlich kaum bekannt. So gut wie nirgends wird in der Theologie und unter den Christen die kritische Unterscheidung zwischen klugen und neurotischen Formen der Religion zum Thema gemacht. Die kritische Selbsteinsicht mag in der Theologie ihren Platz haben; wahrnehmbar ist sie im Christentum aber so gut wie nicht, denn sie zieht nur in den aller seltensten Fällen Konsequenzen für die gegenwärtige Verfassung des Christentums. Wer traute sich schon, Heiligenverehrung und Transsubstantiation[7] klar und deutlich als Aberglaube zu bezeichnen, Biblizismus als im Kern fundamentalistisch? Man macht sich da lieber nicht angreifbar.

In der Theologie wird die Frage nach der Religion also durchaus behandelt. Sie hat aber keinerlei strukturierende, gar zentrale theologische Bedeutung. Erst seit den 90er Jahren entsteht hier überhaupt eine Diskussion, in der vor allem Friedrich Schleiermachers Auffassung von Religion als subjektive »Anschauung« und »Gefühl« zu Grunde gelegt wird. Das bleibt aber ein Spezialdiskurs des theologischen Denkens. Auch Paul Tillichs beeindruckendes Konzept für ein neues Verstehen der Religion, sein Zusammendenken von Offenbarung und Wirklichkeit, ist zwar bekannt, hat sich theologisch aber keineswegs in der Breite durchsetzen können. So ist die theologische Grundlegung nach wie vor eindeutig: »Das Christentum ist die Religion des Wortes und Glaube der christliche Begriff für Religion.«[8] Das heißt: Die Bibel, das verkündigte Wort und der formulierte Glaube bedeuten das Christentum, sie legitimieren es auch gegenüber anderen Religionen. Ein solcher Satz dient also gewiss der theologischen Klarheit. Dass er aber mindestens einseitig ist, dass neben dem »Wort« das Sakrament, die Bilder, die christliche Kunst, die Wirkung religiöser Musik, religiöse Praxis, die Aura von Personen schon in der christlichen Sozialisation eine eigene, und oft weit größere Wirkung haben als »das Wort«, wird allenfalls von einigen Praktischen Theologen, vor allem von Religionspädagogen gesehen, die sich im Diskurs der nach wie vor dominanten Systematischen Theologie aber wenig bemerkbar machen können. Was da zu kurz kommt, sind religiöse Erfahrung, religiöse Empfindung und religiöse Inspiration – und mit ihnen die religiösen Grundbedürfnisse der Menschen.

Ähnlich problematisch ist die Konzentration der Theologie auf den »Glauben«, nicht als einer religiösen Haltung, sondern als einer Sammlung von Inhalten und Bekenntnissätzen verstanden. Auch wenn man den Theologen eine solche Auffassung nicht unterstellen kann, ist zu-

---

7. Nach katholischer Lehre verwandeln sich die Substanzen von Wein und Hostie im Altarsakrament real in den Leib Christi, wenn die Liturgie durch den geweihten Priester vollzogen wird.
8. Ulrich H. J. Körtner: Wiederkehr der Religion, 81.

mindest bei vielen Gläubigen die Gleichsetzung von »Glauben« mit »Glaubenswahrheiten« kaum von der Hand zu weisen. Vor allem wird in dieser auf den Glauben zentrierten Logik der *rechte* Glaube zum alles bestimmenden Kriterium. Kriterien der Rechtgläubigkeit werden heute aber empfunden als eine »Liste weltanschaulicher Absurditäten, mit denen man ständig konfrontiert wird, die dauernd einer anstrengenden Übersetzung wie aus einer Fremdsprache bedürfen«[9].

Das Christentum gilt also als Lehre, nicht als Religion. Vielleicht will man so die ungeliebte Parallele zu anderen Religionen vermeiden. Vielleicht spricht sich da auch die Ahnung aus, dass (subjektive) *Religiosität* dogmatisch schwer zu fassen und noch schwerer zu normieren ist. Trotz der klaren und bewundernswerten Selbstreflexion, die das Christentum hervorgebracht hat, kommt es daher bis heute ganz zwangsläufig zu der theologischen Bestimmung von Glaubensinhalten, zur normierten christlichen Lehre und zu deren kirchlicher Vermittlung und Verwaltung. Die kritische Selbsteinsicht wird nur als Unterscheidung innerhalb bestimmter Glaubensinhalte wirksam, nicht im Bezug auf den Glauben selbst. Kaum bewusst ist da auch, dass die Rationalisierung, Objektivierung, Logisierung von Religion das religiöse Leben keineswegs nur kritisch klärt, sondern im Kern auch *angreift.* Dass Religionswissenschaft und Religionspsychologie in der Theologie praktisch keine Rolle spielen, kann daher als symptomatisch gelten. Man scheint deren Klärungshilfen gar nicht zu benötigen.

Rechtgläubigkeit und Lehrtheologie

Das gewachsene Desinteresse am Christentum wird durch die kirchlichen Selbstdefinitionen noch einmal verstärkt. Vor allem die Trennung zwischen den beiden großen Konfessionen, die auf *Lehr*unterscheidungen beruht, ist für die Zeitgenossen kaum noch verständlich. Die katholische Benennung der evangelischen Kirche als »Kirche nicht im geistlichen Sinne«, zeigt einen klaren Absolutismus. Dem wird von protestantischer Seite aber auch so gut wie nichts entgegengesetzt.[10]

---

9. Matthias Kroeger: Die Notwendigkeit der unakzeptablen Kirche, 82.
10. Wer protestantisch polemisiert, wird der »Ökumenevergessenheit« bezichtigt. Papst Johannes Paul II wird als »Vorbild im Glauben« und »großartiger Theologe« (Bischof Wolfgang Huber) bezeichnet, das Nebeneinander der Konfessionen zum »Reichtum der gewachsenen Verschiedenheit« (Bischöfin Margot Käßmann) gezählt. Gehört dazu aber auch der Ausschluss der Frauen vom

Eine ökumenische Grundhaltung sollte längst zur christlichen Selbstverständlichkeit geworden sein. Wo sie verweigert wird, muss ihr der klare Widerspruch gelten. Bleibt dieser Widerspruch aus, ist das kein Zeichen von Versöhnlichkeit, sondern von Schwäche.

Einer offenen katholischen Exklusivität entspricht faktisch eine evangelische dogmatisch-biblizistische Starrheit, die oft erst bei genauem Hinsehen auffällt, die die eigene Selbsteinschätzung aber im Kern bestimmt. Das gilt auch für die Orientierung der Amtsträger. »Je höher man in den kirchlichen Rängen nach oben steigt, desto stärker und eindeutiger wird die Dominanz der Konservativen und der Konfessionellen.«[11]

Welche weitreichenden Konsequenzen das theologische Denken nicht nur in der protestantischen »Theologenkirche« hat (Matthias Kroeger), sondern auch in der katholischen, machen die voluminösen römischen Katechismen ebenso eindrucksvoll deutlich wie die linear auf Prediger bzw. Liturgen ausgerichtete Bestuhlung in den Kirchen. In der Vulgata, der offiziellen katholischen Bibelübersetzung, wird das *matheteute* aus Mt 28,19 nicht mit »macht zu Jüngern« wiedergegeben, sondern mit »belehrt alle Völker« *(docete omnes gentes)*. Christentum als Lehre?

Das ist auch die Grundorientierung bei denen, die sich als die wahren Gläubigen verstehen. Für sie gilt: Allein der rechte, wahre Glaube, wie er im kirchlichen Bekenntnis formuliert ist, rettet aus dem Unheil. Zwischen dem Glauben an die Wahrheit biblischer Sätze und dem Glauben an Gott wird da oft gar nicht unterschieden. In einer enger werdenden Frömmigkeit werden Bekenntnis, »Glaubenserweckung«, »Begegnung mit Jesus«, »Wiedergeburt« zu Kriterien des rechten Glaubens. Dass Religion aber nicht normierbar ist; dass es legitime Christlichkeit ohne Bekehrungsereignis gibt; dass *alles* zur Offenbarung Gottes und zur religiösen Einsicht werden kann – nicht nur Bibel, Bekenntnis und Kirchensakrament – wird da völlig übersehen. Religion tritt vorwiegend gerade nicht als Lehre, Dogma, Institution oder Moral in Erscheinung, sondern in bestimmten Praktiken, Riten, Räumen, Bil-

Priesteramt? Der Ausschluss Geschiedener von den Sakramenten? Das Verbot geistiger Freiheit in der Theologie? Gegen Heiligsprechungen, Papstverehrung, Marienkult, katholischen Exklusivismus, das strikte Verbot gemeinsamer Sakramentsfeiern gibt es von protestantischer Seite keinen Protest, oft nicht einmal eine klare Anmerkung. Das hinterlässt den sehr deutlichen Eindruck einer »konfliktscheuen Vereinskirche« (Rainer Volp), eines »Protestantismus ohne Protest« (Herbert Koch).

11. Matthias Kroeger: Die Notwendigkeit der unakzeptablen Kirche, 176.

dern, Symbolen und Gesten. Sie tritt also ästhetisch auf, nicht »reflexiv«. Die religiöse Erfahrung hat ihre Evidenz eher an Stimmigkeit, Echtheit, Nachvollziehbarkeit und Inspiration, nicht in der Wahrheit eines Glaubens.

Die Selbsteinschätzung evangelikaler, charismatischer und hochkirchlicher Minderheiten bestimmt inzwischen zunehmend auch die Selbsteinschätzung der Kirche. Sie gilt als deren strukturierender Kern. Sie zeigt nach außen hin ein Festhalten an einer ängstlich gehüteten Gewissheit, die dem modernen Leben prinzipiell längst abhanden gekommen ist. Auch für das Christentum selbst ist sie bedenklich. »In beiden Kirchen droht das Suchende und Tastende verlorenzugehen, der Zweifel, der Bruder des Glaubens, der sich durch die Geschichte der Kirchen zieht, von den Emmaus-Jüngern über Thomas, den Ungläubigen, bis hin zu Mutter Theresas Bekenntnis, am Schweigen Gottes beinahe verzweifelt zu sein. Wie dünn ist da der ›Ich hab's gefunden‹-Glaube, der den Abgrund nicht kennt!«[12]

Auch die Theologie stellt sich ins Abseits, wenn sie sich auf »den Glauben« konzentriert. Denn damit beansprucht sie automatisch nur für die Gläubigen Nachvollziehbarkeit und Gültigkeit. Die religiöse Deutungskompetenz, die im säkularen Leben gebraucht wird, wandert dann von der Theologie in die Sozialwissenschaften und die Philosophie aus. Die beiden großen Errungenschaften der protestantischen Theologie, die Exegese (die historisch-kritische Bibelforschung) und der »Kulturprotestantismus« (der Versuch, christliche Religion und Kultur auf hohem Niveau miteinander in Verbindung zu halten), sind trotz aller zu stellender Anfragen von einer Glaubens-zentrierten Christlichkeit auf das Abstellgleis geschoben worden. Wen wundert es da, dass das Christentum den Anschluss an die Kultur verliert? Religiöses Reden muss plausibel und einleuchtend sein, und das ist es nur dann, wenn es mit dem Leben verbunden ist.

Mit theologischen Behauptungen ist heute kein Staat mehr zu machen. Das hat Hermann Timm genau gesehen; pointiert weist er darauf hin, dass die Theologie sich mit ihren Glaubenssätzen paradoxerweise in die Tradition der atheistischen Religionskritik stellt, statt auf eine kluge Religion zu setzen: »Die Behauptung, dass es Gott gibt (Theismus), wirkt heute genauso abgegriffen, wie die Gegenbehauptung, dass es ihn nicht gibt (Atheismus). Man glaubt nicht mehr in alter dogmatischer Weise an seinen Unglauben. Beide, das Überzeugt- und das

---

12. Matthias Drobinski: Heilige Selbstgerechtigkeit. Süddeutsche Zeitung vom 19.10.2007.

Nichtüberzeugtsein haben ihre Qualität verändert durch Rückbindung (re-ligio) an die Lebensfrage. Nur noch in Theologie und Kirche trauert man dem Vergangenen halbherzig hinterher. Da wird die einst moderne Religionskritik weitergepflegt. Es ist eine gehätschelte Religionsangst daraus geworden. Das lähmt geistige Kräfte.«[13]

Auch die Theologie gilt inzwischen als offensichtlich religiös inkompetent. »Es gibt kaum etwas Religionsloseres als einen theologisch-akademischen Unterricht; allenfalls der Religionsunterricht läuft ihm da noch den Rang ab.«[14] Diese Einschätzung lässt sich verallgemeinern. Der evangelische Pfarrer tritt inzwischen oft als theologischer Fach-Gelehrter auf, keineswegs als religiöser Mensch. »Er ist privilegiert und – schämt sich dessen! Er hat eine Kirche, aber will keinen sakralen Raum, er hat sakramentale Vollmacht und fühlt sich gerade davon überfordert … Nur eine Position scheint ihm angemessen: die des theologischen Fachmannes. Hier fühlt er sich wohl, hier ist er beschlagen. Nur – gerade hier wird er am wenigsten beansprucht … Er ist verakademisiert, weil der priesterliche Vollzug in seinem Leben und in seiner theologischen Überzeugung kaum noch vorkommt.«[15]

Verkündigung und moralische Mitverantwortung

Entsprechend hat auch die evangelische Kirche ganz grundlegend nicht ein religiöses, sondern eine lehrendes Selbstverständnis. Die Verkündigung des Wortes Gottes gilt in ihr als zentrale Aufgabe. Auch wenn immer wieder die hellsichtige Ersetzung dieser Formulierung durch die »Kommunikation des Evangeliums« (Ernst Lange) hervorgehoben wird, so ist doch selten etwas anderes gemeint als die Predigt. »Kommunikation« des Evangeliums kann eigentlich gar kein einseitiger Prozess sein. Dennoch kann sie etwa von Bischof Wolfgang Huber umstandslos als »Weitergabe des Evangeliums« verstanden werden, die »tragfähige Antworten bieten« könne. Das ist traditionell evangelisch gedacht, und solche Weitergabe bleibt auch unverzichtbar – übersehen ist aber, dass die Botschaft zunehmend ohne Adressat bleibt, wenn die faktische Religiosität und Denkhaltung der Menschen nicht entschlossen und konstruktiv mit einbezogen werden. Davon freilich ist man weit weg.

13. Hermann Timm: Sprachenfrühling, 8.
14. Christoph Bizer: Kirchgänge im Unterricht und anderswo, 36.
15. Hans-Joachim Thilo: Die therapeutische Funktion des Gottesdienstes, 175 f.

Der Glaube kommt durchs Wort – diese Ur-Formel evangelischer Theologie ist auch kirchlich dominant. Sie hat aber nicht nur zu religiöser Unverstehbarkeit geführt, sondern auch zu einer »protestantischen Formlegasthenie« (Fulbert Steffensky). Elementare religiöse Vollzüge sind evangelisch kaum zu entdecken. Liberale Religiosität, religiöse Inkulturation und freie religiöse Impulse sind kaum zu finden. Die faktische Liberalität und Toleranz der evangelischen Kirche entsteht eher durch die Veränderungen der allgemeinen Bewusstseinslage, nicht aber aus eigenem, religiös motiviertem Antrieb. Sie ist innerkirchlich *geduldet*, darum nicht produktiv. Rechtgläubigkeit und Bekenntnisbildung sind innerkirchlich so selbstverständlich, dass ihre Problematik nahezu nirgends überhaupt bemerkt werden – umso mehr aber von außen.

Symptomatisch dafür sind etwa die beiden EKD-Texte Nr. 64: »Gestaltung und Kritik« und Nr. 77 »Christlicher Glaube und nichtchristliche Religionen«.[16] Sie beschreiben die religiösen Strömungen und Bedürfnisse der Zeit trotz eines durchweg um Freundlichkeit bemühten Tones klar als negativ. Interreligiosität gilt als Anfechtung. Wie soll die Kirche in den so lautstark geforderten Dialog der Religionen eintreten, wenn sie selbst religiös nicht mehr erkennbar ist? Einen Dialog kann man unter Überzeugten gar nicht führen.

Die evangelische Kirche präsentiert sich öffentlich inzwischen aber vor allem als sozialdiakonisches und wertesetzendes, also: als ethisches Unternehmen – und nicht als Religion. Sie gibt Stellungnahmen »aus christlicher Sicht« zu Dingen ab, die mit Religion erkennbar nichts zu tun haben. »Das Diakonische verdrängt das Dogmatische. Die christlichen Kirchen vermeiden Konflikte, indem sie immer weniger behaupten … Was dann noch bleibt, ist Sentimentalität als letzter Aggregatzustand des christlichen Geistes.«[17] Kann man das öffentliche Mitreden der Kirchen als eine versteckte Angst deuten, nicht mehr wahrgenommen zu werden? Eine »sozialpolitische Mimikry vor allem

---

16. EKD (Hg.): Gestaltung und Kritik; dies.: Christlicher Glaube und nichtchristliche Religionen.
17. Norbert Bolz: Das Wissen der Religion, 17 f. Bolz deutet es als Zeugnis »großartiger Weitsicht«, dass in Wladimir Solowjews »Kurzer Erzählung vom Antichrist« der Antichrist eine Gegenbibel mit dem Titel schreibt: »Der offene Weg zu Frieden und Wohlfahrt der Welt«. Das ist in der Tat eine kluge Pointe: die aufgeklärte Vernunft meint den Weg zur vernünftigen Gesellschaft gerade dadurch bahnen zu können, dass sie soziales Tun an die Stelle der Religion setzt.

der protestantischen Amtsträger« (Volker Gerhardt) setzt die Ethik ins Zentrum der eigenen Aufgabe.

Für diese Einstellung ebenso typisch wie problematisch ist der beim vormaligen evangelischen Ratsvorsitzenden Bischof Wolfgang Huber zentral bedeutsame Satz, »dass der Einspruch des Glaubens gegen die Selbstbezogenheit und Selbstmächtigkeit des Menschen in die Mitverantwortung für eine politische und gesellschaftliche Kultur führt.« Das klingt nur im ersten Moment plausibel. Was aber ist eigentlich mit *dem* Glauben gemeint? Das wird als kirchlicher Konsens einfach vorausgesetzt. Welche Plausibilität hat die – deutlich kritisch bewertete – »Selbstmächtigkeit« des Menschen angesichts der heute selbstverständlichen und alternativlos gewordenen persönlichen Autonomie? Hier spricht eine kirchliche Binnenlogik, die auch Kirchgänger im Grunde nicht mehr überzeugen kann.[18]

Dass die Religion – bei allen engen Zusammenhängen mit einer religiösen Ethik – eine eigenständige, durch Ethik nicht ersetzbare Bedeutung und Eigenlogik hat, wird da gar nicht als Problem sichtbar. Im Hintergrund wirkt hier die reformatorische Unterscheidung zwischen »Glaube« und »Werken«, die in der Aktivität menschlichen Tuns sündhafte Selbstmächtigkeit und Verzweiflung am Werk sieht – allerdings nur, wenn sie meint, sich das Heil selbst schaffen zu können. Allein der Glaube kann einen Menschen so »rechtfertigen«, dass auch sein

---

18. Bischof Wolfgang Huber: Protestantismus und Kultur, 247. – Auch bei dem kirchlich einflussreichen Religionspädagogen Karl-Ernst Nipkow ist die immer wieder betonte, aber schlicht durch deren grundgesetzliche Ermöglichung begründete »Bildungs(mit)verantwortung« der Kirche eine Grundfigur der Argumentation. Vgl. z.B. ders.: Bildung als Lebensbegleitung und Erneuerung. Die kirchliche »Verantwortung nach außen« neben der »nach innen« wird durch nichts weiter begründet, als durch den Hinweis auf den Profit des Gemeinwesens durch solche öffentliche Beteiligungen. Ob die Kirche aber überhaupt *erwünscht, verständlich und hilfreich* ist, wird gar nicht diskutiert. Postmoderne, systemtheoretische, individualsoziologische Einsichten der letzten Jahrzehnte erscheinen ausschließlich als Gefahr für die Glaubensvermittlung. Nipkow sieht durchaus den Rückgang von Glaubensüberzeugungen, steht ihm mit der Behauptung einer gesellschaftlichen Mitverantwortung der Kirchen aber ersichtlich hilflos gegenüber. – Eine katholische Parallele dazu bietet Kardinal Karl Lehmann mit seinem Buch »Glauben bezeugen – Gesellschaft gestalten«. Weder geht einem im Wissen um radikale Relativität das *Bezeugen* so leicht von den Lippen, noch ist klar, wie und warum Religion *Gesellschaft gestalten* sollte. Unklar und nicht wirklich plausibel nachvollziehbar bleibt außerdem der Gedankenstrich im Titel: wie hängt beides zusammen?

Tun richtig wird. Das ist eine tiefe und sinnvolle Einsicht – allerdings nur, wenn unter »Glauben« nicht eine Überzeugung, sondern das Vertrauen auf Gott verstanden wird.

Religion und Moral sind nicht dasselbe. Auch die an sich unverzichtbare »Option für die Armen«, Sozialethik und Diakonie sind auf Dauer nur als Folge religiöser Lebendigkeit überzeugend. Bissig, aber treffend heißt das: »Man bilde den Mittelwert zwischen der Auffassung aller Theologieprofessoren, Pastoralvertreter und Kirchenjournalisten und mache sich die gewonnene ›humane Religion‹ als ›nichtdiskriminierende Form des Miteinanders‹ zu eigen, wie es von gutmeinenden Kirchenverbesserern vorgeschlagen wird. Die Kinder der Welt scheinen da klüger. Sie werben nicht mit Austauschbarkeit.«[19]

Als beliebiger Beleg für solch harmloses Gutmeinen lässt sich die EKD-Denkschrift zum »Unternehmerischen Handeln« lesen.[20] Dort erscheinen die Forderungen nach mehr Transparenz von Managergehältern, nach sozialer Marktwirtschaft, die wiederholten Hinweise auf den traditionell »ehrbaren Kaufmann«, auf Arbeitgeber als Schutzherren der ihnen »anempfohlenen« Arbeitnehmer usw. schlicht als naiv. Armutslöhne, sinkende Nettolöhne, linear ansteigendes Armutsrisiko, exorbitante Unternehmensgewinne, Erfolgs- statt Leistungsorientierung vor allem in der Finanzwirtschaft usw. werden nicht erwähnt; eine ernst zu nehmende Analyse der Verhältnisse wird nicht geleistet. Diese ausgesprochen harmlose Rechtfertigung des Kapitalismus durch eine kaum noch plausibel zu machende Individualethik bleibt *moralischer Appell* und kommt bezeichnenderweise ohne jede religiöse Fundierung aus.

Selbst der so populäre Kirchentag ist zu einer Großveranstaltung mit vorwiegend sozialen, politischen und ethischen Diskussionen mutiert, während Themen wie Spiritualität, Kirche, religiöse Suche usw. sich nur im Hintergrund bemerkbar machen. »Religiöse Themen spielen kaum eine Rolle«![21] Der Blick in das über 400 Seiten umfassende Programmheft der letzten Kirchentage belegt das mit aller Eindeutigkeit. Die Kirche wird »religiös unlesbar« (Ralf Kunz).

---

19. Christian Geyer: Wohin mit der Heilsanstalt?, 879.
20. EKD (Hg.): Unternehmerisches Handeln in evangelischer Perspektive.
21. Untertitel zu: »Volksfeststimmung auf dem Kirchentag in Köln«. Die Welt, 9. 6. 2007, 6.

Ganz anders scheint das im Katholizismus zu sein. Der ist medientauglich, denn es gibt viel ausgeklügelte Symbolik und Pomp zu sehen. Papst-Auftritte, Marienbilder, barocke Kirchen mit Himmelsgewölben, Engeln und Heiligenfiguren, prachtvolle liturgische Gewänder: das alles ist zwar Ausdruck von Katholizismus, nicht oder nur mittelbar freilich eines eigenen religiösen Erlebens der Beteiligten. Wo haben die Fragen und Bedürfnisse, die religiösen Erfahrungen der Menschen ihren Platz? Sie kommen nur *als katholische*, d. h. innerhalb dieses vorgegebenen Rahmens vor, der freilich immer noch eine stark prägende Wirkung hat. Auch im katholischen Sprachgebrauch hat der Begriff »Religion« daher nie eine größere Rolle gespielt. Die eigene Selbsteinschätzung als einziger, absoluter und unverzichtbarer Wahrheit macht die Bezeichnung des Katholizismus als »einer Religion« einfach überflüssig.

Kirchlich offizieller Katholizismus ist Hierarchie, wie es sie sonst nur noch im Militär gibt. Katholisch ist der Ausbau eines kirchlichen Zentralismus, einer Institution mit allen Anzeichen des Profanen; katholisch ist die fragwürdige sakrale und klerikale Selbstüberhöhung, die Papst und Maria faktisch weit über Christus stellt. Kritische Basisbewegungen wie etwa die Initiative »Wir sind Kirche« haben in entscheidenden Fragen der religiösen Artikulation kein Mitspracherecht.

Von vielen katholischen Christen wird das alles mit einer Mischung aus kritischer Abneigung und faktischer Zustimmung beantwortet. Die Zustimmung ergibt sich vor allem aus der typisch katholischen Delegation des Glaubens und der religiösen Zustimmung: Maria und die Heiligen treten für mich ein, der Papst glaubt für mich. Das ist bequem und sehr volksnah, denn es entlastet von religiöser Verantwortung und lässt dennoch einen großen Spielraum für Beteiligungsintensitäten. Gleichzeitig aber fallen dogmatische kirchliche Macht und ein echtes, (selbst-)kritisches religiöses Bewusstsein auseinander und bilden eine strukturelle religiöse Heuchelei aus. »Was hülfe es mir, wenn Maria ›voll der Gnade‹ wäre, wenn nicht auch ich ›voll der Gnade‹ wäre?«[22] fragte schon Meister Eckhart. Die katholische Kirche richtet ihr Interesse fast ausschließlich auf die eigene Gnade und Wahrheit; bei den Gläubigen gibt es die nur, soweit sie sie von der Kirche übernehmen.

Der Katholizismus ist hier von ausgesprochener Ambivalenz. In der katholischen Bevölkerung stehen die glühende Verehrung des Papstes und die ganz selbstverständliche Einschätzung seiner Äußerungen als

22. Meister Eckhart: Werke Band II, 123.

skurrile Belanglosigkeiten oft bruchlos nebeneinander. Man weiß durchaus um die religiöse Fassadenhaftigkeit, fühlt sich in ihr aber zu Hause und gut aufgehoben.

Auch die katholische Kirche besteht auf rechtem Glauben und begreift sich als moralethisches Institut. »Der Geltungsverlust wird in der Regel kognitivistisch oder voluntaristisch kompensiert. Man erhöht das Pflichtpensum dogmatischen Wissens vom Crede (Es ist zu glauben, dass …) oder passt sich dem inflationären Ruf nach ›Ethik‹ an, hoffend, den Normierungsbedarf unserer Gegenwartswelt aus den göttlichen Geboten der Tradition versorgen zu können.«[23] Die moralischen Anweisungen der katholischen Kirche – gegen Homosexualität, gegen Embryonenforschung, gegen Abtreibung – sind allesamt Verbote und bleiben fast vollständig wirkungslos. Aus Verboten lässt sich eine profunde Lebensorientierung nicht begründen. Der Katholizismus zeigt so insgesamt das Bild eines erstarrten religiösen Rituals, das zwar von faszinierender archaischer Pracht, zugleich aber auch von erstaunlicher Lebensferne ist.

Beide Kirchen verstehen sich nicht nur selbst, sondern werden auch in der Gesellschaft als Garanten von sittlichen Werten verstanden, die zwar von vielen gefordert werden, für die sonst aber gerade keiner mehr einstehen will.[24] Darin – eine Ironie der Geschichte – vollziehen die Kirchen an sich selbst das Programm der Aufklärung, das in einem stark religionskritischen Affekt Religion auf Sittlichkeit meinte zurückschrauben zu können. Der Verzicht auf Religion aber kommt ebenso einem Ausverkauf der eigenen Daseinsberechtigung gleich wie die religiöse Erstarrung.

Der Religionssoziologe Volker Drehsen hat schon vor Jahren eine

23. Hermann Timm: Sprachenfrühling, 117. – Matthias Drobinski bezeichnet die katholische Kirche als »Global Player der Moral und der sozialen Verantwortung«. Matthias Drobinski: Oh Gott, die Kirche, 37. Drobinskis Beschreibung der katholischen Kirche nennt zunächst eine »wohlorganisierte«, dann eine »reiche« Kirche, um dann inhaltlich zuerst einmal von einem »Sozialkonzern« zu sprechen; in der »Caritas« arbeiten knapp eine halbe Million Menschen. Auch die weiteren Beschreibungen als »Bildungsgigant«, »politische Macht« usw. lassen keine religiöse Dimension erkennen.

24. Man sehe sich einmal die Liste der gemeinsamen Texte und Erklärungen der Deutschen Bischofskonferenz und des Rates der Evangelischen Kirche in Deutschland seit 1990 an: Organtransplantation, Europäische Union, Umgang mit dem Sterben, Soziale Lage, Mediengesellschaft, Migration, Landwirtschaft, Demokratie stehen zur Debatte – als *einziges* religiöses (?) Thema wird die Bewahrung kirchlicher Baudenkmäler in den neuen Bundesländern (1995) behandelt.

scharfe Diagnose formuliert: »Die pastoral-professionell durchorgani-sierten Volkskirchen sind unter den Bedingungen der modernen Gesell-schaft in dem Maße an ihrer *Unfähigkeit zur Religion* gescheitert, wie sie mehr auf gesellschaftliche Protektion statt auf Bildung und Sozialisati-on, mehr auf kulturelle Indoktrination als auf lebensweltliche … Plau-sibilität, … mehr auf Konformisierung ihrer Mitglieder als auf deren lebensgeschichtliche Erfahrungen vertraut haben.«[25]

Eine christliche Neubesinnung ist nicht zu haben ohne eine in-tensive Rückbesinnung auf das Christentum als einer *Religion.* Dazu gehört nicht nur die Aufarbeitung der eigenen, religions-abstinenten Tradition, sondern auch die Neubeschreibung religiöser Fragen, Such-haltungen und Interessen heute, der faktischen Aneignungsmechanis-men und religiösen Bedürfnisse der Menschen, also der »Religiosität«. Die grundlegende Ambivalenz aller Religion ist kein Grund für deren Ablehnung, sondern ganz im Gegenteil die Aufforderung zu ihrer kriti-schen Sichtung und klugen Kultivierung im eigenen Haus. Mit dem Verweis auf menschliche Fehler, Irrtümer und Schuld wird auch nie-mand die Abschaffung des Menschen fordern wollen.

Die Selbstbeschreibung des Christlichen als Glaube und seine Iden-tifizierung mit einer bestimmten Kirche sollen für Eindeutigkeit und Gewissheit sorgen. In einer pluralen Welt relativer Optionen vermögen sie genau das aber immer weniger zu leisten. Weder der Glaube, noch die Kirche, noch die Rede von Offenbarung, entkommen der religiösen Ambivalenz. Sie gelten heute – zu Recht! – als ideologisch, insofern sie sich als einzig gültig und wahr verstehen. Der Satz ist so verunsichernd wie wahr: *Nichts* in der Religion kann absolute Gültigkeit beanspru-chen. Noch der frömmste Satz ist der Satz eines Menschen, mit allen seinen unausgesprochenen Voraussetzungen und Bedingtheiten, auch wenn sich in ihm tiefe Wahrheit ausspricht. Für diese religiöse Ambiva-lenz ein Bewusstsein zu schaffen und daraus entsprechende Konsequen-zen zu ziehen, wäre wohl der wichtigste Schritt auf dem Weg zu einem veränderten, klugen Christentum.

Wer genauer hinsieht, bemerkt in den Kirchen inzwischen eine De-fensivhaltung von erstaunlicher Kraftlosigkeit. Man geht daran, »Teil-bereiche des kirchlichen Lebens zu reformieren« (so formuliert das sehr typisch ein kirchlicher Tagungsbericht) und strukturelle Reformen an-zudenken, geistliche und religiöse Grundorientierungen aber werden nirgends auch nur ansatzweise in Frage gestellt. Der klassische christ-

---

25. Volker Drehsen: Wie religionsfähig ist die Volkskirche, 8 (Hervorhebung vom Verf.).

liche Vorstellungskomplex vom thronenden lieben Gott im Himmel, von der menschlichen Erlösungsbedürftigkeit, von der Versöhnung Gottes durch das Opfer am Kreuz herrschen in den Kirchen mit unbefragter Selbstverständlichkeit.

Religiöse Erstarrung durch Ausfall der religiösen Erfahrung

Die Religions-Distanz im verfassten Christentum führt automatisch zu einem Ausfall an religiöser Lebendigkeit. Inspirierende und regenerierende religiöse Impulse, Ergriffenheit, Erfahrung des Heiligen, emotional gefärbte religiöse Erkenntnisse und Ideen tun sich schwer. Sie haben ihren (oft fragwürdigen) Platz allenfalls in charismatischen christlichen Gruppen.

Das Christentum entwickelt sich zu einer sakralkirchlich verwalteten Kirche auf der einen, einer theologisch-intellektuell strukturierten Gläubigkeit auf der anderen Seite. Sein Kultus transportiert nicht mehr nachvollziehbare Glaubens-Vorstellungen, seine Gesten, seine Verwaltung, sein Gemeindeleben erstarren in Routine. Es mangelt an Inspiration, an regenerierenden religiösen Impulsen. Wo es die gibt, sind sie gar nicht willkommen, sondern stören den Betrieb. Tatsächlich ist das Verstummen der Ketzer, der religiös inspirierten Frager und Querdenker in der christlichen Kirche ebenso auffällig wie folgenreich. Katholisch werden sie diszipliniert und ausgegrenzt, evangelisch werden *religiöse* Fragestellungen gar nicht ernst genommen. Damit fehlen die neuen Perspektiven christlicher (Selbst-)Deutung, die für Verwandlung und Fortbestand des Christentums so wichtig wären. Im Zweifelsfall gilt nicht die religiöse Inspiration, sondern das Kirchenrecht.

Das Christentum ist zu einer theologisch normierten und kirchlich verwalteten Religion geworden. Hubertus Halbfas bemerkt eine »geistige Lähmung, welche die Lehrer- und Pfarrerschaft hindert, sich aus dem Korsett dogmatischer Repetitionen zu befreien«[26]. Sie bewirkt eine »Stagnation des geistigen Lebens in Form von Kodifizierung, Hierarchi-

---

26. Hubertus Halbfas: Das Christentum, 564. Die Bemerkung ist für die 60er Jahre des 20. Jahrhunderts gemacht, kann aber auch im Sinne des großartigen Halbfasschen Buches ganz grundsätzlich verstanden werden. Das Buch von Halbfas ist einer der wenigen klugen Überblicke über Geschichte, Entwicklung, Symbole und Gehalte des Christentums. Nicht zuletzt in seiner kritischen Zusammenschau zeigt es seinen Verfasser als überlegenen religiösen Geist.

sierung, Verrechtlichung und aussagenlogischer Feststellung: ›So ist es!‹«[27] Ganz anders in der Bibel. Dort sind Aufbruch, kritische Neubewertungen und Verwandlung treibende Grundmotive. Ein stark dynamisches Element gehört also zum religiösen Grundbestand des Christentums. Abrahams Aufbruch, Israels Wüstenwanderung, die Propheten, Jesu Provokationen, die radikal freie Haltung des Paulus zum »Gesetz« usw. zeigen eine religiöse Dynamik, die die Bibel zum meist gelesenen Buch der Geschichte gemacht hat und die bis heute ihre bleibende Faszination erklärt. Die Bibel ist in ihrer Erfahrungssättigung und Widersprüchlichkeit von geradezu exemplarischer Normierungsresistenz. Zur geistigen Stagnation der heutigen Kirchen steht sie in krassem Gegensatz.

Man sollte meinen: nichts wird die Kirche so fürchten wie Reden über Dinge, die keiner mehr braucht oder gar versteht. Leider ist nahezu das Gegenteil der Fall: Die Kompetenz der Kirche erstreckt sich nahezu ausschließlich auf die eigene christliche Tradition. Die akademische Theologie kreist weitgehend um Fragen, die nicht nur in weiten Teilen der Öffentlichkeit unbekannt und unverständlich, sondern oft auch mit dem heutigen Denken kaum noch nachvollziehbar sind. »Nicht mehr Erlebnisse werden in dieser Sprache mitgeteilt oder ihr anvertraut, vielmehr werden die abgeleiteten Erfahrungen anderer endlos weiterreflektiert mit Kunstbegriffen. Ist nicht gerade im Raum der Religion diese Metasprache des Theologischen das größte Verhängnis?«[28] Folge der religions-apathischen theologischen und kirchlichen Normierungen ist eine Unkenntnis der religiösen Logik, die sich eben keineswegs primär in rationalen Sätzen, definierbaren Wahrheiten oder gar in rechtlichen Strukturen ausspricht, sondern deren wichtigstes Ausdrucksmittel die *Symbolik* ist. Bewusstwerdungsprozesse, Lebensdeutungen, existenzielle Erfahrungen, Wissen um das Unverfügbare, Ergriffensein vom Unbedingten, ekstatische Begegnungen mit dem Heiligen lassen sich nicht in klar abgrenzbare Strukturen gießen. Sie stellen sich eher in poetischen Bildern, im Gleichnis, in der sprachlichen Fiktion, im Mythos und in rituellen Prozessen und Gesten dar. Die Verkündigung der Kirche, ihr Sprachstil und ihr Denken in den Bahnen von offiziellen Dokumenten stehen dieser religiösen Logik ebenso verständnislos gegenüber wie eine biblizistische und an geoffenbarter Glaubenswahrheit orientierte Frömmigkeit. Dass Jesus keine

---

27. Hermann Timm: Sprachenfrühling, 116.
28. Eugen Drewermann: Psychoanalyse und Moraltheologie Band 3, 192.

Lehre hinterlassen hat, erst recht keine Dogmen, sondern eine inspirierte Gefolgschaft, gibt da keinen Anlass zum Nachdenken.

Man kann das in der Tat höchst komplexe Studium der Theologie mit Bestnoten absolvieren, ohne von der religiösen Erfahrung des Christentums innerlich im mindesten berührt zu werden. Ein religiöses Charisma spielt bei der Berufsmotivation der Theologen meist nicht die geringste Rolle. Auch in der kirchlichen Ausbildung ist theologisches Wissen gefragt, keineswegs aber religiöse Kompetenz. Spirituelle Erfahrung, mystisches Verstehen, religiöse Intuition, religionspsychologische Kenntnisse, religiöses Einfühlungsvermögen sind schon recht, sie gehören aber zum Privatvergnügen des christlichen Personals. Spirituelles Training oder geistliche Bewährung scheinen da vollkommen überflüssig. Kann man sich über die geistlose Routine im Christentum dann aber eigentlich wundern?[29]

Vor allem das völlig mangelhafte Verständnis für die Mystik kann das vor Augen führen. Diese gilt im Christentum gemeinhin als eine für den Glauben letztlich unbedeutende Sonder- oder Begleiterfahrung, im Grunde: als abwegige Schwärmerei. Karl Barth hat von der »frommen Unverschämtheit« des Angelus Silesius gesprochen, einem hoch sensiblen und auch ausgesprochen kritischen christlichen Geist. Was spricht sich hier aus? Muss man eine Rück-Projektion der eigenen religiösen Blindheit, der nicht eingesehenen Überheblichkeit und emotionalen Abstumpfung annehmen? Silesius spricht die Grunderfahrung aller Mystik aus, die darum weiß, dass die Erfahrung des Heiligen sich nicht abtrennen lässt von der Selbsterfahrung, Reifung und Erkenntnis: »Halt an, wo läufst du hin? / Der Himmel ist in dir. / Suchst du Gott anderswo, / du fehlst ihn für und für.« Für den christlichen Glauben gilt uneingeschränkt: »Wer Gott nicht in dem Tische findet, an dem er isst, oder in der eigenen Hand, die mit dem Werkzeug umgeht, wer ihn nicht in der Luft erfährt, die er atmet, und in dem Wasser, in dem er schwimmt, wird von Gegenwart Gottes nicht wirklich reden können.«[30] Das, und nicht fromme Schwärmerei, ist die Einsicht der Mystik.

Die Gotteserfahrungen der Bibel haben genau darin ihre Faszination, dass sie Gottes- und Selbst-Erfahrung miteinander verschränken. Das tut bereits das Alte Testament. »Das Wort, das dir gilt, ist nicht im

---

29. »Jede Art schamanischer Fähigkeit und Vollmacht kann erlöschen, kann aberkannt werden, ist dem ständigen meditativen Training unterworfen. Nicht so die priesterliche Vollmacht.« Hans-Joachim Thilo: Die therapeutische Funktion des Gottesdienstes, 163.
30. Jörg Zink: Dornen können Rosen tragen, 198.

Himmel, so dass du sagen müsstest: Wer will für uns in den Himmel fahren und es uns holen …? Das Wort ist ganz nahe bei dir, in deinem Mund und in deinem Herzen« (Dtn 30,12-14). Die Einsicht, dass Gott den Beter »von allen Seiten« umgibt, so dass gar nicht an eine Flucht vor ihm zu denken ist, spricht sich im Psalm 139 eher schon unheimlich als tröstlich aus. Dann ist die Rede davon, dass Gott sein heilsames Gesetz in die Herzen der Menschen legen wird (Jer 31,33) – usw. Jesus war ebenfalls Mystiker, auch wenn es ungewohnt ist, ihn so zu bezeichnen. In allen Dingen, nicht neben oder über diesen, vor allem im Gesicht der Menschen, erkennt er Gott. Paulus hat neben seinen theologisch-rationalen ebenfalls deutlich mystische Züge. Das »In-Christus-Sein« ist bei ihm stehende Formel; ebenso, dass Christus »in mir« lebe; der Körper gilt ihm als »Tempel des Heiligen Geistes« (1 Kor 6,19); die Verwandlung durch Gott in 2 Kor 5 und das Geheimnis der Liebe in 1 Kor 13 usw. sind mystische Einsichten. Gott und Mensch stehen nicht voneinander getrennt.

Vom geheimnisvollen, fast unbekannt gebliebenen Dionysius Areopagita an (»In allem, was ist, leuchten seine Strahlen«) über die bleibende und faszinierenden Aktualität von Meister Eckhart bis hin zur gegenwärtigen religiösen Suche ist die Bedeutung der Mystik für die christliche Religion ganz elementar. Friedrich Schleiermacher spricht es (vorsichtig) aus, »dass seit langem her alle wahrhaft religiösen Gemüter sich durch einen mystischen Anstrich auszeichnen«[31]. Fast alle Reformbewegungen im Christentum kamen aus mystischem Geist. Selbst Martin Luthers eindringlich existenzielle Theologie ist durch die Mystiker Tauler und Seuse inspiriert.

Es dürfte deutlich sein, wie weit die Bekenntnisse der Kirche und die akademische Theologie von solcher Mystik entfernt sind – genauer: wie sehr sie sich diese durch ihre rationale Begrifflichkeit und Logik vom Leib halten. Wenn Angelus Silesius geradezu warnend ausspricht: »Und wäre Gott zu Bethlehem / auch tausend mal geboren / und nicht in dir / so wärst du doch verloren«, dann ist damit auch der deutlich kritische Geist der Mystik markiert. Nicht zuletzt darin ist sie echte Religion.

Religiöse Logik und christlicher Aberglaube

Der weitgehende Ausfall von Mystik und freier religiöser Erfahrung im Christentum muss fast zwangsläufig in eine religiöse Banalisierung füh-

---

31. Friedrich Schleiermacher: Über die Religion, 305.

ren, die sich in religiösen Ersatzformen ausdrückt. Im Herzen des Christentums sind Wunder- und sakramentaler Aberglaube, Biblizismus, magisches Denken, vor allem aber der Glaube an die objektive Gültigkeit von theologischen Deutungen, dogmatischen Festlegungen und von Bekenntnissätzen weit verbreitet. Von der katholischen Kirche werden sie nach Kräften gefördert, von der evangelischen wird ihnen kaum jemals widersprochen.

Wer Religion wörtlich nimmt, ist im Aberglauben: diese grundlegende Einsicht von Paul Tillich ist vor allem unter den Gläubigen kaum bekannt, geschweige denn theologisch strukturierend geworden. Dass es sich bei den christlichen Bildern des Heils um keine faktisch vorfindlichen, kausal erklärbaren »Realitäten«, dagegen aber um höchst realitäts*wirksame* Einsichten und Vorstellungen handelt, die mit der eigenen Sicht auf das Leben die gesamte Haltung verändern können, wird als Glaubensbezweiflung und hochgradig verunsichernde Idee aufgefasst. Dagegen herrscht unter vielen Gläubigen ein Glaube im Sinne eines Für-Wahr-Haltens vor, in dem sich vor allem eine Suche nach Glaubenssicherheit und Trost ausspricht. Der Glaube an Wunder wird da in der Tat schnell »des Glaubens liebstes Kind« – und ein stichhaltiger Grund für seine Ablehnung durch moderne vernünftige Einsicht. Warum auch sollte ein Wunder, das einem anderen passiert ist (ganz abgesehen von dessen Glaubwürdigkeit!) *mich* überhaupt tangieren?

Alles in der Religion aber ist symbolisch verdichtete Erfahrung; alles sollte dem Verständnis, der Praktizierbarkeit und offenen Aneignung von deren kultureller Verdichtung in den religiösen Traditionen, Zeichen und Räumen dienen. Dass das moderne positivistisch-materialistische Verstehen in der Unkenntnis und Unterschätzung symbolischen Denkens einen gravierenden blinden Fleck hat, sollte die Vertreter der Religion gerade nicht dazu führen, sich ausschließlich rational zu verstehen und zu artikulieren. Religion hängt eben gerade nicht ab von rationalen, »wahren«, gar positivistisch-objektiv verstehbaren Begriffen und Formeln, sondern von ihren Vollzügen, Darstellungen und Inszenierungen. Sie drückt sich in durchaus flüchtigen, nicht absicherbaren poetischen Bildern aus, die neue Erfahrungen wecken können. Ein Schauspiel wie etwa Shakespeares Hamlet, das ohne seine Aufführung ein stummes Textbuch bleibt, kann für den einzelnen stillen Leser durchaus zur Erfahrung werden; und vor allem zur Fundstelle der kritischen Interpretation. Lebendig wird es aber nur als Aufführung, also im Vollzug. Die katholische Kirche hat in ihrer sakralen Theatralik durchaus eine religiöse Stärke. Rationale dogmatische Sätze dagegen, die beide Kirchen im Innersten beherrschen, vermögen ein

Leben kaum zu verändern, und nur in den aller seltensten Fällen überhaupt zu inspirieren.

Verschärft wird das religiöse Selbstmissverständnis des Christentums als einer rational klärbaren und lehrbaren »Wahrheit« durch die hohe Bedeutung und lustvolle Wertschätzung von Fiktion im spätmodernen medialen Alltag. Hier ist das Bewusstsein des Konstruktiven, des Gemachten und der Revidierbarkeit aller Dinge verbreitet, und es wird für die Religion verrückterweise gerade *nicht* angenommen. Religion gilt vielen ja als konkretistischer Aberglaube. Ist das aber nicht gerade durch das christlich-religiöse Selbstmissverständnis als einer objektiven Wahrheit bedingt?

Wenn Religion gar nicht anders verstanden werden kann als symbolisch, dann ist die »Fiktionalität« seiner Ausdrucksweisen Programm. Sie hat sich christlich vor allem in den Gleichnissen Jesu einen zentral bedeutsamen Ort geschaffen. Jesus gebraucht frei und spontan erfundene Szenen und Bilder, aus dem Alltag gegriffen und vor die Augen der Zuhörenden gemalt, um eine religiöse Einsicht zu demonstrieren. Beweisen oder erklären wollen diese Fiktionen nichts; sie wollen *zeigen*. »Fiktionalität« freilich lässt unter theologisch-begrifflicher Normierung die Angst vor dem Illusionären aufkommen. Genau das gilt aber nun bezeichnender Weise gerade für die Außenwahrnehmung des Christentums: der christliche Glaube wird inzwischen ja tatsächlich als Aberglaube, als magische Praxis verstanden! Offensichtlich hat ein Christentum, das sich nicht als Religion begreifen kann, sondern nur als normativ-objektivistische Glaubensüberzeugung und als reale, zu glaubende Wahrheit, hier im eigenen Selbstverständnis ebenso große Defizite wie auch in der eigenen klugen Selbst-Darstellung.

In der Theologie hat Friedrich Schleiermacher, der die Religion an die Erfahrung und Emotion des Menschen band, inzwischen stark an Bedeutung gewonnen. Seine religiöse Auffassung gilt vielen als elementare Wende zu einem modernen religiösen Verstehen, ist aber in den christlichen Gemeinden so gut wie unbekannt geblieben. Damit aber wird es immer schwieriger, die eigenen Fragen und Lebenserfahrungen im Licht christlicher Deutung zu begreifen. Und es kommt zu einer weiteren Konfrontation mit dem prinzipiell nüchternen modernen Denken: dem Ausfall der Einsicht in die Tragik des Lebens. Das Wissen um Tragik, Abbruch, Vergeblichkeit und Fragmentarität gehört spätestens seit Franz Kafka, Robert Musil, Jacques Lacan und dem Expressionismus zu den Grunderfahrungen einer fortgeschrittenen Moderne. Dieses Wissen ist im Christentum selbst von zentraler Bedeutung; es hat sich vor allem im Kreuz Jesu sein ausdrucksstarkes Symbol geschaffen und macht die bis heute kaum zu überbietende Realistik des Christlichen aus. Ein auf dem wahren Glauben und einer heilsnotwendigen Kirche basierendes Christentum kann und will gerade das aber nicht sehen: »Das Christentum leugnet die Tragödie vollkommen«, denn es hält sie für »unvereinbar mit dem christlichen Erlösungsgedanken.«[32]

Der Mangel an Kraft und das Wissen um Schicksal, Ausgeliefertsein, Endlichkeit und überfordernde Strukturen sind Grundmerkmale des alttestamentlichen Menschenbildes, wie sie sich exemplarisch vor allem in der sogenannten »Urgeschichte« (Gen 1-11) artikulieren. Hier wird das menschliche Leben als eine einzige tragische Verkettung von Versagen und gutem Willen dargestellt, was als höchst nüchtern und realistisch gelten muss. Diese Verfassung des Menschen wird im Christentum aber unter dem Begriff »Sünde« subsumiert und tendenziell als moralisches Versagen verstanden – nicht als existenzielle Not. Das Kreuz gilt ausschließlich als Heilszeichen, und nicht entfernt als Ausdruck menschlicher Tragik.[33]

Wenn das aber zutrifft, dann ist eine Unkenntnis der eigentlich elementarsten Lebensfrage des Menschseins gegeben, die christlich nicht mehr allgemein verständlich buchstabierbar ist. Wie soll ein Christentum, das den tiefsten Grund des Lebens mit gläubigem Trost *übergeht*, irgend hilfreich sein können?

---

32. Eugen Drewermann: Psychoanalyse und Moraltheologie Band 1, 52.
33. »Das Motiv der Bekehrung zu Christus wirkte so stark, der Kontrast des Christentums zur jüdischen Religion und zu allen anderen ›heidnischen‹ Anschauungen sollte so deutlich hervorgehoben werden, dass aus der tragischen Verstrickung des Menschen in die Sünde, die der Jahwist [Verfasser eines Teils der Urgeschichte] vor Augen hatte und die Paulus, darauf fußend, in Röm 6–8 so eindringlich schilderte, jetzt etwas an sich Überwindbares, ja bereits immer schon von Christus her Überwundenes, mithin ein bloßer Alptraum rückwärtsgewandter Erinnerungen wurde.« Eugen Drewermann: Psychoanalyse und Moraltheologie Band 1, 56.

3.2 Religionsferne kirchliche Routine
Lebensferner Kult, überforderte Geistliche und
kirchliches Vereinsleben

Immer wieder zeigen die Kirchen einen Einsatz und eine Präsenz, denen man nur mit Respekt begegnen kann. Keine andere Organisation kümmert sich in vergleichbarem Umfang um humane Fragen, und in keiner anderen gibt es so viele motivierte ehrenamtliche Mitarbeiter. Allzu oft aber drängt sich der Eindruck auf: die Kirchen sind mit sich selbst beschäftigt und einer Wahrheit verpflichtet, die niemand mehr versteht. Dabei wären sie als kritisches Widerlager gegen die Gnadenlosigkeiten der modernen Welt und als Platzhalter religiöser Erfahrungen und existenzieller Nöte so dringend gebraucht. Die Kirchen aber kultivieren mit ihrer religionsfernen Ausrichtung zunehmend eine gesellschaftliche Sonderwelt, ohne dass ihnen das zureichend bewusst wäre. Das gegenwärtige Christentum wirkt auch deshalb so diffus, profillos und schwer zu greifen, weil die ehemals vollmundig-selbstbewusste Dogmatik (und mit ihr die Kirchenvertreter) sich längst auf einen defensiven, undeutlichen, sprachlich komplizierten Ton zurückgestimmt haben. Freilich strukturieren Bekenntnis, Rechtgläubigkeit und sakrale Kirchlichkeit das Denken und die Erscheinung des Christentums intern nach wie vor ganz eindeutig. Besonders auffällig ist das im Kultus, dessen religiöse Erstarrung mit seiner Lebensferne parallel geht.

Lebensferner Kult

Zwar ist der theologisch viel diskutierte Gottesdienst-Besuch nicht ganz so schlecht, wie das oft vermutet wird; der Gottesdienst aber ist kein öffentliches Ereignis mehr. Er gleicht immer mehr einer Vereinsversammlung von treuen Insidern, zumeist älteren Frauen. Reformen sind nicht in Sicht. Auch die evangelische »Erneuerte Agende« betrieb vor allem formelle Vereinheitlichung und blieb weitgehend restaurativ.

In vielen Messen und Gottesdiensten herrscht eine Mischung aus geistloser Routine und trostloser Leere.[34] Die allermeisten Gottesdienste sind anstrengend. Es gibt großartige Ausnahmen, und das durchgehende Bemühen der Geistlichen ist unübersehbar. Aber nur in selte-

---

34. »Die Gottesdienste sind – im Schnitt gesehen – auf eine schwer ergründbare Weise langweilig und unnötig.« Matthias Kroeger: Die Notwendigkeit der unakzeptablen Kirche, 76.

nen Fällen ist die Energiebilanz nach dem Besuch höher als vorher. Umfragen unter Konfirmanden zeigen: Gottesdienst wird als langweilig, steif und mühsam empfunden. Er lässt nur in Ausnahmefällen religiöse Inspiration, intellektuelle Klarheit und geistige Bewegung erkennen.[35] Einem höchst profanen evangelischen Gottesdienst – in dem man mit einem »Schön, dass Sie da sind« begrüßt werden kann, in dem die »Abkündigungen« endlose Minuten dauern können, in dem Pfarrer das Kreuzzeichen beim Segen als verwischte Verlegenheit in die Luft malen – steht eine zwar äußerlich eindrucksvollere, aber doch in immer gleicher Routine erstarrte katholische Messe gegenüber, mit kultischem Geklingel und einer lebensarmen barocken Kulisse. Viele katholische Priester wirken in ihrem Herunterlesen des Messformulars und ihrer betulich-weichlichen Aussprache regelrecht gelangweilt.

Der Kultus ist der zentrale Ort jeder Religion, seine Inspirations- und Vergewisserungsquelle. In ihm kommt zum Ausdruck, was eine religiöse Gemeinschaft bewegt, was ihr bedeutsam und unverzichtbar ist. Im Gemeindeblatt aber steht der Gottesdienst bisweilen unter »Termine«. »Dass der populäre Film … erhebliche Emotionen zu wecken in der Lage ist, steht in deutlichem Kontrast dazu, dass dem protestantischen Gottesdienst – einer Veranstaltung oft zwischen moralischer Zerquälung, halbgarer Zeitdiagnose, schlechter Rhetorik und religiösen (liturgisch meist frei flottierenden) Restformen, gefuhls- und erlebnisarm – eben diese emotionale Kraft fast gänzlich abhanden gekommen ist, … eine religiöse Praxis, die emotional (und auch intellektuell) verarmt ist.«[36]

Inhalt, Gestik und Symbolik wirken auf den durchschnittlichen Zeitgenossen ausgesprochen fremd. Bereits der Eingangsteil des Gottesdienstes zitiert über ein Dutzend mal altkirchliche dogmatische Zusammenhänge und Formeln, die kaum verständlich, geschweige denn emo-

---

35. »Vorn am Altar stand einsam und allein ein Pastor. Er wusste ganz offensichtlich nicht, wohin er schauen und sprechen sollte … Anders ließ es sich nicht erklären, dass er so starr sein liturgisches Programm durchzog, Wechselgesänge anstimmte, die kein Echo fanden, Gebete sprach, die seltsam automatisch klangen, und eine Predigt verlas, die, gerade weil sie so ordentlich vorbereitet war und sauber von einem theologischen Gemeinplatz zum nächsten führte, einen ganz und gar hilflosen Eindruck machte. Wie er so predigte, wirkte er nicht wie ein Mensch, der andere Menschen erreichen will, sondern nur wie ein funktionsloser Amtsträger, der Angst hatte, sich etwas zu Schulden kommen zu lassen und deshalb seine Sache besonders vorschriftsmäßig abspulte.« Johann Hinrich Claussen: Zurück zur Religion, 147f.
36. Ingo Reuter: Religionspädagogik und populäre Bilderwelten, 134.

tional nachvollziehbar sind. Dazu gesellt sich »eine sehr verquaste, unkonkrete, manchmal auch pseudopoetische Sprache ..., die einen das Gruseln lehren kann«[37]. In der Predigt »bevorzugt die deutsche Kirchenverkündigung einen affirmativen Stil, der einem den Atem nimmt«[38]. Vom Ernst religiöser Einsichten, von ungelöster Tragik und menschlichen Nöten, von den Provokationen der Propheten, Jesu, der Ketzer und Mystiker ist so gut wie nichts zu spüren – sie kommen allenfalls als »Aufhänger« vor. »Es gehört eine ziemliche Portion guten Willens dazu, angesichts des durchschnittlichen Predigtgeschehens nicht gelangweilt oder zornig, sarkastisch oder tieftraurig zu werden. Was wird landauf landab für ein Aufwand für die Verkündigung des christlichen Glaubens betrieben! Aber ist es nicht – von Ausnahmen abgesehen – die institutionell gesicherte Belanglosigkeit?«[39]

Viele Predigten scheinen die Distanz der Hörer zum Dogmatischen zu spüren – und weichen auf die Besprechung profaner Alltagserfahrungen und auf moralische Standards aus. Die Betulichkeit eines Redens über kleine Menschlichkeiten, über das winzig kleine Glück (»Wo auch nur ein Mensch eine kleine liebevolle Geste erfährt ...«) lässt dann noch das größte Elend in Harmlosigkeit versinken. Das zeigt auch die gängige Predigtsprache. Entscheidende Sätze werden mit »vielleicht« relativiert (»da tut sich für diesen Menschen vielleicht der Himmel auf«), naive rhetorische Fragen (»Ist es nicht ...? Geht es uns nicht im Grunde auch so?«) und die Verwendung von relativierenden Floskeln (»ein Stück weit«) spiegeln ein groteskes Maß an menschlicher wie religiöser Ahnungslosigkeit. Es ist ausgesprochen selten, dass man einer Predigt den wuchtigen Ernst abspürt, der in den religiösen Fragen steckt, und der sich glatten Lösungen sich nur allzu oft verweigert. »Mut zum Engagement – jederzeit ein neues Leben anfangen – ... betroffen sein – Option für die Armen – gewohnte Ordnungen umkehren ... nicht ein religiöser Kaugummi, der nicht noch einmal durchgekaut würde ... Das einzige, was wirklich nicht vorkommt, ist der mitteleuropäische Zuhörer, seine Seelenlage, seine Not (auch wenn er gut gekleidet ist), seine religiöse Sehnsucht nach Trost, Zuspruch, Nahrung. Die Wunden der ganzen Welt werden aufgelistet, ... nur die Wunden des eigenen Herzens werden nicht erhellt, geschweige geheilt.«[40] Was in der Tat fehlt, ist die »*Vision eines modernen Lebens nach christlichem*

37. Matthias Drobinski: Oh Gott, die Kirche, 91
38. Christian Geyer: Wohin mit der Heilsanstalt?, 880.
39. Gerhard Ebeling: Das Wesen des christlichen Glaubens, 10 f.
40. Hanna-Barbara Gerl-Falkowitz: Wider das Geistlose im Zeitgeist, 17 f.

Vorbild … Dafür genügt die alte pfarrherrliche Attitüde ebenso wenig wie die neue Lässigkeit.«[41]

Der Ton der Bescheidenheit, der liebevollen Schwäche, wirkt nicht nur unecht, er steht vor allem in starkem Kontrast zu einer Welt des zunehmenden Drucks und des psychischen Hungers. Die »sanfte Biedermeierlichkeit« und das »metaphysische Gähnen« über den Gottesdiensten (Johann Hinrich Claussen) tut niemandem weh, bringt aber auch keine kontroversen Gedanken und ebenso wenig eine echte Ermutigung zu Stande. Wäre es nicht gerade die Aufgabe des Kultus, die Widersprüchlichkeit, Härte und Ambivalenz des Lebens zum Ausdruck zu bringen?[42] Wo wäre eine Satz möglich wie: »Gott, ich liebe dich nicht. Ich sehe dich nicht. Ich spüre dich nicht. Vor allem verstehe ich dich nicht« – ohne vorschnelle glaubensfromme Auflösung?

Die religiösen Fragen, die Lebenserfahrungen, Wünsche, Schmerzen und Hoffnungen der Menschen werden nicht greifbar einbezogen, es sei denn als Einleitungen, mit denen man die Teilnehmer »abholt«, um sie dann zum »Eigentlichen« zu führen. Grundbedürfnisse und Fragen der Menschen – Arbeit, Zukunft der Welt, Familie, Angst vor Krankheit, Einsamkeit, Sehnsucht nach Zugehörigkeit, Scham, der wachsende Druck usw. – werden religiös nicht angemessen symbolisiert. Es gibt keinerlei Anleitung zur religiösen (Selbst-)Erfahrung. Schwierige biblische Lesungen werden oft nicht kommentiert. Kann man aber einen Satz wie »Fleischlich gesinnt sein, ist der Tod …, ist Feindschaft gegen Gott« (Röm 8,7 f.) unkommentiert stehen lassen? Man kann offensichtlich, und das ist die kirchliche Regel. Hat denn aber nicht Gott selbst nach christlicher Auffassung das Fleisch erschaffen? Kein Kommentar. Paulus ist ja der große Apostel des Herrn. Es kann gar nicht anders sein, als dass hier ein Unbehagen bleibt – sofern man sich nicht von vornherein und restlos mit allem identifiziert hat, was sich christlich gibt.

»Praktizierung eines geschlossenen dogmatischen Systems …, konfessionelle Fixierung und spirituelle Unerfahrenheit addieren sich.«[43] Wer sein Leben in diesen recht klar gesteckten Grenzen nicht unter-

---

41. Evelyn Finger: Schluss mit dem Geschwätz! Früher war die Predigt eine Kunst. Heute liefern die meisten Pfarrer nur Seelenwellness. Die ZEIT 51, 13. 12. 2007 (Kursivsetzung vom Verf.).

42. Alt, aber entlarvend ist die Persiflage des Komikers Otto Waalkes, der mit säuselnder Stimme einen Pfarrer predigen lässt, dass ihm sein »Rasierpinsel ins Klo gefallen« sei, und der dann sinniert, was das nun »für uns alle« bedeute.

43. Matthias Kroeger: Im religiösen Umbruch der Welt, 294 und 296.

bringt, kann vom Gottesdienst nicht profitieren. Ist es Zufall, dass auf Pfarrkonferenzen und Kirchentagen nicht Gottesdienste, sondern offen zusammengestellte Andachten gefeiert werden – die es sonst aber kaum gibt? Dass von den Menschen vor allem die Kasualien (Taufe, Trauung, Firmung, Konfirmation) geschätzt werden, in denen sie selbst mit ihrem Leben vorkommen?

Offensichtlich orientiert sich der christliche Kultus an der Bestärkung eines Glaubens, den kaum jemand noch mitbringt; an einer »ein für allemal« geschehenen Zuwendung Gottes in Christus, die kaum jemand noch spürt; an einer Vergewisserung des persönlichen Heils, das kaum jemand noch versteht. Christlich-religiöse Erfahrungen, Deutungen, Einsichten brauchen offenbar nur erinnert zu werden – dabei müssten sie erklärt, aufgeschlossen und *plausibel* gemacht werden. Wie kann ich mein Leben christlich verstehen? Was hilft mir, was heilt mich? Ausgerechnet der Gottesdienst wird zu einem der wenigen Orte in der modernen Gesellschaft, der meint keine Rücksicht auf die Gefühle und das Befinden der Teilnehmer nehmen zu müssen. Kritik, Zwischenfragen, spontane und freie Beteiligung sind nicht vorgesehen.

Viele Gottesdienste zeigen trotz ihrer bemühten Formkorrektheit und Traditionsorientierung auch eine mangelnde Sorgfalt und ein nur geringes Gespür für die notwendige *Inszenierung* des Heiligen. Auftreten, Gestik und Haltung der Geistlichen wirken oft routiniert-gelangweilt und vor allem in der evangelischen Kirche steif und ungekonnt. Manche evangelische Geistliche, die das bemerkt haben, nehmen inzwischen liturgischen Unterricht bei Schauspielern. Das ist grundsätzlich begrüßenswert, denn es zeigt ein Gespür für einen Mangel, der für den Kultus essenziell ist. Freilich kann liturgisch gekonnte Führung allein den Kultus nicht reformieren. Wenn die Menschen erreicht werden sollen, müssten sie im Kultus in ein *dramatisches Geschehen* einbezogen werden, in dem sie sich wirklich wiederfinden. »Nur wo jeder *selbst* zum Text der Botschaft wird, diese also leiblich wiederherzustellen versucht, kann ernsthaft von so etwas wie Verbindlichkeit und ›Verkündigung‹ des Evangeliums geredet werden.«[44]

Alternative Gottesdienste haben sich inzwischen in vielen Gemeinden etabliert – aber nur höchst selten Ort und Zeit des sonntäglichen »Hauptgottesdienstes« erobern können. Es fällt auf, dass sie in aller Regel umständliche und dogmatisch formelhafte Teile der Liturgie weglassen oder zeitgemäß umformulieren; ferner, dass sie große Aufmerksamkeit auf die Inszenierung legen und hier oft ihre zündende Idee

44. Rainer Volp: Liturgik Band 2, 951.

haben (nächtliche Kerzenfeiern, musikalische Aufführungen, rituelle Begehungen im Kirchenraum usw.; das gilt vor allem für die Taizé-Andachten); schließlich, dass sie die (zumindest innere) Beteiligung der Kirchenbesucher anstreben. Die Resonanz ist entsprechend hoch.

Religionsfernes Leben in den Gemeinden

Auch wenn das Urteil hart klingen mag: eine gewisse Lebensferne und harmlose Betulichkeit kann man auch vielen Geistlichen anmerken. Das sagt nichts gegen das große, bewundernswerte und wahrlich wertvolle Bemühen der Geistlichen, muss aber dennoch auffallen. Der anglikanische Bischof John Shelby Spong schreibt zur Reaktion von Geistlichen, vor denen er einen theologisch provozierenden Vortrag gehalten hatte: »Weder lachten sie noch waren sie zornig. Weder stimmten sie zu noch lehnten sie die Ausführungen ab, die an vielen anderen Orten, wie ich aus persönlicher Erfahrung wusste, eine große Bandbreite emotionaler Reaktionen provozierten. Diese Geistlichen erinnerten mich an Kinder, die sowohl körperlich als auch seelisch so oft von ihren Eltern und Lehrern oder anderen Autoritätspersonen geschlagen worden waren, dass sie auf nichts mehr reagierten, es sei ihnen denn ausdrücklich erlaubt worden.«[45] Auch auf Pressefotos von hochrangigen katholischen Geistlichen sind versteinerte und leere Minen zu sehen, von Lebendigkeit, Inspiration, besonderer Ausstrahlung dagegen fast nichts. Katholischen Bischöfen wirft die ZEIT »Amtskälte und Menschenferne«[46] vor. Ausgerechnet bei den Menschen, die das Heilige vertreten, ist der Burnout zum Schlagwort geworden. Ausgerechnet unter ihnen häuft sich der moderne Workoholismus und zeigt seine Folgen.[47]

Von religiösen Führungsfiguren sollte man ein besonderes Maß an Reife und Einsicht in die eigenen Brüche, Unvollkommenheiten, Unausgewogenheiten erwarten, die aber offenbar weitgehend fehlen. Das hat auch strukturelle Ursachen: die Anforderungen an das Pfarramt wachsen ständig an – bei zunehmender Wirkungslosigkeit. Viel zu viele Pflichten stehen, oft beziehungslos, nebeneinander und führen zu einer

45. John Shelby Spong: Was sich im Christentum ändern muss, 190.
46. »Warum die Kirche nervt.« Der provokante Untertitel lautet gar: »Konservative Bischöfe bringen den Glauben in Verruf«. Die ZEIT Nr. 40, 27. 9. 2007, 10.
47. Matthias Drobinski weist darauf hin, dass Kurse zum Auftanken lange Wartelisten haben und den Betroffenen oft erst das ganze Ausmaß ihrer inneren Erschöpfung zeigen. Matthias Drobinski: Oh Gott, die Kirche, 99 ff.

zunehmend atemlosen Hyperaktivität. Die Arbeit der Geistlichen gleicht dem Versuch, der Pluralisierung der Lebenswelt durch eine interne Differenzierung des Angebots zu entsprechen. Das freilich ist schon auf Grund der knappen psychischen und physischen Ressourcen zum Scheitern verurteilt. Auch haben sich die allgemeinen Erwartungen an Pfarrer und Priester sehr verändert. Seelsorge und Verkündigung sind kaum noch gefragt, allenfalls spirituelle Beratung. Darauf aber ist man nicht vorbereitet, es entspricht auch meist nicht dem eigenen Berufsbild.

Dazu gesellt sich das immer deutlichere Gefühl: selbst bei größter Anstrengung erreiche ich allenfalls eine Aufrechterhaltung des Status quo. Es kommen immer Dieselben. Auch der Verlust des früher selbstverständlichen Respekts vor der geistlichen Würde muss schmerzen. Ebenso die Erfahrung, dass sich für das eigene theologische Expertenwissen niemand mehr interessiert. Man fühlt sich nicht mehr wirklich gebraucht. Faktisch werden »die frommen Worte (der Geistlichen) … von den Menschen ohne Enthusiasmus oder Kommentar als bedeutungslose Klischees angesehen«[48]. Der einst herausgehobenste Berufsstand überhaupt sieht sich mit zunehmender Bedeutungslosigkeit konfrontiert.

Kaum verwunderlich ist darum die Milieuverengung der Geistlichkeit in beiden Konfessionen. Sie bringt immer weniger bildungsbürgerlichen Hintergrund mit, rekrutiert sich dagegen zunehmend aus Menschen, die auf der Suche nach sich selbst sind, deren Berufsmotiv also das viel zitierte »Helfersyndrom« (Wolfgang Schmidbauer) ist. Das führt zu höherer Sensibilität, aber auch zu höherer Verletzlichkeit und größerer Führungsschwäche unter den Geistlichen, vor allem aber zur kritiklosen Verlängerung vorgegebener vormoderner Kirchen- und Denkstrukturen.

Die eigentlichen Ursachen für diese Beobachtungen dürften freilich nicht in veränderten Anforderungen liegen, sondern in der erstaunlichen religiösen Enthaltsamkeit, die sich unter den Geistlichen bemerkbar macht. Unter vielen Pfarrern gilt Religiosität als minderwertig gegenüber dem Glauben, eine spirituelle Praxis beschränkt sich auf

---

48. John Shelby Spong: Was sich im Christentum ändern muss, 63. – Jan Hermelink resümiert in der neuesten EKD-Umfrageauswertung: »Die pastoralen Experten werden gelegentlich gezielt gefragt, im Alltag aber doch eher gemieden.« Darum – so die noch sehr vorsichtige Folgerung – bedarf »die gängige Rede von der pastoralen ›Schlüsselrolle‹ … offenbar einer gewissen Relativierung«. Jan Hermelink: Die Vielfalt der Mitgliedschaftsverhältnisse, 420 f.

Gottesdienst, Andacht, evtl. Bibellektüre und persönliches Gebet. Weitere spirituelle Praktiken, die Kraft und Gelassenheit bringen könnten, sind kaum bekannt; es herrscht geradezu eine Scheu vor Spiritualität. Katholische Priester unterliegen zusätzlich einer Reihe von strikten Einschränkungen, die es sonst im modernen Leben nicht mehr gibt. Pflichtzölibat, Lehrnormierung und kirchlicher Treueeid führen dazu, dass kreative Persönlichkeiten, religiöse Querdenker und innovative Köpfe keinerlei Chancen haben. Bischöfe wissen, dass sie vor allem jedes öffentlich geäußerte Wort sorgsam abwägen müssen, um Schwierigkeiten »mit Rom« zu vermeiden. Linientreue dominiert hier jede Form der religiösen Eigenständigkeit.

Als Hintergrund der geistlichen Auszehrung wird man auch annehmen müssen, dass ein als Vorbild gelebter Glaube unter heutigen Bedingungen nicht mehr ein Leben lang bruchlos durchzuhalten ist. Eine Rolle zu übernehmen, die einer derartigen Anforderung unterliegt, bedeutet jedenfalls eine schwer zu bewältigende Aufgabe, der man lieber durch Routine ausweicht; zumal dann, wenn spirituelle Techniken und religiöse Praxis ungeübt sind und religiöse Impulse nicht kommuniziert werden. Wer lehrt im Pfarrerstand den dringend notwendigen Umgang mit Grenzen (der Kraft, der Zeit, der Wirkung), die inzwischen erkennbar eng geworden sind? Oder eine dringend notwendige neue psychische bzw. spirituelle Zentrierung, die die benötigte Energie für die Arbeit gibt? Worin bestünde heute eigentlich eine anerkannte, geschätzte oder sogar vielleicht gesuchte geistliche Professionalität? Darüber wird so gut wie nirgends nachgedacht oder gar offen diskutiert.

Religionsferne Routine bestimmt auch das Gemeindeleben. Gemeinden bilden faktisch ein Bekanntennetz für Anschlusssuchende und eine entsprechende Kuschelstruktur aus – ein geradezu privat anmutendes Vereinsleben, in dem keinerlei religiöse Kommunikation stattfindet. Wenn aber vor allem soziale Nestwärme gesucht wird, nicht Religion, dann erklärt sich auch, warum die Veränderungsresistenz der Gemeinden so hoch ist. Was sich einmal etabliert hat, wird weitergetragen. Man gibt nichts auf.

Gemeinden arbeiten wie Familienbetriebe – engagiert, bemüht, aber wenig professionell. Nur wenige Personen haben in der Kirche das Sagen. Der Pfarrer und die wenigen Engagierten bilden einen engen, geschlossenen Zirkel, der keineswegs einladend wirkt. Ein Zugang ist schwer zu finden. Es gibt keine klaren Entscheidungswege, keine Rückmeldungen, keine Überprüfung von Qualität. Verschiedenste Institutionalisierungen stehen unkoordiniert nebeneinander: Pfarrer, Gemeindegruppen, Hauskreise, übergreifende funktionale Dienste (Diakonie, Telefonseelsorge usw.), schließlich die neuen Selbsthilfegruppen. In diesem Nebeneinander hat das Vereinswesen des letzten und vorletzten Jahrhunderts seine Spuren hinterlassen und eine Nischenkultur ausgeprägt, die niemand in Frage stellt. Da auch der Gottesdienst eine Veranstaltung unter anderen ist und nur eine bestimmte Zielgruppe anspricht, ist ein religiöses Zentrum nicht auszumachen. Welche religiöse Rolle hat (ironisch gesprochen) eine Gruppe für 37jährige alleinerziehende Väter für die Gesamtgemeinde und für die Menschen, die in ihrem Umkreis leben?

Das Problem der religiösen Unkenntlichkeit zeigt sich vor allem an dem nahezu beziehungslosen Nebeneinander von Kirche und Gemeindezentrum. Was haben beide eigentlich miteinander zu tun? In Zeiten florierender kirchlicher Arbeit wurden die Gemeinden flächendeckend mit Gemeindezentren versorgt. Sie boten einer Vielzahl gemeindlicher Aktivitäten Platz. Dieser einstige Gewinn erscheint heute im Kontrast zur ursprünglichen Absicht eher als ein Verlust der gemeindlichen Mitte. Insbesondere wurde der Gottesdienst zu einer gemeindlichen Veranstaltung unter vielen, das ursprüngliche Nebenprogramm dagegen zur übergreifenden Arbeitsform. Geht jedoch der Kultus seiner kirchlichen Zentralstellung verlustig, dann verliert die Kirche ihre organisierende und energetische Quelle.

Die Ortsgemeinde ist historisch geworden, und sie hat trotz ihrer heutigen Probleme durchaus Sinn. Die Gemeinden garantieren Regionalität und Öffentlichkeit von Kirche und bieten ein Forum für örtliche Geselligkeit. Sie müssten sich aber weit mehr und anders profilieren, wenn sie diesen Aufgaben gerecht werden und nicht wie verschlossene Vereinsveranstaltungen wirken wollen. Für die große Mehrheit auch der Kirchenmitglieder hat der Ortsbezug der Gemeinde inzwischen nämlich stark an Bedeutung verloren. Örtliche Gemeindezentren und das Gemeindeleben überhaupt decken sich nicht mehr mit der überregionalen Vernetzung des heutigen Lebens. Dass Ortsgemeinden weder die einzige, noch die normative Gestalt von Kirche sein müssen, sollte jedenfalls diskutiert werden.

Vor allem aber sind sie auf Dauer nur dann noch öffentlich attraktiv, wenn sie sich als kompetente und einladende Adresse für die Kommunikation religiöser Fragen und Deutungen empfehlen – und das tun sie derzeit keineswegs.

3.3 Abwertung freier Religiosität
Unverstandene religiöse Autonomie

Die Kirchen scheinen sich für die religiösen Fragen der Menschen gar nicht zuständig zu fühlen.[49] Selbst die nach wie vor stark besuchten Evangelischen Kirchentage können, ähnlich wie etwa der katholische Weltjugendtag in Köln 2005, kaum noch kirchliche Öffentlichkeitswirksamkeit für sich beanspruchen. Sie dienen inzwischen weitgehend der Selbstvergewisserung kirchlicher Insider. Die Berechtigung oder gar Verpflichtung öffentlich mitzureden, die in der evangelischen Kirche so selbstverständlich scheint, wird durch geschlossene Kirchengebäude in symptomatischer Weise karikiert. Hier gelten Kirchen seit langem als Orte, in denen am Sonntag das Wort Gottes verkündet wird, die man sonst aber eigentlich nicht braucht. Sie sind Lehr-Häuser, die die meiste Zeit einfach leer stehen.[50]

Der Weg zum Heil ist kirchlich vorgegeben. Christlich-religiöse Praxis ist weitgehend die Teilnahme an kirchlichen Vollzügen. Wo in der Kirche wäre Platz oder gar ein einladender und förderlicher Ort für individuelle religiöse Erfahrungen? Es ist natürlich richtig, dass unmittelbare religiöse Erfahrung selten, unableitbar und oft genug systemsprengend ist; und in aller Regel wird sie auch in und an der bestehenden religiösen Tradition gemacht, die die religiöse Urerfahrung ja gerade weiterreichen will. Dass aber dogmatische Sicherung, Rechtgläubigkeit und kirchliche Verwaltung die unverrechenbare, inspirierende religiöse Erfahrung eher blockieren als freisetzen, ist im Christen-

---

49. Vor einigen Jahren hat sich die evangelische Kirche als »Lerngemeinschaft« bezeichnet – ein versöhnlich klingender Begriff, der Schlagwort geblieben ist, und der eigentlich die eigene Hilflosigkeit auf den Punkt bringt. Muss die Kirche erst lernen, wozu sie da ist? Für die inflationär genannte evangelische Suche nach dem eigenen »Profil« gilt Entsprechendes. Sie ist eher Eingeständnis der Hilflosigkeit. Ist das Protestantische aber noch ein Faktor evangelisch-kirchlicher Identität? Wäre evangelisches Profil nicht darin zu etablieren, dass sie etwa der katholischen Auffassung, Jesus habe ein ausschließlich Männern vorbehaltenes Weihepriestertum gestiftet, energisch widerspricht – und zwar aus theologischen Gründen? Sind ökumenisch-taktische Rücksichten tatsächlich wichtiger als erkannte religiöse Wahrheit? *Profil* ist so nicht zu haben. Eher dagegen wird der faktische Rückzug der Kirche aus der Öffentlichkeit noch weiter beschleunigt.
50. In Bayern versucht die Aktion »offene Gotteshäuser«, ein Drittel der ca. 2000 Kirchen auch an Wochentagen offen zu halten, und zeigt damit ein auch andernorts gewandeltes Bewusstsein an. Die Angst vor Zerstörung und Diebstahl der sakralen Einrichtung hat sich als weitgehend unbegründet erwiesen.

tum kaum zu übersehen. Individuelle Zugänge zur Religion und entsprechende Ausdrucksformen gelten da unausgesprochen als minderwertig.[51] Private religiöse Praxis gibt es im Christentum als Gottesdienstbesuch, Gebet, Bibel- oder Traktatlektüre, so gut wie nirgends aber in Gestalt eines strukturierten Weges zu verändertem Bewusstsein.[52]

Für die allgemeine Einschätzung, die Kirchen seien bevormundend und für das eigene Leben nicht hilfreich, ließen sich leicht eine Reihe von Beispielen und Argumenten liefern, die diese Einschätzung als Vorurteil erscheinen ließen. Dass die Menschen sich mit ihren religiösen Fragen und Erfahrungen allerdings nicht mehr in den Kirchen wiederfinden, ist ein Faktum, das nicht einfach mit objektiven Gründen (vor allem der Veränderung der modernen Lebenswelt) erklärt und abgetan werden kann. Dieser Befund hat auch Ursachen im Selbstverständnis und in den Angeboten der Kirchen. Ausgesprochen treffend ist immer noch die Formulierung Carl Friedrich von Weizsäckers, in der er seine Erfahrung mit dem Christentum in einer Mischung von Enttäuschung und Trauer zum Ausdruck bringt: »An ehrlicher Selbstkritik und an gutem Willen hat es in der Kirche, soweit ich sie erlebt habe, nicht gefehlt, oder soweit sie fehlten, war das nicht mein Kummer; denn solches Versagen ist allgemein menschlich. Aber auch die zu großem Einsatz Bereiten fanden oft nicht die Tür zur Wirklichkeit des Menschen ihnen gegenüber. Sie wussten nicht, vorsichtig gesagt, dass der Gott, an den sie ihn wiesen, ihm das Gesicht nicht mehr zeigte, das sie noch sahen oder zu sehen meinten. Sie waren beim Gott ihrer Väter um den Preis, nicht bei der Wirklichkeit zu sein.«[53] Diese Erfahrung gilt für Matthias Kroeger auch für das theologische Denken: »Das Bewusstsein der Theologenschaft hinkt … weit hinter den Einsichten der allgemeinen religiösen Öffentlichkeit her.«[54]

Die meisten Menschen haben heute eine geradezu instinktive Abneigung gegen religiöse Forderungen und Anmaßungen. »Moderne Menschen sind Leute, die sich vor Offenbarungen in Sicherheit gebracht haben – man kann diese Beobachtung so gut wie definitorisch

---

51. In fremden Sprachen reden, prophetisch reden und ungewöhnliche Körperkraft gelten in der katholischen Kirche als Merkmale der *Besessenheit* und sind Legitimation für Exorzismen. Vgl. Wolfgang Pauly: Abschied vom Kinderglauben, 208.
52. Ausnahmen sind nur Wallfahrten, die aber am Rand des Frömmigkeitsspektrums stehen.
53. Carl Friedrich von Weizsäcker: Im Garten des Menschlichen, 517.
54. Matthias Kroeger: Im religiösen Umbruch der Welt, 134.

verwenden.«[55] Die Aversion gegen Aufdringlichkeit ist hoch. Es gibt für die meisten zumindest keine »objektive« Wahrheit mehr jenseits von persönlicher Evidenz. Eine Wahrheit, die nicht einleuchtet, gilt als irrelevant. Das vor allem scheint im Christentum noch nicht angekommen zu sein, geschweige denn konstruktiv aufgenommen zu werden.

Die populären christlichen Themen entstammen längst dem christlichen Jahreskreis und seinen Festen, nicht mehr den Dogmatiken; Menschlichkeit ist in ihnen zentral: Gott bei den Menschen im Kind in der Krippe, die heilige Familie, der Dank für die Schöpfung.[56] Die Religiosität ist grundsätzlich autonom, autoritätsfrei, selbstbestimmt geworden und wird auf das konkrete Leben bezogen. In der Kirche aber scheint »eine je individuelle Sprache für die selbst empfundene Religiosität gar nicht erlaubt, geschweige denn erwartet«[57].

Das Autonomie-Bewusstsein der Menschen wird innerkirchlich weitgehend übergangen. In der christlichen Lehre und kirchlichen Verkündigung »wird zu sehr das Versagen des Menschen betont, seine Gebrochenheit, Schwachheit und Erlösungsbedürftigkeit. Für die Würdigung der anderen Seite des Menschen – seine Kraft und sein Können, sein Selbstvertrauen und seine Erfolge – stehen jedoch kaum kirchliche Sprach- und Deutungsmuster zur Verfügung.«[58] Die im Christentum zentral bedeutsame Vorstellung der »Erlösung« impliziert ganz automatisch das Angewiesensein des Menschen auf Hilfe von außen, was modern eine Verneinung von Autonomie bedeutet und als Förderung von Regression aufgefasst wird. Darum werden gerade die verantwortungsbewussten und erfolgreichen Menschen unserer Zeit verfehlt, sie sind in den Kirchen kaum noch präsent.

Der Verweis auf bleibende, tragende Abhängigkeiten des Lebens ist kein Beleg für Erlösungsbedürftigkeit oder für menschliche Schwachheit, sondern wäre als explizit religiöse Botschaft und im Sinne einer Befähigung zur Beziehung zu gestalten. Der Mensch ist nur Mensch in Beziehung: das ist die Grundeinsicht der biblischen Tradition. Diese Beziehung muss und kann er freilich selbst gestalten.

55. Peter Sloterdijk: Weltfremdheit, 137. – Hier wird noch einmal deutlich, wie unsinnig ein Ruf zur »Mission« wäre – er würde das Selbstverständnis der Menschen nicht ernst nehmen.
56. So sieht das für die evangelische Konfession auch Hermann Timm: »Schöpfung von Himmel und Erde und Geburt des gottebenbildlichen Menschen in der Krippe sind die Eckpfeiler des evangelischen Symbolsystems.« Hermann Timm: Sprachenfrühling, 102.
57. Andreas Feige: Vom Schicksal zur Wahl, 102.
58. Martin Laube: Sprachlos gegenüber Leistung und Erfolg?, 6.

Welche Bedeutung hat eigentlich die christliche Religion für die Entwicklung einer gesunden, beziehungsfähigen Persönlichkeit? Auch wo ein Kinderglaube besteht, bricht er in aller Regel in der Jugend ab. Sind plausible Modelle für ein religiöses Erwachsenwerden im Christentum gar nicht bekannt? Falk Wagner hat das scharf formuliert: »Die Ausbildung eines reflektierten und aufgeklärten Umgangs mit dem Christentum muss scheitern, weil das kirchlich dominante Sprachmodell in hohem Maße auf das Bewusstsein nicht selbständig denkender Kinder zugeschnitten ist ... (Es) gleicht dem Versuch, das den Alltag der Individuen bestimmende Bewusstsein autonomer Selbständigkeit und freier Selbstbestimmung durch eine sonntägliche Idylle zu kontrastieren.«[59]

Die Individualisierung, auch die religiöse, ist unhintergehbar. Sie ist zum Kernproblem für die Kirchen geworden, und sie wird da noch kaum bemerkt, geschweige denn akzeptiert und konstruktiv aufgenommen. Die oft hilflose, unstrukturierte und wenig kritisch reflektierte religiöse Suche der Menschen lässt sich leicht theologisch kritisieren; sie ist aber Faktum. Sie zeigt die mehr oder weniger bewusste Abwendung des Privatlebens von den Expertenkulturen der Moderne auch im religiösen Bereich. Man will, und man muss ja auch sein Leben in die eigene Regie nehmen – warum sollte das gerade in dem so intimen Bereich der Religion anders sein als sonst! Hier greift man sogar noch weniger auf Angebote von außen zurück als in anderen Lebensbereichen. Man möchte religiös sein – »ohne dass begrifflich-kirchliche correctness, theologische Anweisungen oder biblische Lesungen einem gleich belehrend dazwischenfahren«[60].

Nicht konstruktiv aufgenommen sind in Kirche und Theologie vor allem die subjektiven Filter, die längst an religiöse Angebote und Aussagen angelegt werden: unmittelbar einleuchtender Nutzen für das eigene Leben und die Erfahrung von Intensität. Wo das nicht gegeben ist, werden religiöse Dinge schnell als bedeutungslos angesehen. In diesen Filtern zeigen sich die Folgen des funktionalen Denkens und der Konsum- und Erlebnisorientierung auf dem Feld der Religion. Die Passung religiöser Gehalte wird jedenfalls heute vom Subjekt vorgegeben, und nicht durch kirchliche Autorität. Immerhin: Es gibt vielversprechende Ansätze individueller Nutzbarkeit beim Kirchentag, in Taizé, in der Neuwahrnehmung der Kirchengebäude (etwa der City-Kirchen-Arbeit, der neuen Öffnung und Neunutzung von Kirchengebäuden), in neuen

---

59. Falk Wagner: Zur gegenwärtigen Lage des Protestantismus, 54.
60. Matthias Kroeger: Im religiösen Umbruch der Welt, 183.

Gottesdienstformen wie den Osternächten, der Thomasmesse usw., die entsprechend nachgefragt werden.[61]

Die Schwierigkeiten, in die eine individuelle religiöse Suche führt, werden so im Christentum gar nicht mehr bearbeitbar. So kommt etwa Holger Oertel in seiner umfangreichen Untersuchung zu dem für ihn zentralen Ergebnis, dass »die Voraussetzungen für eine Individualisierung im Bereich Religion, zu welcher an erster Stelle religiöse Bildung gehört, häufig nicht gewährleistet« sind.[62] Solche mit der religiösen Individualisierung zuammenhängenden Probleme sind definitiv nicht mehr mit dogmatischen Normen oder gar mit moralischen Vorschriften zu beantworten.

Unverstanden und nicht hilfreich gedeutet bleiben so auch die religiösen Bedürfnisse der Menschen.[63] Esoterik, Therapieszene, die Abkehr vom Gottes- hin zum »Transzendenzglauben« (Klaus-Peter Jörns) mit seinen Engeln und Zwischenwesen, die Sehnsucht nach religiösen Erfahrungen und spirituellen Praxisformen, synkretistische Zusammenstellungen religiöser Bruchstücke zur sogenannten Patchwork-Religiosität usw. gelten christlich eindeutig als minderwertig (»Cafeteria-Religiosität«); diese Ablehnung aber wird ihrerseits von den Menschen als Überheblichkeit bewertet. Dabei zeigen die aus dem germanischen Kulturkreis übernommenen Elemente wie die Gebetshaltung oder der Weihnachtsbaum, dass das Christentum fremdreligiöse Formen durchaus integrieren konnte und das auch oft genug getan hat. Vieles im Christentum ist Synkretismus. Entscheidend war und ist auch innerchristlich gesehen keineswegs die Reinerhaltung der eigenen Identität, sondern die christliche *Deutungskraft*. An ihr erweist sich die christliche Vitalität. Wenn diese Deutungskraft sich aber für außerchristliche Phänomene der Religiosität gar nicht wirklich interessiert, kann es auch mit einer christlichen Vitalität nicht weit her sein.

Faktische Religionsmischungen sind freilich selten, deutlich erkennbar sind sie derzeit eigentlich nur bei der Verbreitung der östlichen Reinkarnationsvorstellung unter Christen. Auch das viel zitierte »postmoderne« religiöse »Patchwork« dürfte so häufig gar nicht sein.

---

61. Zu den christlichen (theologischen, kirchlichen wie auf die Frömmigkeit bezogenen) Gewinnen einer ernst genommenen postmodernen Pluralisierung vgl. vom Verf.: Christentum in der Optionsgesellschaft.
62. Holger Oertel: Gesucht wird: Gott?, 413.
63. Was soll ein Jugendlicher mit dem unter »Schülerbeichte« notierten Satz anfangen: »Prüfe dich: … Wie bin ich mit meinem Taschengeld umgegangen? Tue ich Gutes damit (Arme, Hungernde, Diaspora, Mission)?« Gotteslob Nr. 66, S. 150 f.

Dagegen ist wohl das Verblassen religiöser Überzeugungen und Praktiken die ganz überwiegende Regel. Dennoch wird die ungenormte, freie Religiosität zu einer Schlüsselfrage für das Christentum überhaupt werden. An ihr allein kann sich zeigen, über welche Integrationsfähigkeit es verfügt. Zweifel, Halbglaube, individuelles Religiös-Sein(-wollen) sind inzwischen weit häufiger als feste Glaubensüberzeugungen.[64] Matthias Kroeger hat darum immer wieder darauf hingewiesen, dass die freie, nicht kirchlich gebundene Religiosität ebenso wie die Distanziertheit zur Kirche ein *theologisches Recht* haben.[65]

Die vielen spirituellen Sinnsucher aber werden kirchlich kaum wahrgenommen. Christoph Quarch kritisiert das treffend am neuesten »Impulspapier« (»Kirche der Freiheit«) der Evangelischen Kirche in Deutschland: »Ausgerechnet hier hat das EKD-Papier seinen blinden Fleck: Es fehlt eine Wahrnehmung des umfassenden spirituellen Bewusstseinswandels, der sich seit Jahren in unseren Breiten abspielt und der ein Heer von 50 % ›Sinnsuchern‹ und ›religiös Kreativen‹ auf die Beine gestellt hat, die sich längst von den Kirchen verabschiedet haben … Es sieht diejenigen, die diese Frömmigkeit leben, mehr als Zielgruppe von Mission denn als solche, von deren Sehnsucht und Praxis zu lernen wäre … Da hilft es auch nicht, das vermeintliche Pfui-Wort *Spiritualität* einfach nicht in den Mund zu nehmen. Im Gegenteil: sein Fehlen im Impulspapier verrät dessen größte Schwäche: die Weigerung, dort hinzublicken, wo es weh tut – wo Menschen die Sprache des Christentums nicht mehr verstehen, weil ihre Begriffe antiquiert und leblos erscheinen, und weil diejenigen, die sie vermitteln sollen, keine glaubwürdige Spiritualität ausstrahlen.«[66]

Fragen von religiösem Gewicht, etwa die nach der religiösen Gewissheit – können unter individualisierten Lebensbedingungen nicht mehr institutionell, traditionell und autoritär gelöst, sondern nur noch als subjektive (Selbst-)Vergewisserungen gelebt werden. Weder theologisch-systematische Überlegungen, noch der dogmatisch bestimmte Glaube, noch eine wahre Kirche können solche Fragen »beantworten«.

---

64. »Am Umgang mit solcher *ungenormten* Religiosität, die sich zum Teil ohne religiöse Sprache oder ganz einfach fremd, ungewohnt äußert, wird sich erweisen, ob die Kirchen bei Jesus Christus wirklich gelernt haben. Er hat das Wichtigste seiner Botschaft in Gleichnissen und Bildworten geäußert, die aus dem Leben stammten … Wenn Glaube mit dem Alltagsleben *nichts* zu tun hat, wird er als Hülle abgesprengt, sobald die erste Lebenskrise da ist.« Klaus-Peter Jörns: Notwendige Abschiede, 41.

65. Matthias Kroeger: Im religiösen Umbruch der Welt, 15 u. ö.

66. Christoph Quarch: Kein Blick in den offenen Himmel, 33.

Existenzielle Gewissheiten müssen selbst erfahren werden. Darum ändert sich der Ton, wenn Menschen von ihrem »Glauben« sprechen; denn sie sprechen dann von religiösen Erfahrungen – von Erinnerungen an die Kindheit etwa, an Glockenklang, Orgelmusik oder an Weihnachten, oder von Erfahrungen in sakralen Räumen. Erfahrungen sind religiös unverzichtbar geworden, und man muss und kann sie nicht glauben. Sie haben ihre Wirkung weniger als Gewissheitsstützen, sondern eher als Belebungen. Damit ist klar, warum sie in der Moderne so sehr geschätzt – freilich aber oft gar nicht mehr gemacht werden.

Die freie Religiosität führt dem etablierten Christentum nicht nur den Strom des religiösen Lebens vor Augen. Sie braucht umgekehrt auch selbst eine kritische Selbstklärung. Dafür hat das Christentum die großen Begriffe und Unterscheidungen seiner theologischen Tradition ausgebildet. Kirche und Theologie bleiben darum von unverzichtbarem Wert. Beliebigkeit ist im Bereich der persönlichen Religiosität ebenso prekär wie alle Formen des Fundamentalismus. Jede Form von Religiosität, nicht nur der christliche Glaube, ist angewiesen auf religiöse Traditionen, religiöse Räume und objektiv gegebene Formen religiöser Sozialisation. Religiöse Erfahrungen werden nicht im luftleeren Raum gemacht. Die Menschen brauchen Traditionen, die Symbole, Sprache, Rituale und Räume für religiöse Erfahrungen zur Verfügung stellen.

Religiöse Institution und private religiöse Bedürfnisse stehen allerdings in einer prinzipiellen Spannung zueinander. Individuelle Selbstverwirklichung und religiöser Systemerhalt gehen nicht bruchlos zusammen.[67] Die Abwertung von freien Bedürfnissen ist logische Folge

67. »Selbstverständlich kann individuelle Religiosität nicht ohne Bezug auf eine bestimmte historische und institutionelle Wirklichkeit mit ihren jeweils spezifischen Ritualen und Glaubensüberzeugungen verstanden werden. Man könnte annehmen, dass sich diese Wirklichkeit als solche der subjektiven Verinnerlichung sozusagen anbietet. Jedoch ist die Anerkennung des historischen Charakters der Sozialisation nicht verträglich mit der Annahme religiöser ›Bedürfnisse‹.« Thomas Luckmann: Die unsichtbare Religion, 58. – Georg Simmel hat darüber hinaus bemerkt, dass die dogmatische Normierung auch die dogmatisierten Themen tendenziell der individuellen Aneignung entzieht: »Es gehört allerdings zu den Schwierigkeiten einer weiter und tiefer greifenden Entwicklung nicht nur des religiösen, sondern des verinnerlichten Lebens überhaupt, dass diese Begriffe von den dogmatischen Religionen mit Beschlag belegt sind und durch diese historische Abstempelung und Belastung gar nicht mehr als das Selbstbewusstsein oder die Ausdrücke solcher sozusagen allgemein menschlichen reinen Innenerfahrung zu verwenden sind.« Georg Simmel: Das Problem der religiösen Lage, 194 f.

der Macht von Institutionen. Sie hat aber eine Nähe zur Abwertung des Lebens selbst. Religiöse Institutionen sind darum ebenso notwendig wie problematisch. Sie werden ihrer Aufgabe nur gerecht, wenn sie durchlässig bleiben für die Anliegen der Menschen, die sie vertreten. Darum müssen religiöse Institutionen *der religiösen Individualisierung zuarbeiten* und sie kritisch begleiten. Erwartbar wäre im Bereich einer institutionalisierten Religion daher die Förderung von individueller religiöser Kompetenz. Die aber scheint gar nicht gewollt. »Eben das, was die Kirchen recht eigentlich ermöglichen und ermutigen sollten: Förderung religiöser Identität und Entwicklung, das geschieht nur minimal, nicht vital in ihnen, es muss ihnen eher abgetrotzt werden.«[68]

Nicht nur auf dem Feld der freien Religiosität, sondern auch ganz generell im Bereich der allgemeinen Lebensorientierung und der existenziellen Fragen fehlen die christlichen Deutungen. Die Lebensfragen und Erfahrungen der Menschen sind es ja, die auch deren religiöse Fragen und Sehnsüchte in der Regel erst ergeben. Dass auf die Fragen, die die Menschen wirklich beschäftigen, in den Kirchen keine Antworten zu finden sind, zeigen Umfragen mit aller Deutlichkeit.

Das gilt vor allem für die Folgelasten der modernen Autonomie. Durchsetzungsfähigkeit, Flexibilität, Erfolgsorientierung usw. führen, wie gezeigt, immer mehr zu Isolation, Bedeutungsverlust, Leere und Apathie. »Die Depression … ist die *unerbittliche Kehrseite des Menschen, der sein eigener Herr ist*. Nicht desjenigen, der schlecht gehandelt hat, sondern desjenigen, der nicht handeln kann.«[69] Wie sind *Zerbrechlichkeit* und *Erschöpfung* christlich zu deuten? Die Rede von Sünde, Schuld und Vergebung ist in diesem existenziell so gewichtigen Zusammenhang kaum noch verstehbar.[70] Wo und wie kann der christliche Glaube dem Menschen psychische Energie, Selbstvertrauen, Selbstbewusstsein geben? Wie geht man um mit dem wachsenden ökonomischen Druck? Fragen wie diese, oder die nach dem Umgang mit Schmerz, der Sehnsucht nach Liebe, nach Gelassenheit, Zufriedenheit, Geborgenheit, Glück, Sinn oder generell nach dem guten Leben sind im Christentum kaum etabliert.

---

68. Matthias Kroeger: Die Notwendigkeit der unakzeptablen Kirche, 50 und 18.
69. Alain Ehrenberg: Das erschöpfte Selbst, 262.
70. Dass die protestantische Lehre von der Rechtfertigung des Sünders juristische Begriffe benutzt, aber im Sinne der Liebe verstanden sein will, wird kirchlich kaum kommuniziert.

4. Normierter Glaube –
ein notwendiger Rückblick
Warum Dogma, Bekenntnis und Institution
im Christentum dominieren

Dass das Christentum innerhalb kurzer Zeit ins Abseits einer überholten Kulturnische zu geraten scheint, drängt nach einer Erklärung. Die schnellen Veränderungen der modernen Welt sind dafür sicher eine gewichtige Ursache. Offen ist aber die Frage, warum sich das Christentum nicht auch unter spätmodernen Lebensbedingungen überzeugend auszusagen und plausibel zu vermitteln vermag.

Die christlichen Bilder und Räume haben den Menschen durch die Jahrhunderte hindurch Trost, seelische Heimat und unersetzbare Hinweise zum Leben gegeben. Dasselbe haben auch die dogmatischen Vorstellungen und Lehren der christlichen Tradition getan. Die Erlösung von Schuld und der versöhnte Gott im Himmel haben ungezählte Menschen gestärkt und mit einer klaren Gewissheit umgeben. Der Gedanke eines liebenden Gottes, grundlegende Aussagen zum Menschen, zum Leid, zur Angewiesenheit auf Gnade und vieles andere sind bis heute von einer Einsicht und Tiefe, die gerade angesichts der modernen Lebensverhältnisse ausgesprochen realistisch sind und die sich so in keiner anderen Religion finden.

Man wird davon ausgehen können, dass das Christentum in den langen Jahrhunderten seiner unangefochtenen Geltung das Denken und Leben der Menschen nachhaltig beeinflusst, wenn nicht sogar bestimmt hat. Nach dem Verlust seines geistigen Monopols werden seine grundlegenden Axiome mit besonderer Deutlichkeit sichtbar – denn offenbar verhalten sie sich ausgesprochen sperrig zu denen der modernen Lebensorientierung. Die Vermutung, der hier nachgegangen wird, ist: Mit der frühen Wendung zur rationalen Durchdringung und zur lehrhaften Absicherung seines Glaubens ist das Christentum den Weg einer religiösen Absicherung gegangen, die sich vor allem an Kategorien der gedanklichen Richtigkeit und des Rechts orientiert hat. Damit hat es den von Jesus von Nazareth eingeführten, völlig unspekulativen Vertrauensglauben unbewusst übergangen und beiseite gedrängt. Die heute drängende Suche nach dem Lebensvertrauen erhält darum keine überzeugende christliche Antwort und Hilfe mehr. Die dogmatischen Absicherungen der Rechtgläubigkeit können den Bedürfnissen und Fragen der Menschen, die heute ersichtlich eher Fragen nach Liebe, Geborgenheit und Sinn, nicht nach religiösen Richtigkeiten sind, kaum noch helfen. Sie stellen sich zunehmend neben das Leben, statt ihm noch dienen zu können. Die tiefen menschlichen Einsichten der christlichen Religion werden dadurch zunehmend unverständlich. Die gewachsene kritische Distanz zum Christentum erscheint in dieser Sicht als nachvollziehbar, und eigentlich sogar als erwartbar.

Die christlichen Traditionsgehalte sind, so wie alle Religion, ambivalent. Auf der einen Seite bewahren sie einzigartige Einsichten – so vor allem in der Rede von Sünde den Hinweis auf die Abtrennung vom Leben, in der Christologie den Hinweis auf den menschlich liebenden Gott, im Glauben die Eröffnung eines unbedingten und umfassenden Vertrauens. Sünde konnte freilich auch moralische Abwertung des Menschen bedeuten, die man zu sühnen hatte; die Christologie konnte auch als metaphysische Spekulation aufgefasst werden, die es um des eigenen Seelenheils willen zu glauben galt; der Glaube konnte auch als objektive Wahrheit gelten, von der man überzeugt sein musste.

Die traditionellen christlichen Vorstellungen von Sünde und Gnade, vom Leben als Prüfungs- und Bewährungszeit, von guten und bösen Taten und deren Vergeltung im göttlichen Gericht, folgen einer Logik der göttlichen Gerechtigkeit und des Ausgleichs. Diese Logik hat den christlichen Glauben nicht erst seit dem Mittelalter dominiert. Die Sehnsucht nach Ausgleich und Trost für die Leiden des Lebens ist psychologisch verständlich; sie hat aus dem Christentum aber eine auf Dauer gestellte Anstrengung um Rechtgläubigkeit gemacht. Der rationale Ausweis dieser Rechtgläubigkeit und die Sicherung einer entsprechend reinen Lehre wurden zur Hauptmotivation des gesamten christlichen Denkens, das Züge einer erstarrten Religion annahm. Die Sorge der Kirche galt der »Sakraments-« und »Gnaden-Ordnung«, der evangelischen Kirchenzucht und dem katholischen Kirchenrecht.

Im Grunde war es aber eine unerträgliche Verfälschung, wenn die Kirche Jesu berühmtes Gleichnis vom »Verlorenen Sohn« (Lk 15,11 ff.), dessen Titel schon missverständlich genug ist, als Beispiel für die Rückkehr des reuigen Sünders in die Gnadenanstalt deutete. Denn die Pointe des Gleichnisses liegt auf der Freude des Vaters über die veränderte Einstellung des Sohnes, mit der dieser (wieder) *ins Leben* findet; und die zynische, aber eigentlich geniale Umdeutung André Gides, der die Rückkehr des Sohnes als Regression und Flucht in die Vertröstung der Kirche erzählt[1], zeigt gerade den Unsinn der kirchlichen Auffassung.

---

1. Derartige Deutungen werden kirchlich nirgendwo diskutiert. André Gide: Die Rückkehr des Verlorenen Sohnes, 1907.

Das Gleichnis stellt das Leben als Fest vor, wenn es seinen Wurzeln nicht entfremdet ist; und der ältere Sohn, dem es (sehr nachvollziehbar!) um Gerechtigkeit geht, wird gerade zum Beispiel freudlosen Nachrechnens. Auch die Seligpreisung der nach Gerechtigkeit Dürstenden (Mt 5,6) ist keineswegs als berechenbarer gerechter Lohn-Ausgleich gemeint, sondern als der sehnsüchtige Wunsch nach dem Leben.

Rechtliche Bestimmungen sind begrifflich berechenbar und logisch ausweisbar, die Liebe ist das aber keineswegs. Sie ist eigentlich nur als unmittelbare Erfahrung zugänglich.[2]

In diesem Kapitel wird der Versuch gemacht, den Weg, den das Christentum gegangen ist, in groben Zügen nachzuzeichnen. Dies geschieht keineswegs nur in historischem Interesse. Gezeigt werden soll, welche *Logik* das etablierte Christentum – in Theologie, Kirche und Glauben – bis heute in sich trägt. Es wird sich herausstellen, dass diese christliche Logik in erheblicher Spannung zu dem steht, was sein Stifter Jesus von Nazareth gelebt und gesagt hat. Der gute Sinn der christlichen Vorstellungstradition muss dabei nicht eigens ausgewiesen werden – ganze theologische Bibliotheken stehen dafür bereit. Die Absicht ist also keineswegs, sozusagen einen endlosen Katarakt von Fehlformen zu portraitieren, sondern die problematische Seite der christlichen Traditionsentwicklung möglichst genau zu analysieren. Was hier zunächst interessiert, ist also die Schlagseite dieser Tradition. Erst wenn Klarheit über diese Problematik herrscht, kann auch der gute Sinn dieser Tradition unter modernen Lebensbedingungen wieder neu verstanden werden.

Die Entwicklung beginnt früh, und sie ist ausgesprochen verständlich, wenn man sich die Umweltbedingungen des frühen Christentums vor Augen führt. Die junge Religion musste sich im Ausgang der Antike zwischen einer dekadenten Verfallskultur und einer gleichzeitig hochstehenden philosophischen Kultur behaupten; zwischen ekstatisch-orgiastischen Kulten, Sittenverfall und »Barbarentum« auf der einen und einer reifen Ideenkultur auf der anderen Seite. Philosophisch anspruchsvolle Rationalität und moralisch unanfechtbarer – das hieß vor allem: asketischer – Wille sind darum die Grundlagen seiner Verbreitung und seiner frühen Faszination für die Menschen gewesen. Verstand und Wille führten jedoch gleichsam automatisch eine Abwertung

---

2. Der Gedanke der Allversöhnung, den Origenes vertreten hatte und der ersichtlich ein Gedanke der christlichen Liebe ist, hat schon sehr früh zur Verketzerung und Ausstoßung des Origenes aus der Kirche geführt – eine Versöhnung aller hätte kirchenrechtliches Denken überflüssig gemacht und konnte offensichtlich nicht geduldet werden.

des Sinnlichen, Körperlichen und Materiellen mit sich, die schon bald zu einer pauschalen Abwertung des »Fleischlichen« und des »Weltlichen« wurden.[3]

Das *richtige* Denken und Tun wurden entscheidend für die Erlösung. Das Christentum ist damit den Weg des Rechts, der Rechtfertigung durch und vor Gott gegangen, damit den Weg einer vermeintlichen Heils-Sicherheit. Dogmatische Wahrheit und eine verwaltete Priesterkirche drängten Freiheit, Kritik, Erfahrung und Liebe an den Rand des Geduldeten.

»Der Jurist neigt spontan zum Absolutismus. Freiheiten sind Gesetzeslücken.«[4] Das macht verständlich, warum protestantisch das »Evangelium« mit der Vorstellung eines »Anspruchs« und gar »Gehorsams« verbunden werden kann; es ist juristische Logik, die den gläubigen Menschen unter das Diktat der Rechtgläubigkeit stellt. Und es zeigt, dass es »einen stereotyp gewordenen kirchlichen Umgang mit dem Wort Evangelium gibt. Man bringt ›Das Evangelium‹ immer dann ins Spiel, wenn dessen Autorität als das Wort Gottes einem kirchlichen Anliegen besonderes Gewicht verleihen soll.«[5] Rechtsdenken ist auch der Satz des katholischen Kardinals Meisner: »Ein Christ ist dem Willen Gottes gegenüber immer zum Gehorsam verpflichtet.« Der von Johannes Paul II herausgegebene Gesetzescodex der Katholischen Kirche umfasst 1752 Bestimmungen. Das katholische Kirchenrecht (zusammengefasst im *Corpus Iuris Canonicum*) ist deutlich umfangreicher als die Bibel. Symptomatisch ist auch die Enzyklika »Spe Salvi« (2007).[6] Sie argumentiert: ein Fegefeuer müsse es geben, damit der Mensch nicht ewig von seinem eigenen Schmutz bedeckt werde; auch die Hölle gilt als reale Möglichkeit. Zentral in der Gedankenführung ist die Über-

---

3. »Die Zentrierung der Welt auf den Menschen als den vernunftbegabten Teil der Kreatur kann … nur die rationalen Kräfte, Verstand und Willen, gelten lassen, wohingegen die Welt der Triebe, der Instinkte, des Unbewussten, des *Weiblichen* im Menschen als etwas Unvernünftiges, Tierisches bekämpft und niedergehalten werden muss. Diese *Einseitigkeit in der Psychologie und Anthropologie* wird von allen drei biblischen Religionen geteilt, im Christentum aber noch durch den Rationalismus des griechischen Denkens sowie durch die historisch bedingte Apologetik der eigenen Dogmen gegenüber den heidnischen Mythen verschärft.« Eugen Drewermann: Der Krieg und das Christentum, 195.
4. Nicolás Gómez Dávila: Das Leben ist die Guillotine der Wahrheiten, 177.
5. Herbert Koch: Die Kirchen und ihre Tabus, 81.
6. Die »Süddeutsche Zeitung« vom 30.11.2007 betitelt ihren Bericht mit »Glückstag für Tyrannen«.

legung, der Mensch sei nicht auf ewig »mit Feindschaft belegbar«; er könne also jederzeit seinem eigenen Bösen »absagen«. Hier kommt eine ethische Leistungsreligion zum Ausdruck, in der Gottes »Liebe« nur noch als leere Behauptung auftauchen kann.

4.1 Christus statt Jesus
Die christologische Verdrängung der Botschaft Jesu

Der Weg der dogmatischen Christologie

Sehr früh, nämlich schon im Neuen Testament, hat sich das Christentum von seinen eigenen religiösen Ursprüngen in Jesus von Nazareth wegbewegt. Dessen schlichte, provozierende und souveräne Menschlichkeit, sein Reden von Gott und sein Umgang mit den Menschen wurden weitgehend ersetzt durch das Bekenntnis zu seiner Erlösungstat. Der Glaube an seine himmlische Herrschaft setzte sich an die Stelle einer Nachahmung seiner religiösen Haltung. »Welch einen ungeheuerlichen Weg ist unser heutige Christentum gegangen, wenn man bedenkt, dass es sich über alles hinwegsetzt, was Jesus heilig war!«[7]

Nun wäre es freilich ein Missverständnis, würde man die christologische Entwicklung schlicht für falsch und überholt halten. Sie hat über die Jahrhunderte die Identität des Christentums begründet und ist auch als Glaubensinhalt keineswegs vorschnell zu verabschieden. Denn sie bewahrt die Einsicht, dass es dieser Jesus war, in dessen schrankenloser Liebe und souveräner Lebendigkeit Gott auf neue Weise sichtbar wird. Sie hat ihre religiöse Tiefe in der Erfahrung der ungeschuldeten Zuwendung Gottes und einer Gnade, die ins Leben führt. Auch an dieser entscheidenden Stelle gilt allerdings, dass Jesus das *Medium* einer neuen Gotteserkenntnis und Lebenshaltung ist. Die dogmatische Festlegung, er sei Gott selbst, ist dagegen prekär. Das christo-

---

7. Martin Koestler: Stirbt Jesus am Christentum?, 163. Das Buch von Koestler ist in seiner souveränen Kritik, aber auch in seiner sehr genauen Kenntnis des Christlichen einzigartig und nach wie vor höchst lesenswert. – Ähnlich drastisch formuliert Oskar Pfister: »Jesus hat durch seine Liebes- und Freudenbotschaft ... die jüdische Zwangsreligion zerbrochen; dass die Christenheit diese einzigartige, umwälzende Neuerung verkannte und großenteils aufhob, gehört zu den verhängnisvollsten Irrungen der Weltgeschichte, wenn wir ihre psychologische Unvermeidbarkeit auch einsehen.« Oskar Pfister: Das Christentum und die Angst, 474. – Vgl. Milan Machove: Jesus für Atheisten, 254 f. und 262 f.: »Das Missverhältnis zwischen dem Ideal, das einst die ganze Sache in Bewegung gebracht hat, und den Resultaten [bleibt] – zurückhaltend ausgedrückt – erschütternd. ›Was ihr einem unter meinen geringsten Brüdern verweigert habt, das habt ihr mir verweigert (Matthäus 25, 42-45)‹: es ist fast unvorstellbar, dass dies Jahrhunderte hindurch auch die ›konstantinische‹, auf politische Macht gestützte oder sie selbst ausübende, feudale, reiche kirchliche Obrigkeit verkündet hat – es wäre unvorstellbar, entspräche es nicht einfach der historischen Wirklichkeit.«

logische Dogma ist wahr, insofern sich Gott in Christus in exemplarischer Weise sichtbar macht und eine neue Weise religiöser Erfahrung und religiösen Verhaltens inspiriert. Ideologisch wird es, wenn Christus als Gott verehrt, die Erfahrung Gottes exklusiv für ihn reserviert und aus dem Leben herausgezogen wird.[8] Die Christologie hat ihre religiöse Tiefe in der Erfahrung der ungeschuldeten Zuwendung Gottes und der Gnade. Diese Einsicht ist aber gerade nicht als zu glaubendes Dogma aufrecht zu erhalten, sondern nur so, dass die Christologie die konkrete Menschlichkeit Jesu transparent hält.

Für Jesus gab es keinen Unterschied zwischen den Menschen. Vor allem die Armen, moralisch und religiös Disqualifizierten waren nah bei Gott, die Hüter von Moral und Religion dagegen galten ihm eher als Störer denn als Förderer der Gottesbeziehung. In Jesu Anhängerschaft sollte das Dienen vor dem Herrschen stehen. Keine Wunder und keine langen Gebete wollte er haben, keinerlei religiöse Vermittlungen. Wo ist dieser souveräne, klare, faszinierende und oft genug provozierende Jesus in Theologie, Kirche und Frömmigkeit zu finden? Sein Leben und seine Lehre fehlen nahezu komplett in der theologischen Tradition. In unserem Glaubensbekenntnis kommen die Menschlichkeit Jesu und die zentralen Begriffe seiner Botschaft – das Reich Gottes und die Liebe – gar nicht vor. In den theologischen Bibliotheken nehmen die wenigen Bücher, die dem »historischen« Jesus gewidmet sind, einen winzigen Raum ein.

Jesus von Nazareth, sicher eine der faszinierendsten Gestalten der Menschheit, ist schon früh hinter seiner Dogmatisierung nahezu unsichtbar geworden; der Mensch Jesus ist hinter dem auferstandenen und herrschenden Christus verschwunden. »Die Frische eines unbefangenen Jesusbildes scheint unter einer Schicht von Schutt zu liegen. Es sind dies die Gewohnheiten der Völker und gläubigen Massen mit ihrem scheinbar unausrottbaren Reservoir an Verehrungsbereitschaft und Projektionsbedürfnis, einverständlich bedient von Religionsdienern und Glaubensverwaltern.«[9] An die Stelle des geschichtlichen Jesus ist Mythologie getreten – um ein bekanntes Wort des Exegeten Ernst

---

8. Das reformatorische *solus Christus* (Christus allein) behält also sein unbestreitbares Recht, insofern es alle sakrosankten Absolutheiten als Ideologien entlarvt und alle religiöse Erfahrung an der Menschlichkeit Jesu bemisst; es wird allerdings selbst zur Ideologie, wenn es sich exklusiv versteht, d. h. wenn es jede religiös heilsame Erfahrung außerhalb von Christus ableugnet, oder wenn es als zu glaubende Behauptung vom Leben abgetrennt wird.
9. Adolf Holl: Jesus in schlechter Gesellschaft, 36.

Käsemann aufzunehmen. Gott ist nicht wirklich Mensch geworden, sondern Mythos. Hätte man Jesus vor den Priestern und Theologen schützen müssen?

Bereits in den Evangelien beginnt die Tendenz zur Erhöhung und allmählichen Herauslösung Jesu aus dem alltäglichen Leben. Jesus gilt als das große Wunder und Gottesgeschenk. Vor allem seine Auferstehung nach dem schmählichen Tod wird als Zeichen der Bestätigung durch Gott gedeutet, der sich in Jesus als dem »leidenden Gottesknecht« (Jes 53) in Liebe der ganzen Menschheit zuwendet. Tod und Auferstehung werden zum zentralen und ausschließlichen Glaubensinhalt der frühen Christenheit, die Jesus mit immer umfassenderen Hoheitstiteln schmückt: Herr, Gesalbter (Messias, Christus) – Gott. Die Rede vom »Reich Gottes«, bei Jesus zentral, tritt im übrigen Neuen Testament fast vollständig zurück und spielt dann auch in der frühen Kirche keine besondere Rolle mehr. Reden und Denken Jesu, sein zupackender Aufruf zum Leben, seine provokante Haltung gegen moralische und religiöse Heuchelei und gegen alle strukturellen Differenzierungen und Schranken zwischen Menschen, werden vergessen.

Schon früh wurde Jesus mit dem bestimmenden Prinzip griechischen Denkens in Verbindung gebracht, mit dem *Logos*, der »Weltvernunft«. Der Logos galt in der griechischen Philosophie als Struktur und Ordnung der Welt (vergleichbar dem, was wir heute unter Naturgesetz verstehen), zugleich aber auch als erkennendes Denken, d. h. als Vernunft; die für unser heutiges Verstehen ungewöhnliche Verbindung von Weltstruktur und Erkenntnisvermögen bringt die antike Idee zum Ausdruck, dass die Welt selbst mit Geist begabt, und die vernünftige Erkenntnis Reflex und Spiegel der Welt und darin von geradezu »göttlicher« Qualität ist. Beide, Seinsstruktur und Erkennen, liegen ineinander und bestätigen sich in der vernünftigen Einsicht gegenseitig. Die frühe theologische Gleichsetzung von *Logos* und *Christus* war darum mehr als kühn. Sie konnte gelingen, weil sie einer schwächer werdenden Philosophie im Ausgang der Antike eine neue, umfassende Idee anbot; und weil die frühen christlichen Theologen beherzt und auf beeindruckendem intellektuellen Niveau das geistige Erbe der antiken Denktradition antraten. Sie verschmolzen biblische Traditionen und Bilder mit Denkmustern und Begriffen der griechischen Philosophie.

Die so entstehende Theologie der frühen Kirchenväter ergab die spannungsreiche Mischung aus Christentum und Antike und wurde zum Kern der abendländischen Geistestradition. Für die Theologie selbst hatte sie zur Folge, dass ein erheblicher Teil der bildhaften Symbolik, der nüchternen Konkretheit und realistischen Menschlichkeit der biblischen Überlieferung einer intellektuellen Rationalität wich, die auch viele konkrete Züge, Worte und Bilder des Jesus von Nazareth verdeckte. Hubertus Halbfas hält zum Kirchenvater Justin fest: »Justin verbindet den Logos als Weltvernunft mit dem Gott der Christen, doch büßt die Gottheit in dieser philosophischen Abstraktion die wesensmäßig unterscheidenden Merkmale ihres biblischen Profils ein. Der Gott der philosophischen Weltvernunft Justins ist nicht Jahwe, der befreiende Exodus-Gott, und mit dem Kreuzestod seines Christus vermag Justin auch keinen Widerspruch gegen die ›Weisheit der Welt‹ zu verbinden.«[10]

Auch kritische Rationalität – die im theologischen wie im philosophischen Denken schon immer zum grundlegenden Anspruch gehörte – kann Ideologie und blinder Konformismus sein, wenn sie kein Sensorium für die konkrete Not des Menschen ausbildet. Im Streit um die Göttlichkeit Jesu im 4. Jahrhundert hat Arius, der den Menschen an Jesus zu bewahren versuchte, immer wieder auf Joh 11,35 verwiesen, wo es heißt, Jesus weinte. Jesus war Mensch! Arius verstand ihn als Freund, Bruder und Mitmenschen, der uns versteht. Athanasius dagegen, der vehemente Gegner des Arius, wollte um jeden Preis die Göttlichkeit Jesu herausstellen, um die Erlösung nicht zu gefährden. Denn nur ein Gott kann erlösen. Also *muss* Jesus Gott sein. Dass »Erlösung« kein abgehobenes himmlisches Drama sein muss, sondern sich innerhalb der menschlichen Wirklichkeit vollziehen kann, konnte sich im griechisch geprägten theologischen Denken nicht artikulieren. Arius wurde auf Druck des Kaisers und unter menschlich unwürdigen Umständen zum Ketzer erklärt. Die Entscheidung der Kirche wies den Vertreter des Menschlichen an Jesus aus ihren Reihen und besiegelte die fast radikale Loslösung von der Überlieferung von Jesus von Nazareth, von seiner Botschaft, von seinen Taten und Gesten und von seinem menschlichen Geschick.

Die Evangelien berichten ja in der Tat von Freude, Trauer, Aggression, Streit und Wut bei Jesus, von seiner Müdigkeit und seinem Todesschrei. All das kann nach der dogmatischen Entscheidung von Nizäa für den Glauben faktisch keine Bedeutung mehr haben. Adolf von Harnack bemerkt in seiner Dogmengeschichte, dem dogmatischen Glauben sei der geschichtliche Jesus zum Opfer gefallen. Jesus wurde zum Idol. Parallel dazu wurde Jesu Mutter Maria, von Jesus selbst durchaus rüde

---

10. Hubertus Halbfas: Das Christentum, 324.

behandelt (»Weib, was habe ich mit dir zu schaffen«; Joh 2,4), zur »unbefleckten seligen Jungfrau« stilisiert.[11]

Das griechische Denken mit seiner begrifflichen Logik, ebenso aber die rigide Durchsetzung metaphysischer Sicherungen, veränderten die Botschaft des Jesus also radikal, und damit die ursprüngliche religiöse Idee und Inspiration des Christlichen. Einerseits bedeutet dieser Vorgang eine Sicherung und Bereicherung des Glaubens, der die Kulturtradition des Abendlandes auf den Weg brachte und der zu einer Reihe von tiefen menschlichen Einsichten führte. Andererseits aber ist das griechische Denken unhistorisch und metaphysisch-abstrakt, weil am »Wesen« der Dinge und an zeitlos wahren Begriffen interessiert. Die nüchterne und faszinierende Konkretheit Jesu ist damit nicht aussagbar; seine grundlegend fiktionale Sprache (»Es ist wie …«) und seine prozessuale, situationsbezogene Handlungsweise werden suspendiert zu Gunsten dogmatischer Wahrheit.

In Spannung zur biblischen Tradition steht auch die Zentralstellung des vernünftigen philosophischen Erkennens, die in der Platonischen Ideenlehre, im Neuplatonismus, der Gnosis und auch noch in der Stoa aufscheint, die alle stark auf das Christentum eingewirkt haben. Die Orientierung am höheren Geistigen bedeutet nicht nur eine Stillstellung der ursprünglichen religiösen Dynamik, sondern auch eine klare Abwertung der Schöpfung, also der Materie, des Weltlichen und des Leiblichen. Für Augustin war die Welt bereits kein theologisches Thema mehr. Erkenntnis verstand er als geistlich-gläubige Erleuchtung.

Der himmlische Herr

Im Bekenntnis von Nicäa (325) wurde Jesus endgültig der »Herr« genannt, »sitzend zur Rechten Gottes«, von wo er als *Richter* kommen würde. In Chalzedon (451) wurden in Christus zwei »Naturen« zum Dogma, eine menschliche und eine göttliche. Faktisch galt Jesus Christus von da an als Gott, genauer: als »eines Wesens mit dem Vater«. Wie genau das zu verstehen war, blieb der Phantasie überlassen, bzw. der immer neuen theologischen Interpretation. Im Neuen Testament wird Jesus Wort oder Sohn Gottes genannt, nicht aber Gott. Jesus selbst nennt die Friedensstifter »Söhne Gottes«, bezeichnet sich aber nicht selbst so.

---

11. »Maria ist Idol, … nicht weibliches Wesen, sondern gleichsam steril gemachte Weiblichkeit.« Martin Koestler: Stirbt Jesus am Christentum?, 61 und 64.

Die Vergottung entlastet die Gefolgschaft auch davon, die Botschaft Jesu ins konkrete Leben umsetzen zu müssen. »Als jenseitig Distanzierter wird er wohl angebetet, nicht aber ernstlich nachgeahmt … Für die vielen Schwachen … gibt es die Heilsmassenanstalten, die großen Kirchen. Sie existieren als Folgeerscheinungen des einen Grundvorganges, nämlich der Vergottung des Stifters. Sobald der ursprüngliche Vorgang der Nachfolge in Verehrung umgeschlagen ist, gerät die Leistung des Gründers zum bereitliegenden Gnadenkapital, verwaltet von der Priesterschaft.«[12]

Jesus wird nicht nur philosophisch, sondern auch moralisch ins spätantike Ideal gepresst, nämlich in das der Askese, und als dessen vollendete Einlösung präsentiert. Seine »Unberührtheit«, das Fehlen von »fleischlicher Versuchung«, seine »Sündlosigkeit« – allesamt als Bedingungen der Erlöserrolle verstanden – werden zu gewichtigen theologischen Denkmustern der ersten Jahrhunderte. Sie vollenden sich in den dogmatischen Aussagen von Chalzedon. Obwohl Jesus »gezeugt, nicht geschaffen« ist, gehört er doch einer anderen, höheren Wirklichkeit an, ist trotz der anderslautenden Behauptung im Grunde kein Mensch. Die Vermittlung zwischen den beiden Wirklichkeitsbereichen Göttliches und Menschliches ist jetzt nur noch durch den von der Kirche angeleiteten Glauben an das Dogma selbst zu leisten und (wo dieser Glaube schwach ist) durch die kirchlichen Gnadenmittel.

Von da an gilt Christus endgültig und fast ausschließlich als Weltenrichter. Die sanfte, fürbittende Maria übernimmt zunehmend die Rolle der Vermittlerin zu diesem entrückten und ängstigenden Erlöser.[13] Mit der Erhöhung ihres Herrn erhöht sich auf der einen Seite die Bedeutung der Kirche; auf der anderen erniedrigt sich der Wert des Menschen, der kaum anders gedacht wird denn als notbedrängter Sünder – ein ideologisches Denken, das beide zum Gefangenen des Systems macht. Die Schwachheit des Menschen kann nur noch als Hinweis auf seine unbedingte Erlösungsbedürftigkeit verstanden werden. Sie provoziert keine Liebe mehr.

12. Adolf Holl: Jesus in schlechter Gesellschaft, 40 f. Eine ähnliche Gegenüberstellung von Nachfolge und Verehrung findet sich bei Kierkegaard.
13. Im klaren Gegensatz zu dem Jesus, der einzig und allein auf Gott vertraute, wird Maria in der katholischen Kirche auch angebetet – auch wenn das dort amtlich bestritten wird. Für die landläufige katholische Frömmigkeit ist das überdeutlich. Aber auch das katholische Gesangbuch formuliert z.B.: »Unter deinen Schutz und Schirm fliehen wir, heilige Gottesmutter. Verschmähe nicht unser Gebet in unseren Nöten«. Gotteslob. Katholisches Gebet- und Gesangbuch Nr. 32,3.

Im Hintergrund steht hier eine Logik, die sich wiederum stark vom sinnlichen Erfahrungsgehalt der biblischen Erzählungen abhebt – noch bevor sie zum Dogma wird. Es ist die Auffassung des *Typos*, der eine figurale Bedeutung in den erzählten Vorgängen erkennt. So wurde z. B. der Schlaf Adams und die Entnahme seiner Rippe, die zur Eva wurde, mit dem Todesschlaf Christi in Beziehung gesetzt; aus der Seitenwunde Christi wurde ganz vergleichbar und gleichsam wie vorher-gebildet die neue Mutter Kirche geboren, nämlich aus dem aus Christi Leib austretenden Blut und Wasser, die als das Sakrament des Altars gedeutet wurden. Solche figuralen Typos-Deutungen gab es vor allem im christlichen Mittelalter zuhauf. Immer galt die Typus-Parallele in Christus oder der Kirche als Überhöhung und Erfüllung der biblischen Vorgabe. Der Baum der Erkenntnis, der für Adam zum Verderben wurde, hat seine Erfüllung im Kreuzesbaum Christi; die verführende Eva wird überboten und vollendet durch die gleichsam miterlösende »Menschen- und Gottesmutter« Maria; der Paradiesgarten findet seine Überhöhung im Garten Getsemane; Jesus ist die nachfolgende Überhöhung von Johannes dem Täufer usw. Diese typologischen Ausdeutungen gaben dem Ideenhorizont des Christentums über Jahrhunderte ein außerordentlich hohes Maß an Bedeutung. Sie verstärkten freilich – ganz parallel zur frühen Dogmatisierung der wichtigsten Lehrgehalte – die Tendenz zur Loslösung von konkret-sinnlicher Erfahrung. Das eigene Leben hatte nur insofern Bedeutung und Gehalt, als es sich in Beziehung setzte zu diesem typologisch-metaphysischen Ideenhimmel.[14]

Immer wieder ist darauf hingewiesen worden, dass das christliche Mittelalter keine Tragik kennt. Genauer: es kennt sie ausschließlich und allenfalls in der Passion Christi. Diese starke und exklusive Ausrichtung auf eine typologisch verstandene Christologie (er – *allein* – hat gelitten) hat zu tiefen Einsichten in das Wesen des Menschlichen geführt, zugleich aber auch eine Anwendung dieser Einsichten auf das konkrete eigene Leben erschwert. Nachfolge Christi war wesentlich die asketische Versenkung in sein Leiden. Wenn alles Wesentliche in Christus beschlossen lag, konnte sinnvolles Leben nur als demütige Nachahmung der Passion Christi und als geistige Annäherung an ihn verstanden werden – niemals als eigene schöpferische Leistung oder als individuelle Verantwortung.

---

14. »Zusammenfassend könnte man sagen: Auf Grund der äußeren geschichtlichen Bedingungen wurde das Christentum als eine geschichtliche Religion auf den statischen Begriff gebracht und damit im Prinzip in seiner Weltwirksamkeit gelähmt.« Eugen Biser: Theologie der Zukunft, 27.

Christus blieb die bewunderte, nachgeahmte, angebetete Figur draußen, und nur schwer fand er so den Weg in das Herz des Menschen, dass es zu einer echten Verwandlung kam. Die Idee der Nachfolge als ein »Christus Werden« blieb eine Sonder-Idee der christlichen Mystiker. Die beginnende Einsicht in die Tragik des Lebens, in die nicht abzuweisende Selbstverantwortung, in die Ambivalenz der menschlichen Psyche, die mit dem Humanismus beginnt, beendet darum nicht nur das Mittelalter als Epoche, sondern ist zugleich eine Abwendung von der christlichen Prägung der Kultur.[15] Seit Beginn der Neuzeit, die sich zunehmend der Entdeckung der Welt und des Menschlichen und der selbsttätigen Gestaltung der Kultur zuwendet, erscheint das Christentum in einem tendenziellen Rückzug.

Die dogmatische Christologie ist bis heute in der Denktradition des Christentums von zentraler Bedeutung und gibt diesem eine supranaturalistische Färbung: was da verhandelt wird, ist nicht wirklich menschlich und nicht von dieser Welt. Die Fachtheologen verwenden metaphysische Begriffe, die Volksfrömmigkeit mythologische. Beide betreiben unwissentlich den Verrat an Jesus von Nazareth. Der Befreier von gedanklichen, sozialen und religiösen Barrieren, die den Menschen von Gott fern halten, und seine faszinierende und inspirierende Botschaft von der Nähe und grenzenlosen Güte Gottes werden dem überirdischen Erlöserchristus geopfert. Jesus wird zum Gefangenen »seiner« Kirche, die sein Erbe theologisch absichert und priesterlich verwaltet. Die Unerträglichkeit der Trennung von Gott und Mensch, die in der Botschaft Jesu gerade überwunden war, muss jetzt mühsam durch Heilige, durch Gnadenmittel, durch Demut, Glaubensanstrengung und asketische Praxis überwunden werden. Es liegt in der Logik dieser Entwicklung, dass die durch Jesus von Nazareth eröffnete Gotteserfahrung heute immer mehr außerhalb der Kirche gesucht wird – zum Schaden

---

15. Erich Auerbach schreibt zu Montaigne: »… dass im Mittelalter alle Tragik in der Tragödie Christi beschlossen ist. Aber nun bricht sie als persönlichste des Einzelnen hervor; und zwar, im Vergleich zur Antike, weit weniger eingedämmt durch überlieferte Vorstellungen«; zu Shakespeare: »Der Weg ist frei für die eigenständige menschliche Tragik. Die alte große Ordnung Sündenfall, Gottesopfer, Jüngstes Gericht tritt zurück, das Menschendrama findet seine Ordnung in sich selbst, und hier greift das antike Vorbild ein mit Schürzung, Krise und tragischer Lösung … Die in großen Krisen sich vollziehende Auflösung des mittelalterlichen Christentums treibt ein dynamisches Bedürfnis nach Selbstorientierung hervor, einen Willen zum Aufspüren der geheimen Kräfte des Lebens …« Erich Auerbach: Mimesis, 296 und 309.

der christlichen Tradierung und zum Schaden einer ungedeuteten und im Privatbereich verschlossenen religiösen Erfahrung.

Wer ist eigentlich der Christus?

In der Volksfrömmigkeit lebte Jesus vor allem als Wundertäter. Geboren von einer Jungfrau, überwindet er den Teufel, läuft übers Wasser, beruhigt einen Seesturm und kehrt aus dem Grab zurück. Dass solche mythischen Aussagen sich auch in anderen Religionen finden, dass z. B. die Jungfrauengeburt aber auf einem schlichten Übersetzungsfehler beruht[16], dass Jesus nicht in der Davidstadt Bethlehem (sondern wohl in Nazareth) geboren wurde, keine übernatürlichen Wundertaten vollbrachte und mit seinem schändlichen Tod niemanden erlösen wollte, ist zwar exegetisch unbestritten, wird aber in der Kirche nicht diskutiert.

Die Exegese weiß, dass der Satz »Kein Iota vom Gesetz« (Mt 5,18) nicht von Jesus stammt, sondern eine theologische Anpassung des Evangelisten Matthäus an seine judenchristliche Leserschaft ist. Was da Jesus in den Mund gelegt wird, müsste aber doch eigentlich eine klare und vehemente theologische Kritik und Reaktion hervorrufen, denn sie stellt einen diametralen Widerspruch zu ganz wesentlichen Zügen seiner Verkündigung dar. Die Exegeten aber bescheiden sich mit akribischen Detailklärungen und vermeiden es strikt, dem Dogma in die Quere zu kommen.

Die Dogmatisierung des Christus bedeutete eine solche Abstraktion, dass es kaum verwunderlich ist, wie sehr Christus durch die Jahrhunderte hindurch nach dem Bild der jeweiligen Zeit geformt wurde. Man kann aus ihm alles machen – wenn man keine konkreten Inhalte mehr von ihm weiß: einen Geschundenen, einen Moralprediger, einen Richter(halb)gott, einen Heiland, einen weichlich blickenden Hirten, einen Sozialrevolutionär. Es sind in der Tat gerade die auffallendsten Züge an Jesus, die da übergangen werden, obwohl sie doch bis heute die Faszination seiner Person ausmachen: seine Polemik gegen religiöse Verwaltung und Vermittlung, seine Öffnung ins Grenzenlose, seine Aufhebung der Trennung zwischen heilig und profan, seine klare Ab-

---

16. Die frühchristlich einflussreiche Übersetzung des biblischen Urtextes durch die sog. »Septuaginta« übersetzt den hebräischen Ausdruck *almah* (junge Frau) in Jes 7,14 (»eine junge Frau wird schwanger werden ...«) mit dem griechischen Begriff *parthenos* (Jungfrau).

lehnung von menschlichen Sonderrollen und Privilegien, seine Provokation der Priesterschaft, sein Umgang mit Frauen, sein Lebensgenuss.

Die Theologie stützt sich wesentlich nicht auf Jesus, sondern vor allem auf Paulus, der zu tiefen theologischen Einsichten gelangt ist, der aber Jesus »nach dem Fleisch«, also persönlich, nicht gekannt und sich für ihn auch gar nicht interessiert hat. Die Theologie geht ganz selbstverständlich davon aus, dass der irdische Jesus mit seiner Botschaft und seinem Leben in den Bekenntnissen zu ihm und in den späteren Verarbeitungen der Glaubenszeugen *enthalten* ist. Ihr Grunddatum ist also der verkündigte und geglaubte Christus. Das Bekenntnis zu Christus als dem erhöhten Herrn und das Bekenntnis zur Botschaft des Jesus sind jedoch nicht ein und dasselbe. Die häufige Rede von »Sünde« und von einem »Gehorsam des Glaubens« bei Paulus etwa wäre bei Jesus gar nicht denkbar gewesen.

Bis heute ist es theologischer Standard, in Christus den ein für allemal geschehenen »Einbruch des Heils« in die Weltgeschichte anzunehmen. Diese Vorstellung kann für die gläubige Einsicht durchaus zur Wahrheit werden. Das objektivistische Missverständnis eines historischen Faktums ist bei einer solchen Deutung des Auftretens Jesu aber kaum zu vermeiden. Das »Christus-Geschehen« wird in dieser Vorstellung zu einer objektiv gültigen, quasi magisch wirkenden Erlösungstat, die eine persönliche Betroffenheit und Verwandlung gar nicht gestattet. Diese muss über emotionale Gläubigkeit sekundär erst hergestellt werden.

Die Dogmatisierung des Christus will zwar das Geschehen um Jesus von Nazareth festhalten, setzt aber rationale Strukturierung an die Stelle von menschlicher Faszination. Sie verlegt die religiöse Ansprechbarkeit auf eine abstrakte Ebene und entzieht sie der jederzeit plausiblen Evidenz. Sie lässt sich als ein Beleg für den Ausfall der Religion im Christentum und deren Ersetzung durch rationale theologische (und sekundär dann kirchliche) Sicherung verstehen. Der geglaubte Christus, der den menschlichen Jesus von Nazareth nicht nur vertritt, sondern verdeckt, kann als Form einer theologischen Religions*theorie* gelten, die sich an die Stelle einer lebendigen und inspirierenden Religion setzt, vergleichbar einer Kunsttheorie, die die Begegnung mit dem Kunstwerk und das künstlerische Wahrnehmen und Schaffen dominiert oder gar suspendiert.

Die Abwendung von einem dogmatisch überformten Glauben scheint wenigstens teilweise mit einer Neuentdeckung der historischen Gestalt und Botschaft des Christus parallel zu gehen. Gianni Vattimo

etwa macht im Zuge seiner Neuentdeckung des Christlichen die Neubewertung des Christus in beherzter Weise deutlich: »Ich fordere ganz einfach … das Recht, von neuem das Wort des Evangeliums anzuhören,
ohne deshalb die zutiefst abergläubischen Anschauungen auf philo-
sophischem und moralischem Gebiet, die es in der offiziellen Lehre
der Kirche noch verdunkeln, teilen zu müssen.«[17]

Jahrhundertelang war die Auffassung des Jesus als des richtenden
und rettenden Erlöser-Christus christliche Selbstverständlichkeit und
Ausgangspunkt theologischen Denkens. Heute wäre diese Aussage auch
aus theologisch einsichtigen Gründen umzukehren bzw. konkret zu
machen: Der Christus *ist Jesus von Nazareth*. Das Christentum trägt
seinen Namen zu Recht, wenn es seine religiöse Inspiration aus der Botschaft, dem Verhalten und dem Leiden dieses Menschen zieht, der als
der Christus bekannt wird – und nicht aus einer metaphysischen Idee
und Interpretation. Die theologischen und kirchlichen Folgen dieser
Umkehrung wären freilich gravierend. Sie wären in jedem Falle eine
Abwendung von geglaubten theologischen Ideen und eine Rückwendung zur Religion Jesu. Urdatum jeder christlichen Theologie ist dann
weder die Auferstehung noch der erhöhte Christus, sondern die Annahme, dass in der Rede und im Verhalten des Jesus Gott selbst spricht und
in exemplarischer Weise zu sehen ist.

17. Gianni Vattimo: Glauben – Philosophieren, 83 f.

4.2 Kirchen-Christentum
Institutionalisierung und Verrechtlichung der Religion

Der Weg zur kirchlichen Macht

Wahrerin und Hüterin des Christlichen ist seit jeher die Kirche. Ohne sie scheint das Christentum gar nicht denkbar, so dass »Kirche« und »Christentum« fast schon als austauschbare Begriffe gebraucht werden können. Ähnlich wie beim christologischen Dogma gilt das für die faktische historische Entwicklung, stellt aber keineswegs eine Notwendigkeit dar. Muss man auch für die Kirche annehmen: »Die Parteigänger einer Sache sind in der Regel die besten Argumente gegen sie«?[18]

In den Evangelien wird Kirche als *Ekklesia* (die Versammlung) in den Evangelien allein in Mt 16,18 und 18,17 überhaupt genannt, was auf die nachösterliche Gemeindebildung des Begriffs Kirche schließen lässt. Den Kirchenhistoriker Alfred Loisy hat dieser Befund 1902 zu dem berühmten Satz veranlasst: »Jesus verkündete das Reich Gottes, und gekommen ist die Kirche.«[19] Dass Jesus selbst keine Kirche gegründet hat, ist heute unbestritten; womit freilich noch nicht die Frage entschieden ist, wie er sich seine Nachfolgeschaft vorgestellt hat.[20]

Jesus hat Jünger um sich gesammelt, unter denen es weder Rangordnung noch Herrschaft geben sollte. Man mag sich überlegen, welche Sprengkraft seine Hinwendung zu den Frauen gehabt hätte, hätte man sie ernst genommen. Die Entwicklung ging aber einen anderen Weg. Schon im Neuen Testament zeigt sich die beginnende Hierarchisierung der gemeindlichen Ämter. War für Paulus Christus zunächst noch der Leib der Gemeinde, so wird er schon bald als deren Haupt verstanden (Eph 4,15 f.). Schon kurz darauf entstehen gemeindliche Ämter: Der *Episkopos* (Bischof, eigentlich: »Aufseher«; 1 Tim 3 und 5 u. a.) ist Vorsteher und Leiter der Gemeinde, Presbyter (Älteste, erwähnt erst in Apg) und Diakone bilden die weiteren Rangstufen. Für den Kirchenvater Irenäus, also bereits in der zweiten Hälfte des 2. Jahrhundert, ist die Übereinstimmung mit dem Bischof das einzige Argument für die

---

18. Nicolás Gómez Dávila: Das Leben ist die Guillotine der Wahrheiten, 239.
19. Alfred Loisy hatte in seinem 1902 veröffentlichten Buch »Das Evangelium und die Kirche« erstmals umfassend auf die historische Entwicklung hingewiesen; es wurde dafür auf den katholischen Index gesetzt. Der zitierte Satz war ursprünglich als sachliche Feststellung gemeint, wird aber als Zitat meist in ironischem Sinne gebraucht.
20. Vgl. Lothar Coenen: Art. »Kirche«, 788 ff.

Zugehörigkeit zur Gemeinde: eine formal-rechtliche, nicht eine religiöse Begründung! Nach Irenäus steht außerhalb der *Wahrheit*, wer außerhalb der Kirche steht. Cyprian (um 200-258) bringt das in die griffige, bis heute katholisch gültige Formel: *nulla salus extra ecclesiam* – Außerhalb der Kirche gibt es kein Heil. Der »Hirt des Hermas«, eine frühchristlich weit verbreitete Schrift, hatte sich vehement gegen die Institutionalisierung der Kirchenämter gewehrt, wurde aber nicht in den biblischen Kanon aufgenommen.

Das Selbstverständnis der Kirche als exklusivem Ort des Heils beginnt sich ebenfalls bereits in der Bibel zu bilden. Paulus fordert (– noch im Kontext einer konkreten Situation) dazu auf, den Kontakt mit Menschen zu meiden, die sich ihren niederen Bedürfnissen hingeben; innerhalb der Gemeinde soll, wie es im Alten Testament heißt, »mit Stumpf und Stiel das Böse« ausgerottet werden (1 Kor 5,10 ff.). Matthäus gibt bereits regelrechte Buß-Regularien wieder, wenn er für Störenfriede in der Gemeinde Jesu die Anweisung zur Ermahnung unter vier Augen in den Mund legt, dann die Hinzuziehung von Zeugen, dann die Behandlung »wie ein Heide oder Zöllner« (Mt 18,15 ff.) – womit der Ausschluss aus der Gemeinde gemeint ist. Wer sich nicht einfügt, wird also diszipliniert, dann ausgewiesen. Man mag einwenden: ohne solche juristische Verfahren ist eine Gemeinschaft nicht überlebensfähig. War aber Jesus mit Heiden und Zöllnern nicht vollkommen anders umgegangen?

Die späteren Pastoralbriefe (Jud, 2 Petr u. a.) belegen die Gegner der Gemeinde bereits mit wüsten Beschimpfungen: sie sind schamlos, eklige Schmarotzer, Schweine, die sich im eigenen Dreck suhlen usw. Am vorläufigen Ende der Entwicklung stehen die vier konstitutiven »Notae« (Grundmerkmale) der Kirche, mit der sie sich selbst definiert: ihre Einheit, Heiligkeit, Katholizität (weltweite Allgemeinheit) und Apostolizität (die Kontinuität der Leitungsämter zu den von Jesus Beauftragten). Trotz der behaupteten Katholizität ist das ein klar exklusives Verständnis, für das die Unterscheidung zwischen Innen und Außen konstitutiv ist. Jesus dagegen hatte ein prinzipiell offenes, keine Grenzen setzendes und grundsätzlich einladendes Denken als Entsprechung zur Liebe Gottes vorgeführt.

Vor allem ist es Augustin, dessen theologische Positionen für die weitere Entwicklung höchst folgenreich wurden. In seinem Kampf gegen die Donatisten, eine von der offiziellen Kirchenlehre abweichende Gruppe, fällt sein Argument: »cogite intrare« (zwingt sie, hereinzukommen!) – eine Perversion des Jesuswortes aus Lk 14,23, das dort als *Einladung* an die Bedürftigen und Bettler von der Straße verstanden ist.

Nach innen um des Heils der betroffenen Seelen, nach außen hin »um des Friedens willen« plädiert er beim Kaiser für den Einsatz von staatlicher Gewalt. Der Kaiser nimmt den Antrag an – und die Kirche beruft sich seither für Jahrhunderte auf diese Argumentation. Die Annahme, dass das »Heil nur in der Kirche« zu erlangen sei, dient jetzt einem aggressiven Inklusivismus. »Was folgt, ist die Missionsstrategie, die von blindem Fanatismus und skrupellosem Menschenhass zeugt. Das Christentum entpuppt sich als Heuchelei: seine Lehre schreibt der Liebe obersten Rang zu, die Praxis aber strotzt von brutaler Vergewaltigung.«[21]

Historisch gehören diese Vorgänge zur folgenschweren Konstantinische Wende, deren Beurteilung wahrlich nicht leicht fällt. Konstantin, der als Kaiser durch einen Zufall noch einmal das gesamte Römische Reich beherrscht, lässt um der Stärkung seiner Herrschaft willen (zunächst also aus diplomatischen Gründen, nicht unbedingt aus persönlicher religiöser Überzeugung) dem emporstrebenden Christentum eine Reihe von bedeutenden Privilegien zukommen. Bischöfe erhalten hohe Stellungen, der Sonntag wird zum offiziellen Feiertag, heidnische Kulte werden zurückgedrängt. Wenig später werden die Kleriker bereits zu Staatsbeamten erhoben. Sie übernehmen kaiserliche Gewänder, der Kniefall vor ihnen wird zum Brauch, sie lassen sich sogar mit Weihrauch ehren. Die Kirche erhält staatlichen Schutz und vor allem Macht. Ist Macht aber für den Bestand einer Idee unverzichtbar? Kann sie sich nicht auch durch die Plausibilität ihrer Symbole und Formen weitergeben?

Die gerade noch verfolgte Gruppe wird innerhalb kürzester Zeit zur verfolgenden, die jetzt aggressiv gegen das Heidentum vorgeht – und gegen die Juden. Christus, der Herr, wird jetzt als *Pantokrator* verstanden: als himmlischer Weltenherrscher. Man fühlt sich als Agent des Höchsten. Ausgesprochen symptomatisch für dieses Selbstbewusstsein ist ein Vorgang aus dem Jahr 388, als der einflussreiche Mailänder Bischof Ambrosius Kaiser Theodosius regelrecht dazu zwingt, eine Bestrafung von Christen zu revidieren, die eine Synagoge niedergebrannt hatten. Nicht nur die demütigende Beschimpfung der Juden als widerwärtige Feinde Gottes ist da bezeichnend. Kirchengeschichtlich wirkungsmächtig wird vor allem, dass der Kaiser um seines Seelenheils willen sich der Kirchenbuße unterwirft und tatsächlich auch vor Bischof Ambrosius erscheint. Der mittelalterliche Investiturstreit, ein rei-

---

21. Martin Koestler: Stirbt Jesus am Christentum?, 81.

ner Kampf um die Macht, ist hier bereits vorgezeichnet. Welchen Platz und Rang hat in dieser Konstellation die Liebe?[22]

Recht statt Religion

Die Kirche versteht sich als Garantin, Hüterin und Weg des Heils. Sie bildet eine eindeutig *juristische Logik* der kontrollierbaren Rechtgläubigkeit und der wahren Zugehörigkeit aus, in der sich die Fehlform neurotischer Religion geradezu idealtypisch abbildet. Das zu verstehen ist weit wichtiger als die bloße Benennung von Gewalt im Christentum. Denn in dieser Logik sind Heilsmittel als Machtmittel zu gebrauchen, ist das Heil an die Darreichung durch rechtmäßig geweihte Priester gebunden. Die Rechtmäßigkeit der Weihe ist noch einmal an die sogenannte *Sukzession* gebunden, d. h. an die angeblich lückenlose Rückführbarkeit der Bischöfe auf die Apostel (die sich historisch gar nicht belegen lässt). Diese Auffassung bildet ein geschlossenes System und wird zum Passepartout für jede kirchliche Anmaßung. Die kirchlich gebundene Gnade kann zugeteilt oder verweigert werden wie durch einen Richter, dessen Bescheid man bangend abwartet. Glaube wird Sache des Gehorsams. Jede Abweichungen von kirchlicher Lehre unterliegt der Sanktionierung. Der Priester vertritt Christus nicht nur, er verkörpert ihn. *Er* ist es jetzt, der »Vater« (Pater) oder gar »Exzellenz« genannt wird.[23] Noch einmal wird verständlicher, warum Jesus mit der Anrede »Vater« niemand benannt wissen wollte außer Gott allein (Mt 23,9) und warum er für Priester nichts übrig hatte.[24]

Wo immer Status und Exklusivitätsansprüche der Kirche unterlaufen oder gar kritisch angegangen wurden, war die Reaktion klar und

---

22. In säkularem Kontext: »Unvergesslich die Führordnung, die ein solcher Zeremonienmeister zur Zeit des deutschen zweiten Kaiserreichs anlässlich einer Fürstenhochzeit abfasste: ›Um zwölf Uhr versammeln sich die allerhöchsten Herrschaften in der Schlosskapelle, um den Höchsten zu ehren.‹« Asfa-Wossen Asserate: Manieren, 120.
23. So die offizielle Anrede eines katholischen Bischofs; der Papst ist »Eure Heiligkeit«.
24. »Das Wort Priester ... findet sich in den vier Evangelien elfmal, das ist alles. Diese Art von Priestern hat Jesus allenfalls hingenommen, niemals positiv bewertet, geschweige denn in seine eigenen Vorstellungen übernommen; die Jünger Jesu heißen niemals Priester im beschriebenen Sinne, mit Kult und Tempel haben sie nichts zu tun.« Adolf Holl: Jesus in schlechter Gesellschaft, 59.

hart. Die erste Hinrichtung eines Abweichlers ist bereits gegen Ende des 4. Jahrhunderts bezeugt, also kurz nachdem die Christen unter Konstantin gesellschaftliche und staatliche Macht erreicht hatten. Die Verfolgung der Ketzerei bis in die eigenen Reihen hinein bildet nicht nur ein bedauernswert blutiges Kapitel in der christlichen Geschichte; sie ist deren Offenbarungseid. Die Ausrottung der Ketzer ist ein spezifisch christliches Phänomen, das sich in anderen Religionen in dieser Schärfe nicht findet. Sie ist die erwartbare Folge des beschriebenen Rechtsdenkens und der Reinerhaltung des Glaubens durch theologischen Verstand, asketischen Willen und kirchliche Macht, die vor allem im späten Mittelalter eine immer unkontrolliertere Dynamik ausbildet. Erasmus von Rotterdam wird später sagen, zynisch und traurig zugleich: »Sie dürsten eher nach Menschenblut als nach Seelenheil.«

Walter Nigg weist in seinem faszinierenden und unbedingt lesenswerten »Buch der Ketzer« darauf hin, dass hier die unerledigten Probleme der Christenheit zu Tage treten, die weit wichtiger seien als die theologisch »gelösten«.[25] Und nirgendwo sonst wird so deutlich, dass das Christentum das *Recht* an die Stelle der *Religion* gesetzt hat. Es ist mehr als auffällig, dass die meisten Ketzergestalten nicht nur eine mehr oder weniger ausgeprägte Nähe zur Botschaft und zum Verhalten Jesu aufweisen, sondern auch, dass sie in aller Regel besonders kritische religiöse Geister mit einem wachen Gespür für religiöse Lebendigkeit waren. Von Arius angefangen über den weiten religiösen Geist des Mystikers Meister Eckhart, die frechen, aber höchst klugen Anfragen des Peter Abälard an die verhärtete Scholastik, das Christus-Leben der Waldenser, die Katharer (die »Reinen«; von ihnen ist der Begriff »Ketzer« abgeleitet) über Martin Luthers Frage nach dem persönlich heilenden Gott und seine Orientierung an Christus bis hin zu den religiösen Fragen Blaise Pascals, Gotthold Lessings, Leonid Tolstois ist das mit Händen zu greifen; und eigentlich gehört auch der für die religiöse Entwicklung bis heute so bedeutsame, religiös hoch sensible Friedrich Nietzsche in diese Reihe, der zwar nicht mehr verfolgt, dafür umso konsequenter christlich verschwiegen wurde. Gehört nicht Jesus selbst in die Reihe der Ketzer, der religiösen Frager und Systemsprenger?

Alles ist in der Kirche erlaubt, nicht aber die Kritik an ihrem rechtlichen Status. Prinzipiell gilt das in der katholischen Kirche bis heute. Auch der für alle Zeiten als unüberbietbar erklärte Kirchenlehrer Thomas von Aquin (1225-1274) hat wörtlich unterstützt, Ketzerei sei auszurotten; sie sei ein »unendlicher Schaden« an der Seele eines Men-

---

25. Walter Nigg: Das Buch der Ketzer.

schen, darum sei es besser, den Leib zu verbrennen, als die Seele zu gefährden. Selbst die flüchtige Hoffnung, ein Ketzer gestehe seine Ketzerei im Moment des drohenden Todes, rechtfertige seine Hinrichtung. Dieselbe Logik gilt für die spätere Inquisition, die Hexenprozesse, auch schon für die Kreuzzüge. Die Unwahrheit ist ein teuflisches Krebsgeschwür am Leib der Kirche, darum unbedingt auszumerzen. Daran ändert nichts, dass die faktische Anwendung der Gewalt immer dem Staat überlassen wurde. Hier lebt eine juristische Logik, die unter den Verstehensbedingungen der Moderne als Feiheitskontrolle erscheint. Darum trifft Fjodor Dostoijewski ins Mark, wenn er in der berühmten Erzählung seines Romans »Die Brüder Karamasoff« den Großinquisitor *Jesus selbst* ins Gesicht sagen lässt: die Menschen ertragen und wollen keine religiöse Freiheit, sondern religiöse Bevormundung; darum störe die Kirche nicht bei ihrer Arbeit!

Nutzen und Schaden liegen im Prozess der kirchlichen Institutionalisierung eng beieinander. Auf der einen Seite sorgt die Institutionalisierung für eine Entlastung von religiösen Entscheidungszwängen und Gewissheitsängsten durch Habitualisierung, Schematisierung und Normierung. Als Heilsinstitut gibt die Kirche Sicherheit. Ihre Autorität entlastet. Die frühe Verkirchlichung des Christentums führte darüber hinaus zu seinem historischen Erfolg, damit auch zur Bewahrung und Sicherung des christlichen Erbes. Mit der Ersetzung religiöser Bewegung durch die rechtliche Absicherung der Institution ist aber auch eine regelrechte Frontstellung gegen den Menschen gegeben, die auch eine an die Verzweiflung grenzende Wahrheitssuche im Zweifelsfalle nicht mit Mitleid und Liebe, sondern mit Ausschluss und Strafe beantwortet. Sie muss einem an Menschenrechte, Freiheit und Toleranz gewohnten modernen Bewusstsein in besonderer Weise aufstoßen. Pluralität und Autonomiestreben sind ihre unbeantworteten Herausforderungen.

Die juristische Logik der Verkirchlichung zeigt sich bis heute vor allem im katholischen Denken. Sie bedeutet einen fundamentalen Widerspruch gegen die Moderne; und gleichzeitig einen Widerspruch gegen die freie Dynamik individueller religiöser Erfahrung. Papsttum, kirchliche Groß-Events, prachtvoll-archaische Auftritte und theatralische Inszenierungen zeigen einen selbstbewusst-machtvollen Pomp, der allerdings Heilsmittel als Machtmittel gebraucht. Sonntagspflicht, Zentralisierung, moralische Disziplinierung, Glaubens-Zensur und absolutistische Alleinansprüche tragen alle Anzeichen einer geistigen Diktatur. Für viele Intellektuelle spiegelt sich in der Marienfrömmigkeit und im sanften Lächeln des Papstes eine Religion der vermeintlich sanften Elternschaft, die ihre Kinder aber um jeden Preis klein und bei der

Stange halten will; ein regressives Unternehmen, das Freiheit, Toleranz, Achtung vor Andersdenkenden, Demokratie und ein starkes Selbstwertgefühl des Menschen prinzipiell nur als Störfaktoren werten kann.

Heilige Exklusivität – die Verkirchlichung des Christentums

Aus religiöser Sicht ist dieses Denken ebenso illusionär wie ideologisch. Bereits die Idee einer katholisch zu wahrenden Einheit im Glauben ist historische Fiktion und steht im Widerspruch zur unverrechenbaren Vielgestaltigkeit der Bibel. Längst hat der Neutestamentler Ernst Käsemann darauf hingewiesen, dass der neutestamentliche Kanon keine Einheit der Kirche begründet, sondern »die Vielfalt der Konfessionen«. Die Idee der Einheit dient der kirchlichen Machtsicherung eher als der Lebendighaltung der Religion. Vor allem aber die Vorstellung des kirchlichen Besitzes von quasi dinglicher, verwaltbarer Wahrheit, einer »Substanz des Glaubensgutes, … die in unserer ehrwürdigen Lehre enthalten« ist, der sich durch den Glauben der Heiligen sogar »anreichern« lässt[26], untermauert nur den sakralen Alleinanspruch der Kirche. Er ist Glaube der *Kirche* und interessiert sich nicht für die religiösen Fragen und Bedürfnisse der Gläubigen. »Wer eintreten wollte, musste ein wohl formuliertes dogmatisches Unbedenklichkeitsattest vorlegen.«[27] Die vatikanische Instruktion »Redemptionis sacramentum« von 2004 enthält z.B. auch einen Aufruf zur Denunziation von Priestern, denen liturgische »Missbräuche« und »Delikte« nachgewiesen werden können, zu denen auch die Feier des Altarsakraments mit Pfarrern der evangelischen Kirche zählt.[28]

Der faktische Vorrang der kirchlichen Lehr- und Rechtsentscheidungen vor der Bibel (allein die lateinische und in der Übersetzung fehlerhafte Vulgata gilt katholisch als authetischer Text, nicht der Urtext), katholisches Sakramentsverständnis und Priesterweihe, päpst-

26. Der radikalen Verkleinerung des Kirchenstaats 1870 folgt mit der Unfehlbarkeitserklärung des Papstes eine geradezu trotzige Reaktion der scheinbar unanfechtbaren Selbstbehauptung. Der Vorgang erscheint wie eine Verlagerung der kirchlichen Ansprüche in die »eigentlich« bedeutsame Ebene der Metaphysik, die heute skurril wirkt.
27. Hubertus Halbfas: Das Christentum, 541.
28. »Man spürt in allen Paragraphen die Angst vor Veränderungen. Es ist ein in seiner Detailversessenheit verzweifelt anmutender Sicherungsversuch, der mit Warnungen vor Verstößen gegen die Norm und der Androhung von Strafen bewehrt worden ist.« Klaus-Dieter Jörns: Notwendige Abschiede, 364.

liches Lehramt, Heiligen- und Marienverehrung, »heilige« Messe usw. sind Zeichen der Überzeugung, es gebe eine eigenständige, besonders heilige, substanziell höherrangige Wirklichkeit, eine höhere Vernunft, die nur dem Glauben einsichtig und jeder ungläubigen Kritik entzogen sei. Eine Lehre aber, die sich kritischer Vernunft nicht stellt, ist Ideologie. Magisches Denken und Aberglaube sind die unabweisbare Folge.[29] Was da verwaltet wird, ist eine erstarrte Religion. Vollends bezeichnend für dieses Denken ist die Formulierung: »Mit göttlichem und katholischem Glauben ist … all das zu glauben, was im geschriebenen oder überlieferten Wort Gottes enthalten ist und von der Kirche in feierlichem Entscheid oder durch gewöhnliche und allgemeine Lehrverkündigung als von Gott geoffenbart zu glauben vorgelegt wird.«[30] Die Kirche bestimmt, was in Sachen des Heils zu gelten hat und was *zu glauben* ist. Glauben ist Zustimmung zu einem vorgegebenen und ausschließlich heteronom bestimmten Denken. Die Parallelisierung von »göttlich« und »katholisch« schließlich ist entlarvend; faktisch kommt diese Gleichsetzung einer Ersetzung Gottes gleich. Auch der komplette Ausfall der Rede von Gott oder von der individuellen Erfahrung Gottes würde in dieser Kirche so schnell kaum auffallen.

Heute tritt darum an die Stelle des *nulla salus extra ecclesiam* immer mehr ein gefühltes *nulla salus intra ecclesiam*: in dieser Kirche kann man sein Heil nicht finden. Dabei hätte das Christentum als Religion, die den Menschen unmittelbar vor Gott gestellt sieht, eigentlich allen Grund gehabt, auf die Individualisierung konstruktiv einzugehen.

Die Reformation ist mit dem programmatischen Protest gegen religiösen Wahrheitsbesitz, gegen kirchliche Gewalt, sakramentale kirchliche Heiligkeit und die Auftrennung der Wirklichkeit in einen heiligen und einen unheiligen, gottfernen Bereich angetreten. Die Wahrheit des

---

29. Wie sehr sich die Kirche mit ihrer auf Recht und auf metaphysischer, jeder Entwicklung und historischen Überprüfbarkeit entzogenen Wahrheits-Logik verrannt hat, wird spätestens seit Nikolaus Kopernikus, Giordano Bruno und Galileo Galilei offensichtlich. Die Frontstellung spitzt sich zu, wenn die Kirche seit 1910 für Jahrzehnte von ihren Priestern einen »Antimodernisteneid« fordert, in dem in einer kruden Zusammenstellung angeblich moderner Irrtümer z. B. die religiöse Toleranz, eine Differenz zwischen Bibel und Kirche, die historische Veränderlichkeit der Wahrheit oder die geschichtliche Bedingtheit von kirchlichen Dogmen geleugnet werden – das Dogma kann keine Geschichte haben, denn es ist ja Offenbarung. Vgl. Hubertus Halbfas: Das Christentum, 394.
30. Lehramtliche Entscheidung. Zit. in: Katholischer Erwachsenenkatechismus, 314.

Heils liegt für sie allein im Glauben an Gott, ist allein in Christus offenbar geworden und ist allein Sache der Gnade, nicht der kirchlichen Zuteilung. Allein das Wort, keine sakramentale Sonderwirklichkeit oder gar sakrale Gewalt kann zum Heil führen (die vier Solus-Bestimmungen: *sola fide, solo Christo, sola gratia, sola scriptura*). In beiden »Reichen«, im religiösen ebenso wie im weltlich-profanen, ist Gott heilsam am Werk. Damit ist die evangelische Kirche, die sich grundsätzlich als Dienerin des individuell zu verantwortenden Glaubens versteht, im Prinzip frei von religiöser Selbstüberhöhung. Sie hat dieses Grundanliegen trotz eines sehr viel freieren Glaubenslebens faktisch aber keineswegs durchgehalten. Auch die evangelische Kirchenzentrierung stellt sich als eine Form von kirchlicher Unverzichtbarkeit dar, auch die Evangelische Kirche steht in der Tradition und Führung von Theologen.[31] Wichtige kirchliche Verlautbarungen werden von Kammern verfasst, die – gegen die erklärte Religionsmündigkeit der Laien, d. h. aller Getauften – ausschließlich aus Theologen bestehen. Für beide Kirchen ist es bezeichnend, dass es dort bis heute zwar Richtungsgruppen gibt, die ihre unterschiedlichen Positionen und Programme aber nicht im offenen Diskurs untereinander austauschen. Ausnahmen sind nur die evangelischen Synoden, die aber weitgehend unter sich bleiben und auf Gemeindeebene keine Entsprechung haben. Entscheidungen fallen kirchenleitend von oben her.

Der Begriff »Verkirchlichung« bezeichnete zunächst die immer zentralere und ausschließlichere Stellung der Kirchen im 19. Jahrhundert. Er beschreibt, wie sich das Christentum durch die Anfragen der Moderne immer mehr und immer ausschließlicher auf die Insel der institutionellen Kirchlichkeit zurückzieht. Der Begriff lässt sich freilich auch für die Entwicklung des Christentums insgesamt gebrauchen.

Katholisch wird die Moderne als feindlich abgelehnt, die eigene Heiligkeit in Form einer erstarrten Religion gegen sie in Stellung gebracht. Die protestantische Anpassung an die Moderne dagegen, vor allem der Theologen an die aufgeklärte moderne Rationalität, hat zu einem Verlust von Religion überhaupt geführt, zur Ersetzung des eigenen religiösen Selbstverständnisses und der religiösen Dynamik durch »den Glauben«.

---

31. »Wirklich etwas zu sagen haben im deutschen Protestantismus nicht mehr als hundert Köpfe, unter ihnen ein paar Synodale, zumeist Theologen, sodann Oberkirchenräte, Kirchenjuristen, Bischöfe und wenige namhafte Theologieprofessoren. Männer sind dabei selbstverständlich weit in der Überzahl.« Peter Rosien: Mein Gott, mein Glück, 177.

Die Verkirchlichung des Christentums stellt aus moderner Sicht eine fehlgeleitete Systemrationalität dar. Statt der Ausbildung einer allgemein verständlichen Kompetenz im eigenen religiösen Bereich, hat das Christentum mit einer verschärften Institutionalisierung und Traditionsabsicherung reagiert, was die Kirchen trotz ihrer nach wie vor bestehenden Größe nach und nach zu Sekten werden lässt.

In schärfster Weise zeigt sich die kirchliche Unfähigkeit zur Religion im Übergehen Friedrich Nietzsches, des großen religiösen Propheten der Moderne. Carl Gustav Jung nannte ihn – vor allem im Hinblick auf seine Erfahrung des toten Gottes – »ein unverstandenes Vorzeichen einer ganzen Epoche«[32]. Nietzsches flammender Protest gegen die christliche »Herdenmoral«, gegen den niveaulosen »Platonismus fürs Volk« hat so gut wie nirgends zu innerkirchlicher Auseinandersetzung geführt. Dass der »Gott am Kreuz« in der von Zwängen übervollen christlichen Geschichte faktisch ein »Fluch auf das Leben« gewesen, gleichzeitig aber das »erhabenste Symbol – immernoch« sei, das dem Menschen je gegeben wurde – wo hat diese Einschätzung kirchlich je zur Revision angestiftet? Sie gibt erstaunlich genau die Ambivalenz aller Religion wieder, von der auch das Christentum nicht frei ist. Erst recht hat Nietzsches anfangs noch entsetzte Frage »Wohin ist Gott? *Wir haben ihn getödtet, – ihr und ich!* ... Wie trösten wir uns, die Mörder aller Mörder?«[33] nur die wenig beachtete, schon wieder in Vergessenheit geratene »Gott-ist-tot-Theologie« provoziert. Inzwischen aber beherrscht längst wieder ein naiver Theismus das kirchliche Denken. Nietzsches Wendung zu Dionysos, zu Rausch, Ekstase und zur Kunstästhetik aber ist nahezu vollständig aus der kirchlich verwalteten Religion in das Privatleben der Einzelnen ausgewandert.

32. Carl Gustav Jung: Psychologie und Religion, 90.
33. Friedrich Nietzsche: Die fröhliche Wissenschaft, 480 f.

4.3 Glaube als Lehre und Norm
Dogma, Bekenntnis und Lehrtheologie

Ambivalenzen der Lehr-Dogmatik

Die dogmatische Erhöhung Christi zum Erlösergott und die heilige Exklusivität der Glaube und Gnadenmittel verwaltenden Kirche wären deutlich unterbestimmt, wollte man sie nur als – gar absichtlich betriebene – Selbsterhöhungen deuten. Eher aus Gründen der eigenen Vergewisserung verstand das Christentum den Glauben als die *wahre Lehre*. Diese Auffassung eines lehrbaren Glaubens kann als strukturierendes Grundaxiom des gesamten geschichtlich gewordenen Christentums verstanden werden. Er bedarf der dogmatischen Absicherung und der kirchlichen Bewahrung.

Bereits im 2. Jahrhundert ist für Justin den Märtyrer das Christentum »die wahre Philosophie« – eine Kennzeichnung, die die intellektuelle Überlegenheit des Christlichen vor der antiken Philosophie herausstellen sollte. Sie bringt die Selbsteinschätzung des frühen Christentums auf den Punkt. Denn seine theologische Rationalität war tatsächlich von hohem Niveau, und sie hat das geistige Erbe der Antike weitergeführt. Zugleich jedoch gerät das Christentum hier in die fatale Nähe einer theologischen Religionstheorie; die Ersetzung religiöser Inspiration durch Lehr-Inhalte und die Erstarrung der religiösen Dynamik in Ideologie scheinen mit dieser Grundlegung kaum noch abwendbar.

Festzuhalten ist, dass Glaube und religiöse Erfahrung ins Begreifen drängen. Dogma und dogmatisches System sind zunächst *Ausdruck* von Religion. Sie teilen freilich das Problem allen Nach-Denkens über geistige Gehalte: nämlich der Tendenz des späteren rationalen Verstehens, sich mit seinen Begriffen und Zuordnungen an die Stelle der ursprünglichen Erfahrung zu setzen. Dogma, Lehre und Bekenntnis sind konservierte Erfahrung, d. h. sie bewahren Erfahrung ebenso wie sie sie als Konserve präparieren. Sie müssten, um der Gefahr konservierender Stillstellung der eigenen Lebendigkeit zu entgehen, permanent in Verbindung mit gelebter und erfahrener Religion stehen und dementsprechend wandlungsfähig sein. Denn sobald sich eine Religion als fixierbare Sicherung eines wahren Glaubens, als festgestellte und lehrbare Wahrheit versteht, wird sie zur wirklichkeitsfremden Ideologie.

Die Bibel in ihrer unverrechenbaren Heterogenität provoziert zwar die Suche nach idealer Einheit und nach dem vergewissernden Dogma – sprengt dieses aber auch immer wieder auf. Zentrale Gehalte der theologischen Dogmatik werden in ihr nicht einmal explizit oder nur in kleinsten Andeutungen thematisiert, so etwa die Trinität, die Christologie und der Sündenfall[34]; die auf den Tod Jesu gegründete Erlösungsvorstellung liegt in mehreren sehr unterschiedlichen und daher gar nicht einheitlich dogmatisierbaren Ausformungen vor; dagegen haben andere sehr grundlegende biblische Erfahrungen wie die Ebenbildlichkeit des Menschen zu Gott, die Anklage Gottes durch Hiob, die Hochzeitsfreude angesichts des nahen Gottesreiches usw. nie den Rang dogmatisch gewichtiger Themen erhalten.

Der historische Rückblick zeigt: Die christliche Dogmatik verstand sich nicht als reflexive Durchsichtigmachung von religiöser Erfahrung, sondern als Sicherung der Glaubenswahrheit. Ihr Kriterium waren nicht die Botschaft und das Leben des Jesus von Nazareth, sondern die interne Stimmigkeit rationaler Logik. Das lässt sich an beliebigen Beispielen zeigen: Die Erlösung etwa braucht nach spätantiker Vorstellung Christus als Gott. Christus muss Gott, darum sündlos sein. Da die Erbsünde die Empfängnis bestimmt, kann auch Maria nur »unbefleckt empfangen« haben – diese Gedankenfolge ist nicht Auslegung religiöser Erfahrung, sondern deren reflexive Überformung. Oder: Für Paulus ist die Auferstehung Christi die Einsetzung zum »Sohn Gottes« (Röm 1,4 u. ö.). Für Markus als späteren Verfasser des ersten Evangeliums muss bereits der irdische Jesus Sohn Gottes gewesen sein, denn sonst wäre die Passion nicht die eigentliche Offenbarung des Gottessohnes als des leidenden Messias gewesen; darum wird bei Markus Jesus bereits in seiner Taufe zum Sohn Gottes eingesetzt. Für Matthäus, der sein Evangelium noch später schreibt, kann es gar nicht anders sein, als dass Jesus schon immer Sohn Gottes war; Taufe und Auferstehung Jesu brauchen das nur noch zu bestätigen. Johannes schließlich hat daraus die logische Konsequenz gezogen und die Präexistenz (vor- und überzeitliche Existenz) Jesu als ewigen Gottessohn vor und nach aller Zeit behauptet. Die Logik dieser Entwicklung ist so durchsichtig, dass sie nicht eigens kommentiert werden muss. Damit ist natürlich keineswegs auszuschließen, dass die dogmatische Entwicklung zu immer neuen religiösen Einsichten gelangt; versteht man diese Einsichten allerdings nicht als religiöse, d. h. als symbolische Deutungen, sondern als objektiv gültige Realitäten, schlägt dogmatische Reflexion in Mythologie und Aberglaube um.

Bereits im 3. Jahrhundert war das Christentum so stark dogma-

---

34. Biblisch gibt es »den« Sündenfall gar nicht, denn es werden bereits in der Urgeschichte Gen 1–12 vier verschiedene Sündenfälle erzählt: die Vergreifung am Lebensbaum durch Adam und Eva, der Brudermord des Kain, die Engels-Ehen und der babylonische Turmbau.

tisch geprägt, dass neue Erfahrungen religiöser Art ebenso wie neue religiöse Bewusstseinsentwicklungen bereits weitgehend ausgeschlossen waren. Historische Unveränderbarkeit um der definitiven Wahrheit willen: das bedeutete tendenziell einen Selbst-Ausschluss von der historischen Entwicklung. Wie problematisch diese Entwicklung auch nach innen hin ist, zeigt sich darin, dass ein weit überwiegender Teil dessen, was im Christentum als häretisch verfolgt wurde, erst aus dem komplexen Entwicklungsgang der dogmatischen Theologie überhaupt denkbar und möglich geworden ist. Verurteilt wurden »Irrtümer«, die man ohne die Dogmatik gar nicht gekannt hätte.

Bis heute dient die dogmatische Arbeit vorwiegend der rationalen Klärung des in Schrift und Bekenntnis *vorliegenden* Glaubens, also der Orthodoxie (Rechtgläubigkeit), und nur am äußersten Rande, wenn überhaupt, der Prüfung und Strukturierung der religiösen Erfahrung und des religiösen Lebens. Sie folgt damit bis heute dem vorneuzeitlichen deduktiven Denkschema mit seinen exklusiven Geltungsansprüchen. Alle frühchristlichen Bekenntnisfestlegungen wurden durchgehend mit einem *Anathema* (»verflucht sei«) derer verbunden, die *anders* glaubten.[35] Was als Bekenntnis beginnt (ich glaube, wir glauben) endet also bezeichnender Weise in juristischer Aussage. Das heutige induktive Denken dagegen geht in eine prinzipiell offene Zukunft; es operiert mit Hypothesen, mit Versuch und Irrtum und mit dem Experiment.

Höchst problematisch am eingeschlagenen Weg der Dogmatisierung ist auch die Unverständlichkeit seiner Abstraktionen. Dass Christus *homoousios*, d. h. wesensgleich mit Gottvater, und doch eigene Person sei (so im verbreiteten altkirchlichen Glaubensbekenntnis von Nicäa); dass er *gezeugt, nicht geschaffen* und von zugleich *menschlicher*

---

35. Klaus Heinrich gibt in seinem beeindruckenden Buch eine treffende Kennzeichnung dieser Logik: »Die Theorie des deduktiven Systems setzt zuletzt voraus den Begriff einer Substanz, die identifiziert werden wird mit – Ursprung. Ursprungsnähe ist das, wenn Sie so wollen, heilige, das ›sakral‹ zu nennende, mit Sakramentalien umgehende Verhalten, und das Äquivalent für Sünde ist, – Entfernung vom Ursprung … Dem Ursprung Entronnensein ist eine Formel für Selbständigkeit, – aber unter der Herrschaft des Ursprungsbegriffs bedeutet diese Selbständigkeit Substanzverlust … Hinausweisung aus dem genus humanum, die Abweichung als Abart oder Gegenart: das ist die Entlastungsfunktion, die Sie innerhalb eines deduktiven Verfahrens haben.« Klaus Heinrich: Tertium datur, 102 f. und 112. Dagegen: »Die Induktion ist das Verfahren, das, unter dem Gesichtspunkt: das Einzelne verkörpert das Ganze, immer wieder in Frage stellt.« A. a. O., 120.

und göttlicher Natur sei (Chalzedon: die sog. »Zweinaturenlehre«), ist eigentlich gar nicht vernünftig nachvollziehbar, und darum auch keine sinnvolle Explikation einer »Denknotwendigkeit«. Das Dogma bietet oft mehr Stolpersteine als Verstehenshilfen. »Nicht Orte der Erfahrung werden hier ... benannt und für den gläubigen Christen als Möglichkeiten des Nachvollzuges geistvollen Lebens aufgezeigt. In exklusiver Sprache werden vielmehr hier formale Kriterien für Glauben oder Unglauben festgelegt – gleichgültig, ob sich die Lebenserfahrung darin widerspiegelt oder nicht.«[36] Dogmatische Theologie vermag Glaubensüberzeugungen so nur noch in sehr eingeschränkter Weise zu klären. Sie vermag so gut wie gar nicht, sie zu wecken. Dieses Geschäft hatte man bisher der Katechese überlassen, also der kirchlichen Unterweisung, die sich als *Einweisung* in den Glauben verstand. Sowohl die dogmatische Selbstbezogenheit, als auch diese Einweisung gelten heute zu Recht als lebensfern. Sie vermögen auch die Idee des Christlichen kaum noch evident zu machen.

Die scheinbare Objektivität von Offenbarung und Glauben

Das Problem einer angeblichen Glaubenswahrheit lässt sich exemplarisch am Begriff der »Offenbarung« studieren, der zwar in der Regel in den dogmatischen Prolegomena (d. h. Einleitungen) abgehandelt wird, das dogmatische Denken offensichtlich aber insgeheim strukturiert. Offenbarung ist ein religiöser Grundbegriff, der den Ursprung religiöser Anschauung in einer ergreifenden Erfahrung benennt. In der Bibel wird der Offenbarungsbegriff genau in diesem religiösen Sinne gebraucht, nämlich als Beschreibung erregender und umfassender Eingebung; keineswegs aber als Kennzeichnung des gesamten biblischen Inhalts.

Unabhängig von subjektiver Betroffenheit verstanden, gilt die Offenbarung nicht nur als grundlegend, sondern als abgeschlossen (»ein für allemal«) – wogegen spätere Gotteserfahrungen theologisch kaum

---

36. In der Theologie »wurde das Neue der Christusoffenbarung in ein System von Wahrheiten über Gottes ewige Wesenszüge und Willensratschlüsse gefasst. Die entscheidenden Wahrheiten, die der gefallene Mensch um seines Heiles willen wissen und glauben muss, die aber der natürlichen Vernunfterkenntnis nicht zugänglich sind, galten als von Gott auf übernatürlichem Weg geoffenbart und durch Wunder beglaubigt.« Wolfgang Pauly: Abschied vom Kinderglauben, 86.

wahrgenommen werden.[37] »Die Theologen haben die Gotteskommunikation auf die Texte der Offenbarung reduziert. Man kann sie nicht fragen, was Gott von der modernen Welt hält.«[38] Ein echtes Neu-Verstehen des Christlichen ist in dieser Logik nur als Ketzerei oder als umwälzende Reformation möglich.

Der Offenbarungsbegriff zeigt damit gleichermaßen den Drang wie die Unmöglichkeit, die Anfänge der Religion fixieren und festhalten zu wollen. Eine derartige Fixierung kann immer auch die Perversion der religiösen Idee sein. *Alles* kann zur Offenbarung werden – wenn Gott nicht vorgegriffen werden soll. Die Weitergabe der (ursprünglichen) religiösen Erfahrung gelingt, scheinbar paradoxer Weise, nur durch deren je neue Auslegung und Übersetzung.

Als objektive Wahrheit verstanden, erfordert die Offenbarung die dogmatische Absicherung und bindet alle neue religiöse Erfahrung und Deutung an sie.[39] Dogmen und Glaubensbekenntnisse sind historisch gesehen Endprodukte einer meist langen und komplizierten Entwicklung. Sie geraten aber, wenn sie zum Objekt des Glaubens gemacht werden, selbst in den Rang von Offenbarungen. Glaubensbekenntnisse sind Ausdruck des Glaubens – nicht sein Objekt und Gegenstand. Das kann allein Gott sein.

Die scheinbare Objektivität dogmatischer Lehraussagen prägt keineswegs nur die alte Kirche, sondern auch den modernen Protestantismus. »Wenn es um zentrale protestantische Positionen geht, kann durchaus auch von evangelischer Theologie und Kirche die Wortwörtlichkeit dogmatischer Wahrheit behauptet und ins Feld geführt werden. Wenn es um Basistexte einer biblischen Kreuzestheologie oder der (auf das Messformular zurückgehenden) Liturgie oder um zentrale reformatorische Lehraussagen geht, wird eine Grenze erreicht, die man besser nicht überschreitet.«[40]

Zwar unterscheidet die Theologie traditionell zwischen der *fides quae* (dem Glaubensinhalt) und der *fides qua* (dem persönlichen Glauben) – diese in den Dogmatiken säuberlich durchgehaltene Unterscheidung verdeckt aber, dass faktisch auch der persönliche Glaube meist als

---

37. Der Satz: »Offenbarung als Ergriffensein vom Woher menschlicher Existenz und Durchsichtigwerden menschlicher Existenz wird konkret als Zum-Glauben-Kommen erfahren« ist eher ein Ausdruck der theologischen Norm als die konkrete Beschreibung religiöser Vorgänge. Ulrich H. J. Körtner: Wiederkehr der Religion?, 133.
38. Norbert Bolz: Das Wissen der Religion, 96.
39. Vgl. Hans Friedrich Geißer: Art. »Offenbarung«, 48.
40. Klaus-Peter Jörns: Notwendige Abschiede, 48.

Für-Wahrhalten der Glaubensinhalte aufgefasst wurde. Eine solche Gläubigkeit macht sich dann um ihre Lebensdienlichkeit allenfalls sekundär Gedanken. Es wäre daher zu überlegen, ob heute nicht eher von christlicher Religiosität als von »Glauben« gesprochen werden sollte, oder von einem neuen Sehen und von innerer Gelassenheit. »Frömmigkeit« ist heute keine Empfehlung mehr; denn die religiöse Erregung kommt in ihr nur als abgeleitete vor: als Verinnerlichung dogmatischer Gehalte.

Als Beleg für einen als »objektiv« gegeben verstandenen Glauben kann z. B. darauf verwiesen werden, dass es keinerlei theologisches Interesse an der Frage nach dem faktischen Entstehen des Glaubens bei einem Menschen gibt. Søren Kierkegaard konnte sogar noch von einem reichlich befremdlich anmutenden »Sprung« in den Glauben reden. Glaube, nicht als dogmatisches Fürwahrhalten, sondern als Vertrauenshaltung verstanden, entsteht aber in aller Regel in einer langen Entwicklung, und wird nach heutiger Einsicht vor allem im Säuglingsalter grundgelegt. Dort wird das »Grundvertrauen« ausgebildet (Erik Erikson), und zwar abhängig von der Erfahrung des Gehaltenseins, der Stillung primärer Bedürfnisse und einer bergenden sozialen Atmosphäre. An solchen sehr einleuchtenden Erkenntnissen aber hat die dogmatische Lehrtheologie so gut wie kein Interesse. Scharf und pointiert fasst Falk Wagner diese Logik zusammen: »Das auf den Glauben zusammengezogene religiöse Bewusstsein wird seiner personalen und sozialen Alltagsbezüglichkeiten entkleidet, um nur noch als der den Glauben glaubende Glaube ausgesagt zu werden.«[41]

Der Glaube wird so zum Einheitszentrum und Objekt theologischen Denkens. Er ist dann der *zu glaubende* Glaube. Seine »Einheit« wird wichtiger als die Wahrnehmung faktischer Frömmigkeitsstile und -typen, die es schon immer nebeneinander gegeben hat; die Abgrenzungen gegen den »Unglauben« werden wichtiger als die Pflege lebbarer Frömmigkeit, die im Grunde immer weitgehend sich selbst überlassen blieb, und die vor allem im Mittelalter die skurrilsten Formen christlichen Aberglaubens ausgeprägt hat. Der »Mangel an lebensweltlichen, an konkreten Hinweisen zum gelebten Leben der Menschen« ist im Christentum in der Tat dann nicht überraschend; man muss fragen, ob im Christentum von einem »Ethos« oder von »christlichen Lebensformen« überhaupt die Rede sein kann.[42]

Im objektiv gegebenen Glauben, der von den Menschen zu glauben

41. Falk Wagner: Zur gegenwärtigen Lage des Protestantismus, 52.
42. Oswald Schwemmer: Ethos und Lebensform, 68.

ist, setzt sich die Reflexionsform an die Stelle der Religion selbst. Der Glaube an Offenbarung, Heilige Schrift, Dogma und Bekenntnis überlagert den Glauben an Gott und schnürt die religiöse Erfahrung ein. Er gerät in Distanz zum Leben und macht auch vor Paradoxien und Absurditäten nicht Halt: »credo quia absurdum« – ich glaube, weil es unsinnig ist (Tertullian). Die »Einführung« in diesen Glauben geschieht durch die Katechese, ein Nachsprechen und Auswendiglernen von theologischen Lehrsätzen. Glaube wird zur Sonderwelt, religiöse Gewissheit zu einem weitgehend nach außen, an die kirchliche Institution abgegebenen Problem. Der Glaube wird statt einer Haltung des Vertrauens in Gott zu einem Fürwahrhalten von Lehrsätzen. Dem Mirakelglauben ist so Tür und Tor geöffnet.

Bibel, Dogma und Bekenntnis aber sind in religiöser Optik nicht wahr oder falsch, sondern mehr oder weniger inspirierend oder hilfreich. Religiös verstanden kann Glaube keine Überzeugung sein. Die Bibel sollte eher als Quelle religiöser Anregung, Bekenntnisse sollten eher als Ausdruck religiöser Erfahrung, Dogmen eher als Verstehens- und Deutungshilfen gelten – nicht als Gegenstände des Glaubens.[43] Darum hängt es ganz entscheidend am Verständnis des Glaubens, ob er tatsächlich »der christliche Begriff für Religion« (Ulrich H. Körtner) ist. Als Vertrauen verstanden ist das vollkommen wahr; als Objekt- und Lehr-Wahrheit verstanden aber ist Glaube die Ersetzung der Religion innerhalb des Christentums.

Fluch und Segen theologischer Rationalität

Nicht nur Glaube und Lehre, sondern auch gelebte Religion und theologische Rationalität stehen in einer prinzipiellen Spannung zueinander. Der Ausdruck »Gelehrtenreligion« (Friedrich Nietzsche) weist bereits darauf hin, dass für das Christentum eine »Verschiebung vom poetisch-präsentativen zum diskursiv-ideologischen Wesen der Religion« charakteristisch ist.[44] Das zeigt sich gerade in seinen besonders kulturprägenden Epochen: in der frühen Zeit der Kirchenväter, in der mittelalterlichen Scholastik, in Reformation und Gegenreformation; hier ist das Christentum immer auch eine Bildungsbewegung gewesen. Theologische Rationalität übersetzt sich aber fast immer in Orthodoxie

---

43. Vgl. Dietrich Ritschl: Zur Logik der Theologie, 111.
44. Alfred Lorenzer: Das Konzil der Buchhalter, 138.

und schnürt dann die religiöse Erfahrung, Beteiligung und Ausdrucks-fähigkeit ein.

Religion *sperrt* sich gegen rationale Erklärungen. Das führt nicht nur das Buch Hiob vor Augen. Auch Dietrich Bonhoeffers Hinweis ist hellsichtig, dass Gott als der schlechthin Unerklärliche in der Moderne zunehmend an die Stelle des rational (noch) nicht Einsichtigen rückt und dadurch zum »Lückenbüßer«-Gott wird. Wenn Gott nur mit den unverstehbaren Lasten des Lebens in Verbindung gebracht wird (als Hilfe, Trost und Zuflucht), wird er zum Lebens-Ersatz und der Glaube kraftlos. Der Glaube füllt dann die Leere eines ungelebten Lebens mit frommen Gedanken aus.

Ein weiteres höchst folgenreiches Problem verbindet sich mit der Spätform der theologischen Rationalität, die sich seit der Aufklärung nicht mehr in der religiös mehr oder weniger kreativen Formulierung dogmatischer Lehrgehalte ausspricht, sondern zunehmend in der his-torischen Analyse der eigenen Ursprünge. Es ist die historische Kritik, die die Theologie vor allem des 19. Jahrhunderts prägt und sie zur da-mals führenden Gestalt der Geisteswissenschaften überhaupt gemacht hat. Die sogenannte »Exegese« (die kritische Auslegung der biblischen Texte) hat eine Reihe von bemerkenswerten Einsichten und Klärungen über die eigene christliche Identität mit sich gebracht, die man dankbar annehmen darf. So etwa, dass die Bibel eigentlich kein Buch ist, son-dern eine Bibliothek mit einer langen Entstehungszeit von weit über 1000 Jahren. In ihr spiegeln sich verschiedenste Auffassungen, Bewusst-seinsebenen, Erfahrungen und Deutungen, die fast durchgehend später untereinander neu kombiniert und jeweils von späteren Redakteuren überarbeitet wurden. Darin sind nach dem Stand des damaligen Be-wusstseins keineswegs Plagiate und Verfälschungen zu sehen, sondern der Ausdruck religiöser Bewegtheit. Auch spätere Überarbeitungen las-sen sich als religiös inspiriert verstehen.

Freilich kommt es durch die Exegese aber auch zu einer kritischen Sichtung der Texte, die jetzt zur Unverzichtbarkeit wird. So wird etwa deutlich: Das Alte Testament hat viele legendenhafte Züge. Das Volk Israel ist nicht in Ägypten und in der Wüste gewesen, sondern es hat die Erfahrung einer kleinen Gruppe, die von dort kam, als eigene Iden-titätsaussage in sich integriert. Die Zwölfzahl der Stämme ist wohl eine Idealisierung. Der Schöpfungsbericht ist eine relativ späte Einfügung und Vorschaltung, nicht der Beginn der schriftlichen Überlieferung. Die Propheten weissagen nicht das Kommen des Jesus, sondern geben einer Hoffnung Ausdruck, die sich auch auf das Volk Israel beziehen kann. Keiner der neutestamentlichen Autoren hat Jesus persönlich gekannt. In den Evangelien (und nicht nur dort) finden sich Legenden, Mythen und später eingefügte und nachträglich stilisierte Wundererzählungen. Die Evangelien sind aus der Sicht der Gemeinde nach Ostern verfasst und zeigen einen gedeuteten, zum Teil schon als Sieger dargestellten Jesus. Jesus selbst aber hat sich nicht als »Messias« oder gar als »Sohn Gottes« bezeichnet. Geboren ist er nicht in einem Stall in Bethlehem, sondern wohl in Nazareth. – Diese Erkenntnisse sind zunächst einmal sehr ernüchternd, vor allem für die Gläubigen. Sie bedeuten aber auch eine Befreiung von abergläubischem Ballast und eine kritische Sichtung des Wesentlichen, die religiös hoch bedeutsam ist. Vor allem aber ist die Erforschung des »historischen Jesus« ein kaum zu überschätzender Gewinn für das Christentum. Sie macht eine regelrechte Neuentdeckung seines Stifters und der eigentlichen christlichen Identität möglich.

Problematisch ist die historische Forschung also keineswegs in ihren nüchternen kritischen Klärungen, sondern an einem ganz anderen Punkt. Sie ist als Instrument rationaler Analyse nämlich prinzipiell und vorsätzlich blind gegenüber religiösen Gehalten. Ihre »Entmythologisierungen« vermögen in den zeitlosen Aussagen mythischer Erzählungen und Formen nur Überformungen zu erkennen, hinter denen es historisch verifizierbare Daten zu identifizieren gilt. Die Entmythologisierungs-Idee Rudolf Bultmanns ist als der Versuch, Bibel und modernes Verstehen ins Verhältnis zu bringen, unbedingt ernst zu nehmen. Sie hat aber viel zu wenig Gespür und Sinn für religiöse Aussagegehalte. Religion ist nicht auf historische Daten reduzierbar; ohne deutende Zusammenschau und innere Bewegung gibt es keine sinnvolle religiöse Aussage. Die Exegese kann daher auch die starke Wirkung religiöser Erzählformen nicht erklären, für die man auf anthropologische, archetypische oder psychologische Verstehensmuster angewiesen bleibt. Um das am Beispiel zu verdeutlichen: dass Jesus vor vielen Jahrhunderten einen beliebigen, heute namenlosen Menschen geheilt hat, ist historisch gesehen für den Gläubigen völlig irrelevant; der treffende Kommentar aus der heutigen Jugendsprache müsste an dieser Stelle lauten: »Schön für den!« Warum die Szene aber jahrhundertelang eine starke Wirkung hatte, und was sie für einen Menschen heute möglicherweise bedeuten kann, erschließt sich gerade nicht einer historischen Rekonstruktion, sondern nur einer symbolischen religiösen Deutung, die die Szene als ein (Ur-)Bild von Heilung versteht.

Dass die historische Rationalität der Religion gefährlich werden kann, hat Friedrich Nietzsche mit der ihm eigenen religiösen Sensibilität ebenso klar wie unnachahmlich formuliert: »Eine Religion, die durch und durch wissenschaftlich erkannt werden soll, ist am Ende dieses Weges zugleich vernichtet … Was man am Christenthume lernen kann, dass es unter der Wirkung einer historisirenden Behandlung blasirt und unnatürlich geworden ist, bis endlich eine vollkommen historische, das heisst gerechte Behandlung es in reines Wissen um das Christenthum auflöst und dadurch vernichtet, das kann man an allem, was Leben hat, studiren: dass es aufhört zu leben, wenn es zu Ende secirt ist.«[45]

Das gilt nun nicht nur für die historisch-kritische Sezierung, sondern auch für ein dogmatisches Denken, das sich auf die überzeitliche Allgemeingültigkeit historischer Ereignisse meint berufen zu können. »Dies ist die Art, wie Religionen abzusterben pflegen: wenn nämlich die mythischen Voraussetzungen einer Religion unter den strengen, verstandesmässigen Augen eines rechtgläubigen Dogmatismus als eine fertige Summe von historischen Ereignissen systematisiert werden.«[46] Als reine historische Rationalität richtet die Theologie also einen erheblichen religiösen *Schaden* an: »An die Stelle der Hermeneutik der Religion war in der Theologie ihre Kritik getreten. Der Flurschaden, der damit auf dem Gebiet der Theologie der Religion angerichtet worden ist, ist noch lange nicht wieder behoben.«[47]

Die Exegese übersieht sozusagen vorsätzlich, dass »jede heilige Schrift … nur ein Mausoleum der Religion« ist (Friedrich Schleiermacher), und nicht Religion selbst. Sie betreibt darin – in merkwürdiger Parallele zum objektiv wahren Dogma – eine Verobjektivierung von Religion, die deren Wesen nicht gerecht wird. Religiöse »Tradition verwandelt sich in Objekte einer Altertumswissenschaft, die ihre Texte mit kritischem Mauerwerk vor Dilettanten zu schützen weiß, sie damit aber auch stilisiert und zu Grabmälern des archivarischen Historismus macht.«[48] Der Historismus der Exegese führt zu einem religiösen »Erdrutsch«, denn er verwandelt »Religion in historische Religionswissenschaft, Glauben in Glaubenskunde, Theologie in Archäologie«[49]. Aufklärung durch kritische Rationalität bleibt für die Religion unverzichtbar. Sie ist aber religiös auch höchst prekär. »Erwachsenwerden, Auszug aus dem Elternhaus, Abwerfen der Vormundschaft und Rechtssouveränität sind Essentials von ›Aufklärung‹. Dahinter gibt es kein Zu-

45. Friedrich Nietzsche: Vom Nutzen und Nachtheil des Historie für das Leben, 296 f.
46. Friedrich Nietzsche: Die Geburt der Tragödie aus dem Geist der Musik, 74.
47. Wilhelm Gräb: Religion und die Bildung ihrer Theorie, 199.
48. Hermann Timm: Geerdete Vernunft, 87.
49. Eugen Drewermann: Tiefenpsychologie und Exegese Band 1, 37.

rück. Man kann bei ihnen aber auch nicht stehenbleiben, weil sie zu Ende gedacht den Vatermordkomplex als ultima ratio ausgeben.«[50] Das kritische Korrektiv kann und darf sich darum nicht zur Hüterin religiöser Wahrheit machen.

Die ungelöste Problematik der historischen Forschung zeigt sich darin, dass sie sowohl für die Gläubigen als auch für die theologische Dogmatik weitgehend ohne Folgen bleibt. In beiden Bereichen »wird unter der Hand eine regressive Rechtfertigung mythischer und metaphysischer Sprachspiele fortgeführt«[51]. Aus einer falsch verstandenen Sorge um die Verletzlichkeit des Glaubens der Kirchenmitglieder werden die exegetischen Erkenntnisse nicht kommuniziert. Die theologische Dogmatik dominiert die Exegese und bestimmt die Auswahl von deren Einsichten.[52] Es kommt hier zur Ausblendung eines Bewusstseins, das sich längst allgemein etabliert hat. Die faktische Spaltung zwischen historisch-kritischer Forschung und Dogmatik führt einerseits im Christentum zur Lähmung geistiger Kräfte. Sie ist eine wichtige Ursache der kirchlich überall anzutreffenden Halbherzigkeit und Unentschiedenheit. Andererseits gelten die Dogmatiken für das heutige historisch geschulte Begreifen als unüberprüfbare, rein spekulative Gebilde. Das Christentum erscheint so als eine mythologische Religionsform, die über ihre eigenen Gehalte nicht aufgeklärt ist.

Mythologie, symbolische Deutung und Wahrheit

Viele christlich grundlegenden Einsichten und Formulierungen sind tatsächlich an kaum noch nachvollziehbare metaphysische Voraussetzungen gebunden. Trinität, Jungfrauengeburt, als Durchbrechung von Naturgesetzen verstandene Wunder, Auferstehung, die Sintflut als Rache Gottes, der Kreuzestod als von Gott gesetzte Notwendigkeit erscheinen zunehmend als Seltsamkeiten, mit denen nur noch christliche Insider etwas anfangen können – und oft nicht einmal mehr die. Waren die Menschen denn vor dem Kreuz allesamt unerlöst? Die Auffassung, theologische Sätze etwa zur Trinität, zur Sünde, zu Auferstehung und Gericht seien zeit- und situationsabhängige symbolisch zu verstehende

---

50. Hermann Timm: Geerdete Vernunft, 79.
51. Matthias Kroeger: Im religiösen Umbruch der Welt, 305.
52. »Eine Dogmatik auf dem Boden heute gesicherter historisch-kritischer Erkenntnisse steht – in beiden Konfessionen – noch aus.« Hubertus Halbfas: Das Christentum, 553.

Sichtweisen und Perspektivierungsangebote, ist zwar theologisch gängig, wird im konkreten Einzelfall in der Regel aber nach wie vor als Provokation empfunden.

Wie sehr die christliche Lehre in diesem Sinne in einen kruden sekundären Mythos umgeschlagen ist, kann eine ältere Beschreibung der Religionswissenschaft vor Augen führen. Ninian Smart beschreibt das »Herz«, den »Kern des Glaubens« im Christentum, den er tatsächlich als »Mythos« bezeichnet, so: »Der Mythos hat ungefähr folgenden Inhalt: Der Mensch war von Gott erschaffen, aber er war ungehorsam; nur zum Teil konnte er mit Gott wieder versöhnt werden. Diese teilweise Versöhnung vollzog sich durch den Bund oder Vertrag, den Gott dem Volk Israel anbot. Gott half nun diesem Volk auf wundersame Weise; er inspirierte auch gewisse Propheten, die, als Gegenleistung, für die Treue des Volkes sorgten. Aber dem Volk wurde klar, dass die Erlösung in der Zukunft liegen müsse, in der Wiederkunft des Gesalbten. Und die hebräischen Schriften legitimierten die Suche nach einem derartigen Messias. Er kam, in der Gestalt von Jesus. Jesus erlöste den Menschen, denn er war ja Gott, der Sohn Gottes. Nur Gott konnte das vollkommene Opfer bieten, das den Ungehorsam des Menschen sühnte ... Jesus stellte seinen Sieg unter Beweis, indem er von den Toten auferstand und den Jüngern erschien. Ähnlich können auch wir in Christus den Tod besiegen. Christus war der neue Mensch, der zweite Adam, und er wird wiederkehren, um das Jüngste Gericht zu veranstalten am Ende der uns bekannten Welt.«[53] Botschaft und Verhalten Jesu kommen in diesem Mythos nicht vor.

Bereits vor über 40 Jahren hat der anglikanische Bischof Robinson in einem damals Aufsehen erregenden Buch bekannt: »Die ganze kirchliche Tradition ist zweifellos gut und richtig und wahr, und man weiß, dass man ihr eigentlich folgen müsste, aber irgendwie lebt sie außerhalb von einem selbst und nicht in einem. Doch wenn man sie offen in Frage stellt, dann gilt man als abtrünnig, als hoffnungslos ungeistlich und als einer, der andere unsicher machen will.« Robinson wollte darum das Christentum von seiner Einkleidung in »Mythologie« und »Suprarationalismus« befreien, um es nicht selbst zu verlieren.[54] So verhindert etwa

53. Ninian Smart: Die großen Religionen, 123 f.
54. John A. T. Robinson: Gott ist anders (orig.: Honest to God), 30. – Meiner eigenen Buchausgabe liegen schreibmaschinengeschriebene Protokolle von Gesprächen bei, die einige Münchener Pfarrer seinerzeit über das Buch abgehalten haben. Die dort niedergelegten Gedanken sind aus heutiger Sicht ebenso schlicht wie entlarvend. So wird beispielsweise darauf hingewiesen, dass Robinsons »Maßstab« nicht Gott, sondern die »Umwelt« sei – als ob dazu

das altkirchliche Glaubensbekenntnis ein christliches Verstehen heute mehr als es ihm zuträgt. Jedoch bleibt es ein »Tabuthema ersten Ranges« (Herbert Koch) für konservative Gläubige ebenso wie für die Kirchenleitungen. Auch die Vorstellung einer göttlichen »Heilsgeschichte« prägt die christliche Frömmigkeit nach wie vor.[55]

Die Weiterführung des griechischen Denkens hat dem Christentum den Anschluss an die Welt der Gelehrten, einen hohen Ansehensvorsprung und vor allem eine begriffliche Strukturierung gebracht. Wenn die theologische Klärung faktisch aber gerade nicht vor der Ideologisierung schützen konnte – was ist sie dann eigentlich wert? Dogmatische Entscheidungen der frühen Kirche und die Erfahrungen der Bibel stehen heute, nach dem Durchgang durch die historische Kritik, wie zwei fremde Welten nebeneinander. Kann es verwundern, dass die Bibel nicht mehr gelesen, und allenfalls von theologischen Spezialisten unter

überhaupt eine Alternative denkbar wäre, Aussagen über Gott also prinzipiell direkt sein könnten; Ausgangspunkt der Verkündigung, so das Skript, könne jedenfalls nicht der moderne Mensch sein. Moniert wird weiter, dass Robinson nicht heilsgeschichtlich denke, was seine Intention genau trifft, aber offensichtlich als undiskutabel gilt: »Diese menschliche Form der Verkündigung ist nicht wesentlich« – sondern allein deren göttlicher Inhalt. Mit solchen wohl als theologisch korrekt und glaubensfromm verstandenen Gedanken lässt sich jede Art der kritischen Anfrage an theologische Spekulation zum Stillstand bringen. Wenn dann gesagt wird, das »Erlösungswerk« Christi sei unterschlagen; Christus könne bei Robinson eigentlich durch jeden anderen Menschen ersetzt werden, dann trifft das in der Tat den Kern dessen, was Christus-Nachfolge (»Christus werden«) eigentlich meint, es wird hier aber als unchristlich abgetan. Oder: »Der Streit um das metaphysische Weltbild ist ein Streit an der Peripherie und trifft das eigentliche Ärgernis des Glaubens nicht« – auch hier wird das »Ärgernis« aus allem Lebensbezug und damit letztlich aus aller Verstehbarkeit herausgehalten. Der Verweis auf die Bibel schließlich, in der Gott »nicht in menschlichen Kategorien« beschrieben werde, ist ebenso folgerichtig wie falsch. Das Gegenteil zeichnet die Bibel gerade aus, entspricht aber nicht dem allzu gewohnten metaphysisch-theologischen Denken. Am Ende werden die Anfragen Robinsons – die immerhin für eine Erregung der Gemüter gesorgt hatten – als belanglos bezeichnet; der Kreis will sich einem ernster zu nehmenden Theologen wie z. B. Wolfhart Pannenberg zuwenden.

55. Das sogenannte »heilsgeschichtliche Schema«, das die Dogmatiken strukturiert (Gott, Schöpfung, Mensch, Sünde, Christus, Glaube, Erlösung, Kirche, Gnadenmittel, Letzte Dinge) ist nach dem faktischen, von postmodernen Philosophen bemerkten »Verlust der Metaerzählungen« (Jean-François Lyotard) längst ähnlich unglaubwürdig geworden wie alle anderen übergreifenden Geschichtsdeutungen, etwa die Hegelsche Geschichtsdialektik, der Kommunismus oder die neuzeitliche Fortschrittsidee.

stark formalisierten Verstehensbedingungen ausgelegt wird? Dass das Christentum kaum noch verstanden wird?

Ausgesprochen typisch für diese Situation ist Bischof Wolfgang Hubers neues Buch »Der christliche Glaube«[56], das sich um Ausgleich und Verständlichkeit bemüht, aber nirgendwo ein Gespür für die inzwischen massiven Verstehensprobleme dogmatischer Tradierungen zeigt. Eine interne Religionskritik findet sich nur als bedauernder Hinweis auf Gewalt im (vergangenen) Christentum, nicht aber als grundsätzliche Anfrage an das christliche Denken. Theologische Innovationen sind bei Huber daher gar nicht zu erwarten. Die durchgängige Belegung der Argumentation mit biblischen Zitaten ist zwar theologisch üblich, übersieht aber, dass die Bibel keine allgemein verbindliche Autorität mehr darstellt; ihre übergreifende Bedeutung müsste also erst einmal plausibel gemacht werden. Bibelzitate können per se keine Argumente mehr sein. Evolution und Schöpfungstheologie bleiben nebeneinander stehen; ratlos macht die Aussage, man dürfe sie nicht gegeneinander ausspielen, ebenso wie die Theodizeefrage und die Behauptung der Allmacht Gottes – um hier nur die Beispiele zu nennen, die immer wieder zu den größten Verstehensproblemen mit der christlichen Lehrauffassung führen. Die angebliche Schuld des Menschen vor Gott, der Opfertod Christi, die Trinität bleiben bei Huber nahezu unbesehen als christliche Traditions- und Glaubensstücke stehen. Wem helfen derartige theologische Richtigkeiten?

Die »Theologentheologie«, die der sozialen Vielschichtigkeit religiösen Verstehens gar nicht mehr ansichtig wird[57], verliert ihren Gegenstand so allmählich an Soziologie, Philosophie und Psychologie – und an den Privatbereich und die Esoterik. Glaubens-Zweifel, Sinnsuche, religiöse Erfahrungen der Menschen finden in ihr wenig Platz. Insofern hat Hans-Joachim Höhn durchaus Recht damit, dass statt der viel zitierten christlichen »Tradierungskrise« eher von eine »Innova-

---

56. Wolfgang Huber: Der christliche Glaube. – Ein Internet-Rezensent formuliert in einer höchst bezeichnenden Kritik an Hubers Buch die derzeitige Abwendung von einem Insider-orientierten, nicht mehr hilfreichen Christentum: »Trotz aller Kritik ist es ein ehrliches Buch. Außerdem habe ich in meinem Bemühen um Verständnis der christlichen Religion die Einsicht gewonnen, dass es richtig war, mich von einer Religion zu trennen, die ohne solche menschlichen Konstruktionen wie Dreifaltigkeit, Heiliger Geist, Auferstehung, Himmelfahrt usw. nicht auskommt … Wer Christ ist und sich in seiner religiösen Vorstellung bestätigen lassen will, kann Huber gerne lesen. Es schadet nichts, nützt aber auch nichts.«

57. Vgl. Falk Wagner: Blind für Individualität, 534.

tionskrise« die Rede sein muss. Für Höhn ist der Begriff Tradierungs-krise »Ausdruck des Problems, dessen Analyse (er) behauptet«, da er die entscheidende Frage nach der Plausibilität dessen, was da tradiert wird, gar nicht stellt.[58]

Theologie war vor allem dogmatische Rationalisierung, nicht Religionsklärung. Nicht auf Frömmigkeitspraxis und religiöse Erfahrung hat sie sich bezogen, sondern auf geoffenbarte Wahrheit. Daher der Eindruck von Exklusivität, von Elfenbeinturm und Bedeutungslosigkeit theologischer Auslegungen für das reale Leben, und der Eindruck, dass Theologie und Kirche immer nur zu sich selbst bekehren wollen. Statt Schlüssel zum Raum des Heiligen zu sein (der im Übrigen oft genug offen steht); statt sich als sekundäre »Kunstlehre« (Friedrich Schleiermacher) zu verstehen, hat sich die Lehrtheologie selbst als Schloss verstanden und ins Zentrum der christlichen Religion gesetzt. Die dogmatische Theologie hat das rein deduktive Denken inzwischen zwar verlassen, sich aber noch keineswegs auf eine induktive Religionsklärung eingelassen.

Die massive Veränderung im Verständnis von »Wahrheit« hat Søren Kierkegaard bereits klar gesehen: »Das Christentum wird zu einer Lehre gemacht; diese Lehre wird dann einem Menschen verkündigt, und der glaubt nun, es sei so, wie diese Lehre sagt.« Jesu Wahrheit ist aber keine »Summe von Sätzen«, keine Lehre, sondern eine »Leben«. Vergessen und übersehen hat diese christliche Lehr-Theologie, dass »die christliche Wahrheit eigentlich nicht Gegenstand von ›Betrachtung‹ sein kann. Denn die christliche Wahrheit hat, wenn ich so sagen darf, selber Augen, damit zu sehen, ja, sie ist wie lauter Auge.«[59]

»Wahrheit« ist für die Menschen heute nicht mehr eine Frage der richtigen Position, um die man sich dann erbittert streiten müsste, sondern sie ist eine Frage der *Relation*. Wahrheit kann für das heutige Verstehen nicht mehr ohne individuellen Bezug ausgesagt werden. Sie ist abhängig von Kontext und Sichtweise. Friedrich Nietzsche nannte das die »Perspektive«. Für ihn besteht die Wahrheit gerade nicht in rationaler Klärung, sondern in den persönlichsten Erfahrungen – vor allem »in dem *Urschmerz*, den das Faktum der Individuation über jedes Le-

---

58. Hans-Joachim Höhn: GegenMythen, 139 ff. So argumentiert u. a. auch Wilhelm Gräb.

59. Søren Kierkegaard: Einübung im Christentum, 136 und 225. Vgl. die bissige Bemerkung: »Da fing ein vielleicht wohlmeindender menschlicher Witz mit der traurigsten aller Unternehmungen an: das Christentum dadurch zu verraten, dass man es verteidigte.« A. a. O., 222.

ben verhängt ... Das heißt aber: die bekannten Formen der ›Wahrheitssuche‹, besonders diejenige der Philosophen, der Metahpysiker und der
Religiösen – sind in Wahrheit nur respektabel gewordene organisierte
Lügen – institutionalisierte Fluchtversuche, die sich unter den beflisse-
nen Masken des Erkenntniswillens unkenntlich zu machen gewusst haben. Was bisher vorgab, ein Weg zur Wahrheit zu sein, war in Wirklichkeit nur ein einziges Weg! von ihr, ein Weg! vom Unerträglichen in die
provisorische Erträglichkeit der Tröstungen, Sicherheiten, Erbauungen
und Überwelten.«[60]

Damit ist nicht nur ein erkenntnistheoretisches Problem benannt,
sondern ein explizit religiöses. Umkehr, Wandlung und religiöse Bewusstwerdung geschehen nicht, oder doch zumindest nur in den aller-
seltensten Fällen, durch Einsicht. Sie bleiben an die emotionale Betroffenheit durch sinnliche Erfahrung gebunden. Den Einsichten und
Vorgaben einer Religion kann und soll man nicht deshalb folgen, weil
sie objektiv wahr und mit sittlicher Verbindlichkeit und institutioneller
Autorität ausgestattet sind, sondern weil sie sich bewährt haben, weil sie
ins Leben helfen und insofern sie überzeugen.

---

60. Peter Sloterdijk: Der Denker auf der Bühne, 80 f.; vgl. a. a. O., 156: Die »moralischen und sozialen Tatsachen« müssen einem solchen Denken als »nach-
geordnete Größen erscheinen ... als eine Wirklichkeit anstelle der Wirklichkeit
– eine apollinische Zurechtlegung, Ritualisierung und Institutionalisierung
des Weltgrundes nach Kriterien der Erträglichkeit und Berechenbarkeit.« –
Samuel Laeuchli fragt entsprechend an, »ob nicht manche traditionellen Methoden im Bereich von Theologie und Mythos ein Sieg des Doketismus gewesen sind, die verzweifelte Tat einer nichteingestandenen Gnosis und also nicht
nur die Ablehnung von Hiob und Jeremias, von Hamlet und Faust ..., sondern die Panik des platonischen Genies vor dem Drama der Inkarnation.«
Samuel Laeuchli: Das Spiel vor dem dunklen Gott, 161. *Doketismus* bezeichnet die Lehre, Jesus sei Gott und habe nur scheinbar einen Körper gehabt.

4.4 Glaubens- und Willens-Zwang
Glaubenspflicht und asketisches Ideal

Glaubenspflicht und Sündenlast

»Wer es mit dem Glauben ernst nimmt, ist darauf bedacht, diesen Sack bis oben hin zu füllen und alles zu übernehmen, was notwendiger Inhalt des Glaubens ist, auch wenn er unter dieser Last schier zusammenbricht. Wer weniger gewissenhaft ist, hat es zwar leichter, aber er hat nicht die Beruhigung, in Bezug auf den christlichen Glauben sein Soll erfüllt zu haben. – So etwa wird der christliche Glaube gewöhnlich verstanden. Die Frage nach seinem Wesen lautet dann genauer: Was muss man alles glauben?«[61] Kann der Glaube eine innere Pflicht sein? Er kann, und muss es sogar, wenn er als zu glaubende Wahrheit verstanden wird. Die Logik eines als Norm gegebenen, wahren Glaubens führt zwangsläufig dazu, dass sich schuldig fühlt, wer den Glauben nur eingeschränkt oder nicht richtig hat. Die gewöhnliche Reaktion auf Glaubenszweifel, nicht erhörte Gebete und religiöse Ungewissheiten war darum seit jeher nicht nur das Gefühl der Angewiesenheit auf die Gnadenmittel der Kirche, sondern nach innen hin vor allem die Vorstellung, noch mehr und williger glauben und beten zu müssen. Glaubenszweifel führten also, sofern man nicht gleichgültig wurde, zu einer Erhöhung des religiösen Drucks auf sich selbst.

Die Ursache für den Zweifel wurde im Christentum so gut wie immer in der eigenen Schwäche gesehen. Diese Schwäche war durch das theologische Menschenbild vorgezeichnet, das den Menschen als unfrei und als Sünder bestimmte, der zur Demut vor Gott aufgerufen war. Je frömmer der Mensch war, desto mehr gab er allein Gott die Ehre und sich selbst Unrecht. An dieser Stelle zeigt sich noch einmal, welchen fundamentalen Unterschied es macht und zu welch folgenstarken Konsequenzen es führt, wenn Glaube nicht als Vertrauenshaltung, sondern als Überzeugung verstanden wird. Wo der Glaube als Überzeugung ins Zentrum gestellt wird, müssen auch seine rechtlichen Bestimmungen dominieren. Es ist dann der rechte Glaube an die theologisch legitimierte und kirchlich gehütete Wahrheit, die das Christsein bestimmt. Die Fragen des Heils lösen sich in der Folge zunehmend vom faktisch gelebten Leben ab, statt es zu deuten und zu orientieren.

---

61. Gerhard Ebeling: Das Wesen des christlichen Glaubens, 15.

Eine historisch datierbare, höchst problematische Grundentscheidung markiert diese Problematik bereits sehr früh in der kirchlichen Ausstoßung und Verketzerung des Pelagius. Dieser hatte die aktive Mitwirkung des Menschen bei seinem Heil behauptet. Glaube war für ihn das Vertrauen darauf, dass Gott dem Menschen in seinen Bemühungen entgegenkommt. Um der Ehre Gottes willen wollte die Kirche diese Position aber nicht dulden. Pelagius hielt gegen christliche Tendenzen einer Erniedrigung des Menschen an der antiken Vorstellung der menschlichen Würde fest. Auch wenn seine Sicht des Menschen ungebrochen und weniger tief ist als die theologische Gnadenlehre, ist sein Ausschluss aus der Kirche fatal und folgenreich gewesen. Die Synode in Karthago (418) hat seine Auffassung, ein Gottes Gebote haltendes (also: sinnvoll aktives!) Leben sei aus eigenem Antrieb möglich, als ketzerisch gebrandmarkt. Die entsprechende Formulierung wird bezeichnenderweise nicht mehr mit *credimus* (wir glauben), sondern mit *placuit* (es wurde beschlossen) eingeleitet.

Seit den Dogmatisierungen des 5. Jahrhunderts wurde mehr und mehr der Glaube an die eigene Sündhaftigkeit und Verworfenheit, also an die Erlösungsbedürftigkeit, zur Voraussetzung des Heils – und führte zu einer falschen Demut, die den Menschen moralisch klein macht. Bis dahin war Jesus vor allem als gütiger Hirte aufgefasst worden, jetzt wurde er zum keineswegs nur barmherzigen Richter und Erlöser. Dass der Mensch von Gott geliebt war, galt jetzt faktisch nur noch für den »sündlosen« Menschen, vorzugsweise für den asketischen Heiligen, der immer mehr zum moralischen Vorbild der Lebensführung wurde. Sünde gilt seit Anselm von Canterbury gar als Beleidigung Gottes; das erhöht den Druck auf die Gläubigen noch einmal.

Die eigene Sündenlast wurde zum Paradethema von Predigten und fruchtloser Grübelei. Melancholie und psychische Lähmung verbreiteten sich vor allem unter den besonders Frommen: den Mönchen. Formen des Glücks dagegen galten der Theologie als »weltlich« und minderwertig. Freude, irdische Liebe, Erfolg und alles Streben des Menschen sind ihr verdächtig; Gefühle, Träume und Sehnsüchte kennt sie nur, sofern sie sich auf das »Seelenheil« beziehen. Das Leben kann nur das Unglück sein – denn das wahre Glück ist bei Gott. Dem modernen, höchst ambivalenten Versuch, das Glück durch Technik und Konsum zu zwingen, hat die Theologie darum heute nicht wirklich etwas zu sagen. Hintersinnig bringt Johann Wolfgang von Goethe zum Ausdruck, dass das Glück vor diesem Hintergrund nur als Teufelspakt zu haben ist: »Werd ich zum Augenblicke sagen: / Verweile doch! Du bist so schön! / Dann magst du mich in Fesseln schlagen, / dann will ich gern zugrunde gehn.«[62] Lässt sich die technische Moderne auch als Protest gegen die abendländische Unglückstheologie verstehen?

Die Vorgabe eines theologisch in komplizierter und für die Gläubigen kaum nachvollziehbarer Weise vorstrukturierten Glaubens und die Angst, zu wenig oder falsch zu glauben, vergrößerten die im Christentum verbreitete Angst um das Seelenheil weit mehr, als sie der Verweis auf Gottes Liebe und Gnade zu beruhigen vermochte. Das Christentum etablierte ein geschlossenes Religionssystem der Angstsuggestion, gerade nicht der Überwindung von Angst durch Vertrauen. Das ist die breit entfaltete und belegte Grundthese in Oskar Pfisters eindrucksvollem Buch »Das Christentum und die Angst«[63], und ebenso in Eugen Drewermanns theologisch fundamental bedeutsamer großer Darstellung der jahwistischen Urgeschichte, in der Glaube nicht als Gegenstück zum »Unglauben« erscheint, sondern zur Angst eines Lebens, das sich Gottes nicht wirklich gewiss ist.[64]

Die Anerkennung der eigenen Bedeutungslosigkeit oder gar Nichtigkeit kann durchaus wahrhaftig sein; ähnlich wie die Einsicht, dass der Mensch auf Vergebung und Gnade angewiesen ist. Als Bedingung für das Heil und als Verneinung von Autonomie ist sie allerdings bloß erniedrigend. Autonomie ist Vorbedingung jeder Einsicht, Wandlung und Verantwortung – auch religiös. Andernfalls gerät der Glaube zur Forderung und zum inneren Zwang – wie das etwa die stereotype Formel kurialer Erklärungen bis heute so bezeichnend augenfällig macht: »Es ist fest zu glauben, dass …« Glauben-Müssen ist aber auch im Protestantismus eine bis vor kurzem noch verbreitete Form der Selbstqual und mit starken Ängsten vor dem Glaubens-Verlust verbunden gewesen.[65] Wie heilsam wäre hier die Auffassung Friedrich Schleiermachers

---

62. Johann Wolfgang von Goethe: Faust. Der Tragödie I. Teil.

63. Oskar Pfister: Das Christentum und die Angst.

64. Eugen Drewermann: Strukturen des Bösen.

65. André Gide bringt das treffend für einen Geistlichen zum Ausdruck, über den sich Freund und Sohn unterhalten: »Mein Herr Vater hat sein Leben so eingerichtet, dass er weder das Recht noch die Möglichkeit hat, an seinem Glauben zu zweifeln. Er ist von Berufs wegen überzeugt … Das ist die Rolle, die er übernommen hat und die er bis zum Ende spielen muss … Er richtet es so ein, dass er keine Zeit hat, Fragen zu stellen. Sein Leben ist vollgestopft mit Verpflichtungen, die jeden Sinn verlören, wenn er in seinem Glauben nachließe; sodass schon sie allein seine Überzeugung erfordern und am Leben halten. Er bildet sich ein zu glauben, weil er sich stets so verhält, als glaube er. Wenn sein Glauben ins Wanken geriete, mein Lieber, das wäre eine Katastrophe! Der Untergang!« André Gide: Die Falschmünzer, Stuttgart 1993 (1925), 360 f. – Vgl. die Eingangsszene von John Updikes Roman »Gott und die Wil-

gewesen, der als Christen schlicht denjenigen gelten ließ, der »Interesse hat am Christentum.«

In der Tat ist es theologisch sinnvoll und richtig, die Gnade als tiefste Erfahrung des Christentums festzuhalten – wie das Paulus, Augustinus, Martin Luther und andere auch getan haben. Alles ist Gnade! Wenn diese Einsicht aber abgetrennt wird vom Leben und von der Aktivität des Menschen, wird sie ideologisch. So hatte Pelagius gedacht: *Im Bemühen des Menschen stellt sich die Gnade ein*, nicht neben oder zusätzlich zu ihr, oder gar nur als End-Entscheidung im Jüngsten Gericht. Was hätte sonst das Christentum einem modernen Manager zu sagen, der sich aktiv um seine Belegschaft kümmert? Einer pausenlos aktiven Hausfrau und Mutter?

Gott und die Seele

Woher kommt die viel gescholtene Lust-, Leib- und Weltfeindlichkeit des Christentums? Walter Jens schwankt zwischen Entrüstung und Enttäuschung: »Pure Verzweiflung stellt sich ein, Kopfschütteln zuerst und dann Wut, wenn man, über zweieinhalb Jahrtausende hinweg, die Geschichte der Ent-Leiblichung biblischer Freude verfolgt: diese ebenso bösartige wie feinsinnige Kastration, vorgenommen in Klöstern, Betstuben, Bibliotheken und, zwischen Andacht und Andacht, an bürgerlichen Familientischen …, verloren im Verlauf eines Gefechts, das zumal die Christen, nehmt alles in allem, mit wachsendem Ingrimm gegen jene Weltkinder führten, die sie am Ende allein ließen: sie mit ihrer Lust und ihrem Daseins-Rausch … Die Grundstruktur der Opposition ›niedere Lust contra Geistes-Glück‹ ist offenkundig.«[66]

Die christliche Theologie aber ist bereits früh eine verhängnisvolle, für Jahrhunderte stabile Allianz mit der Aufwertung des Geistigen und der Abwertung des Materiellen in der Philosophie der ausgehenden Antike eingegangen. Deren Sehnsucht nach Klarheit hatte das Geistige als die alleinige Realität bestimmt und die asketische Enthaltsamkeit zum

---

mots«, in der ein Pfarrer, im Treppenhaus seines Pfarrhauses stehend, sich dessen bewusst wird, dass er soeben seinen Glauben verliert. Es bleibt ihm und den folgenden Generationen nur die Flucht in die Welt des Kinos. – Geradezu klassisch ist in diesem Zusammenhang das bedrückende Buch von Tilman Moser geworden, das Glauben als erniedrigenden Selbstzwang beschreibt: Tilman Moser: Gottesvergiftung.

66. Walter Jens: Nachdenken über die Freude, 3.

sittlichen Ideal erhoben. Die Christen übernahmen diese Grundeinstellung und stabilisierten sie noch zusätzlich durch ihr Menschenbild.

Berühmt ist die aussagekräftige Stelle in Augustins »Selbstgesprächen« (Soliloquia I,7), in der er das Interesse der Theologie allein auf Gott und die Seele lenkt. »Gott und die Seele erkennen: das ist mein Wunsch. (Die Vernunft:) Weiter nichts? – Nein, sonst überhaupt nichts.« Peter Sloterdijk kommentiert die Stelle: »Das fromme Interesse des christlichen Philosophen, lakonisch und endgültig ausgesprochen, ist von Grund auf dies, zu verhindern, dass zwischen Gott und die Seele die Welt tritt. Das liefert die ontologische Formel zu dem Motiv Weltflucht«[67] – die Sloterdijk vor allem am asketischen Mönchtum und an der christlich-frommen Innerlichkeit festmacht. Alles Kreatürliche ist minderwertig angesichts des Heils, das einzig der Seele gilt. Augustin bindet auch noch das Glück exklusiv an die Schau Gottes, und versteht diese als einen *intellektuellen Akt*. Alle andere Lust kann nur minderwertig sein. Augustin bewegt sich in den Bahnen des antiken Denkens, das trotz seiner Anschauung des Kosmos (*theoria* heißt wörtlich: Betrachtung) vor allem seit Plato die Abstraktion des Verstandesdenkens ins Zentrum gestellt hatte.[68] Diese Position ist für die Entwicklung des Christentums höchst folgenreich geworden. Augustin ist ein herausragendes Beispiel dafür, dass die Theologie Glück, Erfüllung, Liebe ausschließlich in Gott, und nicht mehr als Gottes Anwesenheit in der Welt und im Leben denken und verstehen wollte. Damit meinte man Gottes Ehre entgegenzukommen – und hat doch gerade seine Menschwerdung verraten, und mit ihr den Menschen.

In der Folge wurde die »Sünde« des Menschen immer mehr mit seiner materiellen Körperlichkeit zusammengeschlossen und allmählich auf Sexualität und Lust eingeengt. Damit gelangte ein geradezu lebensfeindlicher Zug in das Christentum. Es war vor allem die Augustinische Lehre von der im Geschlechtsakt unentrinnbar weitergegebenen »Erbsünde«, die »die Qualität eines heiligen Mantras erlangt« hat[69], also so selbstverständlich galt, dass sie später gar keiner Erklärung mehr bedurfte. Die Erbsündenlehre versteht den Menschen auf Grund seiner Körperlichkeit und seiner Lust als unausweichlich böse. Sie stellt selbst

---

67. Peter Sloterdijk: Weltfremdheit, 93.
68. »Die Erfolge Platos bei der Nachwelt beweisen, dass es ihm gelungen ist, dem philosophischen Wahnsinn ein symbolisches Strombett zu graben. Dank Plato besaß Europa für die Tendenz der Losreißung des Seelischen von der Körperwelt eine Hochsprache von epochenweiter Suggestivkraft.« A. a. O., 175.
69. John Shelby Spong: Was sich im Christentum ändern muss, 105.

das Gefühl von Schwäche, Unzulänglichkeit, Einsamkeit, Krankheit und Hilflosigkeit tendenziell noch in den Zusammenhang von *Schuld*, die zu *sühnen* ist: eine klare Verneinung des Lebenswillens. Der Liebes-Akt wird zum Bösen schlechthin. Als einziger Ausweg aus dieser Verworfenheit erscheint hier gar nicht mehr der Glaube, sondern die Abtötung der »fleischlichen« Lust durch Selbstkasteiung und umfassenden Selbstzwang: die Askese. Wenn Lust als böse, als schändlich gilt: Wie soll da Lebenslust aufkommen? Wie soll Liebe aufkommen, wenn es sie allenfalls als sexuell amputierte geben kann?

Auch ethisch gab es im Christentum also die Trennung der Wirklichkeitsbereiche, die als eines der Grundkennzeichen einer falschen Religion herausgestellt wurde: die Trennung in geistiges Bemühen und sündige Neigungen. An die Stelle der Logik Jesu, dass Gott gerade die liebt, die Liebe nicht verdienen, tritt der moralische Aufruf zur Besserung, der mehr oder weniger latent in Verbindung mit der Angst um das eigene Heil steht.

Die starke und fast ausschließliche Aufmerksamkeit des Christentums auf die Sündhaftigkeit und Erlösungsbedürftigkeit des Menschen hat nicht nur zum Glaubenszwang geführt, sondern auch zu einer faktischen Geringschätzung des menschlichen Leids. Der leibliche und seelische Schmerz ist also nicht nur durch die radikale Konzentration von Leid in der Passion Christi, sondern auch durch die moralische Rigidität des Christentums kein theologisches Thema eigenen Rechts geworden. Die Befähigung zur Liebe und die Heilung galten ihr als unwichtig oder gar als suspekt – auch wenn Kunst und Frömmigkeit im Leiden Christi immer auch in einen Spiegel blicken konnten. Die frühe Theologie ist begleitet von einer scharfen, oft unterschwelligen Polemik gegen jedes Heilungswissen. Vor allem der in der ausgehenden Antike weit verbreitete und sehr angesehene, humane Asklepioskult wurde als starke Konkurrenz empfunden (auch hier gab es einen verwundeten Heiler, einen Heiland, eine Auferstehung!) und massiv verfolgt. Später richtete sich der christliche Argwohn gegen die Heilungskünste der »Hexen« und der Alchimisten. Bezeichnend und regelrecht entlarvend ist die Geschichte der abendländischen Literatur, in der immer dort, wo sie den konkreten, leidenden, in Tragik wie Komik verstrickten Menschen in den Blick nahm – sei es bei Dante, Cervantes, Shakespeare, Goethe, Zola usw. – das spezifisch Christliche in der Sicht des Menschen klar in den Hintergrund trat. Ausnahmen sind nur die großen Russen Tolstoi und Dostoijewski geblieben.

Moralische Leistungsreligion und ihre Folgen

Das drückende Bewusstsein, nicht genug zu glauben, die Angst vor dem Heilsverlust und das Kleinsein des Menschen werden kompensiert durch Askese – oder durch Fanatismus; beide dienen der Abwehr innerer Zweifel. Die Askese, als eigene Praxis ebenso wie als verehrtes Ideal, verdeckt die Zweifel durch die Überhöhung des moralischen Drucks auf sich selbst. Zum Glaubenszwang gesellt sich der Willenszwang.

Der angestrengte Wille, das nie zu erreichende Ideal, die Lustfeindschaft und Freudlosigkeit des christlichen Strebens werden selbst als Belege für die bleibende Sündhaftigkeit erlebt und etablieren einen im Wortsinne unheilvollen Zirkel. Friedrich Nietzsche: »Man wird überall finden, dass die Anforderungen überspannt sind, damit der Mensch ihnen nicht genügen *könne;* die Absicht ist nicht, dass er moralischer werde, sondern dass er sich *möglichst sündhaft* fühle.«[70]

Historisch gesehen geht die ethische Rigorosität der frühen Christen dem Zug zur theologischen Rationalität weitgehend parallel. Die moralische Überlegenheit der Christen, ihre Unbestechlichkeit, ihr Gerechtigkeits- und sozialer Gleichheitssinn waren bewundernswert und mussten im Kontrast zu den dekadenten Sitten des niedergehenden Römischen Reiches in der Tat ins Auge stechen; sie bedingten (neben der Botschaft von einem liebenden, erlösenden Gott) den beeindruckenden Missionserfolg der ersten Christen. Staunenswert waren den damaligen Zeitgenossen aber vor allem die fanatischen christlichen Asketen, etwa die Eremiten. Die berühmten syrischen Säulenheiligen, von Peter Sloterdijk als asketische »Mortifikationsmeister« bezeichnet, wurden die Vorbilder eines Glaubens und einer frommen Lebenshaltung, die man selbst nicht zu leisten vermochte. Später wurde aus diesem Zusammenhang die katholische Lehre vom »Verdienst-Schatz der Heiligen im Himmel«, den die Kirche verwaltet, und von dem die immer zu wenig Glaubenden zehren können.

Als großartige Ausnahme stellt sich vor allem die emotional tiefsinnige und (gegen gängige Vorurteile) dem Leben und der Welt zugewandte christliche Mystik dar, die freilich die christliche Entwicklung kaum prägen konnte. Sie zeigt bisweilen ein hohes Maß an Lebenslust und Sinn für Glückserfahrung. Neben der Mystik hat es eine Vielzahl von weiteren lebensbejahenden und liebenden Gruppierungen und Gedanken im Christentum gegeben. Sie weisen darauf hin, dass der Weg in

---

70. Friedrich Nietzsche: Menschliches, Allzumenschliches, 136.

die ethische Rigidität keineswegs zwangsläufig geschah und Alternativen leicht denkbar sind.

Die skrupulöse Einhaltung religiöser Pflichten und Vorschriften kann als die moralische Variante jener religiösen Fehlform verstanden werden, die eine sakrosankte, wirklichkeitsferne Sonderwelt etabliert. Ethische Sätze der Religion sind aber nur als Beschreibungen wahr und niemals als unbedingte Anweisungen zu verstehen. Genau das ist die Pointe der Auslegung Jesu und der Maßstab, den er an das alttestamentliche Gesetz anlegt. Die Liebe ist die Erfüllung und der einzige Sinn des Gesetzes. Die *Verpflichtung* zur Liebe aber ist selbstzerstörerisch – egal, ob sie von außen oder von innen kommt. Das Ideal eines reinen Altruismus ist eine destruktive Zwangsvorstellung.

Das Verhältnis zwischen Mensch und Gott ist im Christentum auch ethisch als Rechtsverhältnis verstanden worden – in unhinterfragter Weiterführung der antik-römischen Tradition. Auch in der Volksfrömmigkeit wird die Frage der Erfüllung der »göttlichen Forderungen« zentral bedeutsam. Der als asketisch und sündlos gedachte Christus wird das *moralische* Vorbild des guten Christen. Die Kirche wird zum Bußinstitut, der Bischof zum Heils-Aufseher, der das Verhalten kontrolliert und das Maß der Satisfaktionsleistung für Fehlverhalten festlegt. Es entsteht eine komplizierte Kasuistik der Sühneleistungen; diese Kirchenzucht kann sich später bruchlos mit der germanischen Rechtsvorstellung der Schuld-Bezahlung verbinden. Der viel zitierte spätmittelalterliche Ablasshandel ist nur eine spezifische Weiterführung und Ausprägung davon. Noch später geht der »Jurisdiktionsprimat« (d. h. der *Rechtsprechungs*vorsitz) an den Papst über. Die Kirche, die sich selbst als heilig und darum ethisch weisungsbefugt versteht, missioniert also auch moralisch. »Die ›Heiligen‹ ziehen zum Säuberungskrieg gegen die Lasterhaften aus.«[71]

Im Christentum etabliert sich eine Tradition der heilswirksamen »Abtötung des Fleisches«. In der Regel des Jesuitenordens (bestätigt 1540) ist tatsächlich vom »Kadavergehorsam« die Rede *(perinde ac si cadaver essent*; später zitiert als: *oboedientia quasi cadaverum)*. Von Escriva, dem Gründer der katholischen fundamentalistischen Gruppe Opus Dei, wird der Satz des Ignatius von Loyola zitiert: »Du machst nur so viele Fortschritte, als du dir Gewalt antust.«[72] Bis heute ist eine beliebte katholische Argumentation, die »Abtötung« von sinnlichen Leidenschaften, die sich in Zölibat, Ehe- und Homosexualitätsverzicht,

---

71. Martin Koestler: Stirbt Jesus am Christentum?, 69.
72. Zit. in: Matthias Drobinski: Oh Gott, die Kirche, 146.

Pflicht zur Ehelosigkeit nach einer Scheidung usw. fast ausschließlich auf sexuelles Verhalten richtet, sei eine dem Christen wohl anstehende »Angleichung an das Leiden Christi«. Man muss die historische und logische Absurdität dieser Idee nicht kommentieren.

Die »gnadenlosen Folgen des Christentums« (Carl Améry) sind auch in Sachen moralischen Selbstzwangs nicht ohne weiteres von der Hand zu weisen. Paul Tillich: »Hier haben alle christlichen Kirchen versagt: Sie haben Menschen zerstört, indem sie sie zur Verzweiflung über eine Schuld trieben, wo keine Schuld vorhanden war. Von der Kanzel, in der Schule, im Familienkreis wurden die natürlichen Triebe des gesunden Körpers als sündig bezeichnet.«[73]

Eine so verstandene religiöse Ethik kennt nur den Appell – nicht aber die Motivation zur Handlung oder gar Wandlung. Sie weiß von psychischer Energie, Belastbarkeit, Vergeblichkeit nichts Menschliches zu sagen. Sie führt vor allem eine innere Freudlosigkeit mit sich, die selbst den Rest einer kleinen Motivation und Kraft noch zu zerstören in der Lage ist und als ein Ausdruck von Lebensverneinung erscheint. Das hat der auch moralisch sensible Friedrich Nietzsche klar gesehen: »Vor der Moral (in Sonderheit christlichen, das heißt unbedingten Moral) *muss* das Leben beständig und unvermeidlich Unrecht bekommen, weil Leben etwas essentiell Unmoralisches *ist*.«[74] Noch einmal Paul Tillich mit einer eindrücklichen Einsicht: »Wir wagen es nicht, unsere Welt und uns selbst zu bejahen. Und wenn wir es wirklich in einem Augenblick des Mutes wagen, so versuchen wir, durch Selbstvorwürfe und Selbstbestrafungen dafür zu büßen. Damit aber fordern wir die boshafte Kritik derjenigen heraus, die dieses Wagnis nie (!) eingegangen sind … Diese Erfahrung, dass christliche Gruppen die Freude unterdrücken und ihr mit Schuldgefühlen begegnen, hat mich fast zum Bruch mit dem Christentum getrieben. Was in diesen Gruppen als Freude ausgegeben wird, ist oft eine schwächliche, gewollt kindliche Sache ohne Ekstase, ohne Farbe und Gefahr, ohne Höhen und Tiefen.«[75]

Die christliche Selbstbespiegelung, die Selbsteinschätzung des Gläubigen als Sünder und der Versuch einer asketischen Überwindung dieser Spannung tragen masochistische Züge. Als ethische Perfektionsforderung wird die Askese zur Selbst-Kasteiung.[76] Der christliche Wil-

73. Paul Tillich: Religiöse Reden, 384.
74. Friedrich Nietzsche: Die Geburt der Tragödie aus dem Geist der Musik, 19.
75. Paul Tillich: Religiöse Reden, 311.
76. »Sokrates und Paulus hätten ähnliche Antworten gegeben. Für Sokrates war der menschliche Körper dem Denken im Wege … Für den Theologen Paulus war der Körper ein *moralphilosophisches* Problem. Die Seele könnte zur Selig-

lenszwang führt zum »Trotz gegen sich selbst«, der Menschen dazu verleitet, »gewisse Theile ihres eigenen Wesens, gleichsam Ausschnitte oder Stufen ihrer selbst, zu tyrannisiren.« Die asketische Ethik ist darum nicht Ausdruck von moralischer Überlegenheit und Reinheit, sondern von Schwäche. »Man täuscht sich, wenn man in jenem Phänomen [der Askese] das höchste Heldenstück der Moralität bewundert. Es ist in jedem Fall schwerer, seine Persönlichkeit ohne Schwanken und Unklarheit durchzusetzen, als sich von ihr in der erwähnten Weise zu lösen.«[77]

Der Kampf gegen die auch innerseelisch dunklen Seiten des Lebens ist ebenso ideologisch wie die Verweigerung von kritischer Selbsteinsicht. Denn er negiert die faktische Realität. Die christliche Leibfeindschaft kann daher auch den modernen Problemen mit dem eigenen Körper nicht weiterhelfen, die sich vor allem in Form von Essstörungen verbreiten.[78]

Die implizite Gleichsetzung von Sünde und (moralischem) Nicht-Perfektsein ist auch ein Verrat an einer klugen Theologie und deren tiefen Einsichten um den Menschen. Sie übergeht das Wissen um die Liebe Gottes, die dem Sünder gilt. Und sie übersieht, dass der Mensch mit dem Versuch einer moralischen Abtrennung von seinen eigenen dunklen Seiten diesen nur umso mehr verfällt. Die Unterdrückung des eigenen Negativen macht sich dann nicht nur als Freudlosigkeit, Besserwisserei und Heuchelei bemerkbar, sondern im schlechteren Falle auch als Zwangsneurose, als Aggression nach außen oder als Fanatismus.

Die moralische Restriktion übergeht auch den Umkehrruf Jesu und seine religiös motivierte Aufforderung zum zupackenden Leben – die eben gerade keine moralische ist. Sie weiß nichts von der Erfahrung,

keit erlöst werden, aber das wird vom Körper als dem Bösen verhindert. Askese, Zölibat und Selbstkasteiung helfen ein wenig.« Finn Skårderud: Unruhe, 313.

77. Friedrich Nietzsche: Menschliches, Allzumenschliches, 130 f. und 133.
78. Die Befragung einer amerikanischen Zeitschrift für Psychologie ergab, dass eine deutliche Mehrheit den eigenen Körper als hinderlich, beschwerlich, lästig empfindet – eine erstaunliche moderne Parallele zur christlichen Leibfeindschaft. Einer fortgeschrittenen Moderne, die sich durch ihre technischen Erfordernisse als Prozess zunehmender Körperlosigkeit und Selbst-Disziplinierung (Norbert Elias) offenbart, wird der Körper offenbar überflüssig und jedenfalls lästig. Gefragt ist geistige Konzentration. Lediglich als Objekt der Stilisierung und der erlebten Stimulationen behält der Körper noch sein Recht, und unterliegt damit immer gravierenderer Auszehrung. Die beschriebene prinzipielle Gnadenlosigkeit der Moderne erhält auch an dieser Stelle keine christliche Deutung und Lösung.

dass Heilungen, Wandlungen, Neuanfänge und Durchbrüche der Religion weit angemessener und auch von weit größerer ethischer Wirkung sind, da sie zu einer Veränderung der Haltung führen. Realistisch und in kluger Weise religiös ist darum die Einschätzung Martin Luthers, der vor der »Werkgerechtigkeit« gewarnt und den Menschen vor Gott als *simul iustus et peccator* verstanden hat: als den, der immer und wesentlich Sünder und *als solcher* von Gott geliebt und gerechtfertigt ist.

Die Bibel erscheint in ihren Grundtexten, vor allem in der Verkündigung Jesu, als eine Religion der Angstüberwindung durch die Einladung zum Vertrauen auf den nahen Gott. Noch einmal zeigt sich hier eine kaum überbrückbare Entgegensetzung von Bibel und kirchlichem Christentum. Die kirchliche Kontrolle über die Schuldgefühle sicherte die kirchliche Macht und mit ihr die Vorherrschaft des Christentums, wird heute aber gerade einer der heikelsten Gründe für dessen Ablehnung. Bevormundungen treffen heute auf klare Abweisung. Ein Glaube, der nicht mehr als Kraftquelle erfahrbar ist, sondern als Sollverpflichtung gilt, verliert heute in einer an grenzenlose Freiheiten gewohnten Welt erwartungsgemäß jede Attraktivität.

Askese hat prinzipiell einen guten Sinn und eine tiefe religiöse Bedeutung. Freilich nur dann, wenn man sie als spirituelle Übung versteht und nutzt – nicht als herabwürdigende Selbstkasteiung. Askese ist höchst sinnvoll als Reinigung, Vorbereitung, Entleerung um des neu zu weckenden Lebens-Bewusstseins und der Lebenskraft willen. Kaum etwas anderes vermag die Ur-Erfahrung der Religion so sehr wiederzubeleben wie eine kluge Form asketischer spiritueller Praxis. Eine neurotische Praxis des Willenszwangs vermag das gerade nicht. Ihr fällt die gesamte Seite der Opulenz, der Schönheit, der Schöpfung, der Feier, des Rausches zum Opfer. Und so steht keine christlich kompetente Form *kluger* Askese zur Verfügung, die im heute so reiz-, tempo- und drucküberladenen Leben doch gerade von so unersetzbarem Wert wäre. Wer lehrte heute religiös eine kluge Form des Verzichts, der bewussten Enthaltsamkeit und der selbst gewählten Grenzen?

5. Umkehr zur Religion

Die heilsame Religion des Jesus ist Quelle und Kern des Christentums

Eine weitere Reformation des Christentums steht an – weg vom geglaubten Dogma, hin zu einer anspruchsvollen, auf das Leben bezogenen Deutungskultur und einer plausiblen und nachvollziehbar lebbaren Religion. Angesichts spätmoderner Fragen und Lebensverhältnisse ist ein neues Denken und Verstehen der eigenen Sache gefordert. Dazu aber müsste die Bereitschaft eines echten Umdenkens vorhanden sein. »Epochale Umwälzungen in der Daseinskonstitution des Menschen erfordern auch entsprechende Innovationen sowohl in der Semantik und Pragmatik religiöser Rede als auch in den religiösen Symbolwelten.«[1] Die Rückbesinnung auf seinen eigenen inspirierenden Ursprung hat das Christentum noch und wieder einmal vor sich. Es ist »immer noch unterwegs zu sich selbst«[2].

Das Christentum muss sich neu als Religion verstehen, mit all der dazugehörigen Dynamik, nicht als ein dogmatisch abzusichernder Glaube oder als sakrale Kirchlichkeit. Das kann nur gelingen, wo das eigene Denken zur Veränderung bereit ist. Bei Jesus von Nazareth war die Umkehr – d. h. der veränderte Blick, die neue Perspektive, das neue Bewusstsein – die zentrale Forderung, und zugleich war sie ein Angebot. Wo müsste ein solches Umdenken im Christentum ansetzen?

Paul Tillich hat für diese Problematik einen denkbar klaren Satz formuliert: »Das Christentum verkündigt nicht das Christentum, sondern eine Neue Wirklichkeit.«[3] Präzisieren muss man freilich: das Christentum *sollte* nicht sich selbst verkünden. Die indikativisch formulierte Aussage Tillichs ist eine Aufforderung und angesichts der faktischen Geschichte und Form des Christentums ein Ruf zur Umkehr. Darum muss von einem religiösen Paradigmenwechsel im Christentum die Rede sein; in religiöser Sprache: einer Reformation, die die gegenwärtige Gestalt des Christentums neu an seiner ursprünglichen Idee ausrichtet und dadurch neu formiert. Diese Reformation muss darin bestehen, dass sich die kulturell etablierten Glaubens-, Institutions-

---

1.   Hans-Joachim Höhn: GegenMythen, 102.
2.   Eugen Biser: Theologie der Zukunft, 76.
3.   Paul Tillich: Religiöse Reden, 206. Im Text kursiv.

und Ritualformen an der Religion des Jesus von Nazareth orientieren und seine Botschaft transparent halten. Die uneingeschränkte Nähe Gottes ist in dieser Botschaft zentraler und einziger Inhalt des Glaubens. Alle christlichen Aussagen, Symbole und Gestaltungsformen sind Medien der Gotteserfahrung, und niemals die Sache selbst. Sie sind als Hinweise auf das Heilige zu verstehen und müssen die Menschen zum Heiligen hinführen.

Die viel beschworene Glaubwürdigkeit des Christentums hängt entscheidend daran, ob es seine eigenen Wurzeln ernst nimmt, und ob diese hinter den (notwendigen) kulturellen Inkarnationen und Differenzierungen sichtbar bleiben. Nur hier schwelt das wahre christliche Feuer unter der Asche; nur diese sind die tragfähigen Fundamente für seine vielen Inkulturationsformen. Die Rückbesinnung muss damit beginnen, dass als der geglaubte und bekannte Christus der Jesus von Nazareth zu gelten hat, seine Botschaft, sein Verhalten und sein Leben – und nicht die abstrakte Idee eines im Himmel thronenden und richtenden Herrschers. Das Erscheinen Gottes in Jesus ist als das Gewahrwerden seiner Zuwendung zum Menschen auszulegen, die immer und überall geschieht, nicht aber als der Glaube an eine innergöttliche Erlösergestalt. In Jesus ist Gott zu spüren und zu sehen. Darum sollten die Christen nicht den Christus anbeten, sondern den Gott, den Jesus ihnen zeigt.

Formal ist diese Rückbesinnung als eine Konzentration auf religiöse Klugheit zu bestimmen. Darunter ist, wie gezeigt, eine selbstkritische Religion zu verstehen, die um ihre permanente und niemals grundsätzlich überwindbare Anfälligkeit für Ideologien weiß – und zwar auch und gerade in den Formen der eigenen theologischen Selbstbeschreibung. Gemeint ist eine Religion, die sich selbst nicht als sakral versteht, sondern als dem Menschen dienend zugeordnet, und die darin der Idee der Liebe Gottes Ausdruck gibt; wobei solcher Dienst eine recht verstandene Autorität durchaus einschließt. Schließlich eine Religion, die keine vom Leben abgehobene Sonderwelt etabliert. Eine kluge Religion weiß und zeigt: wir leben »von nicht machbarem, natürlichem, sozialem und existentiellem Sinn; areligiös, ohne ihn zu bemerken, religiös im Bewusstsein seiner ungeschuldeten Gegenwart. Die Religionen artikulieren das Bewusstsein dieser Gegenwart.«[4]

Es dürfte nicht schwer fallen zu zeigen, dass genau diese Bedingungen einer klugen Religion im Christentum in sehr deutlicher Weise präsent sind – weitgehend verschüttet freilich und unzugänglich unter

---

4. Thomas Rentsch: Religiöse Vernunft, 260.

dogmatischen und sakralen Verkrustungen. Ein kluges Christentum weiß um die nicht verfügbaren, transzendenten Bedingungen des immer verletzlichen und unendlich kostbaren Lebens. So wie alle kluge Religion hält es »ein Bewusstsein von Unendlichkeit und Ewigkeit inmitten der Zeit fest, das seinerseits erst zu radikaler Kritik am Verfehlen humanen Sinns und an den vielen misslingenden Formen menschlichen, gesellschaftlichen und auch religiösen Lebens befähigt, von denen wir täglich umgeben sind.«[5] Dieses Christentum weiß um Geschöpflichkeit, um die prinzipielle Gefahr der Absonderung des Menschen vom Leben (»Sünde«), um die Unverfügbarkeit der Erfahrungen von Schönheit, Glück, Gemeinschaft und Sinn, also um die Angewiesenheit auf Gnade. Und es tradiert das unendlich wertvolle Wissen um einen gütigen, nahen Gott, der sich keineswegs als Garant für gerechten Ausgleich, sehr wohl aber als tragender Grund für ein dankbar und zupackend gelebtes Leben begreifen lässt. Das Christentum weiß in und hinter seinen Verkrustungen darum, dass das Leben höchst ambivalent, endlich, oft tragisch ist; genau darin aber birgt es große Möglichkeiten der Lebendigkeit, der Erfüllung und des Glücks. Es bietet darin die »existenzielle Gegenhypothese zur Selbstperfektionierung« (Ingo Reuter) und ist eine im umfassenden Sinne heilsame Religion.

5.   Ebd.

5.1 Die Religion des Jesus von Nazareth
Der Christus als Ursprung und Provokation

Opferlamm, leidender Gottesknecht, Menschensohn, Sohn Gottes, präexistente Weltvernunft, Wort Gottes, Weltenrichter – wer war und was wollte Jesus von Nazareth? In Zeiten des religiösen Traditionsbruchs wird die erneute Suche nach dem religiösen Fundament zur dringlichen und unverzichtbaren Aufgabe. Dieses liegt nicht in den dogmatischen Lehr-Entscheidungen der ersten Jahrhunderte. »Wer den Christus-Mythos heute noch als Zentrum des christlichen Glaubens verkündet, muss sich fragen, ob er die Leute nicht daran hindert, zu dem Gott Jesu zu finden.«[6] Gegen die Zumutungen eines metaphysisch-dogmatisch normierten Wahrheits-Glaubens ist die Rückkehr zur Botschaft Jesu die einzige Alternative. Und sie ist die einzige tragfähige Quelle für ein erneuertes und zukunftsfähiges Christentum. Friedrich Schleiermacher hat das vor 200 Jahren schon angemahnt, noch vor der Entstehung der historisch-kritischen Exegese: »In allen Dingen haben die, welche nur nachtreten und zusammentragen und bei dem, was ein anderer gegeben hat, stehen bleiben, nicht den Geist der Sache, dieser ruht nur auf den Erfindern, und zu ihnen musst du gehen.«[7]

Das Christentum beginnt mit Jesus von Nazareth, und nicht, wie immer wieder behauptet wird, mit dem Bekenntnis der ersten Zeugen zu ihm. Dass beides doch dasselbe sei, lässt sich wahrlich nicht behaupten. Der Glaube an Christus ist nicht der Glaube an eine Christologie. Nicht die Botschaft über Jesus ist das Evangelium, sondern sie ist Jesu eigene Lehre und sein Leben. *Darin* ist er der Messias, nicht als Weltenherrscher. Jesus ist nicht Gott, sondern das Medium Gottes. Die Verwechslung des Mediums mit der Botschaft wurde als falsche Religion gekennzeichnet. Hier, im Zentrum des christlichen Denkens, müssen endlich die Konsequenzen aus dieser Einsicht gezogen werden. So lange Christus als Gott, oder auch nur als »göttliche Person« gilt, ist seine Abtrennung vom Leben die unvermeidbare Folge. Alles kann zum Träger der göttlichen Offenbarung werden. Der für das Christentum herausragende Rang des Christus muss anders bestimmt werden; nicht in metaphysischen Kategorien, sondern in menschlichen.

---

6. Peter Rosien: Mein Gott, mein Glück, 109. – Ironisch, aber christlich treffend: »Ich habe keine Schwierigkeiten, Jesus Sohn Gottes zu nennen. Für mich gibt es nichts, was nicht Sohn Gottes wäre.« Willigis Jäger: Die Welle ist das Meer, 86.
7. Friedrich Schleiermacher: Über die Religion, 227.

Es kann als Geschenk der Exegese gelten, dass Jesus von Nazareth als Person und Lehrer erneut und recht deutlich fassbar vor uns steht.[8] Eine Biographie Jesu ist nicht rekonstruierbar. Aber überdeutlich ablesbar ist seine Botschaft bereits an der anhaltenden Faszination, die die Reaktion seiner Zuhörer zeigt, und die eine starke persönliche Wirkung Jesu bezeugt. Auffallend vieles von dem, was Jesus tut und erzählt, steht im Widerspruch zum Üblichen und zur normalen Erwartung; und es ist dennoch unmittelbar überzeugend. Vor allem die Züge, die sich aus den vielen Provokationen seiner Aussagen und Handlungen ergeben und nicht dem Üblichen oder den späteren Gemeindeüberzeugungen entsprechen, können als historisch gut verbürgt gelten. Dazu gesellen sich freilich auch Textstellen, die nicht unbedingt historisch gesichert sind, aber doch den Geist Jesu spiegeln; so etwa die Szene mit der Ehebrecherin in Joh 8: »Wer ohne Sünde ist, werfe den ersten Stein«. Umgekehrt kann als spätere Gemeindebildung gelten, was nach geschehener Auferstehung Tendenzen der Verherrlichung bereits des irdischen Jesus zeigt, der jede solche Ehrerbietung klar von sich gewiesen hat; oder was Züge ins gesteigert Wunderhafte aufweist. Ferner die Versuche, den Anbruch der Gottesherrschaft, die für Jesus gegenwärtig und – wie die Gleichnisse deutlich zeigen – einzig und allein eine Frage des Sehens ist, in eine (nahe) Zukunft zu verlegen (die sog. »Naherwartung« der *Parusie*, d. h. die Wiederkunft Christi) und das Eindringen apokalyptischer Tendenzen. Das alles lässt sich in den Texten im Übrigen relativ leicht mitlesen und kritisch sondieren.

Jesus war durch und durch menschlich. Er war konkret. Er sprach von einem menschlichen, liebenden Gott, den man durchaus übersehen kann, dessen Herrschaftsbereich aber mitten im Leben ist – hier und jetzt.[9] Lehre und Leben lassen sich bei ihm so wenig trennen wie bei wenigen Großen der Geschichte sonst. Schon wegen der ungewöhnlichen Konkretheit und der kaum absehbaren Konsequenzen seines Auf-

---

8. Es lässt sich »ein relativ präzises Profil seiner Person – wenn auch nur für einen kurzen Ausschnitt seines Lebens: für die Zeit seines öffentlichen Wirkens« rekonstruieren. Gerd Theißen / Annette Merz: Der historische Jesus, 216.

9. Sehr klar sind diese Kriterien benannt in Joachim Gnilka: Jesus von Nazareth, 133 ff. und 156 f. – Adolf Holl: Jesus in schlechter Gesellschaft, 82, geht sogar noch weiter und nimmt selbst hinter den allgemein als legendenhaft eingeschätzten Zügen der Weihnachtsgeschichte einen historisch wahren Kern an: »Der Stall, der Zimmermannssohn, der Schwärmer unter kleinen Leuten, der Galgen am Ende, das ist aus geschichtlichem Stoff, nicht aus dem goldenen, den die Sage liebt.«

tretens genügen die wenigen Angaben, die uns in den Evangelien vorliegen, um eine höchst faszinierende Person und Botschaft zu sehen. Jesus zeigt sich als ein wortwörtlich radikaler, d. h. an die Wurzeln gehender Reformer von Religion überhaupt, der eine erheblich religionskritische, ausgesprochen lebenskluge und heilsame Religion vor Augen führt, die sich in keine Dogmen, Lehrsätze und Stereotypen fassen lässt: »Ein neuer Wandel, nicht eine neue Lehre« (Friedrich Nietzsche).

Immer wieder wird betont: Jesus war Jude. Das ist natürlich richtig. Aber was sagt das über ihn? Buddha war Hindu, in der Tat. Die Botschaft Jesu kommt aus der jüdischen Tradition, die er jedoch in einer Weise auslegt, dass gerade die jüdischen Autoritäten gegen ihn aufbegehren. Seine unbedingte Heilsansage lässt jede auch noch so freie Auslegung eines »Gesetzes« hinter sich, dessen einzelne Bestimmungen er ja immer wieder souverän übergeht. »Für die schöpferische Freiheit, die zu den anstehenden Problemen der Kaisersteuer, der Gesetzesproblematik, der gesellschaftlichen Diskriminierung, der Feindschaft usw. so souveräne Antworten liefert, dass sie als Maximen auch heute noch von Belang sind, gibt es im damaligen Judentum einfach keine Parallelen. Wenn man von den jüdischen Quellen zu den Evangelien kommt, hat man den Eindruck, dass man dort zwar immer wieder an den wichtigen Punkten herumgebastelt hat, tastend, versuchend, aber eigenartig gehemmt, während hier in zwei, drei Sätzen die Türen weit aufgestoßen werden.«[10]

Jesus und seine Botschaft

Jesus ist von niedriger Herkunft; er ist Sohn eines Zimmermanns und arbeitet wohl auch selbst als ein solcher. Der Handwerker galt damals als sozial niedriger gestellt als die grundbesitzenden Bauern. Irgendwann ist er als Wanderprediger unterwegs, der immer wieder bei Frauen zu Gast ist. Vermuten kann man eine ursprüngliche, umfassende und inspirierende Gotteserfahrung, in der er Gottes Präsenz und Liebe erfährt; möglicherweise ist das bei seiner Taufe durch Johannes geschehen.

Die Gesellschaft, mit der er sich umgibt, ist zweifelhaft: Huren, Kriminelle, arme Schlucker. Sehr wahrscheinlich bleibt er ehelos (er wurde

10. Josef Blank: Jesus von Nazareth, 105. Vgl. Günther Bornkamm: Jesus von Nazareth, 157: »Kein gängiger und geläufiger Begriff, kein Titel und Amt, welche jüdische Tradition und Erwartung bereit hielten, dient der Legitimation seiner Sendung und erschöpft das Geheimnis seines Wesens.«

als »Eunuch« beschimpft, Mt 11,19[11]). Sein Auftreten ist charismatisch. Er hat die »Kraft einer überwältigenden Persönlichkeit« (Milan Machovec). Er weist für sein öffentliches Auftreten keine eigene Legitimation vor und lehnt eine solche sogar ab (Lk 20,8). Klar bezeugt ist, dass er mit hoher Autorität und starker Wirkung spricht. Er ist kein Traditionshüter, kein Sachverständiger, kein Experte, kein durch gesellschaftliche Strukturen, Behörden oder Zeugnisse Anerkannter. Seine einzige Autorität ist ein Reden und Tun, das als Ausdruck des Willens Gottes erscheint, und das unmittelbare Gepacktwerden der Zuhörer, die seine Reden als wahr empfinden.[12]

Seine klare und zentrale Botschaft ist die Ansage des Reiches (oder der »Herrschaft«) Gottes, für jetzt, für die Gegenwart: das ist anders als bei den Propheten vor ihm. Diese Botschaft illustriert Jesus vor allem in seinen Gleichnissen. Der Begriff »Reich Gottes« ist heute missverständlich; es geht da nicht um ein Herrschertum, sondern um Gottes (Wirkungs-)Bereich. Und dieser ist umfassend; nichts ist aus ihm ausgenommen. Jesus zieht die ebenso schlichte wie naheliegende, zugleich aber verwirrende Konsequenz aus der Erfahrung des heiligen Gottes, der sich nicht auf einen Sonderbereich der Wirklichkeit einschränken lässt – etwa den Tempel, den Himmel, oder den Glauben der Frommen. Gott ist umfassend und überall. In jedem Baum, Acker, Haus oder Menschen ist er erfahrbar, und darum kann *alles* für ihn zum Hinweis werden. Selbst das Böse hat keine endgültige Macht mehr. Die Erwartung des Heils geht in Gottes Reich in Erfüllung, denn Gott *ist* das Heil.

In Mk 1,15 ist diese Botschaft zusammengefasst: »Die Zeit ist erfüllt. Verändert euch, denn Gottes Reich ist da«. *Jetzt* ist die Zeit des Heils (Mk 2,18 ff.). Wenn Dämonen ausgetrieben werden, dann ist das der klare Verweis darauf, dass Gottes Reich unter den Menschen ist (Mt 12,28). Das ist erkennbar keine Zukunftsansage – wer das etwa aus den Worten Jesu »Das Reich Gottes ist in (unter) euch« (Lk 17,21) herauslesen wollte, geht an ihrem unmittelbaren Sinn vorbei. Es wäre eine eigenartige Verzerrung dieser Rede, wollte man sie nur als den doch eigentlich verschämten Hinweis auf einen noch kleinen Beginn deuten. Dem widersprechen nicht nur die vielen Hinweise Jesu auf das Leben als Fest- und Freudenzeit. Exegetisch sind die präsentischen Aussagen

---

11. Die biblischen Belege werden, soweit das möglich ist, nach dem ältesten Markus-Evangelium zitiert.
12. Seine Lehre ist »nur am Rande Schriftauslegung. Sie ist vielmehr … eine charismatische Lehre, die sich unabhängig von vorgegebenen Autoritäten durchsetzt.« Gerd Theißen / Annette Merz: Der historische Jesus, 209.

unbestritten, und sie sind auch zeitgeschichtlich neu und gerade darin auffallend. Zwar gibt es mehrfach die Rede vom »Kommen« des Reiches Gottes, so etwa in der zweiten Vaterunser-Bitte (Mt 6,10): das aber ist die Bitte um den Anbruch dessen, was längst da ist, für den *Menschen*. Dasselbe gilt für die Gleichnisse, die von einem Wachsen des Gottesreichs reden. Das Dasein Gottes ist für den Menschen ja gerade kein Automatismus – entscheidend ist, dass man dieses Dasein zu sehen lernt und für sich als wahr erkennt. Sonst hätte Jesus nicht Gleichnisse ersinnen müssen, mit denen er seine Botschaft *demonstriert*. Konsequenterweise fordert Jesus auch dazu auf, die Gottesherrschaft zu *suchen* (Mt 6,25 ff.).[13] Es geht Jesus um die jetzt anbrechende Gottesherrschaft – im Sinne eines Aufmerksamwerdens und eines Sich-Einlassens. Nach Lukas beginnt Jesus seine öffentliche Tätigkeit damit, dass er in einer Synagoge eine alttestamentliche Friedensprophezeiung mit den Worten kommentiert: »Dieses Wort erfüllt sich jetzt, in diesem Moment« (Lk 4,21).

Diesem grundlegenden Gedanken der Präsenz Gottes mitten in der Welt entspricht kein Priesterstaat, keine politische Größe, keine Kirche, kein heiliger Rest, keine mönchische Gemeinschaft. Eine soziologische Form ist als Gestalt dieses Gedankens nicht definierbar – es sei denn in der umfassenden Gemeinschaft von Menschen, die von der Nähe Gottes erfasst sind und sich in ihr finden. Das zeigt sich für diese Menschen etwa daran, dass sie abschnürende Ängste, vereinnahmende Sorgen, lähmendes Lamentieren über die eigene Verfassung und die Zustände der Welt, den hilflosen Blick auf Leid und Unglück hinter sich lassen und zu einem umfassenden Lebensvertrauen im Wissen um Gottes Dasein finden. Das Reich Gottes ist ein Perspektivwechsel: Wer den Blick verändert und sich in Gott erkennt, dessen Leben verändert sich ebenso. Darum kann, was Reich Gottes ist, in allem gesehen und an allem gezeigt werden: »Im Alltäglichen sieht er Gott, den Vater, der ihm und den Menschen überall nahe ist. Er ist in den Blumen und Vögeln, in den Wolken und im Wind; im Samen, den der Bauer sät … Besonders aber ist er in den Menschen, die Jesus begegnen: in den Kindern, die er liebkost; in den erniedrigten Geschöpfen …«[14] Das ist der Grundgedanke aller Mystik: Gott ist *in allem* zu erkennen. Religion ist eine Sache des Blicks.

---

13. Neben »Erfüllungsworten« stehen Worte, die von einem Kampf zwischen den alten Mächten und Gottes Reich sprechen, schließlich Worte, die von einem anbrechenden Reich Gottes sprechen.
14. Martin Koestler: Stirbt Jesus am Christentum?, 113.

Diese Alltäglichkeit wird durch die Wahrnehmung einer kaum begreifbaren Nähe und Güte Gottes ermöglicht, die Gott als liebenden Vater erfährt. Das ist nun freilich ein eher revolutionärer als ein banaler Gedanke. Kein Herrscher, kein himmlischer Lenker, erst recht kein Kriegsherr wird hier vor Augen geführt, sondern ein geradezu zärtlicher »Abba« – das ist Jesu aramäische Gottesanrede, die dem kindlichen »Papa« entspricht und einen umfassenden Liebeswillen Gottes zum Ausdruck bringt. Hermann Timm kommentiert diese Anrede präzise: »Das Religionsverhältnis wurde ungleich inniger, vertraulicher, liebevoller und unfeierlicher als zuvor. Für den Neologismus des Nazareners gibt es weder im Judentum noch im Griechentum Parallelen, allenfalls Annäherungswerte. Es ist kein Begriff von Gott, nicht einmal ein individueller Name, vielmehr der Ruf zur Aktualisierung eines Urvertrauens, das nah bei der mütterlich-infantilen Zweisamkeit liegt.«[15]

In seinen Gleichnissen überträgt Jesus umstandslos menschliche Verhaltensweisen auf Gott. Der verhält sich, so Jesus, genau so wie ein Familienvater, ein Weinbergbesitzer, ein Bauer, eine Frau, die etwas sucht. Was unter Theologen »Anthropomorphismus« heißt (die naive und eigentlich unzulässige Übertragung menschlicher Vorstellungen auf Gott), ist für Jesus das Selbstverständlichste überhaupt. Wenn Gott Liebe ist, kann man ihm vertrauen und muss sich über seine Verstehbarkeit keine theologischen Gedanken machen. »Das Zentrale, das Jesus uns sagt, ist von nicht mehr zu überbietender Einfachheit. Er sagt: Du stehst zu Gott in der Weise, wie ein Kind zu seinem Vater steht. Verlass dich auf ihn.«[16] Kern der Gleichnisse ist: Gott ist und handelt *menschlich*. Er ist mehr als nur »barmherzig«, d.h. Ausnahmen zulassend von einer Forderung nach Gerechtigkeit! Rechtliche Kategorien, wie etwa der Begriff »Gerechtigkeit«, verlieren in dieser Sicht Gottes prinzipiell ihren Sinn.

»Gott erscheint als der, der Lebenschancen gerade denen gibt, die eigentlich dem Gericht verfallen sind und daher scheitern müssten. Der Zuspruch einer unbedingten Lebenschance – unabhängig von der Drohung des Gerichts – ist das Zentrum der Verkündigung Jesu.«[17] Das eine revolutionäre religiöse Idee: Gott ist ein Gott, der nicht fordert, sondern gibt. Auffallend oft spricht Jesus von Feiern und Festmahlen. Das Leben ist eine Freudenzeit – für den, der es zu sehen vermag.

Dass das alles nun keine lieben Harmlosigkeiten sind, die Jesus da

15. Hermann Timm: Geerdete Vernunft, 93.
16. Jörg Zink: Dornen können Rosen tragen, 101.
17. Gerd Theißen: Biblischer Glaube in evolutionärer Sicht, 145.

von sich gibt, sollte deutlich sein. Er selbst war eine erkennbar zupackende, provokante und souveräne Erscheinung. Und alles, was er von Liebe, Güte und Nähe Gottes sagt, ist ernst. Jetzt ist die Zeit und die Möglichkeit der Umkehr! Die Gerichtsdrohung, die es bei Jesus auch gibt, ist die Kehrseite des eindringlichen Hinweises auf das Heil. Jesus hat eine Verehrung Gottes abgelehnt – das ergibt sich auch aus seinem Verhalten. Er dreht die Erwartung an dieser religiös zentralen Stelle gleichsam um: Gott will nicht Verehrung, auch nicht Opfer, Glaubenszeugnisse oder die Einhaltung von Ritualen, sondern er will das Leben. Das aber bedeutet: Gott ist nicht die Gerechtigkeit, die einzuhalten und zu fürchten wäre, sondern die Liebe. Und das bedeutet für den Menschen eine weit ernstere religiöse Einstellung als die eines Frommen, der sich auf rechten Glauben und korrektes Tun konzentriert. Gott als Liebe zu begreifen bedeutet den dringlichen Aufruf zu einer inneren Verwandlung. Liebe ist niemals zu »erfüllen«, sondern nur als grundsätzliche Haltung denkbar. Der Mensch kann Gott und dem von ihm gewollten Leben nur entsprechen, wenn er selbst zur Liebe wird.

Das freilich geht nur dann, wenn ein Mensch bereit ist, sich von allem zu distanzieren und zu lösen, was ihm sonst Halt gibt. Einlassen können sich also gerade die, die sich nicht selbst versorgen und absichern können, die nicht in Betriebsamkeit oder in äußerem Ansehen stehen; sondern vor allem die, die alles von Gott erwarten und offen sind für das Leben. In den Seligpreisungen (Mt 5) werden Menschen glücklich gepriesen, die darum wissen, dass alles Leben verdankt und geschenkt ist. Wer das weiß, wird sich nur umso mehr unabhängig machen von Ansehen, Reichtum, Macht und Erfolg, also von all dem, was Menschen sich normalerweise wünschen. Er wird sich aber auch von den eigenen Plänen und Sorgen freimachen, die ihn vom jetzt geschenkten Leben abhalten. Der Aufruf »Sorgt euch nicht! Seht die Vögel unter dem Himmel; auch sie sind von Gott ernährt!« (Mt 6,25 ff.) ist darum vielleicht der tiefste von Jesus überlieferte Text. Wer so leben könnte, hätte das Wunder des Lebens wohl verstanden.

Ein nüchterner Prophet als Dichter

Jesus steht in der Tradition des Alten Testaments. Er redet von David, zitiert Psalmverse, Prophetensprüche und die Gebotsforderungen: »Wisst ihr nicht, dass geschrieben steht … ?« Freilich nimmt er eine radikale Reduktion und Konzentration auf das ihm Wesentliche vor, das für ihn die Liebe Gottes ist. Dieser alles strukturierende Gedanke lässt sich als eine konsequente Weiterführung der für das gesamte Alte Testament zentral bedeutsamen *zedaka* verstehen, die in der Regel mit »Gerechtigkeit« wiedergegeben wird.[18] Freilich ist mit ihr gerade nicht (primär) Moral und Pflicht gemeint, sondern die Atmosphäre eines bestimmten Gemeinschaftsverhältnisses: *zedaka* ist Zugehörigkeitstreue, gegenseitiges Verbundensein; Jahwes Gebote sind insofern nicht »Gesetz«, sondern eine die sozialen Beziehungen treu versorgende und heilsam ordnende Gabe. Die *zedaka* kann darum auch als Sphäre gedacht werden.

Der Mensch kann und soll ebenso *zadik* (Verbundener) sein wie Gott selbst. Das ganze Alte Testament lässt sich wie die Geschichte der Erprobung dieser Idee lesen: gemeinschaftskonformes Verhalten nährt mit der Gemeinschaft auch den *zadik* selbst und lässt das Leben fließen. Das gilt für die Erfahrungen, die dem zunächst nicht entsprechen zu scheinen (etwa bei Hiob), letztlich sogar in gesteigertem Maße: wer mit Gott verbunden bleibt, ist aufgehoben. Jesus versteht die *zedaka* radikal als Liebe – die die Gemeinschaft der üblichen religiösen und sozialen Zugehörigkeiten (Israel, die Frommen, die Männer, die Reinen usw.) gerade sprengt, denn Liebe ist nicht sozial einzugrenzen. Sie gilt gerade denen, die vermeintlich nicht dazugehören. Damit ist auch die Erwartung eines gerechten Ausgleichs ans Ende gelangt: Liebe will das Gelingen des Lebens; sie kann und will nichts verrechnen.

Nicht nur in dieser Neudeutung zeigt sich ein deutliches prophetisches Erbe und Verhalten. Jesus ist gerade nicht Priester; Altar und Heiligtum, Weihe, Herausgehobenheit, Opfergedanke, Vollzug von traditionell geformter Liturgie, überhaupt der bewahrende, bestätigende, durch Eingliederung heilende Zug des Priesterlichen sind ihm deutlich fern. Seine Jüngerschaft weist Parallelen zu prophetischen Gruppen auf, kaum dagegen zu rabbinischen Schülerschaften. Prophetisch an Jesus ist, dass seine Legitimation direkt von Gott kommt. Er ist Ankündiger Gottes, handelt in seinem Auftrag. Sein Ort ist der Marktplatz, nicht der Altar. Seine Heilungen sind Folgen von Gottesvertrauen, mit Sühne haben sie nichts zu tun. Versöhnung geschieht für ihn nicht durch Opfer, sondern durch Umkehr und Heilwerden des Menschen.[19] Prophetisch sind seine Reden und Zeichenhandlungen, die oft provozierend,

---

18. Vgl. dazu Gerhard von Rad: Theologie des Alten Testaments, Band I, 382: »Es gibt im gesamten Alten Testament keinen Begriff von so zentraler Bedeutung schlechthin für alle Lebensbeziehungen des Menschen wie den der [ZEDAKA] … (ihn) kann man ohne weiteres als den höchsten Lebenswert bezeichnen.«
19. Vgl. Gerd Theißen / Annette Merz: Der historische Jesus, 198 f.

kritisch und aufrüttelnd sind. Eine radikale Verhaltens- und Einstellungsänderung ist für Jesus aber nicht nur für die Gemeinschaft des Volkes Israel, sondern vor allem für den einzelnen möglich. Und sie ist die weit bessere Alternative als die Verschanzung in vermeintlichen, immer fremdgesteuerten Sicherheiten, die vom Leben gerade abschneiden. Hier geht Jesus über die Propheten vor ihm hinaus – die alte prophetische Einsicht in die lebensbewahrende Umkehr wandelt sich ins Grundsätzliche. An die Stelle der Selektion unter Menschen tritt das Prinzip der umfassenden Solidarität.[20]

Prophetisch ist auch die enorme Souveränität, die Jesus an den Tag legt. Seine Klarheit und das Zupackende seiner Botschaft, die doch immer zugleich auch das Selbstverständliche benennt; sein klarer Blick, der hinter den Schein menschlichen Verhaltens und gegebener Strukturen sieht; schließlich die Radikalität seiner Kritik zeigen einen im Vollsinne unabhängigen und erwachsenen Menschen, der mit seinem Auftreten immer zugleich auch die Selbstständigkeit und das Selbstbewusstsein derer stärkt (oder erst zu Tage fördert), denen er sich zuwendet. Er erkennt und bringt auf den Punkt, was Menschen bewegt, was hinter Wünschen, Verhaltensregeln und Strukturen steckt. Offenbar macht der tiefe Glaube an Gott die Dinge für ihn durchsichtig. »Jedes Gesicht ist ihm transparent, weil er dahinter Gott erkennt.«[21] Jesus ist Mystiker.

Seine Verweise auf den »Balken im eigenen Auge« (Mt 7,3 ff.), dass »niemand ohne Sünde« ist (Joh 8,7), dass Gott gleichermaßen »regnen lässt über Böse und Gute« (Mt 5,45), auf das »Hinhalten der anderen Backe« oder gar der Aufruf zur Feindesliebe (Mt 5,38 ff.), sein »Ich aber sage euch: wer auch nur begehrt …, wer nur schief ansieht …« usw. sind Aussagen von einer kaum zu überbietenden inneren Klarheit. Sie sind »Ausdruck einer Souveränität gegenüber eingefahrenen Regulationen sozialen Drucks und Gegendrucks«[22]. Das gilt auch für seine scharfe Ablehnung der Zeichenforderung: keine Mirakel, keine Spektakel wollte er haben (Mk 8,12) – und wurde doch selbst im Nachhinein zum großen Wundertäter stilisiert. Heute behindern die vielen Wunderberichte nur den Zugang zu Jesus. Wunder verändern und bewirken

---

20. »Der biblische Monotheismus ist notwendig mit dem Gebot und dem Angebot einer tiefgreifenden Verhaltensänderung verbunden. Verminderung von Selektionsdruck durch Verhaltensänderung, Umkehr statt Tod – das ist seine zentrale Devise.« Gerd Theißen: Biblischer Glaube in evolutionärer Sicht, 99.
21. Martin Koestler: Stirbt Jesus am Christentum?, 143.
22. Gerd Theißen: Biblischer Glaube in evolutionärer Sicht, 121.

nichts – außer den Aberglauben. Und sie sind für eine Auffassung, die das ganze Leben als Wunder vor Gott sieht, nur Unsinn.

Souverän ist auch Jesu Beurteilung menschlichen Tuns nach der Motivation, nach dem also, was im Herzen geschieht – nicht nach dem äußeren Ergebnis. Almosen sind nicht nach ihrer Höhe zu beurteilen (Mk 12,41 ff.), Gebetsworte sind ihm überflüssig (! Mt 6,5). Einen Rückhalt in der eigenen Familie, der Sitte, der sozialen und religiösen Hierarchie scheint er nicht nötig zu haben, und auch nicht die geringste Anlehnung und Rückversicherung. Souverän und faszinierend ist schließlich seine geradezu verblüffend selbstverständliche Nähe zu den Ungeliebten und Minderwertigen: zu Kranken, Prostituierten, Halbkriminellen, Kindern, Frauen, Armen und allen Ausgegrenzten, vor deren Nähe doch eigentlich jeder Mensch eine instinktive Scheu hat. Er scheint vollkommen frei von jeder Art von Berührungsangst, sozialer Rangeinschätzung und inneren Vorbehalten – die doch im Leben der Menschen eine zwar unterschwellige, aber bis ins Alltäglichste hinein so starke Rolle spielen. Er zeigt eine erwachsene »Haltung geistiger Bewusstheit«, wie Hanna Wolff treffend formuliert. Diese ist »zugleich die Absage an alle Infantilismen, die man sich jedoch gemeinhin gerade in der Religion so gerne bestätigen lässt. Jesu Haltung birgt keine beschwichtigenden Quietive, keine einlullenden Sentimentalismen, keine entspannenden Uneigentlichkeiten.«[23]

Wirklich souverän ist schließlich seine vollkommene Unabhängigkeit von allen Idealisierungen und festen Gedankenschemen. Vor allem die Gleichnisse führen einen Blick auf das Leben vor, der von geradezu eindringlicher Nüchternheit ist: »Es ist wie …« beginnt er oft, und man kann kaum anders als zu antworten: Klar! So ist es. Keine Überwelt, keine sonderbare Lehre und ungewöhnliche Offenbarung, sondern der geradezu banale Alltag des Lebens wird in Szenen gesetzt. Auch hier dreht Jesus die übliche Sichtweise um: wichtig ist nicht, was sich wichtig gibt; sondern der selbstverständliche und ungehinderte Fluss des alltäglichen Lebens. Hermann Timm spricht treffend von den »beiläufigen Gleichniserzählungen aus dem Alltagsleben, die dem Verstand exemplarische Zurückhaltung auferlegen, damit sein pflichtgemäßer Verallgemeinerungsdrang nicht die näher- und nächstliegende Wahrheit veruntreue. Es steckt durchaus Methode hinter dieser *sancta simplicitas*. Sie ist berechnet auf das Geltendmachen des Individuellen als derjenigen Wirklichkeit, die der GROSSEN *weiten* Welt leicht aus den Augen gerät, weil es von der Höhe metaphysischer Begriffspyramiden pauschal

---

23. Hanna Wolff: Jesus der Mann, 90.

übersehen werden kann und den soteriologischen Selbstanforderungen einer Offenbarungstheologie nicht gewachsen ist.«[24] Keine Lehre über Gott, überhaupt keine Lehrsätze und keine Bekenntnisse sind in den Gleichnissen zu finden. Sie sprechen dagegen auffällig oft von einer Dynamik und von Prozessen: von Wachsen, Säen und Ernten, Suchen und Finden. Darin sind sie Ausdruck religiöser Lebendigkeit und verhalten sich noch einmal ausgesprochen sperrig gegen jede Überführung in dogmatische Lehraussagen.

Die Gleichnisse erzählen nichts als Selbstverständlichkeiten! Freilich liegt ihre Pointe gerade darin, dass den Menschen das Selbstverständliche – das, was vor Augen liegt, was das Herz sieht oder doch sehen sollte – keineswegs immer leicht fällt, und oft gar nicht auffällt. So ist das, laut Jesus, auch mit Gott selbst: er ist nicht im Tempel, im Himmel oder sonstwo, sondern so nah, dass wir permanent über ihn hinwegsehen. Die Religion Jesu verzichtet radikal auf das Jenseits und auf jede Dimension der Sakralität. Denn sakral und unbedingt geheiligt ist *alles* Leben im Bereich Gottes.

Die Verweise auf die alltäglichen Dinge und die Natur fügen zum Prophetischen bei Jesus einen weiteren Grundzug hinzu, nämlich die weisheitliche Tradition mit ihrer immer situationsbezogenen Frage: Was ist in einer gegebenen Situation das klügste Verhalten? Und allgemein: Wie kann man leben? Diese Verbindung von Prophetie und Weisheit ist auch religionsgeschichtlich neu und einmalig. Sichtbar wird sie wiederum vor allem in den Gleichnissen, in denen die frei erfundene Poesie zum zentralen Ausdruck der Religion wird, nicht eine systematisierbare Lehre. Die Gleichnisse sind »zeichenhafte Hinweise« auf Gott und »wirklichkeitserschließende Bilder«, die den Menschen überzeugen sollen, ihm aber die volle Freiheit der Entscheidung las-

---

24. Hermann Timm: Zwischenfälle, 82. – »Die Art Jesu, von allem zu reden, unterscheidet sich in nichts von der Art, wie er das Leben und Tun der Menschen ansieht, unverstellt, ohne Beschönigung, aber auch ohne moralische Entrüstung und Zensuren. So geht es eben zu: Kinder sitzen verdrossen auf dem Markt … Wer tut das schon: eine Lampe unter einen Scheffel oder ein Bett zu setzen statt auf einen Leuchter? … Ja, so geht es zu, wenn die Frau Brot backt, der Hirte nach seinem einen verlorenen Schaf sucht, der Bauer seine Arbeit tut … Hart und selbstverständlich steht die Welt in ihrer unverrückten Wirklichkeit da, nirgends besser gemacht als sie ist, aber auch nirgends schwarz gemacht, um eine Folie zu gewinnen für eine religiöse Lehre. Wer dies nicht sieht, kann auch die Heiterkeit nicht verstehen, die nicht wenigen Worten Jesu so merklich eignet, eine Heiterkeit, die gerade dem Ernst seiner Worte Echtheit gibt.« Günther Bornkamm: Jesus von Nazareth, 104f.

sen.[25] Die Gleichnisse bezeugen nichts, sie leiten nichts ab, sie schreiben nichts vor. Sie sind *Impulse*, die zu einer neuen und veränderten Sicht auffordern. »Frei erfunden sind sie, seine Gottesreichgleichnisse, wie Fabeln aus Kinder- und Dichtermund. Man muss ihnen nicht glauben und kann sie nicht lehren. Sie begründen kein Vertrauensverhältnis und dokumentieren keine Tatsachen, auf die die Rückfrage fällig wäre: Stimmt das? Hat es den Samariter gegeben? Historische Faktizität interessiert nicht. Jesus malt eine Sinngestalt in die Luft, deren Reich nicht von dieser Welt ist. Ihr Zauber lebt von der Möglichkeit, in der Welt gegenweltlich, im Alltag alltagstranszendent und in der Prosa poetisch inspiriert zu werden.«[26]

Die Liebe und ihre Provokationen

Offensichtlich hat Jesus schroff und kompromisslos mit Elternhaus und Familie gebrochen (Mk 3,31 ff.; im späten Joh 2,4 sagt er zu seiner Mutter sogar: »Weib, was geht es dich an, was ich tue?«). Welch ein Kontrast zur katholischen Marienfrömmigkeit: »Du unsre Hoffnung, sei gegrüßt, die du der Sünder Zuflucht bist«![27] Auch die allgemeine Sitte achtet er nicht: »Lasst die Toten ihre Toten begraben« (Mt 8,22): ein echter Affront gegen moralische Verbindlichkeit. »Er lobte den ungerechten Verwalter« (Lk 16,8)! Das ist eine Empfehlung von unrechtem Verhalten, die der üblichen moralischen Auffassung als empörend gelten muss. Dass der Vater in Lk 15 seinem durchgebrannten Sohn entgegenläuft, musste als anstößig und lächerlich aufgefasst werden. Ehrerbietung zeigt Jesus gegen niemanden, der diese seines Ranges wegen erwarten mochte. Seine Achtung finden dagegen vor allem bedürftige und gemiedene Menschen. Maria Magdalena war nach übereinstimmender exegetischer Auslegung ein Freudenmädchen und offensichtlich hysterisch; von einer anderen Frau, die dem ältesten Gewerbe nachging, sagt Jesus mit kaum zu überbietender Provokation: »Ihr sind viele Sünden vergeben, denn sie hat viel geliebt« (Lk 7,47). Sodann: Er ist ein

---

25. Gerd Theißen / Annette Merz: Der historische Jesus, 308.
26. Hermann Timm: Sage und schreibe, 92. – Vgl. ders.: Zwischenfälle, 18: »Der *Zauberstab der Analogie* (Novalis), welcher Metapher heißt, ist das gebräuchlichste Mittel der Religion, die große Weltfamilie der Dinge und Menschen zutage zu fördern: Für das Abendland am wirksamsten sind die Gleichnisse Jesu geworden«.
27. Gotteslob. Katholisches Gebet- und Gesangbuch 573, 3.

völlig *unasketischer* Genießer. Er isst und trinkt. Sogar »Fresser und Weinsäufer« wird er genannt (Mt 11,19).[28] Aufschlussreich ist die geradezu erotische Szene, in der eine schöne Frau (Mk 14,3 ff.) Jesus salbt, ein Zeichen hoher Verehrung. Offensichtlich wurde das als peinlich empfunden, von Jesus aber ausdrücklich gebilligt[29]; er hat es offenbar genossen, es sich gutgehen zu lassen. Dazu kommt seine deutliche, wiederum als anstößig empfundene Relativierung von Reinheits- und Speisevorschriften (Mk 7, bes. 7,21). Seine Provokation gilt schließlich den eingespielten Selbstverständlichkeiten der Religion. Der fromme Betrieb im Tempel ist ihm nicht Anlass zur unterwürfigen Zeremonie, sondern zum heiligen Zorn (Mk 11,15).

Wie sind diese Provokationen zu deuten? Sie lassen sich ersichtlich nicht als Lust am Destruktiven auffassen. Sehr logisch aber erscheinen sie, sobald man eine unsentimentale und konsequente Liebe als ihr innerstes Motiv versteht. Liebe kann sich nur entfalten, wenn sittliche und religiöse Erwartungen, Einschränkungen und Aufteilungen relativiert oder gar gesprengt werden. Wie in einem Brennpunkt kommt Jesu Einstellung in der Frage der Heiligung des Feiertags zum Ausdruck. »Der Sabbat ist für den Menschen da, nicht der Mensch für den Sabbat« (Mk 2,27): das gilt ihm für alle Gebote. Alles, was Gott tut, will dem Leben dienen. Das ist der Sinn von Liebe. Das aber kann umgekehrt nur heißen: Gebote, Vorschriften, Verhaltensnormen und Denkweisen, die nicht dem Leben dienen, sind ein Affront gegen Gott selbst.

Was das Streben nach Ordnung, Sicherheit und klarer Zuteilung – in Summa: nach dem Recht – sich erhofft, ist genau die Verhinderung dessen, was die Liebe will: nämlich spontane Lebendigkeit und Beziehung. Jede Einteilung, jede Schranke, jede Hierarchie, selbst jedes Tabu, sind Behinderungen von Lebendigkeit. Sie mögen Sicherheit und Schutz geben, können aber keine Beziehung stiften. Darum ist nichts so kritisch wie echte Liebe, und sie ist es weit mehr als die angeblich so kritische Vernunft. Gianni Vattimo hat Christus in diesem Sinne den »Demaskierer« genannt.

Darum ist auch nicht verwunderlich, dass der Gott Jesu, von dem diese Liebe ausgeht, ausgesprochen weibliche Züge hat. »Nicht an den Rand, ins Zentrum seines Gottesbildes setzt Jesus weibliche Vollzugs-

---

28. »Abstinent, keusch und prüde scheint er nicht gewesen zu sein.« Gert Laudert-Ruhm: Jesus von Nazareth, 81.
29. »Nach Lk 7,36-50 lässt Jesus die Berührungen und Küsse einer Prostituierten zu, deutet sie als Ausdruck ihrer Liebe und versichert der Frau die Vergebung Gottes.« Gerd Theißen / Annette Merz: Der historische Jesus, 205.

weisen oder Werte. Rezeptivität, … das Bergen und Bewahren, das Sorgen und Pflegen, das Helfen und Heilen … Die weibliche Wertskala ist in Jesu Konzeption der Liebe oder für das Gottesbild bestimmend. Das kommt darin zum Ausdruck, dass jede Spur einer Rechtsordnung getilgt ist.«[30] Einer der auffälligsten Züge an Jesus ist darum sein Widerspruch gegen das Patriarchat. Die vertrauensvolle Anrede Gottes, der gerade nicht als patriarchaler Herrscher erscheint, seine Ablehnung von Hierarchien, sein offen demonstriertes Gefühl, seine Hinwendung zu den Frauen, seine Öffnung sogar zur Erotik machen das mehr als deutlich. Die Gleichnisse sind durchzogen von handelnden Frauen und ihrer Lebenswelt.[31]

Oft übersehen, und dennoch hoch bedeutsam ist die vollkommene Abwendung von der Logik der Gerechtigkeit und des Rechts bei Jesus. Sie zeigt noch einmal in aller Schärfe, was für ihn Liebe bedeutet: eine andere Sicht auf das Leben. Nichts wird im Leben vergolten und ausgeglichen; das Leben ist ungerecht. Gott auch! Er erscheint als *ungerechter* Richter (Lk 18,1 ff.), der der Witwe erst auf ihr anhaltendes Drängen hin Recht gibt; als *ungerechter* Weinbergbesitzer (Mt 20,1 ff.), der allen den selben Lohn bezahlt. Was hat man gerade in Mt 20 nicht alles an Deutungen versucht! Eine Ungerechtigkeit Gottes zuzugestehen scheint dem theologischen Verstand, aber auch dem Frommen, allzu ungeheuerlich. Es gibt aber auch keinerlei Ansätze zu einer Theodizee bei Jesus. Im Gegenteil: Es mag wohl ein Zusammenhang zwischen Schuld und Schicksal bestehen (Mk 2,1 ff.; Lk 13,1 ff.), aber der ist gerade nicht erklärbar. Der Turm von Siloah – so Jesus –, der Menschen unter sich begrub, hat nicht nur Sünder getötet, sondern auch Gerechte. Jesu Nüchternheit an dieser Stelle ist radikal – und schwer auszuhalten.

Darum werden auch die immer wieder ans Unmoralische streifenden oder gar zu moralisch fragwürdigem Tun auffordernden Hinweise Jesu bis heute in aller Regel übergangen. »Wer da hat, dem wird gegeben« (Mt 13,12): der geradezu exemplarische Ausdruck vollendeter Ungerechtigkeit. Daraus leitet Jesus aber keinerlei Resignation, sondern die bewusste Öffnung zum Leben ab: »Bittet, so wird euch gegeben« (Mt 7,7) – wenn ihr nicht sagt, was ihr braucht, bekommt ihr auch nichts. Macht es wie die Witwe: geht Gott mit euren Sorgen auf die Nerven! Alle diese Aussagen sind von geradezu erfrischender Unheiligkeit. Man mache sich die Konsequenzen einer von Gerechtigkeit bestimmten Welt klar: was würden alte Menschen, körperlich Schwache,

---

30. Hanna Wolff: Jesus der Mann, 122 und 124.
31. Vgl. Gerd Theißen / Annette Merz: Der historische Jesus, 204.

psychisch Kranken, Behinderte verdienen? Allein die Liebe, die sich nicht in Regeln fassen lässt, weiß, dass alle ihr Quantum zum Leben brauchen; selbst die, die nicht arbeiten. Das ist im Gleichnis Mt 20 gar nicht angesprochen, liegt aber in dessen Konsequenz.

»Gott lässt regnen über Böse und Gute«: Mit einem Federstrich ist alles moralische Urteilen, alles Besserseinwollen, jede Trennung der Welt und der Menschen in heilige und unheilige Bereiche der Boden entzogen. Wer wollte Gott ins Werk fallen? Er entscheidet und gibt, niemand sonst. Und wie man sieht: er gibt auch den Bösen, was sie zum Leben brauchen. Provokation, Unmoral, Nüchternheit, Realistik und eine glatte Absage an jede Form von Heiligung durch Religion geben sich in einem einzigen Satz Jesu ein Stelldichein.

Jesu Ethik ist als Ausdruck der Liebe wiederum radikal, d. h. an die Wurzeln gehend. Die sog. »Antithesen« (»Ich aber sage euch ...«, Mt 5,21 ff.) bringen zunächst eine massive Verschärfung von Geboten, von denen es keine Ausnahmen oder Einschränkungen geben kann. Die gleichzeitig geforderte Vergebungsbereitschaft, die grundsätzlich sein und nicht zählen soll (Mt 18,22), zeigt aber eine nicht in Gebote und Regeln zu fassende Ethik des Herzens, die weiß, was zu tun ist, weil sie sieht, was vor Augen ist. Diese Ethik ist gleichzeitig radikal und weich: verzeihen soll man, die andere Backe hinhalten, den Feind lieben: das kann man nicht zählen, abwägen oder in ethische Lehrsätze bringen. Einzig als innere Einstellung und Haltung ist ein solches Ethos denkbar, und einzig als Konsequenz eines Sichfindens in Gott.

Die genannten Aussagen Jesu sind weder moralische Gebote noch Forderungen, sondern Beschreibungen eines Glaubens, in dem der Mensch an die Stelle der Ordnungen tritt. Wer die Dringlichkeit der Liebe erkennt, dem werden solche Hinweise dann allerdings doch zu »Forderungen«, im Sinne von Erforderlichkeiten. Einklagbar sind sie nicht.

Kein Gesetz kann Gültigkeit beanspruchen, das dem Menschen nicht hilft. In aller Radikalität ist das eine Ethik des Selbstverständlichen: Wer mit dem Herzen sieht, tut das Naheliegende. Moral und Sitte, Gesetze und religiöse Riten versteht Jesus ganz offensichtlich, und geradezu krass gegen die landläufige Einschätzung, als unbewusste Abweisungen der göttlichen Gnade.

Provokant ist auch die schrankenlose Hinwendung Jesu zu allen Menschen, eine Hinwendung, die keine Grenzen kennt oder beachtet. Auch sie ist Konsequenz einer ernst genommenen Liebe Gottes. Möglicherweise hat Jesus in der Begegnung mit der Syrophönizierin (Mk 7,24 ff.) selbst erst gelernt, dass Gottes Liebe nicht nur dem Volk Israel gelten kann. Sozial, moralisch und religiös Ausgegrenzte jedenfalls sind sein Gegenüber und seine Gefolgschaft. Er isst mit »Sündern«, der herausgehobene Samariter im Gleichnis Lk 15 war verachteter Ausländer; aber auch Pharisäer sind mit dabei. Aus der Jüngergemeinschaft eine gesonderte Gruppe, gar eine Kirchengründung ableiten zu wollen, widerspricht der Absicht Jesu diametral. Er macht keinen Unterschied – auch die Jünger sind »Sünder«, auch die Zöllner und Huren sind von Gott geliebt. Hier fallen alle Schranken zwischen Menschen. Jesus lässt alle selbstverständlich gültigen, von Menschen gemachten oder von Natur gegebenen Grenzen hinter sich. Heiden, Frauen, Kriminelle, Prostituierte, Arme, Kinder, Unreine: da sie von Gott geliebt sind, sind alle prinzipiell gleich. Besonders scharf wird Jesu Polemik immer dort, wo Ausgrenzungen praktiziert werden. Wer kann so etwas? Wer traut sich das? »Woher hat er das«? Dieses Verhalten wurde von Jesu Zeitgenossen als göttlich erfahren.

Jesus definiert den Familienbegriff neu im Sinne einer umfassenden Gottesfamilie aller Menschen (Mk 3,20-35). *Alle* gehören zu dieser Familie, denn alle sind Gottes Geschöpfe und als solche Gottes »Ebenbild« (Gen 1,27); daher erklärt sich auch die grundsätzliche Wertschätzung aller Menschen, denen Jesus begegnet.[32] Er verurteilt niemanden, er verlangt keine Sündenbekenntnisse. Darum ist es eigentlich unerträglich, dass selbst in der evangelischen Liturgie vor dem Abendmahl ein Sündenbekenntnis abzulegen ist.

Immer wieder wird deutlich, dass Jesus vor allem die Not der Menschen sieht, und dass er offensichtlich im Stande war, Menschen zu sich selbst zu führen, ihnen Vertrauen zuzusprechen, ihnen Mut zu machen und ihnen Selbstabwertung und Angst zu nehmen. Die Tendenz zur Aufwertung der Frauen ist überdeutlich. Jesus sammelt keinen »heiligen Rest« – so wie Kerngemeinden oder auch fanatische Sekten sich gerne selbst verstehen. Welche geradezu ungeheuerliche Provokation derer, die sich im gesellschaftlichen, moralischen und religiösen Sinne für etabliert oder auch nur für bemüht halten! Wenn Jesus Gott im Johannesevangelium »nicht für die Welt, sondern für die, die du mir gegeben hast« (Joh 17,9) bittet, dann ist das eine Verzerrung seiner Botschaft und muss entsprechend theologisch kritisiert werden. Und die

---

32. »Darum die alle Vorläufigkeiten schnell überspringende Direktheit bei Jesus, das Nüchterne wie Kritische, das Kompromisslose. Er nimmt die Menschen von ihrer wertvollsten Seite, er spricht sie auf ihren letzten Selbstwert, auf ihre Gottebenbildlichkeit an.« Hanna Wolff: Jesus der Mann, 113.

Vorstellung einer allein heiligen Kirche, außerhalb derer es »kein Heil« geben könne, ist eine schallende Ohrfeige in das Gesicht des Jesus.

Provokant, mindestens irritierend und oft genug übergangen ist schließlich bei Jesus ein ausgesprochen zupackender Zug, in seinem Auftreten selbst, aber auch in vielen seiner Aussagen. Fromme Demut, moralisches Sich-Kleinmachen, sanftes Behüten sind ihm weit ferner, als das vielen Christen vertraut und lieb sein mag. Vergrabt eure Pfunde nicht (Lk 19,12 ff.) – macht etwas aus eurem Leben! Das eigene Leben ist weit wichtiger als die Moral. Die Freude über die Perle und den im Acker gefundenen Schatz spiegeln eine große Begeisterung für die eine Sache des Reiches Gottes (Mt 13,44 ff.). »Die Gleichnisse Jesu vertreten eine durch Gott geforderte und ermöglichte *risikofreudige Moral* ... Wir finden in den Gleichnissen in einer populären Literaturform eine aristokratische Moral hoher Verantwortung und risikobereiter Lebensführung.«[33] Ist das im Christentum zu spüren?

Brennpunktartig wird diese Haltung in der Zuwendung Jesu zu den Kindern deutlich, die kulturgeschichtlich einzigartig ist (Mt 18,1-5). Kinder haben keine Rechte, vermögen aber vielleicht gerade deshalb weit mehr als Erwachsene spontan zu vertrauen. Sie nehmen keine moralischen, ständischen und religiösen Rücksichten, sondern tun das für sie Naheliegende. Und, was hier oft übersehen wird: naheliegend ist für Kinder, dass sie bedrängen, dazwischenschreien, nicht abwarten, sondern stören – sie nehmen sich ihr Lebensrecht. *Das* wird von Jesus gepriesen! Auch der immer wieder durchscheinende Zug zu Freude und Verschwendung bei Jesus ist Ausdruck eines Lebens in und vor Gott, das keine falschen Rücksichten nehmen muss.

Es ist ganz offensichtlich, dass diese konsequente Orientierung an der Liebe als Zumutung empfunden werden musste – bis heute. Sie untergräbt nicht nur die permanenten Bemühungen um Sicherheit, denen alle soziale Autorität gilt. Vor allem hält sie dem Menschen den Spiegel vor: du liebst nicht genug; denn du orientierst dich nicht an der Liebe Gottes, sondern an menschlichen Setzungen. Auch wenn das mehr empfunden als bewusst verstanden wurde, so war die Passion des Jesus mit seinen Provokationen längst vorgezeichnet.

---

33. Gerd Theißen / Annette Merz: Der historische Jesus, 302.

Provokant schließlich ist Jesu Religionskritik. Seine Religion ist nicht zuletzt darin von geradezu exemplarischer Klugheit. Bereits seine eigene religiöse Praxis ist minimal. Ein einziges Gebet gibt er seinen Jüngern, reduziert auf das Wesentliche. Man soll gerade keine langen Worte machen, erst recht keine öffentlichen (Mt 6,5 ff.). Er ist in der Wüste, dann beim Passahfest in Jerusalem, predigt in Synagogen – das ist alles, was berichtet wird.

Vehement werden Jesu Provokationen dort, wo die Religion selbst das einzig Erforderliche und Gott Entsprechende verhindert, nämlich die Liebe. In der Heilung am Sabbat und im anschließenden Streit; in den oft schroffen Auseinandersetzungen mit den im Volk angesehenen Pharisäern, denen er Heuchelei, mehr noch: Fernhaltung der Menschen von Gott durch fromme Pflichten vorwirft – das denkbar Äußerste an Widerspruch gegen deren fromme Bemühungen. »Blinde Blindenführer« nennt er sie (Mt 15,14) und spricht von »übertünchten Gräbern« (Mt 23,27). Das alles könnte einem, der die gesellschaftlichen Gepflogenheiten kennt und das zum ersten Mal hörte, schon den Atem nehmen.

Vor allem aber provoziert seine Abwertung der Priesterklasse, die dann zu seinem eigentlichen Gegner in Jerusalem wird.[34] »Die kritische Forschung sieht heute in den Sadduzäern – und nicht in den Pharisäern – die eigentlichen Gegner Jesu ... Ein sadduzäisch geprägter klerikaler Tempelstaat war jedenfalls das *krasse Gegenteil* dessen, was Jesus sich unter dem Reich Gottes vorstellte.«[35] »Kein Stein (des Tempels) wird auf dem anderen bleiben« (Mk 13,2); die beschämende Rolle von Priester und Tempeldiener im Gleichnis vom Barmherzigen Samariter (Lk 10,25 ff.) – das spricht eine deutliche Sprache. Dass nicht noch mehr von diesen Hinweisen überliefert ist, dürfte daran liegen, dass die Priesterklasse zur Zeit der Abfassung der Evangelien, d. h. nach der Zerstörung des Tempels im Jahr 70, nicht mehr bestand. Die Gruppe der Pharisäer dagegen war mit den überall anzutreffenden Synagogen zur wichtigsten Repräsentanz des Judentums geworden.

Heil und Unheil, Gottesnähe und Gottesferne sind nach Jesus anders verteilt als allgemein angenommen. Das lässt sich an seinen Sündenvergebungen zeigen, den wohl größten religiösen Provokationen neben der Tempelreinigung. Sie stellen nach damaliger Auffassung eine

---

34. Vgl. a. a. O., 213.
35. Josef Blank: Jesus von Nazareth, 67 (Hervorhebung v. Verf.).

klare Einmischung in sakrale Befugnisse dar, für die Jesus keine Legitimation besaß, und mussten auch als radikale Abwertung von religiösem Verhalten überhaupt verstanden werden.[36] Für Jesus aber ist religiöse Praxis offenbar erstarrtes Ritual und nicht notwendig. In der Tempelreinigung, einer prophetischen Zeichenhandlung (Mk 11,15 ff.), wird vollends deutlich: Gott, der längst und schon immer bei allen Menschen ist, braucht weder Opfer, noch Priester, noch einen Tempel. Kann man eine noch radikalere religionskritische Aussage machen?

Die Friedensstifter, die Jesus selig preist, nennt er »Söhne Gottes« (Mt 5,9) – ein Titel, den er für sich selbst nicht in Anspruch nimmt; er lehnt sogar jede Titulierung ab: »Was nennst du mich gut?« (Mk 10,18). Welch eine Aushebelung jeder dogmatischen Christologie noch vor deren Zustandekommen!

Jesus geht auch in Sachen praktizierter Religion offensichtlich von der grundlegenden Einsicht aus, dass Freiheit, die Bedingung für reifes und erwachsenes Leben, immer mit Angst verbunden ist – wenn man sich nicht geborgen und gehalten weiß. Man braucht, modern gesprochen, das »Urvertrauen« zum Leben. Wer das hat, wer also Gott nah weiß, dem wird die Liebe zum Selbstverständlichen. Wer das aber nicht hat, der muss permanent in selbst gemachten Absicherungen Zuflucht suchen: in Geld, Macht, Ansehen, einem durchgeplanten Leben, vor allem aber im Sich-Anhängen an Ordnungen, Strukturen, Gesetzen und religiösen Vorgaben. Vor allem die Religion wird dann zum Hort der ängstlich gehüteten Sicherheit und die erste der menschlichen Schutzmächte. Dann werden rechtes Tun, Ansehen, Leistung und Rechtgläubigkeit zum Maßstab – und setzen sich *an die Stelle* eines Lebens im Vertrauen auf Gott.

Jesus schlägt allen religiösen Erwartungen ins Gesicht: Er setzt keine Priester ein, will keine Wunder, keine rituellen Ordnungen, keine Selbst-Glorifizierung, keinen göttlichen Trost. »Was der Mensch im sakralen Bereich sucht und halbherzig anbetet; was er sich im Jenseits erhofft und in der Ewigkeit erträumt, das ist nicht der lebendige Gott, sondern ein vom Menschen erschaffener Götze. Jesus überbietet damit noch die Religionskritik eines Marx … Das ist die Antwort des Nazareners auf die religiöse Frage. Sie ist radikal … Der ›Komm-mir-zu-Hilfe-Gott‹ ist für Jesus nicht nur tot, sondern spiegelt die Ursünde des Men-

---

36. Viele der berichteten, oft typisierten Sündenvergebungen Jesu sind möglicherweise spätere Gemeindebildungen; dort war das allgemein geübte Praxis. Dass auch Jesus selbst aber wohl so gesprochen hat, lässt sich an Mk 2,1 ff. deutlich ablesen. Vgl. dazu Joachim Gnilka: Jesus von Nazareth, 116 f.

schen.«[37] Jesus legt eine regelrechte, nur scheinbare »Un-Religiosität« an den Tag, die sich von allem religiösen Getriebe weit fern hält – und die gerade darin tief religiös ist. Diese Haltung bringt die kritische und heilsame Klugheit der Religion in vollkommen einzigartiger Weise zum Ausdruck. Zu Gott kann es keine sakralen Vermittlungen geben, denn er ist unmittelbar nah; darum sind alle religiösen Vermittlungen Ausdruck des Fernseins des Menschen von Gott. Auch jede Trennung zwischen heilig und profan ist Ausdruck dieses Fernseins von Gott. Es gibt keine Bezirke, die Gott näher sind als andere; allein das menschliche Herz ist nah oder fern zu ihm. *Alles* ist vor Gott profan – und geheiligt. Das freilich muss man sehen können.[38]

Die scharfe Polemik gegen skrupulöse Schriftgelehrte, pflichtgewisse Pharisäer und gerechtigkeits- und ordnungs-, nicht aber den Menschen liebende Priester, die Tempelreinigung usw. zeigen Jesu prinzipiellen Einspruch gegen jede dogmatische, hierarchische oder moralische Festlegbarkeit von Religion. Es ist ganz erwartbar, und wurde wohl auch von Jesus selbst erwartet, dass eine derartige Kritik die Aggression der religiösen Vertreter und die religiöse (und d. h. die vollständige) Ausstoßung zur Folge haben musste. Welche Konsequenzen hat man in Theologie und Kirche aus all dem gezogen?

Es ist eine bemerkenswert »unreligiöse« Religion, die Jesus lebt. Vor allem darum wohl geht bis heute eine schwer zu beschreibende Faszination von diesem Menschen aus, der sich kaum entziehen kann, wer sich nur einmal mit einem der synoptischen Evangelien (Mk, Mt, Lk) beschäftigt. Die Souveränität und Nüchternheit seines Auftretens, sein klarer, so selbstverständlicher und doch so anderer Blick auf die Dinge, seine Entlarvungen und Provokationen, seine offene Beziehung zu Menschen unterschiedlichster Art, seine Lebendigkeit sind einzigartig. Sie kommen aus einer religiösen Haltung, die prinzipiell und schrankenlos ist, weil sie alles Gott verdankt und Gott in allem erkennt. Vor

---

37. Martin Koestler: Stirbt Jesus am Christentum?, 139 f.
38. »Weder hier noch dort wird man anbeten« (vgl. Joh 4,21): »Mit einem Satz schiebt Jesus beiseite, was für alle Religionen, nicht nur für die jüdische, von bestimmender Bedeutung war und ist – die Lokalisierbarkeit des Heiligen in Tempeln, Kirchen, Sakralbezirken, heiligen Hainen, Kapellen, Münstern, Stiften und Domen.« Adolf Holl: Jesus in schlechter Gesellschaft, 52. Für das Judentum gilt das seit dem babylonischen Exil allerdings nur noch eingeschränkt. Gott war seither nicht mehr im Tempel, sondern in seinem Gebot, genauer; in dessen Befolgung, also genau genommen im Herzen derer, die ihm vertrauen. Genau auf diese kulturgeschichtlich einzigartige Einsicht greift Jesus zurück.

allem sein Umgang mit Menschen, die man instinktiv meiden würde, ist geradezu verwirrend – das sollte man sich trotz des christlich längst zur Formel erstarrten Halbsatzes »mit Zöllnern und Sündern« einmal klar machen.

Vieles von dem, was Jesus sagte und tat und womit er für Erstaunen sorgte, war aus menschlicher Sicht »analytisch trivial« (Hermann Timm). Freilich: gerade das eigentlich Menschliche zu sagen, gegen alle Konventionen und Rücksichten, kann fundamental bewegend sein. Und es ist vor allem der Verweis auf ein gelingendes und heiles, da geborgenes Leben, das so beeindruckt an diesem Jesus. Er verschiebt nichts auf eine bessere Zukunft. »Es war deutlich, dass in seinem Leben eine enorme Kraft wirkte … Hier war ein ganzer Mensch, der ein ausgefülltes Leben führte.«[39] Er zeigt die Haltung eines Menschen von hoher Wachheit und Bewusstheit, der offensichtlich ein sinnerfülltes Lebens gelebt hat.

Wollte man ein Motto über sein Leben und Reden setzen, so müsste es der religionskritische Satz des Propheten Hosea sein: »Liebe will ich, nicht Opfer« (Hos 6,6). Erst mit dieser konsequent und umfassend gelebten Haltung wurde es möglich, den Monotheismus der Bibel auf die ganze Menschheit auszudehnen. Damit steht das Christentum auch für einen Fortschritt des Bewusstseins. »*Metanoete*«, der Kernsatz der Botschaft Jesu, heißt eben nicht »Tut Buße« (so übersetzte Martin Luther), sondern: Kehrt um, wörtlich: ändert euren Sinn, ändert die Perspektive, seht das Leben einmal anders an – im Grunde also: werdet wach. Es ist alles schon da, so wie die Lilien auf dem Feld in aller Fülle und Schönheit da sind, so dass Leben möglich ist, ohne dass man es erst für sich einrichten muss. Das Wunder des Lebens und die Schönheit der Welt zielen nicht nur auf die Liebe, sondern darin auch auf staunende Anerkenntnis, Gelassenheit und Lebensfreude. Das ist eine »Anschauung des Universums« (Schleiermacher), die Bewusstwerdung als Gewahr-Werden, als erschlossenen Sinn für das Leben mit sich führt und selbst den Tod noch als »Bruder« preisen kann, wie es Franz von Assisi getan hat.

Die Hingabe an das Leben allein macht das Leben lebenswert. Liebe, nicht juristische Einteilung und Zuteilung entspricht dem Leben. Liebe *statt* Gerechtigkeit wäre eine weitere mögliche Kurzformel für Jesu Leben. Gerechtigkeit ist natürlich nicht abzulehnen; aber sie bleibt immer ein Bemühen, das die Gnade des wirklichen Lebens im Grunde ausblenden muss. Alle moralischen, gesetzlichen, religiösen Ordnungen sprechen eine andere Sprache, die die spontane, nicht regulierbare, an

---

39. John Shelby Spong: Was sich im Christentum ändern muss, 152 f.

Situation, Blick und Vertrauen gebundene Liebe tendenziell nur entwerten und unterdrücken können. Darum der Satz: »Liebe deinen Nächsten wie dich selbst« (Mk 12,31)! Er erschließt sich keinem logischen Kalkül. Und er widerspricht allen menschlichen Zuteilungen. Ihm wird auch keine strukturelle Ethik gerecht. Und darum sind Jesu Reaktionen auch immer spontan und situationsbezogen. Wenn er dem reichen jungen Mann empfiehlt, sich um eines freien Lebens willen von seinem Reichtum und allen damit verbundenen Rücksichten zu lösen (Mt 10,17 ff.), dann lässt sich aus dieser Empfehlung kein religiös-sittlicher Lehrsatz ableiten, und erst recht keine fromme Forderung. Damit würde der Sinn der Empfehlung gerade verfehlt, der Satz geriete zum inneren Zwang religiösen Rechtverhaltens.

Die einzig mögliche Grundlage eines sinnvollen und erfüllten Lebens ist das Vertrauen in den nahen, zugewandten Gott. Das ist auch psychologisch stimmig. Grundvertrauen, ein gutes Selbstwertgefühl und das Freisein von Angst sind Folgen und Ausdruck von Liebe. »Du wirst, was du ansiehst« ist ein tiefer Satz der christlichen Mystik. Sehen wir unsere eigenen Lebenssicherungen und Ängste oder sehen wir den liebenden Gott? Was ist uns wichtig?

Liebe provoziert. Deshalb gibt es das von Jesus her verstandene und gelebte Christentum selbst nur als Provokation – darauf hat vor allem Søren Kierkegaard unermüdlich hingewiesen. Christentum ist »Ärgernis«, nicht bürgerliche Einpassung und rechte Frömmigkeit. Das dürfte auch für den Hinweis gelten, der manche Christen irritieren mag: dass Jesus auch auf seinem Leidensweg sicher nur unter größten Mühen an seinem liebenden Gott festgehalten hat, vor allem aber, dass er mit Sicherheit nicht daran gedacht hat, dass Gott ihn planvoll »opfere«. Das wäre ein geradezu absurder Widerspruch gegen seine gesamte Botschaft, die ein Aufruf zum Leben aus der Kraft des Vertrauens ist.

Die christlich angemessene Verehrung Jesu ist und bleibt die Nachfolge, das Bestreben, dass wir »einander gegenseitig Christusse sind« (Martin Luther) – und das spricht eine ganz andere religiöse Absicht aus als die tröstliche Anbetung eines wegen seines Selbstopfers erhöhten Herrscher-Christus im Himmel. Was hieße es eigentlich, so zu leben und zu empfinden, wie er?

5.2 Heil und Heilung
Das Christentum als heilende Religion

Heilsame Umkehr

Die Botschaft Jesu und mit ihr die gesamte christliche Religion zielen nicht auf eine metaphysisch-jenseitige Erlösung, sondern auf ein waches, bewusstes, souveränes, hingabefähiges, mit einem Wort: auf ein heiles Leben. Heil und Heilung gehören in der christlichen Religion von Anfang an zusammen. Wo sie voneinander getrennt werden, leidet das Leben, und die Religion erst recht.

Aus der Botschaft Jesu, vor allem aus seinen Gleichnissen, ergibt sich eine eindeutige Konsequenz: von Gott kann nicht abstrakt gesprochen werden, in Begriffen und spekulativen Ideen. Gott erscheint im Feigenbaum, in den Vögeln und in den Menschen. Allenfalls Bilder und Beispiele sind ihm angemessen. Ihn zu erkennen ist Sache des »Blicks«, des offenen Herzens. Gott ist nicht fern, nicht irgendwo »draußen«, sondern sein Reich wird gerade *im* neuen Blick auf das Leben zur Realität – in der Umkehr, im neuen Bewusstsein. Dass ein neues, gelösteres, weiteres Bewusstsein möglich ist, ist die Urerfahrung und die Grundbotschaft jeder Religion. Umkehr und Bewusstwerdung aber sind geradezu Synonyme für Heilung. Alte Erfahrungen, Handlungsweisen und Denkwege verlassen zu können und eine neue Offenheit für das Leben zu erfahren, wird, wo es geschieht, als Neugeburt und als Wunder erlebt.

Es gibt bei Jesus keine von heilenden, klärenden, öffnenden Prozessen abgesonderte, eigenständige Gottesverehrung. Sein Evangelium ist grundlegend therapeutisch. Die Gottfindung wird in der Menschwerdung wirklich, und zwar nicht nur in der dogmatisch behaupteten Menschwerdung des Christus, sondern überall dort, wo ein Mensch zum Menschen wird. Genau das meint der theologische Begriff *Inkarnation* (Verleiblichung). Für das religiöse Bewusstsein geht es hier gerade nicht um einen der allgemeinen Verstehbarkeit und Nachvollziehbarkeit entzogenen, einmaligen Vorgang, sondern um die christliche Wesens-Beschreibung eines heilen Lebens. Das meint auch der Satz, die Christen sollen einander »Christus werden«. Die Gläubigen sollen nicht nur selbst heile Menschen sein, sondern auch für andere zu Heilern werden. »Das Leben soll gelingen. Die Gläubigen haben also eine therapeutische Grundhaltung.«[40]

---

40. Dietrich Ritschl: Zur Logik der Theologie, 317.

Diesen entscheidenden religiösen Zusammenhang kann man eigentlich nicht »verkündigen«. Immer dort, wo die innere Verwandlung eines Menschen angezeigt ist, muss eine Predigt steril, historisierend, behauptend und fern wirken; sie berührt nur im Ausnahmefall. »Die Panik und die Depression ertragen keine Predigt ... Jener leicht verkäufliche religiöse Optimismus, mit dem wir alles ins Positive drehen, ist oft lediglich unser verzweifelter Versuch, die eigene Depression zu überschreien.«[41] Zu fragen ist daher, ob sich das Christentum nicht mit Asklepios versöhnen und sein Wissen neu würdigen muss. Die Ausrottung von Heilungswissen in der christlichen Geschichte dürfte noch weit gewichtigere Folgen gehabt haben als etwa der Prozess gegen Galileo Galilei und die Ablehnung bzw. distanzierte Haltung zu modernen naturwissenschaftlichen Einsichten.

Ausgesprochen naheliegend ist die Rückholung des Heilungswissens in das christliche Denken durch die Integration psychotherapeutischer Erkenntnisse. Ursprünglich gab es gar keine Trennung zwischen tiefer existenzieller Erkenntnis, therapeutischem Prozess und religiöser Erfahrung, und im innerseelischen Erleben hängt das bis heute zusammen. Verändertes Bewusstsein, Verwandlung, Selbstfindung, Steigerung der Lebenskraft, Entfaltung des eigenen Potenzials, Reifung und Erweckung bezeichnen weitgehend einen ähnlichen, fast deckungsgleichen Zusammenhang. Deshalb empfiehlt sich die Aufnahme vor allem der Tiefenpsychologie, und zwar nicht nur, weil diese mit ihren Vorstellungen von »Projektion«, »Verdrängung«, »Nicht-Wahrhaben-Wollen«, »Depression«, »unterdrückter Aggression« usw. heute bereits in das Alltagsdenken eingedrungen ist. Therapie und Religion haben vor allem darin ihre deutliche Parallele, dass beide auf die Auflösung von Blockaden und Abtrennungen vom Lebensfluss durch Bewusstwerdung zielen – also auf Heilung. Beide haben ihre Realistik in der vorbehaltslosen Einsicht in den Schmerz; und in dem Bemühen, dem verwundeten Leben eine aus dem Vertrauen, der Begleitung, der Einwilligung, der Erfahrung der Liebe zufließende Kraft zukommen zu lassen.[42]

---

41. Samuel Laeuchli: Das Spiel vor dem dunklen Gott, 105.
42. »Psychotherapie ist das Unternehmen, den Zufluss von vorprädikativen ›Bejahungen‹ zur reflektierten Einwilligung ins selbstentworfene Leben freizulegen.« Peter Sloterdijk: Weltfremdheit, 292 f. Das gilt ebenso für die Religion: Die christliche Religion kultiviert denselben Bereich »vorprädikativer Bejahungen« in ihrer Botschaft und ihrer Symbolik von Gottes ungeschuldeter Gnade und Liebe.

Christliches Heilungswissen

Heilung bedeutet immer einen Freiheitsgewinn, die Vergrößerung eines bisher für eng gehaltenen Raumes. Sie führt zu einem lebendigeren Umgang mit allem Begegnenden und zeigt eine Tendenz zur Gelassenheit und inneren Souveränität. Heilung erfolgt also als Emanzipation, vor allem von inneren Verhärtungen. Erstes Bemühen einer klugen Religion ist es darum, den Menschen die eigene innere Not bewusst zu machen. Das ist ein heikles Bemühen, denn es darf nicht als moralische Abwertung oder gar als Verbot daherkommen. Moral verstärkt nur den inneren Druck. Dogmatische Wahrheit und gläubige Überzeugungen befreien niemanden. Innere Einstellungen werden, wie wir alle aus Erfahrung wissen, nicht einmal durch die Feststellung von Tatsachen verändert. Entscheidend sind unsere *Deutungen* und das, was wir zu sehen vermögen.

Die heilsame Klugheit des Christentums besteht in dem Wissen um die vorbehaltlose Anerkennung der Beschämung und der inneren Zerrissenheit als eines Signums menschlichen Lebens. Der Mensch ist *simul iustus et peccator*. Er kann gerade nicht einseitig auf seine »Sündhaftigkeit« fixiert werden. Im Gegenteil – mit dieser Fixierung wäre gerade gesagt, dass Aggression nach innen wie außen zur notwendigen Folge von innerer Spaltung werden müsste. Die Rede von einer »Achse des Bösen«, alle Sündenböcke und jede aggressive Abwertung anderer resultiert ja gerade aus einem Beharren auf der eigenen Position, die eine nicht eingestandene *Schwäche* zum Ausdruck bringt. Das richtet sich dann auch gegen den Menschen selbst: die eigene Abwertung und das Gefühl der eigenen Minderwertigkeit führen zu Autoaggression und zu einer tragischen Abstoßung von allem, was nicht angenommen ist – selbst von der möglichen Erfahrung von Liebe.

Menschen können nur dann ins Leben (zurück-)kommen, wenn sie geliebt, gefördert, begleitet werden; umgekehrt ist Isolation und die Erwartung der Hilflosigkeit, die von der christlichen Theologie als Sünde bezeichnet werden, die größte Behinderung von Leben. Übersteigerte Selbstsorge ist eine Folge traumatischer Erfahrungen, vor allem der Erfahrung von Ohnmacht und von mangelndem Geliebtsein. Sie macht den Menschen zum *homo incurvatus in se ipse*, zum narzisstisch in sich gekehrten Menschen, wie Martin Luther den Sünder umschrieb. Genau dieser Narzissmus jedoch wird in der modernen Kultur stark gefördert, und mit ihm die beschriebenen seelischen Nöte.

Die heute verbreiteten Autoaggressionen und Süchte, die Konsumwut und die unentwegte Suche nach neuen Reizen und Erlebnissen lassen sich als Ausdruck genau dieses Gefühls eines sich nicht Angenommen-Fühlens verstehen. Grundbedürfnis des modernen Menschen ist nicht mehr das Freikommen von Schuld, gar einer nur metaphysisch verstehbaren Schuld, sondern die Befreiung von Scham, das Entkommen aus innerer Leere, aus Selbstzweifeln und Sinnlosigkeitsgefühlen und die Stärkung der Lebensenergie. Nicht Konformität und Schuld, sondern ungestilltes Begehren, Überforderung durch Leistungsdruck, Isolation und Entscheidungszwänge sowie die Sehnsucht nach Anerkennung sind die Schwierigkeiten, um die die moderne Seele kreist. Sie bedürfen weniger der Vergebung und des Trostes, als vielmehr der Wahrnehmung und Anerkennung. Scham kann man nicht sühnen. »Die Scham fordert ..., dass man sich verwandelt.«[43] Nicht die juristisch verrechenbare Schuld, sondern die Scham ist das eigentlich religiöse Problem des Menschen heute – ganz so wie das bereits die »Sündenfall«-Erzählung der biblischen Urgeschichte vor Augen geführt hat.

Die christliche Verkündigung von der Vergebung ist allerdings keineswegs verzichtbar. Es gibt Tragik, Scheitern, Schmerz, Vergeblichkeit, Schuld, Unvollendetes – das ist zunächst einmal nüchtern festzuhalten. Das christliche Symbol dafür ist das Kreuz. Es ist allerdings keineswegs gleichbedeutend mit einem vorgegebenen Heilsweg, sondern zunächst der religiöse Hinweis auf das Leid. Auch ungestillte Bedürfnisse müssen zunächst einmal gesehen und anerkannt werden. »Ein Mensch, der nicht durch die Hölle seiner Leidenschaften gegangen ist, hat sie auch nie überwunden. Sie sind dann im Haus nebendran, und ohne dass er es sich versieht, kann eine Flamme herausschlagen.«[44] Das zu sehen verlangt Courage und tut oft auch weh. Es aber zu leugnen oder es durch Arbeit oder Konsumbefriedigung zu überdecken, versperrt den Weg der Heilung.

Der Weg zur Veränderung erfordert größten Mut, denn er führt in aller Regel durch den Schmerz. Und er bedeutet ein Loslassen aller Sicherungen, die einem eingeschränkten Leben bisher gerade den nötigen Halt gaben. Solches Loslassen macht Angst. Daher sind es nicht nur konkrete Ängste, die auf dem Weg zu einem heilen Leben zu überwinden sind, sondern die umfassende existenzielle Angst vor dem Verlust des Gehaltenseins. Genau diese aber ist wiederum das Grundthema der christlichen Religion, die seit den Erzählungen der Urgeschichte, über Abraham, das Volk Israel, die Propheten bis hin zur Reich-Gottes-Botschaft Jesu zentral um das Vertrauen auf den nahen Gott kreist und um

---

43. Finn Skårderud: Unruhe, 134.
44. Carl Gustav Jung: Erinnerungen, Träume, Gedanken, 280.

das Wissen um seine bergende Liebe. Nicht ein »Glaube« im Gegensatz zum Unglauben, sondern das gelassene Vertrauen ist sein Wesenszug. »Das Christentum ist, dies soll man nie übersehen, Kampf mit der Angst, der ungeheuren Lebensangst, vor der keiner völlig gesichert ist, der nicht die vollkommene Liebe in sich trägt. Der Christ und der profane Seelenarzt haben es in gewissem Sinne mit demselben Feind zu tun.«[45] Die eigentlich verwirrenden Seligpreisungen Jesu, in denen die Leidenden, die nach Gerechtigkeit Hungernden und die Sehnsüchtigen gepriesen werden, wollen offenbar darauf hinweisen, dass es Liebe nur für Menschen geben kann, die sensibel für den Schmerz sind. Nur wer leiden kann, kann lieben; nur wer sich gehalten weiß, kann das Leiden ertragen und annehmen. Und nur wer lieben kann, wird ein erfülltes Leben haben.

Angst ist der unvermeidbare Grund allen bewussten Lebens. Die einzige Möglichkeit, diese Angst dauerhaft zu überwinden, ist die Erfahrung von Liebe, die zum Vertrauen führt. Das gilt religiös wie tiefenpsychologisch. An kleinen Kindern kann man studieren, wie sich ein Leben mit oder ohne die Erfahrung ungeschuldeter Liebe entwickelt.[46]

Die christliche Religion stellt an dieser Stelle das Wissen zur Verfügung, dass menschliches Leben auf Beziehung angelegt ist – der Mensch ist »Ebenbild« und Gegenüber Gottes – und nur darin seine wirkliche Erfüllung findet. »Es gibt nichts Menschliches, das nicht eine Beziehung ist.«[47] Die Beziehung zu Menschen, zur Natur, zur Kultur, natürlich auch zu sich selbst ist es, die als Ausdruck von Leben und als sinnvoll erfahren wird. Das Glück, das heute so sehr gesucht wird, besteht immer in Momenten der intensiven Übereinstimmung: im Eintauchen in Musik, im Sich-Verlieren in der übermächtigen Natur, in der Liebe. Wenn Gott als die Liebe selbst bezeichnet wird, dann bedeutet das gerade nicht, dass eine Beziehung zu ihm eigens gepflegt werden müsste – sondern dass er der *Grund* aller Lebensbeziehungen des Menschen sein will.

Schuld, Endlichkeit, Schwäche und Einsamkeit gehören zum Leben. Sie sehnen sich nach Ergänzung, nach Spiegelung, nach einem Ge-

---

45. Oskar Pfister: Das Christentum und die Angst, 444.
46. »Wird ein Kind – und ein Leben lang ein Erwachsener – mit Worten der Liebe, Zuneigung und Freiheit angeredet, so wird er ein liebenswerter und freier Mensch werden. Ist das eine psychologische Erfahrung oder auch ein theologisch wahrer Satz? Dabei gilt es noch mitzubedenken, welche Bedeutung die Eigenverantwortung hat, die ein Mensch für sich übernimmt.« Dietrich Ritschl: Zur Logik der Theologie, 251 (im Text kursiv).
47. Finn Skårderud: Unruhe, 415.

genüber, in dem die Liebe als Getragen- und als Hinausgehobenwerden erfahren wird, wörtlich als *Ek-stase* (Heraussstehen). Darum ist die Sehnsucht nach konkreter Liebeserfahrung, danach also, dass jemand *für mich da ist,* die tiefste menschliche Sehnsucht und deren größte mögliche Erfüllung. Die Faszination des Jesus ist wohl deshalb bis heute so anhaltend groß, weil Menschen bei ihm die Erfahrung einer Liebe gemacht haben, die weit über das hinausging, was sie erwarten konnten und was ihre alltäglichen Sorgen, Pläne, Versorgungen, Sicherungen, die sie im Kopf und im Herzen hatten, in einen heilsamen Bezug zum ganzen Leben stellte. Es ist eine Erfahrung, deren grundsätzliche Bedeutung für alles menschliche Leben aber auch über personale Beziehungen hinausreicht, indem sie das Gefühl des Gehalten- und Geliebtseins durch Gott *in allem* zu spüren vermag – die Erfahrung der Mystik.

»Jesus … hat uns nicht zunächst eine neue Lehre überlassen, sondern eine tiefere Art des Vertrauens, innerhalb dessen sich die Bilder zum Heil, die im Menschen selbst angelegt sind, wie von selbst einstellen können und müssen.«[48] Heilend ist nach Jesus, was sich aus dieser Erfahrung gleichsam von selbst ergibt: die Überwindung von Strukturen und Schranken, die Beziehungen und Leben behindern. Heute wären das vor allem die nahezu abgeschnittene Beziehung des Menschen zu seiner natürlichen Umwelt, die zu seiner sozialen Mitwelt und natürlich auch die zu sich selbst. Letztere muss heil sein, wenn Beziehungen anderer Art überhaupt hergestellt werden und gelingen sollen. Ein in sich zerrissener, leerer, unruhiger und unzufriedener Mensch wird nichts anderes als Misstrauen, Aggression, Leere und Dissonanzen um sich verbreiten können, auch wenn er sich bemüht, und auch wenn er selbst die größte Sehnsucht nach Beziehung und Sinn haben sollte.

Hier liegt eine weitere parallele Einsicht von kluger christlicher Religion und Therapie: Selbstsucht beruht immer auf Schmerz – und keineswegs zuerst oder gar allein auf juristisch zurechenbarer Schuld. Angst flieht in zementierende Sicherheiten – auch und gerade in die der Religion. Alles Leid macht egozentrisch – aber nicht, weil es Ausdruck von Egoismus wäre, sondern weil es nicht anders kann. Die Grundeinsicht aller Therapie gleicht der Grundeinsicht der christlichen Religion: der Mensch kann nur gut sein durch eine vorlaufende und tragende Bestätigung durch Liebe, die sich in vertrauensvoller Gelassenheit und selbst wiederum in Liebe ausdrückt. »Es gibt nichts, woran man besser erkennen kann, ob man ganze Liebe habe, als Vertrauen.«[49]

48. Eugen Drewermann: Psychoanalyse und Moraltheologie Band 3, 262.
49. Meister Eckhart: Werke Band II, 377.

Provokationen der Umkehr, mühsame Schritte der Heilung

Diese Einsichten sind alles andere als harmonische. Ihnen wohnt eine kritische Sprengkraft inne, die auch bei jedem zu finden ist, der um die Widerstände und Schmerzen von Heilungsprozessen weiß. »Leiden ist einfacher als handeln«: dieser Satz von Bert Hellinger bringt den Zusammenhang plakativ auf den Punkt. Umgekehrt zeigt er noch einmal die starken, moralisch provokativen Aufforderungen Jesu zum Leben: umdenken ist einfacher als leiden! Der Aufruf zur Umkehr ist immer auch einer zur Umwertung bisheriger Lebenseinstellungen und Glaubenssätze. Nicht die Kontinuität, nicht das Festhalten macht das Leben rund, sondern der Auszug, das Weggehen, das Umdenken, der Bruch mit dem Gewohnten. Freiheit ist in der biblischen Tradition immer der Sicherheit vorgezogen worden, auch wenn sie mit Mühen verbunden war – vom Auszug Abrahams über den Weg des Volkes Israels in die Freiheit der Wüste bis hin zu den Propheten. Das Christentum ist weit mehr Bewusstseinseröffnung und Ruf in die Freiheit als »Kontingenzbewältigung«.

Heilwerden bedeutet eine Distanz zum Gewohnten. »Man kann nicht wirklich leben, ohne sich zu sich selbst und zur korrupten Gegenwart ständig in Distanz zu bringen. Die Harmonien werden meistens vom Teufel gefordert, seltener von Gott.«[50] Wer heil werden will, muss Sicherheiten aufgeben und Ordnung verlassen. Heilung kann darum als verwirrend und bedrohlich erlebt werden. Es war der Teufel, der der *Diabolus* genannt wurde (wörtl. Durcheinander-Werfer, Verwirrer), obwohl er meist falsche Harmonien erzeugt. Eigentlich aber ist *Jesus* der Diabolus: Er will den Menschen gerade wegbringen von den letztlich nicht tragfähigen Sicherheiten, von moralischer Ordnung und religiösen Verpflichtungen, und ihn ins Vertrauen stellen. Darum ist er den orthodoxen Hütern der Religion auch so suspekt.

Die verführerischsten und am tiefsten bindenden Sicherheiten sind die der Religion. Die Befreiung von religiösen Sicherheiten stellt einen der heikelsten Schritte dar, den ein Mensch gehen kann. Man mache sich die Bedeutung dessen klar, dass eine neuere psychologische Therapieform die Befreiung von »Glaubenssätzen« als Zentrum ihrer Arbeit begreift![51] Das darf verallgemeinert werden: Glaubenssätze bezeichnen rationale und emotionale Fixierungen, die von lebendigen Entwicklun-

---

50. Fulbert Steffensky: Feier des Lebens, 122.
51. Das zwar umstrittene, aber bemerkenswert erfolgreiche Neurolinguistische Programmieren (NLP).

gen abschneiden; echter, auf Vertrauen gründender Glaube dagegen lässt sich nicht in Sätze fassen. Die Assoziation zum Begriff »dogmatisch«, der heute mit starrer Fixierung verbunden wird, hat darum sogar ein theologisches Recht. Eugen Drewermann zieht das sogar noch weiter aus: »Jede Heilung einer Neurose besteht in der Relativierung bestimmter erhabener Sätze und Prinzipien der Religion und Moral.«[52] Jedes Glaubens-Soll ist eo ipso neurotisch.

Kein äußerer Retter, nicht Gott, nicht der Therapeut, und auch nicht eine sorgsam ausgeübte religiöse Praxis können die Verantwortung für das eigene Leben übernehmen. Im Gegenteil: wenn sie als dauerhaft unverzichtbar angesehen werden, zementieren sie den Lebensimpuls eher ein als ihn zu fördern. Auch die Verehrung Christi kann eine Form von Verweigerung der eigenen Verantwortung sein.[53] Nicht nur Verehrung und Nachfolge, auch Verehrung und Heilung sind Alternativen. Man kann Gott auf Knien danken und dabei gerade in regressiver Fixierung auf sich selbst verharren. »Der entscheidende Schritt zur Reife ist der Durchbruch durch die Unmündigkeit, die von Autorität und Tradition verteidigt werden«[54] – und zwar gerade auch von religiöser Autorität. Selbst die Suche nach Gewissheit kann Ausdruck mangelnder Geborgenheit sein; sie ist dann ähnlich *gefährlich* wie die Suche nach Trost, denn sie tendiert zum Anschluss an Erklärungen und an das für wahr gehaltene Dogma – an Ideologie. Wer eine Erklärung hat, hat sich von der zupackenden Veränderung schon suspendiert. Das gilt auch für den »Trost« der Religion! Er hat in Zeiten der Verzweiflung sein unbestreitbares menschliches Recht, muss sich aber als Durchgang begreifen und überflüssig machen können. Wo Religion auf Trost reduziert wird, sie also allein um des Trostes willen praktiziert und aufgesucht wird, bleibt der Mensch der Gefangene seiner selbst. Wirklich hilfreich ist allein der Wandel der eigenen Einstellung. Darum ist Jesu Aufforderung zur Umkehr von so zentraler Bedeutung für das christliche Selbstverständnis. Nur wenn die Verantwortung für das eigene, konkrete, fragmentarische und unvollkommene Leben übernommen wird, kann sich alles verändern.

Welche konkreten Schritte geht der Weg einer Heilung?[55] Wenn

52. Eugen Drewermann: Psychoanalyse und Moraltheologie Band 1, 82.
53. Für die Narzissmus-Psychologie ist Verehrung als die »idealisierte Eltern-Imago« sogar eine der beiden Hauptformen, in denen sich die Selbstschwäche zeigt, neben dem übersteigerten »Größen-Selbst«.
54. Paul Tillich: Religiöse Reden, 487.
55. Ausgezeichnet beschreibt das Manfred Josuttis: Religion als Handwerk, 176 ff. Josuttis spricht von einem »energetischen Feld«, das Heilungen braucht.

Heilung die Öffnung des eigenen Selbst hin zum Leben ist, dann gehören zu diesem Prozess verschiedene Dimensionen, die in mehr oder weniger gemischter Form zu Tage treten. Zunächst der Wille und Entschluss zum Heilwerden. Immer wieder fragt Jesus nach: »Was willst du, dass ich dir tue?« Es kann keine Heilung am eigenen bewussten Wunsch vorbei geben. Darum ist auch der Ruf Jesu zur »Umkehr« von so fundamentaler religiöser Bedeutung. Der Wille heil zu werden, das Aufsuchen von Hilfe, der Gang in die Einsamkeit (des Klosters, der Wüste), der Beginn einer Therapie, ist ein bedeutsamer Schritt, oft schon die Hälfte des Weges; denn er bedeutet die Befreiung des Lebenswillens.

Veränderung macht Angst, denn sie führt in ungewohnt neue und prinzipiell unsichere Bereiche. Darum fällt sie so schwer. Sie setzt eine Entschlusskraft voraus, die im Elend gerade fehlt. Das gewohnte Elend wird darum dem Aufbruch in die Ungewissheit in aller Regel vorgezogen, so lange zumindest, bis der Leidensdruck eine kritische Grenze übersteigt. Ein wirklicher Aufbruch ist darum gleichbedeutend mit einem Verzicht auf Gewohnheiten, und auch einem Verzicht auf Gewissheit. Gerade religiöse Gewissheiten können neurotische Fixierungen sein und Heilungsprozesse verhindern. Wahre Religion ist dagegen immer heilsam.

Ein zweiter Schritt kann die Einsicht sein, der Blick in die Realität: Es gibt keine Perfektion, und es gibt nichts »hinter« den Dingen. »Dies ist es.«[56] Auf dem Heilungsweg bedeutet der Blick in die Realität auch die Erkenntnis, dass die eigenen Probleme nicht durch äußere Umstände verursachte sind, denen man eine (entlastende, aber auch paralysierende) Schuld geben könnte, sondern dass sie Folgen unserer eigenen Einstellungen und Haltungen sind. Was uns weh tut, inszenieren wir selbst. Meister Eckhart hat das unnachahmlich formuliert: »Nicht das ist schuld, dass dich die Weise oder die Dinge hindern: du bist es vielmehr selbst in den Dingen, was dich hindert, denn du verhältst dich verkehrt zu den Dingen. Darum fang bei dir selbst an und *lass dich.*«[57] Hier ist nicht nur der eigene innere Widerstand angesprochen, sondern auch die eigene Einstellung, der Blick auf die Dinge, die eigene Lebensperspektive, die so entscheidend sind. Sigmund Freud sprach vom »Wiederholungszwang«: immer wieder sehen und gehen wir dort hin, wo ungelöste Dinge liegen. Noch umfassender ausgedrückt: »Es gibt

---

56. So die immer wieder neu variierte Grundthese in dem faszinierenden Buch von Sheldon B. Kopp: Triffst du Buddha unterwegs.
57. Meister Eckhart: Werke Band II, 339.

keinen Zufall« – die Dinge, die uns zustoßen, sogar die Personen, auf die wir treffen, sind in hohem Maße durch unsere eigene Einstellung bedingt und haben darum eine Bedeutung für uns. Das klingt für ein Denken, das nach kausalen Ursachen und Wirkungen fragt, nach blankem Unfug. Wer allerdings einmal seinen Blick für diese Zusammenhänge geöffnet hat, dem können sie schnell zur selbstverständlichen Erfahrung werden.

Sodann: Der Weg in die Freiheit ist immer auch ein Weg in die Dunkelheit. Heilung geschieht so gut wie immer im Durchgang durch den eigenen, oft so sorgsam verdrängten Schmerz. Wo gewohnte Versorgungsstrukturen, Sicherheiten und Vertrautheiten (die »Fleischtöpfe Ägyptens«) wegfallen, stellt sich zunächst einmal ungewohnte und bedrängende Leere ein. An dieser Stelle steht das Kreuz als das christliche Symbol für die tragische, dunkle Dimension allen Lebens; und zugleich spricht die christliche Religion hier ihr »Fürchtet euch nicht« und ihre Verheißung aus, dass der Weg in Gott ist und dass am Ende des Weges das gelobte Land stehen wird: ein Gewinn von Leben. Ein entscheidender Schritt auf dem Heilungsweg ist deshalb der bewusste »Gang in die Wüste«, das Herausgehen aus dem gewohnten Kontext. Jesu Aufenthalt in der Wüste hat, als Symbol verstanden, eine kluge Tiefenbedeutung.

Schließlich: Im Rahmen von Heilungsprozessen bekommen religiöse Botschaften und heilsame Zusagen ihr konkretes und bedeutsames Recht, ebenso aber auch religiöse Rituale und Räume. Die Verkündigung, als Zusage an den einzelnen Menschen verstanden, kann so durchaus weiterhelfen. Vor allem aber sind es die Bilder des heilen Lebens im großen Schatz der religiösen Tradition, die hier zum Tragen kommen. Die großen Erzählungen von Josef, vom Volk Israel, von Jona und Hiob, von Jesu Heilungen usw., aber auch die Atmosphäre eines Kirchenraumes oder die entrückende Sphäre religiöser Musik, wirken wie Gesten und Berührungen. Sie können bergend und inspirierend sein und ein verheißungsvolles Ziel für den eigenen Weg aufzeigen. Sie lassen die Möglichkeit eines geborgenen und zu sich selbst gekommenen Lebens zur begreifbaren Wirklichkeit werden. Heilung erfordert eine gute Begleitung – nicht nur durch Bilder, Gesten, Geschichten und Musik, sondern natürlich vor allem auch durch Menschen[58] – die sich selbst irgendwann überflüssig machen muss. Religiöse Traditionen

---

58. Die therapeutische Beziehung erfordert »uneingeschränkte Aufmerksamkeit, bedingungsloses Akzeptieren, echtes Engagement, empathisches Verständnis.« Irvin D. Yalom: Die Liebe und ihr Henker, 130. Dabei ist der Prozess der Therapie deutlich wichtiger als die behandelten Themen.

(auch Personen) sind in diesem therapeutischen Sinne Medien der Selbstfindung.

Wirkliche Veränderungen geschehen weder allein durch den Willen, noch durch rationale Erkenntnis und Einsicht. Sie erfordern letztlich die Erfahrung des Sich-Angenommen-Wissens und des Gelingens, wie sie nur in gestalteten Prozessen und Ritualen zu finden sind. Religion und Therapie befreien den leidenden Menschen aus einem Zirkel: der Mangel an Grund- und Selbstvertrauen ist es vor allem, der die Lebens-Angst an Stelle des freien lebendigen Impulses, der Resonanz und der Beziehung so mächtig werden lässt. Vertrauen aber wäre für den Schritt in die Veränderung gerade nötig. Therapie und Religion stellen Vertrauen hier sozusagen leihweise zur Verfügung, um es im Menschen selbst irgendwann auf Dauer zu stellen.

Vor allem das Spiel bekommt an dieser Stelle seine herausragende therapeutische Bedeutung. Ähnlich wie das Eintauchen in religiöse Prozesse stellt das Spiel Szenen dar, in denen nicht nur Schwierigkeiten sondiert werden können, sondern sich auch überraschende Lösungswege einstellen. Nirgendwo sonst als im Spiel ist der Mensch so versunken und gleichzeitig so wach und präsent; und nirgendwo sonst erprobt der Mensch so sehr neue, bisher verstellte Möglichkeiten.[59] Das Spiel hat darum einen therapeutischen Effekt. Es verbindet hohe Motivation mit starken inneren Resonanzen. Es vermag sogar zu Evidenzerfahrungen zu führen, die der religiösen Erfahrung benachbart sind. Das Spiel führt ein »szenisches Verstehen« (Alfred Lorenzer) mit sich, für das Menschen besonders empfänglich zu sein scheinen und das auch eine hervorragende und intensive Form von religiöser Kommunikation sein kann. Die Liturgie des Kultus kann in dieser Perspektive als heiliges Spiel gelten, das zum Leben hin öffnen will.

Heiles Leben aus christlichem Geist

Wie viel Ernst, Mühe und Anstrengung wurde nicht im Christentum auf den Glauben gelegt! Dabei kann man gar nicht glauben wollen – das ist der Hintersinn der Prädestinationslehre (der Lehre von der Vorherbestimmung von Heil und Unheil durch Gott), die wörtlich verstanden der klare Widerspruch zu Gottes Liebe ist, die symbolisch verstan-

---

59. Klassisch für diese Einsicht sind nach wie vor Friedrich Schiller: Über die ästhetische Erziehung des Menschen in einer Reihe von Briefen, und Hans-Georg Gadamer: Wahrheit und Methode, 107 ff.

den dagegen den Hinweis darauf gibt, dass man sich für Vertrauen und Gelassenheit allenfalls öffnen, eigentlich aber nur in ihnen vorfinden kann. Glaube kann nicht Ergebnis einer Bemühung sein, sondern nur die Folge der Entdeckung dessen, was schon immer war, aber übersehen oder nicht wirklich angenommen wurde.

Man kann, wenn die Sonne scheint, durchaus im Haus bleiben; man kann aber auch nach draußen gehen und sich wärmen lassen. Da ist nicht viel zu tun und zu erstreben. Es macht aber sehr viel aus, wo wir uns hinstellen und hinbegeben: in das Getriebe der Welt, in den Konsummarkt, vor den Fernseher, ins Kloster, unter Menschen, auf einen Berg – oder wo immer. Die Orte, an die wir uns begeben und die Dinge, mit denen wir uns umgeben, färben auf uns ab; das bestätigen uns inzwischen auch die Hirnforscher. Noch mehr gilt das für unsere Sichtweise auf das Leben: sie wird geprägt von dem, was wir ansehen. Das Gewahren Gottes inmitten des Lebens führt zu einem Sich-Vorfinden im Vertrauen; darum zu einer Umkehr, die als neuer Blick auf das Leben erfahren wird. Das klingt nach wenig, entscheidet aber alles. Man kann als Armer glücklich sein und als Reicher unglücklich; was hat man dann vom Reichtum? Das gilt für alle Lebenslagen, für Krankheit und Unglück ebenso wie für materielle Versorgung, Erfüllung der eigenen Wünsche und äußere Sicherheit. Alles hängt an der Lebenseinstellung; und die hängt entscheidend am Lebensvertrauen.

Das Ziel des Heilungsweges ist größere Freiheit, ein höheres Maß an Klarheit, Gelassenheit, Lebendigkeit und Lebenskraft – mit einem Wort: ein Zugewinn an Souveränität. Ein solches Ideal steht der klassisch-christlichen Demutshaltung deutlich gegenüber. Es kann sich aber an Jesus selbst orientieren, vor allem an seinem mutig-provokanten Auftreten und seiner souveränen Distanz gegenüber allen konventionellen Vorstellungen rechten Verhaltens. Und dieses Ideal hat seine Vorbilder in einer langen Reihe großer christlicher Gestalten, deren religiöse Inspiration größer war als der allgemeine Wunsch zur Konformität.

Das moderne Leben macht allerdings den Schritt in einen Heilungsweg schwer. Und dies nicht nur durch die (tendenziell illusionären) menschlichen Selbstmächtigkeiten, sondern auch, weil die Welt – und wohl auch die vielen verschiedenen Formen von Therapie – als so komplex begegnen, dass ein Aufbruch fast hoffnungslos erscheint. Heilungsprozesse werden aber auch deshalb nur schwer in Angriff genommen, weil das Leben heute durch ein sehr hohes Maß an Bequemlichkeit und technischer Versorgung quasi stillgestellt ist. Das macht eine Begegnung mit der Realität und mit dem eigenen Schmerz nicht gerade leicht; man lässt sich auch seelisch lieber versorgen als sich zu verändern. Der Preis dafür ist eine seelische Herabgestimmtheit, Lustlosigkeit und mehr oder weniger latente Depressivität. Die Angebote des Marktes für Bequemlichkeit, Entspannung, Wellness usw. geben gute Gründe für die eigentlich zynische, aber wohl doch treffende Beschreibung: »Das Individuum von heute ist weder krank noch geheilt. Es ist für verschiedene Wartungsprogramme angemeldet.«[60]

Was aber wäre heilsamer für die moderne Seele als eine entschlossene Hingabe an den eigenen Lebensimpuls? Souveränität und Bezogenheit lassen sich daher auch an der alten christlichen Auffassung des »guten Kampfes« studieren. Die christlichen Symbole für diesen Kampf sind die fahrenden Ritter des Mittelalters, die ursprünglich nicht als stolze, Ruhm suchende Heroen, sondern zum Schutz der Pilger ausgezogen sind. Sie sind gerade keine Befehle ausführenden Soldaten, sondern Bilder des Einzelnen, der sich auf einen Weg religiöser Entwicklung begibt. Die spirituelle Bedeutung des Kampfes zeigt sich aber keineswegs nur in der Vergangenheit. Die Gemeinschaft von Taizé, die für viele inzwischen zum Inbegriff moderner christlicher Spiritualität geworden ist, lebt unter dem Motto »Kampf und Kontemplation«. In dieser bemerkenswerten Formel sind die zwei großen, oft widerstrebenden Seiten der Religion zusammengeschaut: Die Besinnung auf Beheimatung, Orientierung, Trost, Gewissheit auf der einen Seite (Kontemplation) und Aufbruch, Umkehr, Lebendigkeit, Begeisterung, Tätigkeit, ja: Provokation auf der anderen (Kampf).

Die christliche Religion zeigt in Jesus von Nazareth vor allem, dass der eigene Blick auf das Leben, die selbst eingenommene Perspektive, von entscheidender Bedeutung für das Leben sind. Der leicht dahingesagte Satz: »Es kommt darauf an, wie man es ansieht!« kann als Grundeinsicht der christlichen Religion gelten – und nicht der Glaube an wahre Sätze. Es macht einen gravierenden und folgenreichen Unterschied, ob die Welt als sinnleer oder als »Gottes voll« verstanden wird. Therapie und Religion gleichen sich hier noch einmal: Neue Sichtweisen und Beschreibungen schaffen neue Realitäten! Ob ich die Welt als Jammertal oder als übervoll von Schönheit ansehe, entscheidet nicht nur über mein Denken und Auffassen, sondern auch über mein Handeln und Wahrnehmen, schlicht: über mein Lebensgefühl. Den Blick, die Perspektive zu ändern zu können wäre darum der eigentliche Schlüssel auf dem Weg der Heilung. Und sie ist der Kern religiöser Einsicht und Klugheit.

---

60. Alain Ehrenberg: Das erschöpfte Selbst, 248.

Die christliche Religion will genau in diesem Sinne zu einem Perspektivwechsel, einer »Umkehr«, anleiten und ermutigen. Dazu stellt sie ihre Bilder des Heils und des gelingenden Lebens vor Augen, die die Möglichkeit einer neuen Perspektive nicht nur zeigen, sondern selbst zu ihr anstiften. Ohne die symbolischen Erfahrungen und die religiösen Bilder des Lebens ist Heilung nur schwer zu erreichen. Die christliche Religion stellt darüber hinaus das Wissen um ein Gehaltensein zur Verfügung, das den Weg überhaupt erst beginnen lässt, und auch schon dessen Ziel aufzeigt: die Öffnung zum Leben, die nur im Vertrauen möglich ist. Das Heilende kommt aus dem Verzicht auf die Sorge[61], auf die Einpassung in vorgegebene Ordnungen, auf die eigene Absicherung und auf den rücksichtslosen Willen zum Überleben. Die christliche Religion nimmt die Menschen aus der Sorge um sich selbst heraus und stellt sie in den Bereich eines Vertrauens, das der Mensch allein nicht herstellen kann.

Im Symbol des Kreuzes spannt sie die realistische Einsicht in die dunklen Seiten des Lebens mit dem Wissen um das dennoch jederzeit mögliche Vertrauen in Gottes Nähe zu einer Einsicht zusammen, die eine christliche Lebenskunst freisetzt. Im Umgang mit den Bildern und Ritualen der christlichen Tradition führt sie den Menschen zu einer freudigen Gelassenheit, einer kraftvollen Souveränität und der Befähigung zur Hingabe an das Leben. In der Begegnung mit dem Christus geschieht dann die Mensch-Werdung des Menschen.

61. Finn Skårderud: Unruhe, 58.

5.3 Sklerotisierung – und kein Mut zur Umkehr?
Widerstände gegen Veränderung

Jesus war religions-kritisch. Er wollte die Umkehr. Dagegen haben gewachsene Religionen einen Hang zum Konservativismus. Ihre Gehalte und Formen werden sorgfältig und ängstlich gehütet.

Die Tendenz zur religiösen Bewahrung artikuliert sich, wie wir sahen, in Bekenntnissen, scheinbar zeitlosen Dogmen, eingespielten Routinen, in theologischer Orthodoxie und institutionellen Strukturen. Diese bewahren das geistliche Erbe, geraten aber im Fortgang der historischen Entwicklung in Spannung mit dem sich weiter entwickelnden Bewusstsein und den sich verändernden Lebensgewohnheiten der Menschen. Darum tauchen von Zeit zu Zeit in den Religionen Frager, Visionäre, Propheten, Ketzer und Reformatoren auf, deren Impulse als bedrängend, von vielen aber auch als befreiend erfahren werden. In diesen Impulsen ist die religiöse Inspiration oft deutlich eher zu erkennen als in den gewachsenen religiösen Strukturen und Denkwegen. Setzen sich diese Impulse durch, kommt es zu Verwandlungen, manchmal auch zu Umbrüchen in der Religion. Dieser Vorgang des Wandels und permanenten Neuverstehens führt die inneren Spannungen, aber auch die Lebendigkeit einer Religion vor Augen.

Je umfangreicher und fester die kulturellen Traditionen einer Religion werden, desto schwieriger, aber auch desto notwendiger werden religiöse Reformen. Das Christentum hat ein komplexes kulturelles Gebäude ausgebildet, das selbst für Kenner kaum noch durchschaubar ist. Die theologischen Schriften füllen große Bibliotheken, die auch Theologen nicht mehr überblicken können. Die vor kurzem erst abgeschlossene riesige Theologische Realenzyklopädie (TRE), deren Erstellung Jahrzehnte beansprucht hat, wirkt wie eine überdimensionierte Inventarliste, fast schon wie eine Nachlassverwaltung, die den Zugang zu bestimmten Themen des Christentums nur noch für theologische Spezialisten möglich erscheinen lässt. Die Differenzierung der Theologie in die verschiedenen Unterdisziplinen und deren gegenseitige Vernetzungen und Unvereinbarkeiten zu verstehen macht bereits Studierenden des Faches Mühe. In den höchst komplizierten Verwaltungsstrukturen und Gremien der Landeskirchen oder des Vatikan können sich nur Insider mit langjähriger Gremienerfahrung auskennen. Zu wissen, wer wann etwas zu sagen hat, erfordert Gespür und langjährige Übung. Es ist nicht zu erwarten, dass sich in diesen Strukturen innovative Impulse durchsetzen könnten. Man ist mit sich selbst beschäftigt und hat damit genug zu tun.

Das Christentum schleppt nicht nur eine komplizierte Organisationsform mit sich, sondern auch einen riesigen Ballast an Traditionen, Lehrmeinungen, dogmatischen Entscheidungen, Kirchengesetzen und Riten. Wie in anderen Kulturbereichen auch, so kommt es immer wieder dazu, dass im Lauf der Zeit manche von diesen Traditionen verblassen, unverständlich werden und ihre faktische Wirkung verlieren. Als kulturell etablierte Religionsform allerdings sperrt sich das Christentum aus ganz prinzipiellen, wenn auch eher unbewussten Gründen gegen die Ausscheidung von Traditionen. Da sie der heiligen Sache entwachsen sind und ihr dienen, gelten christliche Traditionen als besonders wichtig und grundsätzlich bewahrenswert. Sie sichern das Erbe und dürfen nicht verloren gehen. Das Sammeln und Bewahren rangiert darum eindeutig vor der Frage nach religiöser Inspiration in der Gegenwart. Das Alte ist das Höherrangige. Und darum greift die Theologie auf Bibel und historisches Bekenntnis, die Kirche auf jahrhundertealte Denkgebäude zurück; so etwa, wenn die katholische Kirche jüngst den mittelalterlichen, heute in vielem kaum noch nachvollziehbaren Scholastiker Thomas von Aquin zum heiligen und für alle Zeiten maßgeblichen Kirchenlehrer erklärt hat.

Mit dieser Bewertung wird Tradition, statt auf das Leben heute bezogen zu sein und ihm zu dienen, tatsächlich zum Ballast. Immer mehr sind theologische und kirchenrechtliche »Lösungen« als Formelkompromisse zwischen komplexen und nicht mehr zueinander stimmenden Traditionsresten zu erkennen, zunehmend werden sie unverständlich für die Alltagsvernunft der Gegenwart. Die Kirche, die ihr Selbstverständnis in hohem Maße auf ihre Altehrwürdigkeit gründet, lebt in und aus der Vergangenheit. Sie verfügt über kein erkennbar profiliertes Instrument der Sichtung, Gewichtung oder Zurückstellung von überholter Tradition. Das übernimmt allenfalls der Lauf der Zeit – und der hat einen langen Atem.

Wo freilich nicht in guter Weise abgeworfen wird, was nicht mehr stimmig ist und nicht mehr überzeugt, kann auch nichts Neues wachsen. Dann fehlen neue Impulse, neue Übersetzungen, neues Verstehen. Die Tradition erstickt dann den Geist. Das Christentum wird insgesamt zu dem, was Fulbert Steffensky über die konfessionelle Identitätswahrung der Kirchen gesagt hat: zum »Hüter eines verspäteten Bewusstseins«. Sollte das zutreffen, wäre das geräuschlose Verschwinden der christlichen Erscheinungs- und Darstellungsformen aus dem kulturellen und gesellschaftlichen Leben geradezu zu erwarten.

Warum gibt es nicht mehr Theologen und Kirchenleute, die an der organisierten Halbherzigkeit des Christentums leiden und das auch zeigen? Warum wird so selten jemand nervös? Wie kann es sein, dass die mutlosen und zunehmend erwartungslosen Menschen auf der einen, die christlichen Fachleute auf der anderen Seite stehen und keine Verbindung zueinander mehr suchen? Warum gibt nicht einmal der evangelische Kirchentag, dieses exemplarische Forum für offene religiöse Fragen, den vielen religiösen Sinnsuchern und der so stark nachgefragten Spiritualität eine reale Chance? Selbst hier gibt es offenbar eine Angst vor echten Wagnissen und dem Sich-Einlassen auf neue Impulse. Oder handelt es sich auch hier um religiöse Blindheit?

Selbst wenn religiöse Überzeugungen krass gegen die eigene Einsicht stehen, gibt es ein großes Bedürfnis nach Bewahrung, das sich als ein Bedürfnis nach innerer Sicherheit verstehen lässt. Nirgendwo sonst als in der Religion scheint Gewissheit so unbedingt unverzichtbar. Darum müssen rationale Überprüfungen ebenso wie religiöse Veränderungen als Störungen und Bedrohungen erscheinen. Abgewehrt werden diese Bedrohungen, indem man den Glauben wortwörtlich nimmt – als unveränderliche, sicher verbürgte Wahrheit.

Der Glaube an Bibel, Jungfrauengeburt, Christus als Gottessohn, Auferstehung und Heiligkeit der Kirche als objektiv wahre und fraglos zu glaubende Tatsachen definiert allerdings exakt das Selbstverständnis des christlichen Fundamentalismus. Er entzieht diese fünf Elemente des Glaubens jeder Kritik, gerade um ihre Fraglichkeit nicht in Verunsicherung umschlagen zu lassen. Fundamentalistische, biblizistische, kirchen- und traditionsverhaftete Glaubens-Logik ist freilich genau aus diesem Grund keineswegs nur eine Sache religiöser Fundamentalisten, sondern in jeder Religion angelegt und im Christentum weit verbreitet. Man täusche sich darum nicht: vernünftige Argumente führen in aller Regel weder bei Fragenden noch bei Überzeugten weiter. Denn sie können zwar klären, aber keine Gewissheit geben.

Die Beharrungskraft religiöser Überzeugungen und Strukturen ist gerade in Zeiten religiöser Unsicherheit besonders hoch. Das kann eine tiefenpsychologische Analyse verdeutlichen. Oskar Pfister hat in seinem genannten großen und hellsichtigen Buch[62] neben der Angstsuggestion des Christentums auch und vor allem einen Angsthintergrund ausgemacht, der das Christentum auch in seinen Denk- und Institutionsformen selbst betrifft. Das Christentum *beruht* in hohem Maße auf Angst; sein Denken und seine Strukturen dienen deren Abwehr. Für Pfister erscheint das Christentum als ein permanentes Anstemmen ge-

---

62. Oskar Pfister: Das Christentum und die Angst.

gen die Angst, vor allem vor dem Verlust der Erlösung und des ewigen Lebens, vor Gericht und Hölle als Folgen von ungesühnter Schuld.

Tiefenpsychologisch lassen sich nach Pfister zwei grundlegende Hauptformen der Angstabwehr unterscheiden: die Erklärung, Rationalisierung und Intellektualisierung einerseits und die Zwangshandlungen andererseits. Das entspricht der hier vorgenommenen Unterscheidung von Glaubens- und Willenszwang. Beide dienen der Beschwichtigung. Erstere hat im Christentum in der Wahrheitssicherung von Theologie und Dogma ihren Ausdruck gefunden, letztere in der äußeren und inneren Verpflichtung zum korrekt vollzogenen Ritual, in der Glaubensverpflichtung und in der Askese. Vorstellungen und Praktiken des Christentums beschwichtigen die Angst – und erneuern sie gleichermaßen. Habe ich genug gebetet? Genug Gutes getan? Das Sakrament würdig empfangen? Sie prägen das Christentum bis in seine neuzeitliche konfessionelle Struktur hinein. Für den Katholizismus, jedoch leicht christlich verallgemeinerbar, schreibt Pfister: »Die öffentliche wie die private Religiosität ist dermaßen durchsetzt von Angst, Vorstellungen und Symbolhandlungen, die aus der Angst geboren sind und sie beschwichtigen sollen, dass man zunächst auf den Gedanken kommen möchte, es gebe für den Katholizismus gar kein anderes Problem, als dasjenige der Angst ... Die Angst (ist) eine der treibenden Kräfte aller Lebensbetätigungen; allein sie beherrscht außerhalb der Krankheit kein ausgedehntes Lebensgebiet so durchgreifend und für den Kundigen ostentativ wie den Katholizismus.«[63] Eindrucksvoll sind Pfisters Schilderungen der bleibenden Gerichts- und Teufels-Angst Martin Luthers, die dieser bis an sein Lebensende geradezu körperlich mit sich herumtrug, und ohne die seine Theologie kaum verständlich wird.

Wenn tatsächlich Angst hinter der Entwicklung und den Ausdrucksformen des abendländischen Christentums steckt, dann muss sie bei allen Veränderungsversuchen dogmatischer und sakramentaler Selbstverständlichkeiten elementar hervorbrechen. Der brachiale Umgang mit Abweichlern und Ketzern macht das nur allzu deutlich. Ketzerei ist derzeit freilich nicht mehr die Hauptsorge der Christen. Sehr viel mehr ist es eine innere Angst vor dem Verlust der verbleibenden religiösen Gewissheiten, der die Suche nach reiner Lehre und vor allem die Tendenzen zur Abtrennung des Glaubens von Religion und Kultur vorantreibt.

Unter größten Mühen haben Theologie und Kirche im 19. und 20. Jahrhundert den Anschluss an die Moderne gefunden und dabei

---

63. A.a.O., 232.

höchst produktive Veränderungen hervorgebracht. Vor allem die protestantische Exegese, die Systematische Theologie in der ersten Hälfte des 20. Jahrhunderts und das Zweite Vatikanische Konzil haben das religiöse und kulturelle Leben inspiriert und fanden auch große öffentliche Beachtung. Das mittlerweile aber längst und fast vollständig *postmodern* gewordene Leben und Denken, sein Verzicht auf die moderne Fortschritts- und Geschichtsideologie, sein Bewusstsein einer radikal gewordenen Pluralität und Relativität aller Dinge und Optionen, seine vorangetriebene Individualisierung und prinzipielle Ablehnung autoritativer Vorgaben scheint vor allem die Kirchen derzeit vollkommen zu überfordern.

Zur Angst vor Veränderungen gesellt sich die Bequemlichkeit durch die eigene Arrivierung. Man hat seine Stellung, die wichtigsten christlichen Gehalte (vor allem Bibeltexte und Bekenntnisaussagen) sind gut vertraut, und nach wie vor werden die Kirchen ja respektiert. Verwaltete Mittelmäßigkeit prägt das Erscheinungsbild des Christentums. Sie führt zu starken Widerständen gegen jede Form der nicht-normierbaren Genialität, darum zum Verlust neuer Impulse. Querdenker und inspirierte Geister sind unbeliebt. Dazu gesellt sich eine verständliche Selbst-Versorgung: Hauptsache, ich selbst finde mich wieder. Für das Christentum als Ganzes fühlt sich niemand zuständig.

Schließlich wird die bestehende Veränderungsresistenz noch einmal durch die Rekrutierung des eigenen Nachwuchses zementiert. Nicht nur das bereits genannte »Helfersyndrom« ist da problematisch, sondern vor allem die Tatsache, dass der weniger werdende Nachwuchs immer mehr aus einem enger werdenden Kreis von Überzeugten kommt. Das bedingt einen Ausfall dessen, was unter früheren Theologen und Kirchenleuten geistige Elite war, und fördert Verschrobenheit. Durch das geistige Mittelmaß ist der weitere gesellschaftliche Geltungsverlust bereits vorgezeichnet. Nicht nur für die katholische Kirche gilt: »Es kommen die Elitären, die es nur gut und richtig finden, dass der Rest der Welt ihre Entscheidung nicht versteht, und es kommen die Weltflüchtigen, die im Priesterberuf eine Gelegenheit sehen, ihre persönlichen Probleme religiös zu überhöhen.«[64] Katholischer Bischof kann nur werden, wer in Rom als kirchlich angepasst eingeschätzt wird, gerade nicht dagegen, wer religiös innovativ ist. Evangelische Bischöfe müssen vor allem gläubig und sehr diplomatisch sein, mitnichten aber religiös kompetent.

Rekrutierung und Ausbildung spiegeln noch einmal die Problem-

---

64. Matthias Drobinski: Oh Gott, die Kirche, 102.

lage und verschärfen sie gleichzeitig. Das Studium der Theologie beschränkt sich nahezu ausschließlich auf ein rationales, weit überwiegend historisch-analytisches Denken *über* die christliche Religion – dagegen fehlt eine spirituelle, erfahrungsbezogene Aufklärung über Sinn und Wesen, Gehalte, Ausprägungen und Affizierungsmöglichkeiten von Religion. Ebenso gibt es keine psychologische Schulung; das Verstehen der Zeit, des gegenwärtigen Bewusstseins und der existenziellen Fragen der Menschen werden nur im Ausnahmefall zum Thema gemacht. Die Aufmerksamkeit für die faktisch gelebte Religion wird erst in allerjüngster Zeit von Praktischen Theologen entdeckt, sie prägt die Ausbildung aber noch keineswegs. Die theologische Ausbildung muss aber zu religiöser Kompetenz führen, wenn sie öffentlich verständlich und menschlich hilfreich bleiben will.

So stehen sich immer mehr die eher kirchendistanzierten »Religionsfreunde« und die kirchlich engagierten Glaubens-Verteidiger gegenüber, also religiöse Liberalität und eine fromme, pietistische und biblizistische Gläubigkeit, die sich allzu oft allein für wirklich christlich hält – von der anderen Seite dafür aber eher belächelt wird. Pietistische Prägungen sind freilich mit modernem Denken und Leben besonders schlecht vermittelbar.

»Die Behütungen und Schönheiten, Tröstungen und Gewissheiten des alten Paradigmas sind unübersehbar.«[65] Wie aber kann dieses Erbe lebendig gehalten werden? Kann man »den« Glauben bewahren? Die erste Reaktion der Kirchenleitungen auf die kirchliche Finanzkrise war ja eine (inzwischen allmählich korrigierte) Konzentration auf die Kerngemeinden, also ein Sich-Herausnehmen und eine Unterstützung der Ghettobildung. Nach wie vor wird die »Profilsuche« mit dem »Eigentlichen« und dem »Kern« des Christlichen verbunden, dieser aber ganz selbstverständlich *dogmatisch* bestimmt, nicht religiös oder existenziell.

Die Veränderungsresistenz des derzeitigen Christentums ist ausgesprochen hoch. Die Bewahrung der Tradition und die Behütung der (wenn auch kleinen) Gewissheiten rangieren eindeutig vor der Bereitschaft vor einem Umdenken. Die Logik der Absicherung aber ist es gerade, die die Lebendigkeit und die Inspiration der Religion verdeckt und eine Wandlung verhindert.

Nach wie vor gibt es viele Menschen, die mit den christlichen Traditionen, Formeln, Gottesdiensten, Bekenntnissen aufgewachsen und vertraut sind. Sie tragen christliche Eindrücke als Erinnerungen in sich, sehr oft aber auch offene Fragen. Allzu vieles im Christentum ist unver-

---

65. Matthias Kroeger: Im religiösen Umbruch der Welt, 308.

ständlich, ungereimt und bleibt ohne Erklärung. Das gilt von den biblischen Wundererzählungen bis hin zur Verweigerung der ökumenischen Altargemeinschaft durch die katholische Kirchenleitung. Wie ist das alles zu erklären? Man kann doch angesichts von Evolutionstheorie, Astronomie und Atomphysik den ersten Schöpfungsbericht, der die Erschaffung der Welt durch Gott in sieben Tagen beschreibt, oder die vielen Wundererzählungen nicht wörtlich nehmen. Soll man das aber als »guter« Christ tatsächlich tun? Wenn die »Jungfrauengeburt« tatsächlich als göttliches Wunder zu gelten hat – welche Kleinkariertheit dieses Gottes, der das Hymen eines israelitischen Mädchens unversehrt lässt, also ein Wunder tut, das doch niemandem etwas nutzt, dabei aber Millionen von Kindern durch Katastrophen und Hunger sterben lässt! Ist Jesus der »Sohn Gottes«? Ist er nicht der im Stall von Bethlehem geborene Mann aus Nazareth? Noch schwieriger wird es mit der Auferstehung. Wie soll man sich die vorstellen? Gilt sie für alle? Wie reimt sich die angebliche und weisungsbefugte Heiligkeit der Kirche mit ihrer Aktienmacht, ihrer Bürokratie und den sexuellen Vergehen von Priestern zusammen? Einen offenen Ort, an dem man seine Fragen stellen und Eindrücke loswerden könnte, gibt es nicht. So bleiben nur atmosphärische Erinnerungen an Befremdlichkeiten. Man kann sich nur schwer von ihnen lösen – irgendwie sind sie wichtig. In der Regel verblassen sie aber mit der Zeit und werden zu Erinnerungen von früher.

Eine Öffnung und ein neues Verständnis des Christlichen werden immer dringlicher. Nicht theologische Argumente allein helfen weiter, sondern nur neue Deutungen. Sie müssen – so die These – den religiösen Geist des Christentums in neuer Weise zum Ausdruck bringen.

6. Notwendige Wandlungen
Ein religiöses Verständnis des Christentums

Die Frage, ob das Christentum für einen modernen Menschen geistige Heimat, Orientierung und Lebensimpuls werden kann, hängt entscheidend davon ab, *welchem* Christentum er begegnet. Als kluge Religion wird es die eigene Selbstfixierung erkennen und aufbrechen wollen. Dass Gott allein heilig und die Kirche *semper reformanda* (ständig zu erneuern) sei, gilt ihr als religiöses Grundprinzip. Die Aufteilung der Wirklichkeit in einen angeblich heiligen und einen scheinbar profanen Bereich gilt ihr als Kategorienfehler und als Ausdruck von Überheblichkeit. Der Mensch ist für sie vor Gott immer zugleich sündig und geliebt, *simul iustus et peccator;* die sichtbare Kirche ist um keinen Deut heiliger als die übrige Welt.

Der christliche Glaube kann nur Gott gelten, nicht der Bibel, nicht dem Dogma, nicht dem Bekenntnis. Glaube ist keine Überzeugung, sondern eine Haltung. Es kann keinen zu glaubenden Glauben geben und keine ein für allemal gültigen Wahrheiten. Glauben heißt: dem von Gott gegebenen Leben vertrauen! Dieser Glaube ist die einzige uns verfügbare Gewissheit. »Glaubst du, so hast du«: so formuliert es präzise Martin Luther. Der Glaube kann und darf niemals im Sinne von Rechtgläubigkeit und als ein Instrument aufgefasst werden, Gott in einer langen und mühsamen Anstrengung erst gerecht werden zu wollen. Glaube ist im Gegenteil die Erfahrung des längst Angenommen-Seins, und darum selbst eine Gnade. Glaubensbekenntnisse sind *Ausdruck* von Religion, nicht deren Inhalte; sie sind darum prinzipiell revidierbar und fortzuschreiben. Und auch rationale Klärungen der Religion sind nicht die Religion selbst.

In diesem Sinne kann die Kirche niemals Selbstzweck und in besonderer Weise heilig sein kann. Sie ist Tradentin der christlich-religiösen Erfahrung und Überlieferung. Ihre Hauptaufgabe ist die Förderung des menschlichen Lebensvertrauens im Sinne der Botschaft Jesu vom Reich Gottes. Sie hat die entsprechenden religiösen Erfahrungen im christlichen Geist anzubieten und offenzuhalten. Sie hat ein Forum für christlich-religiöse Erfahrung, Suche und Kommunikation zu sein, nicht Lehranstalt, nicht Sakramentsverwaltung.

In einer klugen Religion kann und wird es Askese durchaus, niemals aber von außen oder von innen induzierten Zwang geben. Die christliche Religion ist Ausdruck der Liebe zum Leben, nicht einer repressiven Moral. Ihre erste Einsicht ist die Grundlosigkeit der geschenkten Gnade (als Liebe Gottes, als Vergebung, Rechtfertigung oder wie immer formuliert). Und darum genügt für den Gläubigen das »Interesse am Christentum« und die Erfahrung, dass es dem Leben dient.

Eine kluge christliche Religion wird Nöte, Autonomie, religiöses Denken und Suchen der Menschen vorbehaltlos ernst nehmen. Sie wird ihm keine religiösen Bedingungen stellen, sondern ihm Mut, Kraft und eine innere Gelassenheit geben, die aus inneren Veränderungen und neuem Bewusstsein hervorgehen.

Nimmt man die anstehenden Veränderungen zusammen, so könnte man sagen: das Christentum hat immer versucht, einen Weg zu Gott zu finden – durch rechte Lehren, Bemühung im Glauben, Ringen um Wahrheit und moralische Regelungen. Es wäre an der Zeit, wenn es – ganz so wie Jesus selbst – diesen Weg als religiös widersinnig ansähe; der Weg ist *von der Erfahrung Gottes her* zu gehen, der längst da ist, keine Vermittlungen will und nicht erst gesucht werden muss. Dann aber wäre wirklich dieser *Weg* zu gehen: als Weg der Lebendigkeit, der Spiritualität, des religiösen Ausdrucks, der Lebensfreude und der Hingabe.

Ulrich Barth hat zu den Bedingungen für eine neue Plausibilität des Christlichen einen Vorschlag gemacht, der der hier vertretenen These genau entspricht: nämlich eine Umstellung unter die »Leitfunktion eines Religionsbegriffs, der das religiöse Selbst-Verstehen der Menschen heute unter Einbezug traditioneller Vorgaben erlaubt … Das Leben der christlichen Religion hängt nicht ab von der theologischen Attraktivität ihrer Dogmen und Bekenntnisartikel und deren binnendogmatischer oder lehramtlicher Durchsetzung, sondern von der Bereitschaft unser aller, auf die Ebene religiöser Deutung zu heben und in kulturellen Ausdruck zu überführen, was wir uns in unseren Sinnwelten selbst letztlich wert sind.«[1]

Eine religiöse Neubelebung des Christentums ist also nicht als flüchtige spirituelle Welle und nicht ohne theologische Klärung denkbar. Sie bedeutet Abschiede von gewohnten Denkmustern, die theologisch begründet und aufmerksam reflektiert sein müssen. Die beherzte Öffnung zu einem neuen religiösen Selbstverständnis muss die Ambivalenzen aller Religion bewusst halten. Nur dann wird es zu einer fruchtbaren Begegnung zwischen allgemeiner Religiosität und christlich geprägter religiöser Sprache und Tradition kommen.

Die fundamentalste bevorstehende Wende in Richtung einer klu-

1. Ulrich Barth: Was ist Religion?, 559.

gen Religion dürfte der christliche Abschied von einer Logik der religiösen Gerechtigkeit sein. Das Leben ist nicht »gerecht«, die Religion ebenso wenig. »Wer da hat, dem wird gegeben« (Mk 4,25): Das ist schiere Ungerechtigkeit, aber realistische Einsicht. Nicht der rechte, sondern der tiefe Glaube macht heil.

6.1 Abschied von der Norm
Vom Lehrglauben zur religiösen Erfahrung und Deutung

Abschied von religiöser Exklusivität

Das Christentum hat »Notwendige Abschiede« vor sich (Klaus-Peter Jörns), die ihm nicht leicht fallen werden. Diese Abschiede sind unverzichtbar, wenn das Christentum sich weiter verständlich halten will. Sie sind nicht nur durch die unübersehbar plural gewordene Welt, den individualisierten Lebensstil und das von der Relativität aller Dinge ausgehende Denken gefordert; und nicht einmal nur durch die religiöse Suche der Menschen und deren wachsende psychische Nöte. Vor allem fordert sie die Sache selbst. Vieles von dem, was sich seit Jahrhunderten so selbstverständlich als »christlich« gibt, steht in starkem Kontrast zum Stifter der christlichen Religion und zu dessen ursprünglicher und bewegender Idee. Das Christentum muss sich neu an diesen orientieren.

»Trinitarische, christologische und ekklesiologische Vorstellungen, die zu machtvoll handelnden Wesen oder Subjekten verselbständigt werden, sind entweder auf dem Konto eines vergangenen Weltbildes abzubuchen oder aber so umzuformen, dass sie für die Explikation des religiösen Verhältnisses von personalem Selbstsein und sozialem Anderssein, von individueller Freiheit und naturhafter und gesellschaftlicher Abhängigkeit tauglich sind.«[2] Das ist, markig formuliert, in der Tat die Alternative, vor der das Christentum steht. Metaphysische Hypostasierungen (verselbstständigte Wesenheiten) überzeugen nicht mehr und sie sind ideologisch. Sie müssen sich darum als durchlässig für das individuelle religiöse Selbstverständnis erweisen. Darum sollte man statt von einem etwas aktivistisch assoziierten »umformen« besser etwas vorsichtiger von »neu verstehen« und »zugänglich machen« sprechen.

Abschiede allein können einer Religion nicht gut tun. Sie hinterlassen ein Vakuum, das ebenso bedrohlich wie gefährlich ist. Bedrohlich für die Gläubigen, denn sie sind mit erheblichen Verunsicherungen und auch Gewissheitsverlusten verbunden. Gefährlich für die verfasste Religion, denn sie scheint da der bisherigen Kraft beraubt zu werden. Selbst bei unverständlich gewordenen dogmatischen Aussagen wird man mit Abschieden vorsichtig verfahren müssen; dort sind Einsichten aufbewahrt und Identitäten verbürgt, die sich nicht einfach wegstreichen

---

2. Falk Wagner: Religion zwischen berufstheologisch-normativer Binnensicht, 144.

lassen. Paul Tillich, der religiös kluge theologische Denker, hat dazu angemerkt: »Es ist etwas Geheimnisvolles um die großen Worte unserer religiösen Tradition: sie können nicht ersetzt werden. Alle Versuche, sie zu ersetzen – auch meine eigenen –, vermochten nicht, die Wirklichkeit dessen, was sie meinten, zum Ausdruck zu bringen; sie führten zu seichtem und kraftlosem Gerede.«[3]

Die Rede von »notwendigen Abschieden« bedarf daher selbst einer Relativierung. Sie hat ihren Sinn darin, dass das Christentum sich in der Tat losmachen muss von Ideen und Ansprüchen, denen es zum Teil sogar sein traditionelles Selbstverständnis verdankt. Das Christentum muss sich als Religion verstehen lernen, nicht als inhaltlich bestimmter Glaube oder als sakrosanktes Heilsinstitut, und so zu einer angemesseneren Deutung seiner eigenen Gehalte gelangen. Abschied zu nehmen ist also von der Idee einer verbürgten und zu glaubenden objektiven religiösen Wahrheit.

Theologische Selbstbezogenheit, kirchliche Monopolansprüche, absolute Bezugspunkte gehören einem überholten Bewusstsein an. Sie werden heute nicht nur als Vereinnahmungen und als wenig hilfreich für das Leben empfunden. Und sie entsprechen dem Christentum auch selbst nicht. An seine Stelle muss symbolisches Verstehen, Einsicht in die Logik religiöser Aussagen und das Wissen um Erfahrungsgehalte treten. Diese Veränderung dürfte freilich vielen nicht gerade leicht fallen, und sie bringt auch manche durchgreifenden Veränderungen und an einigen Stellen tatsächlich auch Abschiede im christlichen Denken mit sich.

Diese Veränderung bewahrt die entscheidende Differenz des Christentums gegenüber dem Heidentum in sich auf, die an seiner prinzipiellen Religionskritik abgelesen werden kann. Diese weiß, dass der Mensch keine religiösen Leistungen, Rituale, Sakramente, Weihen, heilige Orte usw. braucht, um Gott nah zu sein. Jede vermeintliche religiöse Objektivität und jede Vermittlung, die zwischen Gott und Mensch die Brücke zu schlagen versucht, nimmt Gott selbst nicht ernst. Denn christlich verstanden ist Religion diejenige Bewusstwerdung, die Gott *in allem* zu sehen und zu spüren beginnt und oft gerade nicht in den heiligen Medien und in den geglaubten Inhalten des Glaubens. Diese grundlegende Haltung ist der modernen Toleranz und Pluralität keineswegs fremd; sie entspricht ihr weit eher als religiöse Exklusivitäten und Absolutismen.[4] Auch die Einsicht, dass Wahrheit eine Frage der Relation und der Per-

3. Paul Tillich: Religiöse Reden, 144.
4. »Das Evangelium ist … der (spät)modernen Vernunft und ihren Bedürfnissen

spektive ist (Friedrich Nietzsche), entspricht der grundlegenden Deutungshaltung einer klugen Religion. Sie muss keineswegs als verunsichernd erfahren werden; im Grunde ist sie befreiend.

Das kulturell gewordene Christentum muss sich darum in einem »postapodiktischen« (Hermann Timm) Sinne selbst neu verstehen. Es muss den Grundfehler falscher Religion bei sich selbst suchen: die Verwechslung des Textes mit der Offenbarung, des Botschafters mit der Botschaft, der Kirche mit dem Reich Gottes, des Sakraments mit dem Mysterium des Lebens, also: des Mediums mit dem Heiligen selbst. Das bedeutet eine wohl schmerzliche, aber notwendige und auch befreiende Abkehr von jeder Form des Einheitsdenkens. *Die* Bibel, *das* Wort Gottes, *die* christliche Wahrheit, *der* Glaube: das sind zu überwindende Denkfiguren. Selbst der berühmte Satz aus dem Johannesevangelium: »Ich bin der Weg, die Wahrheit und das Leben. Niemand kommt zum Vater denn durch mich« (Joh 14,6) ist eine theologisch konzentrierte Glaubensaussage und als prinzipielle Wahrheit aufgefasst falsch; theologisch wäre seiner exklusiven Auffassung gerade zu widersprechen. Es gibt christliche Wege zu Gott, die Jesus nicht kennen; und es gibt für andere Menschen andere religiöse Wege zum Heiligen und Unbedingten – dem zu widersprechen wäre schlicht religiöse Überheblichkeit. Richtig und wahr ist der Satz allerdings als Hinweis auf die Erfahrung Gottes als den *Vater*. Es ist durchaus zweifelhaft, wenn auch nie ganz zu bestreiten, dass auf anderen Wegen, also an Christus vorbei, Gott als die Liebe erfahrbar ist.

Sehr klar ist jedenfalls, dass der johanneische Christus nicht meint: Ich bin das Dogma, das heilige Recht und die Kirchenmacht. Die christliche Tradition ist nicht heilig, sondern weist auf das Heilige hin und zeigt Wege zu ihm. Der lateinische Begriff für Tradition, *tradere*, ist doppeldeutig: er bedeutet »übergeben«, ebenso aber auch »verraten«. Man kann den Geist nicht in Formeln sperren, sondern muss ihn der subjektiven Aneignung der Späteren überlassen. »Der Geist braucht Übersetzung, keine Repetition.«[5]

Katholisch heißt die notwendige Umorientierung vor allem: keine allein selig machende Kirche. Nichts kann belegen, dass Gott nicht auch außerhalb der Kirche Menschen zum Heil und zum Leben führt. Evangelisch heißt der Abschied und die notwendige Umorientierung vor allem: kein *sola scriptura* (allein durch die Schrift), und nicht einmal:

freundschaftlicher gesonnen, als eine im Grunde autoritäre Heilsvorstellung mich glauben machen will.« Gianni Vattimo: Glauben – Philosophieren, 99.

5.   Fulbert Steffensky: Wo der Glaube wohnen kann, 88.

solo Christo (allein durch Christus). Selbstverständlich ist an der *einzigartigen* Bedeutung beider festzuhalten – nicht aber an ihrer Exklusivität.[6] Nichts kann belegen, dass Gott nicht auch Menschen beruft, die Christus und die Schrift gar nicht kennen. Auch die Verpflichtung auf ein historisch veraltetes Denkgebäude, der Versuch, dieses vor dem Zeitbewusstsein unbewusst eher schützen zu wollen als es ihm zu öffnen, entspricht der eigenen Aufgabe nicht. Damit hält man sich nicht nur den Menschen vom Leib, man verrät auch die eigene Sache.

Ähnliches gilt für die reformatorische Frontstellung »Glauben statt Werke«.[7] Sie behält ihr gutes Recht, denn sie bedeutet den wertvollen Hinweis darauf, dass nicht die eigene Aktivität das Leben erfüllt, sondern das Wissen um Gnade. Die Erfahrung von Erfüllung und Sinn stellt sich profan wie religiös als Resonanz und in der Übereinstimmung in ein umgebendes Größeres ein, weniger im Verfolgen von Plänen, Projekten und Zielen. Und dennoch ist auch hier keine Exklusivität am Platz: denn es gibt durchaus »Werke«, etwa eine spirituelle Übungs-Praxis, eine selbst auferlegte Disziplin, einen erreichten Erfolg usw., die dem Leben dienen. Man kann durch Zupacken und durch religiöse Praxis durchaus etwas für das eigene Heil tun und in diesem Tun Gnade erfahren.[8]

6. Der Zusammenhang lässt sich am Barmer Bekenntnis von 1934 zeigen. Dieses Bekenntnis war in Zeiten ideologischer Vereinnahmung eine heilsame und klärende Konzentration auf das christlich Wesentliche. Zu Zeiten eines fortgeschrittenen und radikal gewordenen Pluralismus aber, in dem der Glaube seine Selbstverständlichkeit verloren hat, kann dieses Bekenntnis mit seiner klar abgrenzenden Tendenz dem unvoreingenommenen Betrachter als die Ersetzung einer Ideologie durch eine andere (wenn auch humane) erscheinen. Deutlich sollte sein, dass mit abgrenzenden Identitätsbemühungen der eigenen Sache keine Anhänger mehr gewonnen werden – es sei denn unter solchen, die der Last der eigenen Autonomie durch Flucht in ideelle Sicherheiten entkommen wollen. Weit sinnvoller wäre eine Form des christlichen Bekenntnisses, die nicht Abgrenzung, sondern eine profilierte religiöse *Deutung* des faktisch vorfindlichen pluralen Lebens unternimmt.

7. Dass der Mensch allein aus Glauben, nicht durch seine (frommen) Werke gerechtfertigt werde, ist die Grundüberzeugung der Reformation. Sie enthält den Hinweis auf die durch nichts zu ersetzende Einstellung und Haltung eines Menschen zum Leben, die darüber entscheiden, ob dieses Leben ein erfülltes und gelingendes Leben ist. Durch profane oder religiöse Aktivität kann man sich für ein erfülltes Leben durchaus öffnen, sie bietet für ein solches aber keine Gewähr.

8. Sinnvoll scheint es, nicht vom »Glauben«, sondern von Religion und Religiosität oder von Gottes- und Lebensvertrauen zu sprechen; der »Glaube« ist ein allzu belasteter Begriff geworden, er wird allzu schnell mit zu glaubenden

Eine neue Reformation wird im Christentum nicht mehr durch ein formales »Zurück zur Schrift« zu haben sein, sondern nur durch ein Zurück zum *Kern* der Schrift: zu Jesus von Nazareth, seiner Botschaft, seinem Gottesbewusstsein, seinen Lebensimpulsen. Das aber heißt, dass auch an der Bibel selbst Kritik zu üben ist, und zwar nicht nur historische, sondern vor allem theologische Kritik. Von Martin Luther bis hin zur modernen Exegese ist sie schon lange selbstverständlich – nur eben meist nicht in den Gemeinden und oft auch nicht in den Entscheidungen der Kirchenleitungen. Wo etwa wird laut und vernehmlich gesagt, dass eine Aussage wie »Ohne Blutvergießen keine Versöhnung« (Heb 9,22) christlich gesehen falsche Religion ist und eine klare theologische Zurückweisung verlangt? Dass der Hinweis auf einen »überlieferten Glauben, der den Heiligen ein für allemal übergeben ist« (Jud 3) eine unhistorische und irreführende religiöse Illusion ist? Dass der Satz des Matthäus, »Kein Jota vom Gesetz wird vergehen« (Mt 5,18) die Botschaft Jesu verfälscht?

Das Christentum lebt aus dem Geist des Jesus von Nazareth und dessen fortbestehenden Inspirationen. Neben der Unterscheidung zwischen einer falschen und einer klugen Form von Religion ist das vor allem der Ruf zum Vertrauen – und die Logik der Liebe. Nicht Normen und systematisches Denken dürfen christlich als verbindlich gelten, sondern allein Beziehungen: zu Gott, zu den Menschen, zur Natur. In diesen Beziehungen stellt sich die Erfahrung eines sinnvollen lebendigen Lebens ein, und nicht im Anhängen an rechte Lehre und Bekenntnis. Erst recht nicht kann eine christliche Kirche entscheiden, wer wann und mit wem zum Altar gehen darf; derartige kirchenjuristische Regelungen sind – selten wird es deutlich ausgesprochen – eine Perversion der in Jesus von Nazareth offenbar gewordenen Einladung Gottes, die allen gilt, die von Gott geschaffen und von ihm geliebt sind: Guten wie Bösen, Sündern wie mit Gott und dem Leben Verbundenen, Gläubigen wie Ungläubigen. Kriterium der Einladung kann einzig und allein der Hunger sein, das Bedürfnis und die Sehnsucht.

So umzudenken hat im Christentum längst schon begonnen und immer wieder stattgefunden. Für allzu viele Christen bedeutet ein solches Umdenken allerdings eine Entsicherung, die Angst macht. Die große Einsicht Jesu, dass gelingendes Leben und wirklich tragende Gewissheit nicht durch äußere Strukturen, durch die Befolgung von mo-

Glaubens-Inhalten, mit dem Fürwahrhalten von Lehren assoziiert, während Spiritualität, religiöse Suche und mystische Erfahrung in ihm wenig Platz zu haben scheinen.

ralischen Regeln, allgemeinen Gültigkeiten und Traditionen und auch nicht durch das eigene Streben zu haben sind, ja nicht einmal durch Befolgung von Religion (einer bestimmten religiösen Praxis, eines Glaubens), sondern einzig im Vertrauen auf Gott – wo wird das christlich gelehrt, gelernt, kirchlich gefördert? Wo wird die grundsätzliche Relativität aller christlichen Lehraussagen kommuniziert?

Religiöse Wahrheit gibt es nur als symbolische. Fixierte Wahrheit ist Ideologie. Geronnene Deutung, die aus Erfahrung stammt, kann durchaus tief und wahr sein, nicht aber als wörtlich zu glaubende. »Schablonen heilen nicht.«[9] Die Weitergabe der Tradition bedeutet nicht die Anbetung der Asche, sondern die Weitergabe des Feuers, der Begeisterung, der je neuen Inspiration. Die Heilige Schrift ist heilig nicht in dem Sinne, dass man sie als von Gott inspiriert und von einer quasi-magischen Aura umgeben ansehen dürfte, sondern weil sie Lebensfragen thematisiert. Es gibt unsägliche, ja widerliche Texte in ihr. Und doch ist sie für die Frage nach dem wahren Leben bis heute vollkommen einzigartig.

Die Zuwendung zum Heiligen geschieht im Leben selbst, gerade nicht da, wo ich mich um der Religion willen vom Leben abwende. Von Jesus ist zu lernen, dass es keine heiligen Sonderbezirke gibt; denn alles ist heilig in Gott. Die bewusste und vorübergehende Abwendung vom Leben, die sich in den Formen der religiösen Askese zeigt, dient gerade einer neu geöffneten Wahrnehmung des Lebens und will also erneut zu ihm hinführen. Darum gilt christlich für alle Religion das, was Jesus für den Sabbat gesagt hat: sie ist um des Menschen willen da, nicht der Mensch für sie. »Gibt es tatsächlich irgendeine bessere Wahrheit über letzte Dinge als diejenige, die einem hilft zu leben?«[10]

Eine christliche Kirche, die sich von diesen religionskritischen Gedanken leiten ließe, hätte heute wohl eine enorme Bedeutung als Platzhalterin einer »öffentlichen Kultur des Subjektiven« (Matthias Kroeger), die sonst von niemandem mehr vertreten wird – abgesehen von individualisierten Hilfen der Therapie oder der Beratung. Für die Grundwerte gelingenden Lebens gibt es sonst aber keine Lobby. Kirche ist weder Gnadenanstalt noch Bekenntniskirche. Sie ist notwendig, aber nicht im exklusiven Sinne *heils*notwendig. Sie muss dagegen eine für die Fragen, Nöte und religiösen Bedürfnisse der Menschen offene, an diesen wirklich interessierte und ihnen in kluger Weise weiterhelfende Kir-

---

9. Samuel Laeuchli: Die Bühne des Unheils, 86.
10. Carl Gustav Jung: Psychologie und Religion, 106.

che werden. Die Kirche tradiert einen Schatz religiöser Symbole, die eine starke Kraft haben können – die daher inszeniert, gedeutet, und offen kommuniziert werden müssen. Theologie und Kirche halten Einsichten lebendig, die sich für die Schattenseiten der Individualisierung geradezu aufdrängen: das Wissen um Gebot und Gnade und um das Geheimnis des Heiligen, das Wissen um das Unverfügbare, und in der Gestalt des Jesus von Nazareth das einzigartige Bild einer menschlichen Souveränität und Lebenszugewandtheit, die aus dem Gehaltensein lebt.

Sinn und Aufgabe der Theologie: Hermeneutik der Religion im christlichen Geist

Das Umdenken muss beim Denken beginnen, christlich also bei der Theologie. Sie bestimmt nicht nur Dogma und Auslegung, sie prägt auch eine Haltung. Zwei Aufgaben sind theologisch grundlegend und unverzichtbar, die keineswegs den bisherigen Selbstzuschreibungen der »Traditions- und Frömmigkeitsklärung« entsprechen: zum einen die Frage nach Lehre, Botschaft und Leben des Jesus von Nazareth, zum anderen die Unterscheidung zwischen sinnvoller und ideologischer Religion, vor allem natürlich im Christentum selbst. Theologie ist Hermeneutik der Religion im Geist Jesu von Nazareth, darum kritische Abwehr religiöser Selbstermächtigung, Exklusivität und Wirklichkeitsferne.

Die Theologie hat dem Glauben ebenso wenig vorzulegen wie das Dogma. »Nicht dass wir Herren wären über euren Glauben, sondern wir sind Gehilfen eurer Freude«, heißt es bei Paulus treffend (2 Kor 1,24). Nicht nur die rationale Klärung des Glaubens, also die Unterscheidung von Glauben und Irrglauben, sondern vorrangig die Unterscheidung von Glauben und Aberglauben, von menschlich angemessener Religion und Ideologie ist ihre unverzichtbare Aufgabe. Die Suche nach einer theologischen Wahrheit, die unabhängig von Erfahrung, Sprache und kulturellem Verstehenskontext geschieht, ist Illusion und falsche Religion. Genau daran muss sich die theologische Kritik entzünden. Die Theologie sollte die Gefahren und Schieflagen der eigenen Religion besser kennen als die externen Kritiker!

Kluge Theologie ist (entgegen ihrer Selbstbezeichnung) nicht »Gottes-Lehre«, sondern Hermeneutik der Religion. Die Klärung allein der Binnenperspektive ist ihrer Sache nicht angemessen; denn auch für die Deutung des Christlichen sind allgemeine Kenntnisse über Religion unabdingbare Voraussetzung geworden. Bleibt die Theologie in ihrer Binnenperspektive verhaftet, wird sie ihr Thema an Religionswissenschaft, Philosophie, Soziologie und Kulturwissenschaft verlieren. Positionelle Theologien klären schon gar nichts mehr, vor allem nicht die gegenwärtig gelebte Religion.

Der Dogmatiker Dietrich Ritschl hat vor Jahren ein beeindruckendes Konzept entworfen, in dem er die Aufgabe der Theologie ungewohnt neu und plausibel umreißt. Er nennt das Ensemble der Erfahrungen der Glaubensgemeinschaft die christliche »Story«, in der sich bestimmte »implizite Axiome« (strukturierende, meist unbewusste Grundannahmen des Denkens) ausmachen lassen. Diese zu klären und konstruktiv zu kritisieren, ist für Ritschl Aufgabe der Theologie. Nicht dagegen die Herstellung von dogmatischen Begriffen und Formeln; das sind »Ableitungen«, die die Story tendenziell sogar »verwunden«. Genau das ist nach Ritschl in der Theologie nun in ganz hohem Maße geschehen. Für solche dogmatischen Begriffe und Formeln werden komplizierte Rückübersetzungen notwendig; fallen diese weg, werden dogmatische Formulierungen »eine direkte Einladung zum Aberglauben«[11]. Die Theologie sollte sich aber gerade nicht auf die Klärung und Übersetzung von Formeln zurückziehen. Sie hat vor allem der Klärung der jetzt gelebten *Frömmigkeit* zu dienen, und darum hat sie ihren zentralen Ausgangspunkt im Gottesdienst, also in der darstellenden Rede der Gläubigen von Gott.

Eine kluge Theologie wird Lebenserfahrungen in die christlich-religiöse Deutung heben, d. h. in den Horizont Gottes. Nicht der Beleg der vernünftigen Denkbarkeit des Glaubens und nicht die rationale Ausdeutung der eigenen Tradition sind ihre erste Aufgabe, sondern die plausible Ausweisung der Klugheit und Lebbarkeit der christlichen Religion. Faktisch heißt das: metaphysische, natürliche und historische Theologie wären in eine symbolisch plausibilisierende Theologie der Deutungskraft und der Lebbarkeit der christlichen Symbole zu überführen.[12]

---

11. Dietrich Ritschl: Zur Logik der Theologie, 50.
12. Markus Buntfuß versteht und beschreibt Religion insgesamt als ein »metaphorisches Phänomen«. Er weist darauf hin, dass nicht nur die »*biblische Bildsprache* hauptsächlich aus Metaphern besteht«, sondern »auch die sich daran anschließende freie Überlieferung der *religiösen Glaubenssprache.*« Das gilt weiter auch für die »*dogmatische Lehrsprache*«. Auch sie »kann als differenziertes System von metaphorischen Grundkonzepten mit einer metaphorischen Eigenlogik verstanden werden«. Buntfuß macht solche Metaphorik schließlich sogar für die »theologische Theoriesprache« geltend. Interessanterweise begründet er diese ungewohnte, aber plausible Sicht mit der Meta-

Theologie ist grundsätzlich auch das, was Friedrich Schleiermacher für die *Praktische* Theologie gesagt hat: »Kunst der Kirchenleitung«. Religiös kompetent ist sie, sofern sie in kluger Weise und im besagten Sinne die Kirche kritisch begleitet und sie zu entwerfen hilft; und insofern sie die Inszenierung und Begleitung christlich-religiöser Erfahrung und Praxis betreibt. Sie soll christliche Einsichten und Bilder inszenieren und christliche Deutungen und Haltungen fördern. Darum muss sie religiös kompetent sein: sie muss die Vollzugslogik von Religion kennen und diese im Horizont des allgemeinen Plausibilitäts- und Evidenzbewusstseins verantworten – und dazu muss sie die Bedürfnisse, Nöte und Sehnsüchte der Menschen kennen; sie muss religiöse Blockaden und Fehlformen erkennen und benennen; religiöse Inszenierungen kritisch prüfen und konstruktiv begleiten können; über religiöse Bewusstseinszustände wie Träume, Ekstasen, meditative und spirituelle Erfahrungen, Trance usw. kompetente Auskunft geben können. Mit einem Satz: Theologie ist christliche Hermeneutik der Religion und kritische Begleitung und Förderung christlich-religiöser Darstellung, Praxis und Haltung. Das alles freilich nicht als freie Religionsexpertin, sondern indem sie die religiöse Kommunikation der heute lebenden Menschen mit ihren eigenen christlichen Grundtexten aufrecht erhält, letztere also verständlich und offen anbietet. Für die Erfüllung dieser Aufgabe brauchte es nicht zuletzt auch eine tiefgreifende Revision der theologischen Ausbildung.

Vom dogmatisch genormten Glauben zur Erfahrung der Wandlung

»Jeder Sehende ist ein neuer Priester.«[13] Mit diesem Satz bringt Friedrich Schleiermacher zum Ausdruck, dass in religiöser Hinsicht vor allem die gegenwärtige, inspirierende Erfahrung zählt, nicht die Identifikation mit Gehalten der Tradition. Wer ein Dogma, eine Lehre oder ein Bekenntnis glaubt, hält sich an Deutungen fest, die er für objektive Gegebenheiten hält. Wer *an* Christus glaubt, weil er an die Erlösung *durch*

---

phorik der Grundunterscheidungen, die er als Kern von Religion überhaupt ausmacht, nämlich der »Unterscheidung *und* Übertragung« zwischen Gott und Mensch, Himmel und Erde, Sünde und Gnade, Heiligem und Profanem, Kontingenz und Sinn usw. Markus Buntfuß: Metaphern – Schlüssel zur religiösen Kommunikation.

13. Friedrich Schleiermacher: Über die Religion, 248.

ihn glaubt, glaubt wenig mehr als die Christologie und die Erlösungslehre. Glaube als Für-Wahr-Halten ist ein vom Leben abgekoppelter Glaube, »Glaubenssätze« sind Fixierungen, die dem Leben nicht gerecht werden. In Anlehnung an Willigis Jäger könnte man sagen, sinnvoll für einen Menschen ist es, direkt aus der Quelle zu trinken, statt sich von Religionshütern gefiltertes und oft genug auch abgestandenes Wasser reichen zu lassen.

Glaube ist auch nicht das Gegenüber zum Unglauben – sondern zur *Lebensangst* und zu einem schwachen Selbstwertgefühl. Eugen Drewermann hat das in seiner großen Untersuchung zur Urgeschichte des Jahwisten in erhellender Weise deutlich gemacht. Es ist die Angst, nicht wirklich gehalten zu sein, die den Menschen dazu treibt, sich der Erkenntnis zuzuwenden, auch wenn sie sich als zerstörerisch erweist (Gen 3); Angst vor Übervorteilung ist es, die ihn zum Mörder macht (Gen 4); Angst vor Isolation, die ihn ans große gemeinsame Schaffen (des Turmbaus) gehen lässt (Gen 11). Hätte der Mensch Vertrauen, müsste er nicht meinen, sich sein Lebensrecht gewaltsam nehmen zu müssen. Darum allein kann der Mensch als »böse von Jugend an« (Gen 8, 22) gelten, darum allein als »Sünder«, d. h. als ein von Gott und vom Leben Getrennter. Das sind keine moralischen Abwertungen, sondern Hinweise auf eine existenzielle Not, die sich dort einstellt, wo kein Vertrauen ist.[14]

Das Christentum hat seine Klugheit darin, dass es in seinen religiösen Lehren, Aussagen, Erfahrungen und Traditionen Bilder eines bejahenswerten Lebens vor Augen stellt. Es ist die Religion der aus tiefem Vertrauen ermöglichten Hinwendung zum Leben: also zur Liebe. Schöpfung, Krippe, Inkarnation, Jesu Gleichnisse, das Kreuz – das alles sind Hinweise auf Leben, die sich kaum in Dogmen und Lehren fassen lassen. Sie erschließen sich eher einer wachen Wahrnehmung. Kritische theologische Vernunft kann, so unverzichtbar sie bleibt, genau diese Wahrnehmung kaum je ermöglichen. Als Rationalität steht sie sogar in der Gefahr, lebendige Religion zu ersetzen.[15]

---

14. Eugen Drewermann: Strukturen des Bösen.

15. »Sache christlicher Kultur, christlicher Verkündigung, christlicher Glaubenslehre wird es sein, das Rationale in der christlichen Gottesidee immerdar auf dem Untergrunde ihrer irrationalen Momente zu hegen um ihm so seine Tiefe zu geben.« Rudolf Otto: Das Heilige, 133. – Für die Vernunft gilt das ganz grundsätzlich: »Je mehr die kritische Vernunft vorwaltet, desto ärmer wird das Leben … Die überschätzte Vernunft hat das mit dem absoluten Staat gemeinsam: unter seiner Herrschaft verelendet der Einzelne.« Carl Gustav Jung: Erinnerungen, Träume, Gedanken, 305.

Eine kluge Theologie ist sich auch dessen bewusst, dass gerade die großen religiösen Worte wie »Erlösung«, »Gott«, »Sünde«, »Gnade«, »Liebe« usw. einer massiven Abnutzung unterliegen. Im Wissen um die Unersetzbarkeit dieser Begriffe wird sie darum versuchen, sie neu zu übersetzen, oder doch wenigstens neu zu deuten. Keine Wahrheit ist absolut. Völlig unverzichtbar für das Leben einer Religion ist darum die Regeneration aus der je neuen religiösen Erfahrung und Praxis heraus. Christlich wird sie im Geist und in der Spur des Jesus von Nazareth geschehen.

Kluge Theologie weiß darum, dass der Kern jeder lebendigen Religion, auch der christlichen, die Mystik ist.[16] Erlösung ist für sie Einsicht, Erwachen, Selbstfindung in Gott. Nicht nur Jesus, auch Paulus war in hohem Maße Mystiker: »In Christus sein« ist das Thema, das seine gesamte Theologie strukturiert. Die Einwohnung des Christusgeistes, der nicht von der Welt weg-, sondern gerade in sie hineinführt; der Leib als Tempel des Geistes, sein Wissen um das Geheimnis der Liebe (1 Kor 13) und andere Gedanken zeigen das deutlich. Eugen Biser hat Recht: »Das Christentum ist keine moralische, sondern eine mystische Religion.«[17]

Die Grundeinsicht der Mystik ist: Gotteserfahrung kann überall und jederzeit geschehen, sie hängt wenig an theologischer Einsicht, an kirchlichen Gnadenmitteln und auch nicht an frommer Praxis. Meister Eckhart etwa weiß darum, dass die Erfahrung Gottes jeder machen kann, »noch ehe er aus dieser Kirche kommt«. Auch die Magd im Stall kann sie machen, während sie ihre Arbeit tut. Gott ist erfahrbar – aber nicht begrifflich bestimmbar. Nur in der »Weiselosigkeit«, d. h. im Verzicht auf alle Vorstellung, alle theologischen Deutungen und alle vorgeformten Bilder ist er zu finden: Wer Gott auf eine bestimmte Weise hat, hat die Weise, nicht Gott. Denn kein Bild wird dem gerecht, der in allem und über alle Bilder hinaus ist.

Wird Mystik so als Weg der eigenen Erfahrung verstanden, dann ist sie ein Gewinn und eine Rückführung zum Ursprung des Christentums, gleichzeitig aber so wie alle kluge Religion auch eine Provokation des etablierten religiösen Betriebs. Denn es »liegt darin eine Ausrichtung, welche die christliche Religiosität nicht in der Bereitschaft aufgehen lässt, zu glauben, was die Kirche zu glauben vorschreibt, sondern zu einer personalen Reife zu kommen ... Dieser Ansatz kam in den

---

16. »Es ist die Mystik des Jesus, die er mit allen Großen der Religionsgeschichte gemeinsam hat.« Martin Koestler: Stirbt Jesus am Christentum?, 113.
17. Eugen Biser: Theologie der Zukunft, 37 f.

monotheistischen Religionen über eine marginale Bedeutung nie hinaus, wird aber allmählich zum entscheidenden Kriterium … Ein kirchliches Korrektiv frei flottierender Religiosität ist dennoch unverzichtbar, wenn es darum geht, einer Mystik mit geschlossenen Augen die jesuanische Mystik mit offenen Augen entgegenzusetzen.«[18]

Klug beraten wäre die Theologie also, wenn sie *religiöse Kompetenz* zeigte. Das Wissen um Religiosität, Frömmigkeitsstile, Spiritualität, Glaubenszweifel, religiöse Medien wie Musik und Poesie ist heute mindestes ebenso wichtig wie die detaillierte Kenntnis alter Sprachen, dogmatischer, oft historisch veralteter Gedankenkomplexe und historischer Verifizierungen, so wichtig die – wenigstens für theologische Experten – immer bleiben mögen. Und weit wichtiger als eine Ansammlung von christlichen Kenntnissen ist die Pflege einer profilierten und lebensklugen christlichen Spiritualität.

Die Aufgabe der Kirche

Kirche ist die Jüngerschaft Jesu, die in seinem Geist lebt und die seine Botschaft weiterträgt. Sie ist *congregatio sanctorum*, d. h. Gemeinschaft der Glaubenden, zu denen auch die gehören, die glauben *wollen*.[19] Bekehrung und Mission mögen geschehen, wenn sie aus dem Überschwang der Begeisterung heraus erfolgen – die eigentliche Aufgabe der Kirche sind sie nicht; die ist der Ruf und die Hinführung zu einem erfüllten Leben, das aus dem Vertrauen auf Gott lebt, und in diesem Sinne die deutende und unterstützende Begleitung religiöser Erfahrungen. Die Kirche kann darum keine Exklusivität für sich beanspruchen, sie ist im Gegenteil sogar verwiesen auf die Hinwendung zu den Menschen. Die Fixierung auf das Bekenntnis darf nicht zur Behinderung der geistlichen Aufgabe werden. Wenn Sünde das Eingeschlossensein in sich selbst bedeutet, also die Ab-Sonderung, dann ist auch die kirchliche Exklusivität Sünde. Die Kirchenmitglieder sind *Subjekte*, nicht Objekte kirchlichen Handelns!

Hier ist der Kirche eine fundamentale Umorientierung abverlangt, die ihr gar nicht leicht fallen kann. Eine Kirche, die sich jahrhundertelang als Glaubensvermittlerin gesehen hat, wird nun an den Glauben

---

18. Hubertus Halbfas: Das Christentum, 575.
19. Wobei die Glaubenden im evangelischen Sinne als die gelten dürfen, die in ihrem Vertrauen auf Gott »gerechtfertigt«, d. h. gehalten und der Sorge um ihr Heil enthoben sind.

ihrer Mitglieder verwiesen. Allein dann aber, wenn sie überzeugungs-fähige Angebote christlicher Lebenseinstellung und Lebensführung macht, wird die Kirche für die Menschen der späten Moderne neu be-deutsam werden können.

Die vorrangige Aufgabe der Kirche ist es, Transparenz zu schaffen für Gott, so wie es Jesus Christus getan hat, die religiös Suchenden also *zu einer eigenen Religionspraxis anzuleiten,* und Menschen so zu einem erfüllten Leben zu führen. Wenn sie dieser Aufgabe gerecht werden will, so muss sie ein Forum für religiöse Erfahrung und Kommunikation sein. Auch wenn sie selbst einen klaren Vorsprung in ihren Bildern, ihrer Musik, in ihren Symbolen und Räumen und in der Deutung menschlicher Fragen hat, in *dieser* Hinsicht (und gerade nicht als Heils-verwahrerin) den Menschen also grundsätzlich voraus ist, so hat sie doch gerade keinen Vorrang vor den Menschen, sondern hat sie religiös zu begleiten.[20] Die Kirche ist weder ein Verein von Gleichgesinnten, noch ein religiöses Dienstleistungsunternehmen, sondern Platzhalterin einer größeren Wahrheit, die weit über individuelles Vermögen hinaus-geht. Sie ist eine Gemeinschaft von religiös Interessierten und Suchen-den, die einen unersetzbar wertvollen Schatz an geronnenen Erfahrun-gen, Einsichten und Bildern des Lebens mit sich führt.

Die Kirche *definiert* sich durch ihre Aufgabe; sie kann kein Selbst-zweck sein. »Die Frömmsten sondern sich stolz und kalt von ihr aus. Es kann in der Tat nichts deutlicher sein: man ist in dieser Verbindung nur deswegen weil man keine Religion hat, man verharrt darin nur so lange als man keine hat.«[21] Kirche ist eine funktionale Größe! In der Sprache der Reformatoren: sie verkündet das Wort Gottes und verwaltet die Sa-kramente, um die Menschen zum Glauben und zum Heil zu führen.

Martin Kumlehn nennt die Kirche in diesem Sinne eine »religions-vermittelnde Organisation«. Er plädiert nachdrücklich dafür, sie müsse eine »Kirche für die Religion der Menschen« sein und werden; nur so könne sie die Menschen noch und wieder erreichen. Dazu aber müsse sie sich umstellen auf eben das, was die Menschen faktisch als Religion erfahren und erleben – und das ist nicht mehr der innerkirchliche Bin-

---

20. »Ihre Aufgabe wäre es, religiöses Denken und seine Erfahrungsräume gedank-lich und kulturell in eine Form zu bringen, die verstehbar, angemessen und für vernünftige, autonome Menschen nachvollziehbar und intellektuell wie seelisch lebbar ist.« Matthias Kroeger: Im religiösen Umbruch der Welt, 21.
21. Friedrich Schleiermacher: Über die Religion, 330. – Dasselbe sagt Norbert Bolz: »Kirche überlebt gerade weil und wo die religiösen Motive schwach sind.« Norbert Bolz: Das Wissen der Religion, 116.

nenraum. Andernfalls unterliegt die Kirche einer »Selbstparalysierung durch Zuständigkeitsverweigerung«[22]. Kirche muss – in Anlehnung an Friedrich Schleiermacher – die »Organisation religiöser Kommunikation« betreiben. Sie ist also christliches Forum für das religiöse Leben. Wo Kirche für sinnvolle und lebensbezogene Religion steht, macht sie sich selbst in kluger Weise zum Medium. Dann orientiert sie sich vorrangig an den Menschen, nicht an der Sicherung der eigenen Herkunftsidentität.[23]

Kernaufgabe der Kirche ist die *kultische* Kommunikation der Gotteserfahrung und religiöser Erfahrungen überhaupt. Diese allein macht sie unverwechselbar und unverzichtbar. Sie muss so gestaltet sein, dass sich Menschen darin wiederfinden – bzw. sich überhaupt erst finden. Kirche soll also »Raum und Zeit für gelebte Religion schaffen« (Rainer Volp). Das geschieht im Gottesdienst, ansatzweise aber auch im Unterricht (also in der religiösen Bildung) und in der Seelsorge. Dafür nutzt die Kirche eine symbolische, rituelle, rhetorische, inszenatorische Kommunikation, die keineswegs nur diskursiv, sondern primär ästhetisch-prozesshaft verfährt.

Besondere und hohe Aufmerksamkeit wird eine an Religion orientierte Kirche nicht nur den eigenen Deutungen und Symbolen, sondern auch den künstlerischen Gestaltungen schenken. Theologie und Kirche, aber auch die Gläubigen, dürfen sich der kulturellen Kreativität des Christentums erfreuen und sollten sich ihrer dankbar und kundig annehmen. Religion teilt sich vorwiegend in ästhetischen Ausdrucksgestalten mit, in Bildern, Klängen, Räumen, Prozessen und symbolischen und mythischen Erzählungen, keineswegs nur diskursiv. Martin Luther wusste, dass wir »nichts on bilde denkken noch verstehen können«[24]; für die Religion gilt diese allgemeine Einsicht in besonderem Maße. Darum braucht die Kirche eine besondere Kompetenz und Sorgfalt in der sprachlichen, gestischen, szenischen und prozessualen Darstellung der christlichen Gehalte.

Für die ärmer werdende Kirche gilt: sie braucht sich nicht für alles zuständig zu fühlen. Entschlacken und Loslassen von Dingen, die auch andere können, würde ihrer Aufgabe gut tun und ihre Erkennbarkeit

---

22. Martin Kumlehn: Kirche im Zeitalter der Pluralisierung von Religion, 15.
23. So sieht das auch Wolfgang Lück: »Die Zukunft der Kirche wird sich daran entscheiden, ob die Kirche erkennbar religiös und auf religiöse Bedürfnisse einzugehen bereit ist.« Wolfgang Lück: Die Zukunft der Kirche, 52.
24. Martin Luther: WA 37, 63.

steigern. Kirchlich wirklich bedeutsam ist allein die religiöse Botschaft vom nahen Gott, deren liturgische Gestaltung und eine dem entsprechende Lebensdeutung.

Um-Denken

Es gab und gibt im Christentum immer wieder »Bilder, die wir nicht mehr brauchen«, so Bischof John A. T. Robinson lapidar und treffend schon vor einigen Jahrzehnten. Abwurf von überflüssigem Ballast ist Entlastung, und das wiederum ist die Bedingung dafür, neue Aufgaben anzugehen.

Christliche Begriffe wie die Sünde, Jungfrauengeburt, Gericht, Heilige Kirche oder auch das Glaubensbekenntnis können aber nicht einfach über Bord geworfen werden, wenn solche Bilder *als metaphysische* nicht mehr überzeugen. Man müsste das eigene religiöse Gefühl betrügen, wenn man so denken wollte. Unbedingt aber wird man neue Gewichtungen vornehmen müssen. Die Diskussion um die dogmatischen Begriffe, Bekenntnisinhalte und Vorstellungsbilder muss unter den Christen vor allem erst einmal eröffnet werden – und zwar nicht nur in der Theologie, wo längst vieles kritisch gesehen (in der zunehmenden Differenzierung der Arbeitsgebiete oft aber auch *übergangen*) wird, sondern vor allem in den Gemeinden und Kirchenleitungen. Die religiösen Traditionen und Sinndeutungen des Christentums sind oft weit klüger, als das dem modernen Verstand auf Anhieb einleuchtet, und sie sind eine Lebenshilfe, die durch nichts anderes ersetzbar ist. Die christliche Identität ist aber noch weit mehr als in diesen Traditionen und in seinen kulturellen Ausprägungen bei ihrem Stifter zu suchen, dessen Botschaft sich in ihnen spiegeln muss. Darum ist unbedingt auch Platz zu schaffen für neue, zeitgemäße, religiös inspirierte Interpretationen, die durch den eigenen religiösen Ursprung angestoßen werden.

Eine sinnvolle Rahmenvorgabe für ein entsprechendes Umdenken müssen die menschliche Not und das mögliche Gelingen des Lebens sein – diese Bezüge lassen sich auch für den Meister selbst als eine Art hermeneutische Voraussetzung belegen. Dass die Liebe die Dinge und Verhältnisse weit kritischer sieht als die Vernunft, hat die Religion der Aufklärung voraus – und das sollte sie offensiv vertreten. In diesem Sinne darf der Einspruch gegen die glaubens-normierte Vertheologisierung und Verkirchlichung des Christlichen, ferner gegen den verbreiteten naiven Biblizismus, durchaus beherzt ausfallen, ebenso das Plädoyer für eine Rückbesinnung auf die Botschaft Jesu und schließlich für ein übersetzungsfähiges religiöses Verstehen und eine entsprechende Kultur der Kommunikation.

Ein Christentum, das sich selbst als Religion begreift, wird seine klassischen Denkmuster kennen und benennen, sie aber auf ihre Übereinstimmung mit dem eigenen Ursprung hin überprüfen und auf ihre heutige Verstehbarkeit achten. Dazu wird es sich für das Denken und Fragen der Menschen heute nachhaltig interessieren. So kann es etwa den Christus als Botschaft und Präsenz Gottes in dem menschlichen Jesus von Nazareth verstehen; Gott als bewegende Liebe statt als theistische Trinität; die Erlösung durch Prozesse der Bewusstwerdung und des Umdenkens statt durch Satisfaktions-Vermittlung und abergläubisches Sakramentsverständnis; Glaube als Vertrauen und Wissen um das Unbedingte und Unverfügbare statt als Festhalten an Dogma und Bekenntnis. Es wird wissen, dass die hier vorgenommenen Gegenüberstellungen nicht absolut voneinander getrennte Pole darstellen, sondern Weisen des Verstehens sind.

Wo immer darum religiöse Ideen als zeitgebunden, relativ, mythologisch oder gar als ideologisch benannt werden, kommt es zum Verlassen einer ehemaligen Heimat, zu Verunsicherung, Irritation und wohl auch zum Protest. Auch ein verwandeltes, symbolisches religiöses Verstehen aber kann ein kräftiges sein. Ja, man muss noch mehr sagen: immer dort, wo religiöse Verkrustungen freigelegt werden, wird auch *falscher* Trost beseitigt und der Mensch aus einer regressiven Haltung herausgeholt. So aber kann es gerade zu einer inneren Stärkung kommen, die aus den Quellen selbst lebt, und die eher kräftige Inspiration als Trost ist. Sie bedeutet dann einen Gewinn an Reife und Lebendigkeit durch eine geschärfte Wahrnehmung und durch eine Bewusstwerdung, die sich im Umgang mit den Traditionen und Symbolen der Religion ergibt und das eigene Leben vertieft, bereichert und kräftigt. Das wird dann als eine Verwandlung in neue Lebendigkeit zu erfahren und zu beschreiben sein, und nicht mehr als ein geglaubter Glaube.

Bei aller Abwendung von theologischen Normvorgaben und von kirchlichen Exklusivitätsansprüchen kann und darf sich das Christentum immer auch dessen bewusst sein, dass das ungerechte, unmoralische, nicht sortierbare und berechenbare, oft genug schmutzige, sinnlich verführerische Leben das von Gott gegebene ist. Christlich leben heißt nicht, etwas müssen – wahr glauben, sich Angst um das eigene Seelenheil machen oder zwanghaft asketisch sein –, sondern aus dem Vollen leben wie der Meister selbst: sinnlich, verschwenderisch, festlich, voller Freude, genießend, unsentimental und in verschwenderischer Hingabe, mit einem Wort: in Liebe.

6.2 Gott in allen Dingen sehen
Vom Theismus zur Mystik

Theismus?

Es sind neben der Christologie vor allem zwei große Themen, bei denen dem Christentum eine Umorientierung abverlangt ist, die nicht leicht fallen dürfte, die aber auch mit großen Gewinnen verbunden sein wird: das Gottesbild und die Erlösungslehre.

Die Frage nach Gott meldet sich inzwischen auch bei den Intellektuellen zurück: »Wer es ausschlägt [nach Gott zu fragen], nimmt Schaden – der Gläubige an seiner Seele, der Ungläubige an seinem Intellekt.«[25] Die Situation, in der diese Frage gestellt wird, ist aber eine nachmetaphysische. Die Wirklichkeit ist eine einzige, Geist und Materie gehören zusammen. Zweifel an Gott sind normal und müssen längst nicht mehr subtil begründet werden. Als Problem, möglicherweise als ein Kernproblem des Verstehens des gegenwärtigen Christentums überhaupt, erscheint darum seine klassische, auf metaphysischen Voraussetzungen beruhende theistische Gottesvorstellung, wie sie etwa im Glaubensbekenntnis zum Ausdruck kommt. Weitgehend selbstverständlich und unbefragt dominiert im Christentum die Vorstellung von einem persönlichen, allmächtigen, handelnden, allwissenden und unbedingt guten Gott. Sie löst heute die Empfindung aus: Dieser Gott ist *fern*. Auch unter den Christen selbst ist sie unverständlich und unglaubwürdig geworden. »Wenn der Gott, den ich anbete, mit den altertümlichen Worten des Glaubensbekenntnisses wörtlich identifiziert werden müsste, würde Gott für mich nicht nur unglaubwürdig werden, sondern taugte geradezu nicht mehr dazu, Gegenstand meiner Verehrung zu sein.«[26] Dietrich Ritschl spricht gar von der »Zwangsjacke des theistischen Gottesmodells«, das dem Atheismus unter Bedingungen modernen Denkens beste Argumente liefere.

Das neuzeitliche Weltverstehen ist durch die Entdeckungen der Naturwissenschaften grundlegend verändert worden. Der Theismus zeigt exemplarisch, dass das theologische Denken insgesamt hier in eine unfruchtbare Frontstellung geraten ist, in der es sich immer weniger behaupten kann. Bekannt ist, um nur die einschlägigen Erkenntnissprünge der neuzeitlichen Wissenschaft zu nennen, die Dezentrierung des

---

25. So das Vorwort des bemerkenswerten Sonderheftes »Nach Gott fragen. Über das Religiöse« des Merkur 53 (1999), 771.
26. John Shelby Spong: Was sich im Christentum ändern muss, 20.

Weltbildes durch Nikolaus Kopernikus im 16. Jh., die nach ihm von Giordano Bruno (als Ketzer hingerichtet 1600) zu einer mystisch-spirituellen, schwärmerischen Theologie ausgebaut, von der Kirche aber als Erschütterung der eigenen Zentralstellung im Universum aufgefasst wurde. Nachgewiesen wurde das neue Weltbild durch Galileo Galilei, der sich seiner kirchlichen Verurteilung (1633) resignierend unterwarf. Isaak Newtons rationale Erklärung der Naturgesetze bedeutete faktisch eine weitere massive Erschütterung metaphysischen Denkens – prinzipiell alles war jetzt einer natürlichen Erklärung zugänglich! –, die vor allem wegen Newtons persönlicher Frömmigkeit zunächst wenig auffiel. Größtes Aufsehen dagegen erregte Charles Darwins Abstammungslehre und die mit ihr verbundene Einordnung des Menschen in die allgemeinen Natur- und Entwicklungszusammenhänge des Lebens (1859), die als regelrechte Degradierung des Menschen aufgefasst wurde. Die Schöpfung erschien jetzt als unfertig und im ständigen Werden begriffen; der Mensch konnte sich nicht mehr als »Krone der Schöpfung« empfinden. Sigmund Freuds Entdeckung des Unbewussten lieferte dann auch für innerseelische Vorgänge natürliche Erklärungen und führte zu der Einsicht, der Mensch sei nicht einmal »Herr im eigenen Haus«. Das wurde als Zersetzung des Ich-Bewusstseins empfunden. Albert Einsteins Einsicht in die grundsätzliche Relativität aller Dinge schließlich (Die spezielle Relativitätstheorie, 1905) wirkte langfristig als Abgesang auf jeden festen Standpunkt, auf Absolutheit und einzigartige Wahrheit. Längst konnte nach diesen Einbrüchen eines statisch-geordneten Weltbildes Gott nicht mehr auf einem himmlischen Thron sitzen. Wo aber war er dann?

»Gott ist tot«: dieser Satz Friedrich Nietzsches bringt zum Ausdruck, dass der an die Vorstellungen eines überweltlichen Himmels gebundene, herrschende Gott für die Menschen keine Realität mehr ist. Der Glaube an eine solche über- und außerweltliche Realität ist nur noch als unglaubwürdig gewordene äußere Hülse da.

Der Theismus widerspricht der heutigen Wirklichkeitsauffassung an mindestens zwei zentralen Punkten: zum einen in der Auseinanderreißung der Wirklichkeit in einen materiell-sichtbaren und einen geistig-unsichtbaren, metaphysischen Bereich. Willigis Jäger hat Recht: »Der Theismus führt zu einer dualen Weltsicht. Er installiert eine tiefe Kluft zwischen Gott und Welt … Die Welt wird zum Jammertal, zum Tal der Tränen, dem es über die erlösende Brücke des Kreuzes Christi zu entfliehen gilt.«[27] Das aber heißt, dass das Christentum mit der Etab-

---

27. Willigis Jäger: Die Welle ist das Meer, 17.

lierung einer göttlichen Sonderwelt den Urfehler einer neurotischen Religion begeht, die faktisch auch das konkrete Leben entwertet.

Zum anderen widerspricht es der modernen Wirklichkeitsauffassung in der vor allem durch Aristoteles eingeführten theistischen Idee, Gott sei *summum bonum* (das höchste Gute). Welche Probleme sich diese christliche Lehre selbst aufgeladen hat, zeigt sich spätestens seit der Einführung des Teufels, der für die Christen zur Chiffre umfassender Angst wurde: Irgendjemand musste für das Böse verantwortlich sein, da der gute Gott das nicht sein konnte. Der Theismus führt so zu dem heute unter den Christen verbreiteten auffallend harmlosen Gottesbild. Gott ist ausschließlich der »liebe Gott«. Kein Wunder, dass die Kirche die klare Unterscheidung zwischen Heil und Verdammnis, d. h. zwischen gelingendem und elendem Leben gar nicht mehr bemüht – die Harmlosigkeit des Gottesbildes überträgt sich in die Harmlosigkeit der Lebensdeutung. Dass die Bibel von einem eifersüchtigen, zornigen, sogar vernichtenden Gott spricht, von einem Gott im Elend, von seinem Erscheinen in Jesus, der am Kreuz im finstersten Elend endet, wird da geflissentlich übergangen. Gegen diese »biedermeierartige Verharmlosung des Göttlichen als des nur Guten«[28], die zum Sentimentalen neigt, und die der eigenen Lebenserfahrung nicht entspricht, ist vor allem Carl Gustav Jung angegangen – ein Psychologe also, kein Theologe! »›Gott‹ war für mich alles, nur nicht erbaulich.«[29] Höchst inspirierend, faszinierend und bisweilen verwirrend ist seine aus eigener Leiderfahrung hervorgegangene Schrift »Antwort auf Hiob«[30], in der er die wuchtige Gewalt der Gotteserfahrung zurückholt. Der kaum zu fassende, »rationale« trinitarische Gott sucht seelisch nach einem Ausgleich in einer »Quaternität«, in der die unbewusste Phantasie der abendländischen Psyche schon immer über den absoluten Rang des Teufels oder der Gottesmutter Maria sinniert hat. Nach Jung führt die vierte Figur im Gottesbild zum Empfinden des Ausgleichs und der Vollständigkeit.[31] Bemerkenswert ist auch Jungs Hinweis auf den ausgleichenden Umschlag der nicht wirklich verstandenen und allzu undifferenziert gelehrten »Liebe« Gottes am Ende des Neuen Testaments in den Blut- und Rache-Bildorgien der Johannes-Apokalypse. Hier zeigt sich wieder gerade nicht Liebe, sondern ein Rechtsdenken, das angesichts der Verfol-

28. Matthias Kroeger: Die Notwendigkeit der unakzeptablen Kirche, 210.
29. Carl Gustav Jung: Erinnerungen, Träume, Gedanken, 77.
30. Carl Gustav Jung: Antwort auf Hiob.
31. Carl Gustav Jung: Psychologie und Religion, 63 ff.

gung der Christen zur Zeit der Abfassung dieser Schrift nach *ausgleichender Genugtuung* strebt.

Wie unausgegoren die theistische Gottesvorstellung ist, zeigt sich an der völlig unvermittelten Zusammenstellung des »lieben« Gottes mit dem strafenden und zu fürchtenden Richtergott. Man kann vermuten, dass der liebe Gott gerade eine regressive Reaktion auf den richtenden Gott ist, welcher psychisch, wenn man ihn denn ernst nimmt, nur als drückend erfahren werden kann. Kein Wunder darum, dass in der mittelalterlichen Kirche und dann vor allem in der des 19. Jahrhunderts die Marienfrömmigkeit blühte: Maria, bitte für uns! Gott ist autoritär und eine *Bedrohung* für die Glaubenden.

Fast noch mehr als die Auseinanderreißung der Wirklichkeit, mehr noch als das Leid – nach Georg Büchner der »Fels des Atheismus« – dürfte es Dietrich Bonhoeffers eindringliche, aber kaum gehörte Warnung sein, von Gott nicht unter »Ausnutzung der Schwäche« des Menschen zu sprechen, die in diese Situation geführt hat. Der Theismus übergeht die Autonomie des Menschen, einschließlich ihrer Nöte. Der Mensch, der seine Autonomie mit Mühen erringt, findet im theistischen Gott keine Stütze, bleibt also mit seinem Streben und Scheitern allein. Dass der moderne Mensch sich von diesem Gott abwendet, ist eine erwartbare Folge. »Das auf Macht und Gegenmacht beruhende Verhältnis Gottes und des Menschen endet in ihrer Gleichgültigkeit.«[32]

Das veränderte Denken und Bewusstsein der Moderne, das seine Wurzeln in der philosophischen Tradition eines Spinoza, Lessing, Hegel, Jean Paul und Nietzsche hat, hat nur zu einer Episode gebliebenen (und in manchen ihrer Ideen auch etwas skurrilen) »Gott-ist-tot-Theologie« geführt, keineswegs aber zu einem tiefgreifenden Wandel der Gottesauffassung. Nach wie vor heißt es in christlicher Rede: Gott redet, ist, denkt, will und handelt. Dabei liegt das nicht-theistische Erbe im eigenen Haus offen zu Tage. Hätte man etwa die Rede von Gott als »Grund« oder »Tiefe des Seins« bei Paul Tillich ernster genommen, so hätte längst klar sein können: an der Existenz eines Seinsgrundes lässt sich eigentlich nur schlecht zweifeln; wichtig wird in dieser Perspektive auf Gott dagegen eher die Frage, welches geistige Verhältnis ein Mensch zu diesem Grund hat. Mit solchem theologischen Denken hätten sich nicht nur falsche Frontstellungen vermeiden lassen, die Gottesfrage wäre unter den Menschen auch lebendiger geblieben. Inzwischen ist von einem »Zusammenbruch« des Theismus gesprochen worden, der aber

---

32. Falk Wagner: Zur gegenwärtigen Lage des Protestantismus, 62.

in der Theologie kaum bearbeitet und vor allem in der Kirche noch kaum bemerkt wird.[33]

Gott ist als Person erfahrbar, und das Reden von Gott als Person ist ebenso sinnvoll wie offensichtlich unvermeidlich. Aus der erfahrenen Personalität Gottes lässt sich aber keine Lehrmeinung ableiten. Für das personale Gottesverständnis gilt dasselbe wie für jedes Gottesbild überhaupt: Je genauer Gott beschrieben wird, desto größer (und auch berechtigter!) wird der Projektionsverdacht: Gott ist nur der Wunsch des Menschen, eine infantile Regression. Auch hier ist es das gewachsene Autonomiebewusstsein des modernen Menschen, das auf diesen begründeten Verdacht stößt.

Jede dogmatische Aussage über Gott trägt die unvermeidliche Tendenz in sich, Gott auf diese Aussage zu beschränken. Der Projektionsverdacht behält darum als kritische Einrede gegen Fixierungen im Gottesbild sein bleibendes theologisches Recht. Außerdem führen derartige Aussagen oft zu höchst problematischen theologischen Folgeaussagen – so etwa die »Güte« Gottes zur Verharmlosung des Leids, die »Allmacht« Gottes zur Einführung eines für das Böse verantwortlichen Teufels, die »Gerechtigkeit« Gottes zur angeblich gewollten Opferung Jesu durch Gott usw.[34]

Projektionen sagen nichts Definitives über Realitätsgehalte aus – ohne Projektionen können wir gar nicht denken. Es sollte allerdings klar sein: Der Glaube an Gott löst keine Probleme; und die Gottesfrage ist begrifflich weder »lösbar«, noch eigentlich auch hilfreich für die Gläubigen stukturierbar. Dem Glauben sind symbolische Bilder von Gott weit angemessener. Wenn Gott als der Hirte, der Vater, der Eifersüchtige, der Fels usw. angesprochen wird, ist eigentlich klar, dass er mit diesen Begriffen nicht ineins gesetzt wird. Rationales Begreifenwollen Gottes führt dagegen leicht auf die beschriebenen Abwege des Theismus.

---

33. Matthias Kroeger: Im religiösen Umbruch der Welt, 373, Anm. 61, gibt eine Reihe von eindrucksvollen Beispielen dafür, dass namhafte Theologen die Uneigentlichkeit der Rede von Gott zwar feststellen, daraus aber keinerlei Konsequenzen ziehen.
34. »Wir haben die Auseinandersetzung, die psychisch in uns in Form von Widerständen stattfindet, in Form von Projektionen in Gott hinein verlegt. Und die Widersprüche, die wir haben, wenn wir Jesus zuhören, haben wir als Brüche in Gott reflektiert. Statt Psychologie haben wir eine projizierte Theologie. Nur, deren Widersprüche können wir nicht mehr lösen. Am Ende stirbt Jesus, damit er Widersprüche in Gott löst.« Eugen Drewermann: Wozu Religion?, 74.

Friedrich Schleiermachers ebenso hellsichtige wie missverständliche Bemerkung »ob [der Mensch] zu seiner [religiösen] Anschauung einen Gott hat, das hängt ab von der Richtung seiner Phantasie«[35] zeigt genau, dass *vor* der Vorstellung eines Gottes die Erfahrung *des Göttlichen* liegt; dass Gott in Begriffen nicht oder allenfalls sekundär, im Nachhinein und annähernd fassbar ist. Damit wird Gott gerade nicht zum Phantasieprodukt! Es gibt eine letzte unbedingte Wirklichkeit – wir *nennen* sie Gott.

Trinität?

Der Verdacht, eine Verstehensbarriere und eine christliche Unangemessenheit zu sein, muss sich auch gegen die Trinitätslehre richten. Sie ist eine weitgehend spekulative theologische Kopfgeburt, trotz ihrer biblischen Ansätze. Dass Gott der »Dreieinige« sei – wie soll man sich das überhaupt vorstellen? – ist einer rationalen Vernunft verdankt, die nachträglich in rationale Logik zu überführen bestrebt ist, was ursprünglich Bild und dynamische Erfahrung war. Das altkirchliche Dogma legt fest, Gott sei »einer« in drei »Personen« oder »Hypostasen« (Wesensausformungen, ein eigentlich nicht übersetzbarer Begriff) – allein der Hinweis, dass die *persona* im antiken Theater die Maske des Schauspielers war (*personare* heißt: durch-tönen) und gerade nicht eine Individualität, so wie sie heute verstanden wird, macht deutlich, wie assoziationsabhängig und missverständlich dogmatische Begriffe sind.

Spekulationen und rational kalkulierte Aussagen über Gott sind religiöse Überheblichkeit. Sie widersprechen dem Bilderverbot, dieser explizit religions-kritischen Kategorie der Bibel, dem – theologisch kaum je bemerkt – ein Sageverbot mit gleicher Absicht zur Seite gestellt ist: »Du sollst meinen Namen nicht missbrauchen!« (Ex 20,7). Auch mit Worten kann man Gott fixieren und entehren. Darum kann die Trinität nicht Glaubensgegenstand sein, und das gilt sowohl aus erkenntnistheoretischen als auch aus religiösen Gründen. Nicht umsonst sagt Meister Eckhart: »Wer Gott in einer [bestimmten] Weise sucht, der nimmt die Weise und verfehlt Gott.«[36] Wer Gott in Gedanken zu haben

---

35. Friedrich Schleiermacher: Über die Religion, 287. Schleiermacher hat die Bemerkung auf Grund ihrer Missverständlichkeit in einer späteren Auflage der »Reden« revidiert.
36. Meister Eckhart: Werke Band I, 71. – Sehr ähnlich: »Einen Gott, den man sich vor-stellen kann, kann man auch wieder weg-stellen« (Dietrich Bonhoeffer).

meint, hat Gedanken, aber nicht Gott, der in Gedanken nicht zu fassen ist. Man kann Gott durchaus als »Trinität« oder als »Person« zu begreifen versuchen, muss dann aber wissen, dass Gott nicht trinitarisch, nicht Person *ist*. 73 Gottesbilder gibt es allein im Alten Testament. Sie zeigen in ihrer Vielfalt gerade, dass Gott prinzipiell nicht durch menschliche Vorstellungen einzugrenzen ist. Die Trinitätslehre suggeriert eher eine abgeschlossene und starre Zuteilung göttlicher »Dimensionen« als die biblisch erfahrene Dynamik eines Gottes, der mit den Menschen mitgeht, sich wandelt und das Leben will, und unterbindet andere, subjektiv hilfreiche Gottesbilder.

Gottes-Bilder entstammen der religiösen Erfahrung und sind schon darum grundsätzlich verschieden; auch wenn sich manche vergleichbare Grund-Erfahrungen mit Gott immer wieder einstellen. Die dogmatische Theologie sollte religiös, nicht spekulativ verfahren, und mit ihr die Gläubigen, die die dogmatischen Bestimmungen in ihre Frömmigkeit übernehmen. Man muss heute fragen, ob nicht die theologische Behauptung einer angeblich denknotwendigen Trinität allein die spekulative Denkvernunft zufriedenstellt – und das noch ersichtlich eher schlecht als recht. Fragen muss man vor allem, ob sie christlich überhaupt *hilfreich* ist. Führt sie die Gläubigen zu dem von Jesus verkündigten und in seinem Geschick sich spiegelnden Gott? Das dürfte kaum umstandslos zu bejahen sein.

Trinität und Theismus sind nachträgliche rationale Ableitungen, die denkerische Probleme zu lösen versuchen – nicht religiöse. Die Überführung von religiösen Erfahrungen in abstrakte Behauptungen, die sich rational belegen, aber auch widerlegen lassen, muss als theologische Gefahr gelten. Religiös weit angemessener sind Symbole und Bilder.

Wie fremd die Trinitätslehre inzwischen selbst den Christen geworden ist, zeigt die Tatsache, dass die Bedeutung des Pfingstfestes, das ursprünglich dem Heiligen Geist als der dritten göttlichen »Person« galt, zunehmend unbekannt wird. Selbst im Gottesdienst wird das Pfingstfest einmal als Fest des Geistes, dann als Fest der Geburt der Kirche, dann schlicht als Fest der christlichen Begeisterung begangen. Man ist sich nicht mehr sicher. Und dann gibt es auch noch das blasse und weitgehend unbekannte Datum »Trinitatis« (Trinitätsfest), an dem sich keinerlei bekannte christliche Riten etablieren konnten.

Natürlich gehört das Bekenntnis zum Dreieinigen Gott zur christlichen Identität – sie darf aber niemals gegen die Einsicht in das (auch begrifflich) immer unverrechenbar bleibende nicht abbildbare Göttliche ausgespielt werden. Sie muss offen bekanntes Bild und Symbol sein, nicht zu glaubende Glaubensformel. Ihren guten Sinn hat die Trinitätsvorstellung als Hinweis auf die unverrechenbare Erscheinungsvielfalt Gottes. So verstanden gehört sie in der Tat zur Identität christlicher Glaubenstradition. Als solche ist sie gerade keine logische »Denknotwendigkeit«, sondern eher Doxologie: Ausdruck der Gottesverehrung. Sie versucht ja ineins zu denken, dass es derselbe Gott ist, der die Welt geschaffen hat, der in Jesus Christus erscheint und der die Herzen der Menschen öffnet und bewegt.

Theodizee?

Dass Gott allmächtig, allwissend, allgütig sei, ist also (wortwörtlich verstanden) theologischer Unsinn. Solche Aussagen scheitern nicht erst an der Logik, sondern schlicht an der wahrgenommenen Wirklichkeit. Entsprechende Spekulationen können nur noch von theologiehistorischem Interesse sein. Früher einmal mochten sie (wohl auch nur für einen Teil der Gläubigen!) Gott begreiflicher machen; heute sind sie christlich verstanden sogar gefährlich. Sie stehen im Widerspruch zum Evangelium, in dem keine Gotteslehre gegeben wird, sondern vom *Reich* Gottes die Rede ist; allenfalls heißt es: »Gott ist *wie* ...« Gott wird als Ereignis verstanden, als Wirklichkeit, die durchaus ansprechbar ist, nicht aber ein eingrenzbares Subjekt. Mehr noch, Dorothee Sölle hat Recht: Der Theismus macht Liebe unmöglich; er ist ein Gedanke des Rechts, er ist Widerspruch gegen das Christliche selbst.

Einer der Grundfehler, den die Theologie hier begangen hat, ist die Übertragung der Kausalitäts-Kategorie auf Gott, die der Religion aber wesentlich fremd ist. Alles wurde in der Theologie (im Gefolge des Aristoteles) kausal auf Gott zurückgeführt: Gott galt als erster Beweger, als erste Ursache. Dieses Prinzip versagt aber schon bei der Erklärung von Leid, Tragik und Schmerz, und es bekommt die Tiefendimension von Leben damit gar nicht in den Blick. Der Teufel, oder die Entstehung des Bösen durch den Menschen, müssen dann als nachträgliche (und ganz unglaubwürdige) Rationalisierungen herhalten. Auch wenn die vom Platonismus herkommende Idee Augustins, Gott als Inbegriff des Guten, das Böse dagegen als *Mangel des Guten* zu verstehen, wesentlich weniger naiv ist, als sie zunächst erscheinen mag – denn sie verweist auf die Einschränkung und Zerstörung von Leben, das als das Gute schlechthin gelten kann –, taugt sie doch nicht für umfassende Erklärungen.

Auch Theodizeen (d. h. Rechtfertigungen Gottes) sind darum theologisch unsinnig und religiös sogar verhängnisvoll. Die Frage nach Gott angesichts des Leids ist durchaus berechtigt und mehr als verständlich; Not lehrt beten, in der Tat. Ob Gott als Zuflucht und Nothelfer aber christlich angemessen verstanden ist, ist zu bezweifeln. Eine rationale Antwort auf die Theodizeefrage aber kann es gar nicht geben. Theodizeen sind – abgesehen davon, dass sie nie wirklich überzeugen, und schon gar nicht Leiden vermindern können – irreligiös. Denn wo es zu einer »Erklärung« von Gottes Verhalten kommt, ist es die Vernunft, die sich da rechtfertigt; selbst Gott noch wird ihr zum kalkulierbaren Gegenstand. Es hätte eigentlich theologisch auffallen müssen, dass die Theodizee-Versuche der Freunde im Buch Hiob von Gott gerade abgewiesen werden. Der religiös angemessene Ausdruck für erfahrenes Leid sind allein die Klage und das Gebet.

Man muss noch weiter gehen: Der Satz »Gott hilft« ist als theologische Aussage ein unsinniger und eigentlich religiös falscher Satz. Er ist nur als Bekenntnis oder als Hoffnung sinnvoll. Richtig ist: man kann zu Gott fliehen. Man kann und wird von erfahrener Hilfe erzählen. Viele Menschen können Gott für sein »Eingreifen« und Helfen danken, sogar für Wunder. Das sind Erfahrungen persönlichen Rechts – aus denen sich allerdings keine Lehre ableiten lässt. Allzu viele Schreie und Nöte werden *nicht* erhört. Es ist nicht zu belegen, dass gläubige Christen ein schicksal- und schmerzfreies Leben haben. Gott ist nicht verrechenbar, nicht nur begrifflich nicht. Er ist vor allem keine agierende, handelnde und belangbare Person.

In der Bibel ist nicht von Erkenntnissen Gottes die Rede, sondern von Erfahrungen mit ihm. Gott ist (im Alten Testament) *ruach*, d. h. Atem, Geist, lebendige Dynamik; nicht fassbar, aber immer mitten im Leben anwesend und spürbar. Die Bibel redet provozierend anthropomorph von Gott – wie auch sonst. Begriffe und Vorstellungen wie Allgegenwart, Allmacht, Allwissen sind ihr fremd, dominieren aber die dogmatische Lehre. Sinnvoll sind sie nur als Bilder religiöser Erfahrung. Vor allem die Auffassung Jesu, die eine mystische ist, hätte hier andere theologische Weichen stellen können und eigentlich müssen.

Zu widersprechen ist der Bibel da, wo Gott als rechtender Buchhalter erscheint, vor allem in der Vision der Johannes-Offenbarung. Die Vorstellung, Gott verzeichne die Taten der Menschen in einem Buch, das als Protokoll für das Endgericht diene, ist unvereinbar mit der Liebe Gottes und hat für größte Ängste gesorgt. Religiös weit angemessener als solche Projektionen ist Martin Luthers in Worte gefasste Erfahrung des *Deus absconditus* (des verborgenen Gottes), die nichts erklärt, sondern allenfalls darauf hinweist, dass das Leid unbegreiflich und Gott ein Geheimnis bleibt. Dass auch der ausbleibende Glaube mit Gott in Verbindung gebracht werden kann, ist eine tiefe religiöse Erfahrung und Einsicht, die sich nicht in rationale Begriffe fassen lässt.

Am ehesten ist Gott gedanklich vielleicht verständlich zu machen über die Sphäre des Geistigen: es gibt Schönheit, Kunst, schöpferische Ideen; es gibt Geist als eigentlich unwahrscheinliches »Wunder«. Gott geht in diesem Geist aber nicht auf. Auch der Pantheismus (*Deus sive natura*: Gott ist die Natur, d. h. alles, die Welt, ist Gott) versucht zwar Gott in die Erfahrung der den Menschen immer übergreifenden Welt einzuzeichnen und ihn darin zu erklären, kann aber nicht die Konsequenz aus der Einsicht ziehen, dass Gott »immer größer« ist. Gott wird zwar in der Natur, aber dennoch ja als ein Gegenüber erfahren, und er geht auch in der Gesamtheit der Dinge nicht auf. Darum ist es sinnvoller zu sagen: er ist *in* und *hinter* allem. Das aber genau ist die Erkenntnis der Mystik.

Der mystische Gott

Für Meister Eckhart ist Gott nicht hier oder da, oder überhaupt »draußen«. Theologische Begriffe sind eine »Weise«, die den Zugang zu Gott *blockieren*. Man soll Gott darum »weiselos« suchen, man muss sogar Gottes *ledig* und *quitt*, also regelrecht gott-los werden! »Wer Gott in einer bestimmten Weise sucht, der nimmt die Weise und verfehlt Gott.« Das ist wahrlich klug gedacht. Der angemessene Weg zu Gott ist nicht das Denken, sondern eher das Schweigen, der Rückzug in die hörende Stille, die Meditation – freilich ist auch das nur eine Art Vorbereitung auf die eigentliche Erkenntnis Gottes, die sich dann einstellt, wenn er *überall* gesehen wird; unabhängig von allen Vorstellungsbildern, unabhängig auch von religiöser Praxis und von religiösen Orten. Alles andere kann Gott gar nicht gerecht werden. Eckhart ist ebenso radikal wie auf kluge Weise religionskritisch: »Wer Gott in rechter Weise nehmen soll, der muss ihn in allen Dingen gleicherweise nehmen, in der Bedrängnis wie im Wohlbefinden, im Weinen wie in Freuden … Darum sollt ihr euch nicht auf irgendeine Weise verlegen, denn Gott ist in keiner Weise weder dies noch das. Darum tun die, die Gott in solcher Weise nehmen, ihm unrecht. Sie nehmen die Weise, nicht aber Gott … Denn wahrlich, wenn einer wähnt, in Innerlichkeit, Andacht, süßer Verzücktheit und in besonderer Begnadung Gottes mehr zu bekommen als beim Herdfeuer oder im Stalle, so tust du nichts anders, als ob du Gott nähmest, wändest ihm einen Mantel um das Haupt und schöbest ihn unter eine Bank.«[37]

Die Grunderkenntnis ist: »*Der* erkennt Gott recht, der ihn in *allen* Dingen gleicherweise erkennt.«[38] Das ist bei Eckhart die Konsequenz aus der Einsicht, die als eine Bündelung der Botschaft Jesu gelten könnte, so wie sie vor allem in dessen Gleichnissen erscheint: »Gott ist allzeit bereit, wir aber sind sehr unbereit; Gott ist uns nahe, wir aber sind ihm sehr fern; Gott ist drinnen, wir aber sind draußen.«[39] Gott ist also nicht oben, nicht draußen, nicht in Bildern und Vorstellungen, die man sich von ihm macht, erst recht nicht in dogmatischen Lehrsätzen zu finden. Eckhart nennt ihn nicht einmal »Herr«, wie das kirchlich und gläubig üblich ist. Wer nur die Kreaturen »erkennt«, so sagt er, der braucht keine Predigt mehr; denn alle Kreatur ist »Gottes voll«. Das zeigt augenscheinlich, dass der Weg zu Gott und der Weg zu mir selbst nicht voneinander getrennt werden können: *ich* bin es ja, der Gott denkt und erfährt. Der Weg der Mystik ist ebenso universal wie persönlich. »Es ist kein Weg sakramentaler Praxis, sondern spiritueller Reifung.«[40]

»Jede Vermittlung ist Gott fremd.« Mit diesem lapidaren Satz zur Gottesauffassung formuliert Eckhart das Prinzip aller wahren Religion. Nicht trotzig, sondern eher betrübt muss man wohl sagen: wer Gott finden will, muss sich von vielem frei machen, was er im Raum von Theologie und Kirche gelernt hat und hört. Dieses Freimachen ist selbst wiederum ein grundlegendes Thema für Eckhart, denn ihm gilt es als prinzipielle Bedingung für die Erkenntnis Gottes. Das Freiwerden (die »Ent-Bildung«) von allen Vorstellungen, Bildern, selbst Erfahrungen ist der eigentlich einzige Weg zu Gott; andernfalls landen wir immer bei Bildern von Gott, nicht bei Gott selbst. Genau das ist der Weg der »Meditation«, nicht nur als einer separaten Praxis, sondern als einer wachen Wahrnehmung und eines vollkommen offenen Bewusstseins. »Gelassenheit«, »Abgeschiedenheit« nennt Eckhart das und bezeichnet es als Bedingung für die Erfahrung Gottes. Bedürfnisse, Bilder, Vorstellungen, selbst religiöse Praxis sind nicht per se falsch, aber sie sind wie der Schmutz auf dem Boden des Brunnens, der das Wasser trübt oder gar zudeckt. Wer ganz »gelassen« ist, in den geht Gott ein, denn er ist Liebe und will beim Menschen sein – als profaner Gedanke formuliert: nur wer sich von allen Vorstellungsbildern, Plänen, Sorgen und Gedanken

---

37. Meister Eckhart: Werke Band I, 65 und 71.
38. A. a. O., Bd. II, 35.
39. A. a. O., 41.
40. Hubertus Halbfas: Das Christentum, 333.

frei macht, wer ganz offen und wach ist, kann die Fülle des Daseins spüren.

Der religiösen Erfahrung weit näher sind komplexe, polare und Eindeutigkeit vermeidende Beschreibungen Gottes. Etwa die bei Carl Gustav Jung, der in Gott eine »totale innere Gegensätzlichkeit, die unerlässliche Voraussetzung seiner ungeheuren Dynamik« sieht.[41] Man muss Gott »fürchten und lieben« (Luther)! Eine Rationalität, die sich ihrer eigenen Grenzen bewusst ist und diese in das theologische Denken selbst mit einbezieht, zeigt auch der Mystiker und Kardinal Nikolaus von Kues. Bereits im 15. Jahrhundert entwirft er eine mystisch inspirierte, intellektuelle, in ihren Grundannahmen aber einfache Gotteserkenntnis: Gott ist unabhängig von jedem Gegensatz, denn alles was sein kann und ist, ist in Gott, und Gott ist in allem, was sein kann und was ist. Gott ist daher *coincidentia oppositorum* (Zusammenfall der Gegensätze), oder auch: Gott ist Grund und unbedingte Wahrheit *alles* Erscheinenden. Darum können Gegensätze wie groß und klein, tief und hoch, selbst Erkenntnis und Unwissenheit, nur Sache des menschlichen Denkens und seiner Kategorisierungen sein, Gott ist immer jenseits davon. In ihm fallen das Größte und das Kleinste, Möglichkeit und Wirklichkeit usw. zusammen. Begriffliche und logische Aussagen dagegen können Gott niemals erreichen; er ist nur auf dem Weg über das Eingeständnis des Nichtwissens, die *docta ignorantia* (kluge Unwissenheit), über die Dunkelheit und das Leid (das »Kreuz«) zu begreifen; Nikolaus kann sogar sagen: im Unbegreiflichen muss Gott gesucht werden. Dazu rechnet der Kardinal auch die Gottessuche selbst: wer Gott »sehen« will, muss ihn möglichst tief ersehen.

Wie nah ist diese Mystik der Botschaft des Jesus und auch der heutigen religiösen Suche! Matthias Kroeger hat eindrucksvoll belegt, dass auch Martin Luther vorwiegend mystische Umschreibungen für Gott verwendet.[42] Theologie und Kirche aber kennen die Mystik kaum.

Es ist schon bemerkenswert, dass auch an dieser Stelle elementare biblische Erfahrungen nicht in die Dogmatik und in das Bekenntnis eingegangen sind. Die Aussagen zu den dunklen Seiten Gottes sind mehr als deutlich; immer wieder ist vom »Zorn« Gottes die Rede, gar von seiner Eifersucht und Rache, und vor allem werden die Erfahrungen des Bösen und des Schmerzes gerade nicht ausgespart, rational zu erklären versucht oder einer anderen Macht zugeordnet. Selbst im Buch Hiob ist es zwar der Satan, der Hiob Leid zufügt, aber erst, nachdem

---

41. Carl Gustav Jung: Antwort auf Hiob, 209.
42. Vgl. dazu Matthias Kroeger: Im religiösen Umbruch der Welt, 381, Anm. 98.

Gott die Erlaubnis dazu gegeben hat. Deuterojesaja sagt es klar und deutlich: »Ich schaffe das Licht und die Finsternis, Glück und Unglück kommen von mir« (Jes 45,7); und Amos: »Geschieht denn ein Unglück, das nicht Gott selbst bewirkt hat?« (Am 3,6). Das religiöse Leben wird lahmgelegt und harmlos, wenn Gott allein für das Gute zuständig ist und der Mensch sich allein um das Gutsein bemüht. Kluge Religion sieht auch hier tiefer: der Mensch und das Leben, sogar Gott selbst, sind unergründlich, unverrechenbar und ambivalent. Man kann durch Gott zerrissen werden – für den wirklich religiösen Menschen hängt aber alles daran, gerade im Leid an ihm festzuhalten. Das zeigt nicht nur die Hioberzählung – Hiob erklärt nicht, im Gegensatz zu den Theodizee-bemühten Freunden; er klagt und fordert sein Lebensrecht! –, sondern auch die faszinierende Geschichte von Jakob, der nachts mit einem Mann kämpft, in dem Gott selbst erscheint. Jakob ist unterlegen, beendet den Kampf aber nur unter der Bedingung, einen Segen zu erhalten. Er geht mit einer bleibenden Verletzung, aber auch mit einer neuen Gewissheit aus dem Kampf hervor (Gen 32,23 ff.).

Der Grund des Seins und der Glaube

Gott ist personal erfahrbar; er ist aber keine Person. Bei allem Reden von Gott muss von den eigenen Begriffen und Kategorien abstrahiert werden – was nicht leicht fällt. Paul Tillich hat darum vom »Gott über Gott« gesprochen und vom »Grund des Seins«: das ist religiös gedacht und trifft die Absicht der Mystik genau. Theistische Begriffe und Vorstellungen dagegen sind unreligiös. Gianni Vattimo hat in der Verweigerung des Theismus gar den Kerngedanken des Christentums gesehen: »Während Gott die Weisheit der Welt – d.h. die metaphysischen Träume der natürlichen Religion, die ihn als absolut, allmächtig, transzendent, kurz: als das *ipsum esse (metaphysicum) subsistens* denkt – Lügen straft, ist die Säkularisierung, d.h. die progressive Auflösung aller naturalistischen Heiligkeit, die eigentliche Essenz des Christentums.«[43]

Das Leben ist ambivalent, polar, besteht aus unlösbaren Spannungen. Dass es gut sei, ist Sache des Glaubens, der Erfahrung und der religiösen Einstellung, nicht der logisch ausweisbaren Feststellung. Es gibt Gnade und Schicksal; Geborenwerden und Sterben; sich freuen und leiden – wer wollte da eine Systematisierung oder gar »Rechtfertigung« des Lebens einführen? Für Gott gilt ganz dasselbe. Das »Gute,

---

43. Gianno Vattimo: Glauben – Philosophieren, 48.

Wahre und Schöne« als Idee kann ebenso naiv oder ideologisch sein wie der Glaube an eine ein für allemal und objektiv erbrachte Erlösung oder der Glaube an die technische Machbarkeit aller Dinge. Dem Leben angemessen ist einzig der vorbehaltlose Blick in seine Ambivalenzen – und dann das beherzte Zugreifen auf seine guten Möglichkeiten und Chancen, die vor allem in seinen lebendigen Beziehungen liegen. Wir können uns nicht über die Gegensätzlichkeit, Irrationalität und Unverrechenbarkeit des Lebens erheben, uns ihm auch nicht entziehen, sondern nur inmitten aller Ambivalenzen zum Leben zu finden versuchen. *In* diesen Ambivalenzen enthüllt sich uns das göttliche Geheimnis, wenn es sich denn enthüllt – nicht jenseits davon. Darum soll man Gott »fürchten *und* lieben«.

Das Ende des Theismus als Idee und Vorstellung hat sich im Bewusstsein der Menschen längst vollzogen; und das ist schmerzlich. Vielen Menschen fällt es nach wie vor schwer, sich diesem Ende bewusst zu stellen. »Bei der Gewalt und Bedeutung, die Bilder haben, ist es mehr als nur der Tod eines Bildes, was sich hier vollzieht. Denn der alte Glaube und sein Gottesbild waren ein Kraftfeld, eine Lebensform und eine Gewissheit … Es ist das Ende einer Gewissheit, dass die Welt von einer Gott-Person regiert und letztlich … behütet ist.«[44] Der hilfreiche, herrschende Gott, der für die Seinen sorgt, ist ein allzu warmes Bild – aber es entspricht der Realität nicht, und es macht sogar realitätsblind. Kaum etwas dürfte heute, in einer Zeit des dringenden Bedarfs an psychischen Energien, lähmender für die eigenen Kräfte sein; und kaum etwas dürfte darum für die Glaubwürdigkeit der Christen gefährlicher sein als Blindheit an diesem Punkt.

Was uns als Christen bleibt, ist kein verlässliches Wissen, sondern allein der Glaube daran, dass Gott sich als hilfreich und liebend erweisen wird. Das ist das Gottesverständnis Jesu: Gott als der nahe, liebende Vater, der nur zu glauben, nicht aber als Lehre und dogmatische Wahrheit zu haben ist. Martin Luther meinte, wenn er in seinen Glaubenszweifeln zu versinken drohte, man müsse Gott in der Erfahrung seines »Zorns« regelrecht behaften bei dem, was er in Jesus von sich gezeigt habe – bei seiner gütigen Seite also. Gott ist Liebe: für den Glauben *soll* er das sein, der Glaube besteht darauf. Gott hat auch eine gerechte Seite, auch in Strukturen, Geboten und Ordnungen wirkt sein lebenserhaltender Wille. Aber er steht nicht ein für die Sehnsucht nach allgemeiner Gerechtigkeit, d. h. nach dem großen Ausgleich. Er rechnet das Böse nicht zu – und auch nicht das Gute. Gott ist nicht gerecht. Er ist Liebe.

44. Matthias Kroeger: Im religiösen Umbruch der Welt, 81.

Das ist auch eine verwirrende Einsicht. Gerechtigkeit und selbst Barmherzigkeit (das Hauptattribut Allahs – auch dies wurde als Rechts-Begriff verstanden) sind für Jesus zweitrangig, sie verdunkeln christlich gesehen eher das Wesen Gottes.

Der Glaube an Gott legt sich nur sehr unzureichend in Begriffen aus. Er beschreibt eine Erfahrung, ein Gewahrwerden, ein Erfülltsein. Darum sollte man von Gott nicht abstrakt sprechen. Meister Eckhart fordert immer wieder dazu auf: lass Gott in dir Gott sein! Denn Gott sehnt sich nach dem Menschen. »Gott und ich, wir sind eins. Gottes Sein ist mein Leben.« Gott ist logischerweise nicht anders als im menschlichen Bewusstsein und Gefühl zugänglich. Das heißt: man kann nicht sprechen von ihm in Absehung von sich selbst. »Man soll Gott nicht außerhalb von einem selbst erfassen und ansehen, sondern als mein Eigen und als das, was in einem ist … Manche einfältigen Leute wähnen, sie sollten Gott so sehen, als stünde er dort und sie hier. Dem ist nicht so.«[45] Das gilt nicht nur aus erkenntnistheoretischen Gründen – es gibt auch die Botschaft Jesu wieder. Mit den »einfältigen Leuten« dürften freilich die allermeisten heutigen Gläubigen gemeint sein, die religiös Distanzierten aber wohl nicht minder.

Der Weg zu Gott beginnt nicht nur bei mir selbst, er führt auch zu mir selbst. »Sollen wir je in den *Grund Gottes* und in *sein Innerstes* kommen, so müssen wir zuerst in lauter Demut in *unsern eigenen Grund* und in *unser Innerstes* kommen.«[46] In psychologischer Einsicht heißt das: Gott bleibt als ein geglaubter Gott »draußen«, außerhalb meiner innersten Empfindungen; in ihn geht dann zwar psychische Energie als Liebe oder auch als Hass ein, aber dieser Gott hält abhängig und unreif. Er verwandelt nicht. Gott ist nach mystischer Erfahrung jedoch die Erfüllung eines umfassenden, nichts ausschließenden Lebensbewusstseins, allenfalls sekundär aber »Hilfe« und »Trost«. Noch einmal Eckhart mit seiner unnachahmlichen Schlichtheit, hinter der sich tiefste Einsicht verbirgt: Es wäre »eine völlige Torheit, wenn einer Gott um etwas anderes als um ihn selbst bäte; das schätzt er nicht«[47]. Gott bleibt weiterhin ansprechbar, freilich – sehr ungewohnt

---

45. Meister Eckhart: Werke Band I, 87. – »Wäre ich nicht, so wäre auch Gott nicht: dass Gott Gott ist, dafür bin ich die Ursache. Wäre ich nicht, so wäre Gott nicht Gott.« A. a. O., 563. Josef Quint merkt in seiner Wiedergabe der Stelle an: »›Dies zu wissen ist nicht nötig‹ – fügt er Meister zur Entspannung seiner erschreckten Hörer hinzu.« Josef Quint: Meister Eckehart, 25.
46. A. a. O., 573.
47. A. a. O., 627.

für viele Gläubigen – als »wagende Projektion«[48] und als symbolischer Akt.

Es dürfte nicht nur eine Überlebensfrage für das Christentum, sondern möglicherweise sogar für das ganze menschliche Leben sein, dass sich an dieser Stelle das Bewusstsein verändert und ausweitet. Nicht nur die seelische Verwahrlosung der Menschen, sondern auch die höchst dramatischen Verwüstungen der natürlichen Welt sind weder mit forcierter theistischer Frömmigkeit, noch mit moralischen Appellen oder der Forderungen nach neuen Werten aufzuhalten. Diejenigen, die es schaffen, sich forschend der mehr als belastenden Umweltzerstörung auszusetzen, wissen übereinstimmend, dass nur wenig Zeit für ein Umdenken bleibt. Technische Verbesserungen und politische Modifikationen werden nicht mehr helfen. Das Umdenken kann nur noch ein grundsätzliches sein. Dafür aber stellt die Religion eine tiefe und vielleicht sogar die stärkste Motivation bereit. Man kann (und sollte) darüber streiten, ob in Sachen Umweltzerstörung tatsächlich von den »Gnadenlosen Folgen des Christentums« (Carl Améry) gesprochen werden muss – von der Hand zu weisen dürfte das nicht sein, denn das Christentum hat sich, wie gezeigt, mit Körper, Leiblichkeit und Natur nie eingehend beschäftigt. Wenn die christliche Religion aber klug ist, weiß sie darum, dass nicht Gott zu verehren, sondern das Leben zu bewahren ist. Wo das Christentum in der beschriebenen mystischen Weise von Gott spricht, weiß es um seine Präsenz nicht nur in den Dingen und in den Lebewesen, sondern auch in den Naturgesetzen und in den Strukturen des Kosmos. Und darum wird der Christ allem Leben – keineswegs nur dem Menschen – mit einer grundsätzlichen Haltung der Achtung und des Respekts begegnen. Das macht auch noch einmal deutlich, welche enorme Reichweite eine kluge Religion unter den Bedingungen einer fortgeschrittenen Moderne haben könnte.

48. Matthias Kroeger: Im religiösen Umbruch der Welt, 107.

6.3 Erlösung von der Erlösung
Von der Sühnetheorie zum befreiten menschlichen Leben

Die Theorie des Sühnetodes

Warum ist Jesus am Kreuz gestorben? Weil er meine Sünden ans Kreuz getragen hat; er hat mich durch seinen Tod von meinen Sünden erlöst. – Wenn ich ein Gemeindemitglied oder einen Studierenden der Theologie danach frage, wie der Tod Jesu zu deuten sei, dann ist das die geradezu stereotype Antwort, die die traditionelle Frömmigkeit nach wie vor strukturiert. Und sie ist für das christliche Selbstverständnis von hohem Gewicht.

Diese Antwort ist eine extrem verdichtete, aber so geläufige theologische Formel, dass sie von den Befragten auch auf Nachfrage gar nicht für erklärbar gehalten wird. An dieser Stelle dürfte die wohl größte Differenz des traditionellen christlichen Glaubens zum heutigen Verstehen liegen; denn einem Menschen, der nicht in der christlichen Tradition zu Hause ist, muss diese Auskunft als barer Unsinn erscheinen. Was hat dieser Tod denn mit mir zu tun? Lassen sich Sünden denn transportieren? Was sind überhaupt Sünden, warum sollte ich welche haben? Was heißt erlöst werden? Rastlose Aktivität, wachsender Druck, verbreitete Einsamkeit, die Angst nicht gebraucht zu werden beherrschen heute viele Menschen. Von Ängsten, Ohnmachtsgefühlen, Einsamkeit wäre man gern befreit; was aber soll bitte sehr heißen: dir sind durch Christus deine Sünden vergeben? Die Entlastung von Schuld ist nur in Einzelfällen noch von Gewicht.

Der Tod des Jesus muss die vielen von ihm faszinierten Menschen tief beeindruckt haben; das wird hinter den vielen Erklärungsversuchen deutlich, die sich bereits in der Bibel finden. Warum musste dieser großartige Mann sterben? Wenn seine Rede von Gott doch die Menschen berührt hatte, warum war sein Ende so elend? Stand er in der Reihe der Propheten, mit denen sich Israel schon immer schwer getan hatte? Sehr nahe lag es, in ihm den »Gottesknecht« zu sehen, von dem in Jesaja 53 die Rede ist; der wird von den Menschen ausgestoßen, erleidet, was Menschen sich antun, und heilt die Gemeinschaft so wie der »Sündenbock«, den man im alten Israel in einem traditionellen symbolischen Ritus mit dem Bösen der Gemeinschaft »belud« und in die Wüste trieb. »Fürwahr, er trug unsere Krankheit und lud auf sich unsere Schmerzen … Er ist um unserer Missetat willen verwundet und um unserer Sünde willen zerschlagen … Durch seine Wunden sind wir geheilt« (Jes 53,4.5, Luther-Übersetzung). Es erscheint hier neben der Idee einer möglichen Stellvertretung auch die einer Sühne für andere: Der Gottesknecht gibt »sein Leben als Opfer« (Jes 53,10); und auch wörtlich wird gesagt: »er trägt ihre Sünden« (Jes 53,11). Paulus kann bereits formulieren: er starb »für unsere Sünden nach der Schrift« (1 Kor 15,3); als »Lösegeld«, sagt Markus noch konkreter (Mk 10,45). Schließlich wird im späten Hebräerbrief der Tod Jesu *sakral* als das »ein für allemal« und abschließend vollzogene und vollkommene »Opfer« gedeutet, das der »wahre Hohepriester« *an sich selbst* vollzieht (Hebr 9,11f.26ff.) Aus dem schandhaften Verbrechertod ist das heilswirksame, selbst gewollte Sühneopfer geworden.

Noch einmal untermauert und in ihrem Gewicht wesentlich verstärkt wurde die Sühnetod- bzw. Sühnopfertheorie durch die Erbsündenlehre Augustins; spätestens hier verband sie sich mit griechisch-metaphysischem Denken, das eine überzeitliche Objektivität des Geschehens annimmt. Alle sündigen »in Adam«, da die Sünde geschlechtlich weitergegeben wird; alle sind (prinzipiell wenigstens!) in Christus erlöst. Ihre ausgereifte Form erhielt diese Theorie durch den Scholastiker Anselm von Canterbury (ca. 1033-1109) in der wirkungsmächtigen Schrift *Cur Deus Homo* (Warum Gott Mensch wurde, 1098). Hier wird die Kreuzigung zum eigentlichen Sinn des Kommens Christi und Jesu Botschaft vollständig auf seinen Tod reduziert. Das Kreuz hat für Anselm eine logisch nachvollziehbare, aufweisbare juristische Rationalität, für die er Begriffe aus dem Strafrecht verwendet. Der menschliche »Ungehorsam« ist Verweigerung des »Gott Geschuldeten«; die (Erb-)Sünde ist eine so gravierende Beleidigung der Ehre Gottes, dass der Mensch zur Verdammnis bestimmt ist. Gott bestimmt dieses »Maß der Vergeltung« und wird direkt und eindeutig als »höchste Gerechtigkeit« bezeichnet. Anselm sagt dezidiert, dass Gott niemandem vergibt, »der nicht bezahlt.« Der armselige, sündige Mensch kann aber gar nicht bezahlen; das könnte nur Gott, der Beleidigte, selbst. Allein Gott selbst also kann der Handelnde sein. Im Selbstopfer Christi – Christus ist nach dem Zweinaturen-Dogma ja Gott! – holt er den Menschen wieder zu sich empor. Jesu Tod wird zur Genugtuung Gottes (*satisfactio*, daher auch »Satisfaktionstheorie«).

Gott vergibt niemandem, der seine Schuld nicht bezahlt: Eine größere Entfernung von der Lehre Jesu ist kaum denkbar. Das ist die Logik von Westernbanditen, die bis heute gefällig ein urmenschliches Bedürfnis und Schema bedient – nicht aber die des Jesus von Nazareth. Genau diese Deutung des Anselm aber ist zur grundlegenden christlichen Lehre bis heute geworden. Interessant ist, dass noch fast gleichzeitig mit Anselm ein Gegenmodell von Peter Abälard (Petrus Abaelardus)[49] vorgelegt wurde: der unschuldige Tod Jesu, so sagt er, ist schlicht grausam und kann nicht Gott als planvoll unterstellt werden. Versöhnung durch den Tod Christi geschieht vielmehr dadurch, dass uns hier etwas vor Augen gestellt wird: eine Konsequenz der Liebe, die den Menschen in einem Akt der Bewusstwerdung innerlich verwandelt und so an Gott bindet. Diese ausgesprochen plausible Deutung entspricht in hohem Maße dem Leben und der Botschaft Jesu. Sie wurde theologisch als *anstößig* empfunden und ist bis heute kaum bekannt.[50]

Der Tod Jesu verlangte nach Deutung, das liegt auf der Hand. Ohne eine solche wäre das Christentum nicht auf den Weg gekommen. Die Deutung des Kreuzes als stellvertetender Sühnetod, die schnell zur gängigen wurde, führt aber höchst problematische Voraussetzungen mit sich, die wir heute nicht mehr teilen, und Implikationen, die der Botschaft Jesu selbst widersprechen. Man muss heute fragen, ob das klassisch gewordene dogmatische Erlösungsverständnis nicht im Kern auf magischem Denken beruht, das religionsgeschichtlich längst überholt sein sollte und das den großen befreienden Impuls des Christlichen gerade verspielt.

Die Sühnopfertheorie und die Deutung des Altarsakraments als quasi-magische Reinigungs-Praxis der Sündenvergebung haben das Christentum als Erlösungsreligion gestaltet. Das Leiden und Sterben Jesu und die kirchlich-sakramental vermittelte Teilnahme daran wurden als Befreiung vom sündigen Wesen, von der dadurch bedingten Sterblichkeit, und darin als Eintritt zum himmlischen Heil verstanden. Dieses Verständnis bedeutete den nahezu vollständigen Ausfall der Botschaft Jesu von Gottes Liebe und Menschlichkeit. Es gibt klare Hinweise darauf, dass Jesus die Menschen genau von dieser Form der Erlösungsreligion erlösen wollte, die Gott und das gelingende Leben an falsche religiöse Bedingungen knüpft.

Auffällig ist in der Tat, dass die Kirche die Erlösung trotz anders lautender Theologie faktisch zu ihrer eigenen Sache gemacht hat. Der Mensch als Sünder, dem man seine Verfehlung vorhält, der zur Kirchenbuße aufgefordert ist, von der Kirche losgesprochen wird und dann in aller Regel von neuem »sündigt«, wird in einen Teufelskreis hineingezogen, der sich eher selbst stabilisiert als dass er einen Weg ins

---

49. Ebenfalls Scholastiker, 1079-1142, ein genialer, oft überheblicher Unruhegeist; berühmt ist die tragische Liebesbeziehung zu seiner Schülerin Heloise geworden, beider Briefwechsel ist bis heute lesenswert.
50. Das ist sehr gut aufgearbeitet in: Wolfgang Pauly: Abschied vom Kinderglauben, 178 ff.

Leben öffnet. Hier hat die Sühnetodtheorie sozusagen ihre praktische Konsequenz. Als religiöse Ideologie bedingt und unterstützt sie neurotisches religiöses Verhalten, und ineins damit die heilige Kirchenmacht. Darum ist Jesus hier auch so klar und radikal: es gibt vor Gott keine Bedingungen.

Eine Erlösung als Befreiung vom Gotteszorn ist heute kaum noch nachvollziehbar. *Alle* älteren Passionslieder im Evangelischen Gesangbuch[51] aber reden von Sünde, »Missetat« und Strafe; im Katholischen Gotteslob, in dem mehrere protestantische Choräle übernommen sind, ist das ganz genauso. Meine Schuld bringt Jesus ans Kreuz, wo er sie vor Gott gehorsam und willig abbüßt: das ist die zentrale, nur wenig variierte Aussage. »Oh Herr, du wankst und sinkst zur Erde, / die Last der Sünden wirft dich hin« (Gotteslob 185, 3). Es gibt sogar die direkte Gottesrede zu Jesus: »Geh hin, mein Kind, und nimm dich an / der Kinder, die ich ausgetan / zur Straf und Zornesruten; / die Straf ist schwer, der Zorn ist groß, / du kannst und sollst sie machen los / durch Sterben und durch Bluten.« Gottes Zorn ist groß! Der Sohn antwortet: »Ja, Vater, ja von Herzensgrund, / leg auf, ich will dir's tragen …«, er leidet also freiwillig und gern *für die Menschen* (EG 83, 2 und 3). Die Sühneidee kommt zu geradezu erschreckenden Formulierungen und unauflösbaren Paradoxien: »Gott ist gerecht, ein Rächer alles Bösen; / Gott ist die Lieb und lässt die Welt erlösen. / Dies kann mein Geist mit Schrecken und Entzücken / am Kreuz erblicken« (EG 91, 4).

Man kann diese Verse durchaus auch anders verstehen, als es üblicherweise geschieht, nämlich ohne den Hintergrund eines metaphysischen Rechtshandels, und als Ausdruck der Erfahrung von Verlorenheit; das gilt etwa auch für die Zeile von Paul Gerhard: »Nun, was du, Herr, erduldet, / ist alles meine Last; / ich hab es selbst verschuldet, / was du getragen hast« (EG 85, 4). Dass andere an den Folgen unseres Tuns leiden, auch dass es Stellvertretung gibt, ist nicht von der Hand zu weisen. Erlösung aber wird im Christentum als ein überzeitlich und ein für allemal geschehenes, objektives, quasi magisches Verfahren verstanden, an dem man nur durch die Anstrengung des reinen und wahren Glaubens teilhaben kann.

---

51. Erst die neuen Lieder bemühen sich um neue Interpretationen, viele benutzen aber nach wie vor ganz arglos die alte Deutung.

Eine metaphysische Spekulation und ihre Folgen

Die Versöhnung ist in der klassischen Erlösungslehre als himmlisches Drama zwischen Christus und Gottvater gedacht. Man sieht, zu welch abwegigen Folgen hier die Trinitätlehre geführt hat. Denn wo kommt der Mensch da eigentlich vor? Er hat im Grunde die Rolle eines Statisten und Zuschauers, allenfalls die des Angeklagten, der aber kaum gefragt wird. Nur »im Glauben« findet er selbst Zugang zu dieser »vollbrachten« Erlösung. Jesus wird eine Art Agent göttlichen Erlösungshandelns.

»Die Vorstellung eines Retters, der unseren Status vor dem Fall erneuert, ist vordarwinistischer Aberglaube und nachdarwinistischer Unsinn. Ein übernatürlicher Erlöser, der in eine gefallene Welt eintritt, um die Schöpfung wiederherzustellen, ist ein theistischer Mythos.«[52] Aus heutiger Sicht ist diese Lehre aber nicht nur wegen ihrer metaphysischen Voraussetzungen, sondern vor allem wegen ihrer juristischen Implikationen (Schuld, Beleidigung Gottes, Strafe, Wiederherstellung der Ehre Gottes, Versöhnung durch das Sühneopfer) höchst problematisch. Ähnlich unausgegoren wie im Theismus ist das Nebeneinander der Christus-Vorstellungen als des unschuldigen Opferlammes und des letzten Richters; die »Erhöhung« Christi zum Herrscher ist wiederum eine metaphysische Spekulation, die sich im Grunde der Nachvollziehbarkeit entzieht. Die meisten Theologen vertreten diese Lehre denn heute keineswegs mehr ungebrochen; selbst Martin Luther hat sie schon kritisch angefragt, wenn er sagt, »dass man aus keiner Schrift bewähren könne, dass göttliche Gerechtigkeit Pein oder Genugtuung begehre oder fordere von dem Sünder als allein seine herzliche und wahre Reue«[53]. Wo aber sind alternative, dem Evangelium angemessene Vorstellungen? Im Festkreis der Kirche (Passionszeit) und unter den Gläubigen ist diese Idee fest verankert.

Man kann es nicht deutlich genug aussprechen: die Satisfaktionstheorie steht im klaren Widerspruch zur Verkündigung Jesu, insbesondere zu seinem Gott, der hier nicht als Liebe erscheint, sondern der beleidigt ist und auf gerichtliche Abrechnung sinnt. Dieser Gott ist wenig souverän und trägt geradezu sadistische Züge. *Er* ist es, der versöhnt, d. h. begütigt werden muss. »Selten haben Christen innegehalten, um die Blutgier zu erkennen, zu der sie Gott gebracht hatten. Ein menschlicher Vater, der seinen Sohn ans Kreuz nageln würde, würde

---

52. John Shelby Spong: Was sich im Christentum ändern muss, 121.
53. Martin Luther: Sermon von Ablass und Gnade. WA I, 244.

wegen Kindesmisshandlung verhaftet werden. Doch von Gott wurde solches fortgesetzt verkündet, gerade so, als ob Gott dadurch heiliger und anbetungswürdiger würde.«[54] Jesus hat niemals irgendwelche Vorbedingungen gemacht, den Menschen bei seiner Sünde behaftet oder ihn gar als verloren angesehen. Die Geschichten von Zöllnern, Sündern und Ausgestoßenen zeigen, dass er eine Vergebung ohne Vorleistung regelrecht verkörpert hat. Sieben mal siebzig mal soll man verzeihen – und jedenfalls nicht nachrechnen.

Die Satisfaktionstheorie macht den Menschen klein, statt ihn durch Gottes Liebe zu Würde, Selbstwertbewusstsein und Leben zu führen. Der Sühnegedanke war im Christentum immer *weit* wichtiger als der Schöpfungs- oder der Ebenbildgedanke, die den Menschen hätten aufwerten können. Der Mensch erscheint hier nicht als würdig und als geliebt, sondern als winzig klein. Der Mensch ist der prinzipiell Verdammte, der Elende, der Verworfene, der abhängig ist von einer geradezu despotischen göttlichen Gnade.[55] Die eigene Erlösungsbedürftigkeit auf Grund von Verworfenheit wird zum Bestandteil christlichen Normalglaubens. Will er erlöst werden, muss der Mensch sich klein machen: Anerkennung der eigenen Sündhaftigkeit, Unterwerfung und Buße werden zu Bedingungen des Heils.

Mit der Sühnetheorie haben sich stärkste Ängste und das Ringen um innere Sündenreinheit verbunden, die zum asketischen Selbstzwang ebenso geführt haben wie zur reinheitsbesessenen Inquisition. Es ist historischen Zufällen zu verdanken, aber ein Glück, dass die Opfervorstellung wenigstens nicht in das christliche Glaubensbekenntnis

---

54. John Shelby Spong: Was sich im Christentum ändern muss, 116. – Hellsichtig und klar hat das bereits Friedrich Nietzsche formuliert: »Wie? Ein Gott, der die Menschen liebt, vorausgesetzt dass sie an ihn glauben, und der fürchterliche Blicke und Drohungen gegen den schleudert, der nicht an diese Liebe glaubt! Wie? Eine verklausulierte Liebe als die Empfindung eines allmächtigen Gottes! Eine Liebe, die nicht einmal über das Gefühl der Ehre und der gereizten Rachsucht Herr geworden ist!« Friedrich Nietzsche: Die fröhliche Wissenschaft, 489.

55. »Wenn alle Menschen, Neugeborene wie sieche Alte, in Gottes Augen eigentlich Höllenstrafen verdient haben, macht die Zusage der Vergebung, die sie im Gottesdienst erhalten und die nun merkwürdigerweise gerade mit Jesu Leiden begründet wird, nicht wirklich froh. Denn der ihretwegen Gemarterte wird sie wieder vorwurfsvoll anschauen, sooft sie die Kirche betreten … Sie können nicht verstehen, dass *der* Gott, dessen große und bedingungslose Liebe Jesus ja schließlich *vor* seinem Tod in Wort und Tat bezeugt hat, dann doch erst durch Jesu qualvolles Sterben und seinen Tod ›die Welt mit sich versöhnt‹ haben soll.« Klaus-Peter Jörns: Lebensgaben Gottes feiern, 26; 28.

aufgenommen wurde. Freilich kommt da auch die Botschaft Jesu nicht vor. So aber hat die Erlösungslehre – sehr anders, als ihr Name das suggeriert – im christlichen Abendland zu einer falschen Demut geführt, die den Menschen moralisch klein macht und die unter vielen Christen bis heute zu spüren ist. Müssten Christen nicht fröhliche, lebenszugewandte, souveräne Menschen sein?

Wenn Gott in Christus in dem Sinne »für uns eintritt«, dass er unser himmlisches Heil möglich macht, dann entlastet er uns eher davon, unser Leben selbst in die Hand zu nehmen. Das kann Mut machen, führt aber nur allzu leicht zu einem Verständnis von Religion als Trost-Institut, das die Verantwortung für das eigene Leben an eine höhere Instanz abgibt. Das aber hält den Menschen gerade abhängig von religiösen Vermittlungen, statt ihn wirklich ins eigene Leben zu führen. Welt und Mitmenschen bleiben sich selbst überlassen und kommen allenfalls noch als Objekte christlicher Liebestätigkeit in den Blick.[56] Auch wird dem Tod die Härte genommen, was aber gerade nicht realistisch, sondern im Grunde eine Verharmlosung ist.

Die Satisfaktionstheorie ist eine metaphysische Spekulation, die von christlich unhaltbaren Voraussetzungen ausgeht. Sie konnte für das theologische Denken des frühen und mittelalterlichen Christentums eine gewisse gedankliche Systematisierung bedeuten, kommt aber dabei zu höchst problematischen Konsequenzen. Und sie verhindert eine plausible Kommunikation über die Bedeutung des Todes Jesu. Sie belastet nicht nur die Verständigung unter den Gläubigen, sondern auch die Verstehbarkeit des Christentums für die modernen Menschen, für die sich die Frage nach dem Heil längst in die Frage nach dem Lebenssinn verwandelt hat.

Ebenso wie andere Aussagegehalte der theologischen Tradition ist die Sühnetheorie keineswegs nur Unsinn. Sie beschreibt eine geistige Realität von Erlösung, die durchaus der Erfahrung entsprechen kann. So etwa der Erfahrung, dass wirkliche Neuanfänge, Heilung und Lebensgewinn immer durch den Schmerz gehen und sich gerade dann einstellen, wenn man dem Dunkel nicht ausweicht – etwa durch Arbeit, Sucht, Flucht in Ideologie oder Zerstreuung. Allerdings muss deutlich sein, dass die Sühnetheorie für die allermeisten Menschen heute die christliche Idee eher verschließt, als sie aufzuschließen. Es gibt keine »Erlösung« ohne eine Zurückführung in ein gelöstes, also befreites,

---

56. Seit dem »Einbruch der Erlösungsidee ins menschliche Denken ... schwelt ein radikaler weltkritischer Funke im Weltbewusstsein der hochkulturellen Völker.« Peter Sloterdijk: Weltfremdheit, 150.

lebendiges Leben. Erlösend ist religiös verstanden nicht die gläubige Anteilnahme an einem metaphysischen Drama, sondern vor allem der Wechsel des Blicks, den die christliche Botschaft ermöglichen kann, und der einer konkret erfahrbaren Verwandlung gleichkommt. Der Tod Jesu am Kreuz verlangt daher eine neue Deutung, die verständlich sein und um die unter Christen gestritten werden muss.

Eine neue, religiöse Deutung

Kann man diesen Tod anders deuten? Zunächst muss man nüchtern feststellen: Jesus »stirbt am Kreuz. Jede numinose Größe geht ihm dabei ab.«[57] Gott hat diesen Tod nicht »gewollt«, schon gar nicht um mit ihm seine Ehre wieder herzustellen. Und in der Bibel gibt es recht unterschiedliche Deutungen dieses Todes; die Idee einer Satisfaktion ist da nicht einmal dominant, kann darum auch keine exklusive theologische Geltung für sich beanspruchen. Im Alten Testament ist Erlösung die konkrete Befreiung aus Knechtschaft oder Not; im Neuen Testament haben die Begriffe *Rechtfertigung*, *Versöhnung* oder *Errettung* ein deutlich größeres Gewicht als »Erlösung«. Paulus etwa spricht oft vom »Freikauf« vom Gesetz, einer Chiffre, unter der er auch ganz übergreifend die Lösung vom Zwang der Verhältnisse versteht. Das zeigt: Nicht Gott, *die Menschen* sollen versöhnt werden! Dass Jesu Tod »für mich« geschah, kann dann nur heißen, dass mir dieser Tod etwas sichtbar und bewusst macht.

Genau so lässt sich der Kreuzestod auch als symbolisches Ereignis und darin als umfassend bedeutsames Bild verstehen. Er ist der Hinweis darauf, dass sich die Menschen nicht gern den Spiegel vorhalten lassen – zumal einen Spiegel, der ihnen Trennung vom Leben und zu wenig Liebe bescheinigt. Wenn das gelten sollte, was Jesus sagte und lebte, dann verlieren ja Priester, Tempel, religiöse Lehren und Vorschriften mit einem Schlag jede Verbindlichkeit, jede unbedingte Autorität und unersetzbare Geltung. Damit ist ein höchst sensibler Punkt bei denen getroffen, die religiöse Sitten und Lehren hüten. Die eigene Bedeutung und Würde, die sich von religiösen Ämtern und Funktionen ableitet und an ihnen legitimiert, ist da empfindlich in Frage gestellt. Aber nicht nur bei den Wahrern der religiösen und sittlichen Ordnung ist da ein sensibler Punkt berührt, denn auch die hörige Allgemeinheit hält solche absichernden Verbindlichkeiten meist für wahr und unverzichtbar. Kri-

---

57. Martin Koestler: Stirbt Jesus am Christentum?, 114.

tik an ihnen ist immer Rebellion; die Angst vor der Zerstörung gewachsener Strukturen, Ordnungen und Gewissheiten ist hoch – und keineswegs prinzipiell unberechtigt. Der Mensch kann nicht leben ohne Sicherheiten! Oder doch?

Am empfindlichsten muss der reagieren, der am wenigsten Lebensvertrauen, innere Sicherheit und Gelassenheit hat. Das Aufzeigen der Liebe und die Aufforderung zu ihr sind die wohl schärfsten Herausforderungen für Menschen, die sich selbst nicht geliebt fühlen und selbst nicht lieben können, gleichwohl aber spüren, dass die Liebe wahr ist. Psychologisch verstanden kommt es zur äußeren Abwehr dessen, was man selbst ersehnt, aber nicht ins eigene Leben zu integrieren vermag. Man will es nicht wahrhaben. Empörung stellt sich ein – die aber oft gerade den eigenen »wunden Punkt« anzeigt, der nach Heilung verlangt. Sich dem zu stellen, fällt schwer.

Der Tod Jesu am Kreuz war also die Konsequenz eines Lebens und eines Menschen, dem alles heilig war, was Gott gab, aber gerade nichts von dem, was Menschen selbst zu ihrer Absicherung einrichten; von dem also, was immer so bedeutsam für sie ist und was sie aber doch gerade von dem fernhält, was wirklich *wahr* für sie wäre – allem voran moralische und religiöse Gebote und Pflichten. Sein Tod war die Antwort auf einen – gemessen an der allgemeinen Erwartung – unreligiösen Menschen.[58] Und er war mit hoher Wahrscheinlichkeit auch die bewusst gezogene Konsequenz seines Lebens. Der Weg nach Jerusalem wurde offensichtlich von Jesus in klarem Wissen eingeschlagen. Bei seinem nüchternen, oft genug entlarvenden Blick musste er wissen, was auf ihn zukam. Sein Tod hat darum keine metaphysische, sondern eine exemplarische Bedeutung. »Es ist das Modell eines völker- und rassenübergreifenden Prozesses, der sich an jedem Ort, zu jeder Zeit, immer und allezeit wieder so abspielen kann: der vom Geist bewegte Einzelne wird durch Vorurteile, von in Gesetzlichkeit erstarrten Institutionen, von manipulierten Massen ausgestoßen und beseitigt, weil er in seiner freien, vom Geist erfüllten Art ihnen allen nicht konform erscheint.«[59] Der Tod am Kreuz ist die Offenbarung reiner Menschlichkeit: so sind wir; so gehen wir miteinander um. Die Passion des Jesus von Nazareth ist eine *Aufklärung durch Religion*, gegenüber der der moderne Aufruf zum autonomen Vernunftgebrauch geradezu als simpel erscheint.

Das »Leiden des Gerechten«, der zum unschuldigen Opfer von Ge-

---

58. So sieht das auch Martin Koestler: »… den die Welt ausgestoßen hat, weil er ihr zu wenig religiös war.« A. a. O., 183.
59. A. a. O., 91.

walt wird, bestätigt also keineswegs das Scheitern seiner Mission. Das haben die ersten Christen gespürt. Im Gegenteil verstärkt der Blick auf seinen Tod eher noch die Bedeutung der Worte Jesu vom nahen Gott, von der Möglichkeit eines inneren Wandels, von der zentralen und durch nichts ersetzbaren Bedeutung der Liebe für das Leben. Der Weg Jesu enthüllt sich darin sogar als der Weg eines Lebens, das sich selbst nicht festhalten und verteidigen muss – offenbar eines erfüllten Lebens. Die Konsequenz, die hier liegt, ist auch insofern eine faszinierende.

In eine Formel gebracht: Jesus ist nicht für, sondern *an* unseren Sünden gestorben. Das ist kein banaler Satz! »Für uns« ist das gerade dann und insofern geschehen, wenn wir das zu sehen vermögen. Dann nämlich wird dieser Tod zu einem Bild von übergreifender Bedeutung. Die »Stellvertretung«, das »Opfer« Jesu beschreiben dann nicht eine gesetzte Realität, die sich in wahre, d. h. objektive Realität beschreibende Sätze fassen ließe. Sie gelten symbolisch, denn sie eröffnen einen neuen Blick und ein neues Verstehen.

Die menschliche Autonomie bleibt in dieser Deutung gerade unangetastet. Sie ist eben nicht gleichzusetzen mit Hybris (verwerflicher Überheblichkeit). Sie erhält aber eine neue Bewertung, indem ihre Bedingungen und allzu naheliegenden Folgen vor Augen geführt sind: Autonomie kann gerade verspielt werden, wenn sie sich allein auf sich selbst gründet und vom Leben abtrennt. *Dann* ist sie »Sünde«. Echte Autonomie gibt es nach dieser Logik nur als geschenkte, als Haltung des verdankten Vertrauens. Das ist auch psychologisch einsichtig: wir leben von Vorgaben, und auch unser Streben nach Autonomie, Erfolg und Gelingen lebt von Voraussetzungen, die wir nicht selbst in der Hand haben.

An Jesu Tod wird die Struktur eines fehlgeleiteten, aber auch eines gelingenden Lebens offenbar – für den, der das zu sehen vermag. Es geht um ur-menschliche Zusammenhänge, die deshalb gern ausgeblendet werden, weil sie angesichts unserer Lebensführung als radikale Anfragen erscheinen. Die Religion weist hier den Menschen auf sich selbst hin. Und darum sollte man tatsächlich eher von *sehen* als von *glauben* sprechen. Diesen Tod und was er zeigt, kann man nicht »glauben«. Man kann also durchaus sagen, dass Jesus aus menschlich erklärbaren, ja sogar nahe liegenden Gründen zum »Opfer« wurde, dass er »stellvertretend« etwas vor Augen führt. Absurd ist aber der Gedanke, dieser Tod sei ein von Gott geplantes, gewolltes oder gar benötigtes Opfer zur Sühnung von menschlicher Schuld gewesen. Jesus ist gerade im Blick auf diese urmenschlichen, auf das konkrete Leben bezogenen Hinweise der Christus. Er erlöst uns nicht, wenn wir im Glauben an ihm hängen.

Sondern erlösend wäre es, so zu werden wie er: lebendig aus einer tiefen Verbundenheit mit Gott heraus, frei, kritisch, souverän, konsequent und offensichtlich durchaus voller Lebenslust. Eine solche Haltung kann kein religiöses Ritual, kein dogmatischer Lehrglauben und keine Kirchenmacht garantieren. Denn sie ist Sache des neuen Blicks und der inneren Verwandlung. Liebe ist es, die den Menschen frei macht, nicht der Vollzug des Kultus; der kann (und soll!) allenfalls die Liebe zur Darstellung bringen und mittelbar zu ihr hinführen.

Erlösung kann also nur in der Befreiung zur Liebe bestehen, in der Erfahrung des Geliebtseins ebenso wie in der eigenen Fähigkeit zur Liebe und zur Hingabe an das Leben. Hier zeigt sich wieder der heilende, also therapeutische Grundzug des Christlichen. Liebe ist nicht notwendig, nicht einforderbar, nicht berechenbar; wo sie aber ist, führt sie ins Leben. Sie ist genau besehen dessen Grundbedingung: ohne Versorgtsein, ohne Angenommensein und ohne Beziehung stirbt das Leben.

Dieser Deutung lässt sich ein Hinweis auf Gottes besondere Nähe im Leid entnehmen, die freilich Sache der gläubigen Deutung bleibt. Wo im Kreuz die Konsequenz des Lebens Jesu gesehen wird und wo dieser Jesus als der Christus Gottes geglaubt wird, da lässt sich tatsächlich auch von einem Willen Gottes sprechen. *Er* ist es ja für den Glaubenden, der im Kreuz wahres und falsches Leben als Bild vor Augen stellt. Mit der Systematisierung solcher Deutung sollte man allerdings äußerst behutsam umgehen. Denn sie ist Sache der Wahrnehmung, nicht objektive Realität.

Das Kreuz kann nur der so sehen, der den Tod und das Leiden nicht verharmlost. Mit der geglaubten Anwesenheit Gottes im Leid ist niemand aus seinem Leiden »erlöst«. Und dennoch kann solcher Glaube etwas Lösendes für den Menschen haben und zu Gelassenheit führen. Das Kreuz ist Symbol und auch für den Glauben nicht objektiv wahres Geschehen. Mit ihm ist eine neue Bewertung des Todes gegeben, die eine veränderte Einstellung zu ihm möglich macht, nicht aber schon seine faktische »Überwindung«.

Das Kreuz sollte theologisch darum auch nicht vorschnell von der Auferstehung her interpretiert werden: alles halb so schlimm, Christus ist ja auferstanden! Die Auferstehung hat dafür gesorgt, dass die Botschaft von Jesus überhaupt weitergegeben wurde. Sie ist aber zunächst nichts anderes als der Glaube an Gottes Bekenntnis zu diesem Christus, und darin auch der symbolische Hinweis darauf, dass der Gang durch Schmerz und Tod den Menschen zu Wandlung und Umkehr führen kann. Das Kreuz bleibt jedoch ein »Ärgernis«, und eigentlich ist diese Bezeichnung sogar verharmlosend. Als Hinweis auf die Realität des

Schmerzes ist das Kreuz wortwörtlich peinlich, und oft nur schwer auszuhalten. Hier zeigt sich eine ausgeprägte Realistik und Nüchternheit des Christentums, die durch theologische Versöhnungstheorien wie die Sühnetodvorstellung nur überdeckt werden kann. Jedes Leben kann in Sackgassen geraten, sein inneres Ziel verfehlen und scheitern. Tragik ist nicht wegzudiskutieren. *Das* ist mit »Gericht« gemeint, und der Trost des Glaubens bleibt, wenn er sich denn einstellt, immer ein harter. Das Christentum ist die einzige Religion, die *nichts ausblendet*. Seine Zielrichtung ist nüchterne Reife und gesteigerte Lebendigkeit.

Auch in dieser Deutung wird noch einmal klar, dass eine Religion, die sich als notwendiges Mittel zur Annäherung an das Heilige versteht, falsch und entschieden abzulehnen ist. Auch das Kreuz ist keine quasidingliche Realität und keine Vermittlung zu Gott, sondern sein Sichtbarwerden an einer unerwarteten Stelle. Wir werden schuldig und bedürfen der Erlösung, in der Tat. Aber nicht deshalb, weil wir verwerflich sind, metaphysische Prinzipien verletzen oder religiöse Heilsvorstellungen und Pflichten missachten, sondern weil wir immer zu wenig lieben. Dieser Zusammenhang ist menschlich fundamental, er lässt sich aber nicht in juristisch-theologische Begriffe wie Schuld, Sühne und Vergebung übersetzen.

Das Christentum bräuchte also eine Erlösung von der Erlösung, die als göttliche Genugtuung für verdiente Strafe gedacht ist. Dieser Vorstellung ist aus theologischen, aber auch aus humanen Gründen strikt zu widersprechen. Das Kreuz ist eröffnete Verstehensmöglichkeit, nicht Sühne. Das Abendmahl ist nicht Opfer, gar von der Kirche dargebrachtes Opfer, sondern Feier der »Lebensgaben Gottes« (Klaus-Peter Jörns) oder besser noch ritualisierter Ruf zur Verwandlung und zur Hinwendung zu einem erfüllten Leben. Nicht Sühne, sondern ganz anders eine »Öffnung und Bereitung zum Loslassen und Empfänglichwerden«[60] ist uns verheißen und aufgegeben. Erlösung ist nicht »ein für allemal« geschehen, das ist zumindest höchst missverständlich. Sondern sie zeigt sich als Möglichkeit in einer historisch geschehenen und nachvollziehbaren Konsequenz der Liebe und der Eröffnung von Leben im Tod, aber längst auch schon im Leben des Jesus von Nazareth. Trotz seiner so gewichtigen Bedeutung ist das Kreuz – so wie auch Jesus selbst – keineswegs der einzige Weg zum Göttlichen.

Ist damit nun der Aufruf zu einer Revision der Gesangbücher und liturgischen Formulare gegeben, im Sinne einer Entrümpelung von Schuld- und Sühnetheologie? Trotz der anstößigen Sperrigkeit vieler

---

60. Matthias Kroeger: Im religiösen Umbruch der Welt, 171.

dieser Texte bedeuten sie ja immer auch ein Stück historisch gewordener christlicher Identität. Auch hier muss man mit Abschieden vorsichtig umgehen und versuchen, neu zu *lesen,* wo immer es in den Grenzen des menschlich und christlich Erträglichen bleibt und der Liebe Gottes nicht widerspricht. Auf jeden Fall aber sollte es ein offen kommuniziertes Bewusstsein von der Problematik und der Bedeutung der klassischen Erlösungsidee unter den Christen geben.

6.4 Der Mensch zwischen Sünde und Gnade
Empfänglichkeit, Gelassenheit und Souveränität
als christliche Haltungen

Eine realistische Einschätzung des Menschen

Das theistische Gottesverständnis, das von Gottes souverän handelnder Macht überzeugt ist, hängt erkennbar eng mit der Erlösungslehre zusammen, die den Menschen als verdammungswürdigen Sünder versteht, als angewiesen auf einen gnädigen Richtspruch Gottes. Damit ist im traditionellen christlichen Verständnis des Menschen eine regelrechte Antithese zum modernen Selbstverständnis gegeben. Wenn Selbstverwirklichung und Autonomiestreben prinzipiell als Ausdruck von Sünde gelten, kann der Mensch nur minderwertig sein; denn kaum etwas anderes ist so ur-menschlich wie das Streben nach Entfaltung in Freiheit. Im Freiheitswillen und seinen ambivalenten Folgen kann man in der Tat ein Zeichen und eine Bestätigung für die erbsündige Verfallenheit des Menschen sehen. Gottes »Liebe« kann dann allenfalls aber noch der Ausdruck seines Erbarmens über einen Elenden sein, der so, wie er nun einmal ist, gar nicht wirklich geschätzt und gewürdigt ist. Der moderne Mensch ist um seiner selbst willen im Recht, wenn er zu dieser theologischen Einschätzung auf Distanz geht.

Nimmt man die Bibel zum Ausgangspunkt christlichen Verstehens, so zeigt sich ein erheblich anderes Bild vom Menschen als das der theologischen Tradition. Es ist von einer geradezu drastischen Realistik. Kaum einen weiteren Grund dürfte es für die anhaltende Faszination der biblischen Erzählungen geben wie die Aussagen, die sie vom Menschen macht. Ihre Geschichten zeigen auch einen fundamentalen Gegensatz zum Menschenbild der Antike mit seinem hehren Ideal des Guten, Wahren und Schönen, des tugendhaften Muts und des Heldenhaften. Für den antiken Menschen spielt sich das Leben zwischen Charakterstärke und Schicksal ab, es kennt aber weder eine innere Entwicklung, noch die wirklichen Tiefen und Ambivalenzen des eigenen Charakters. Die Bibel bietet dazu geradezu den Gegensatz.

Erich Auerbach hat das in seinem Klassiker »Mimesis« unnachahmlich formuliert und an der Gestalt des Odysseus festgemacht: »Im Grunde ist Odysseus bei der Heimkehr ganz derselbe, der, zwei Jahrzehnte zuvor, Ithaka verließ. Aber welch ein Weg, welch ein Schicksal liegt zwischen dem Jakob, der sich den Erstgeburtssegen erschlich, und dem alten, dessen Lieblingssohn ein wildes Tier zerrissen hat – zwischen David dem Harfenspieler, den der Liebeshass seines Herrn verfolgt, und dem alten, von leidenschaftlichen Intrigen umgebenen König, den Abisag von Sunem auf seinem Lager wärmt, ohne dass er sie erkennt! … Nur im Laufe eines schicksalsreichen Lebens differenzieren sich die Menschen zu voller Eigentlichkeit; und dies Personengeschichtliche bietet das Alte Testament als Formung der durch Gott zu exemplarischer Rolle Auserwählten. Schwer von ihrem Gewordensein, zuweilen bis zur Verwitterung gealtert, zeigen sie eine individuelle Ausprägung, die den homerischen Helden ganz fremd ist … Sie sind die Träger des göttlichen Willens, und doch sind sie fehlbar, dem Unglück und der Erniedrigung unterworfen – und mitten im Unglück und in der Erniedrigung offenbart sich durch ihr Tun und Reden die Erhabenheit Gottes … Erniedrigung und Erhöhung gehen viel tiefer und höher als bei Homer, und sie gehören grundsätzlich zusammen.«[61]

Nach Auerbach ist es dann vor allem die Passion Christi, in der dieses ebenso natürliche wie tragische Bild vom Menschen kulminiert und zum inspirierenden Vorbild für die gesamte Realistik der abendländischen Literatur wird. Interessanterweise hat diese Natürlichkeit in der Sicht des Menschen neben der Literatur auch die plastische Kunst und die Malerei ganz nachhaltig inspiriert und geprägt – während die kirchliche Lehre einen ganz anderen Weg eingeschlagen hat.

Neben dem Blick für die Tragik des Lebens bewahrt das biblische Erbe auch die Einsicht in den dämonischen Charakter des Menschen. Auch das ist realistisch – wenn es nicht als moralische Abwertung und Minderwertigkeit, sondern als Not verstanden ist. Das Christentum weiß also an seiner Quelle um die Not des Menschen. Die wirklich Großen seiner Tradition, Franz von Assisi, Peter Abälard, Meister Eckhart, Martin Luther, Fjodor Dostojewski, als später Spross dieser Tradition auch Friedrich Nietzsche und viele andere haben in den Abgrund des Leidens geblickt. Darin sind sie der Überlieferung der Bibel weit eher verwandt als den klassischen Aussagen der Dogmatik. Groß sind sie vor allem da, wo sie existenziell gedacht und aus ihrem nüchternen religiösen Blick kluge Ideen zum Umgang mit dem versehrten Leben gezogen haben.

Das Christentum bringt dort, wo es klug ist, das Absolute im Menschen zur Erscheinung, sogar im »Allermenschlichsten«: in Leid und Schmerz, in Niedrigkeit und Ausgestoßensein, in Umkehr und Freude. Genau hier wird Gott erfahrbar. Nicht Sünden- und Verworfenheitsbewusstsein sind christlich, sondern nüchterne Selbsteinsicht in die eigene Zwiespältigkeit und das Wissen um die Angewiesenheit auf Gna-

61. Erich Auerbach: Mimesis, 20 f.

de. Dem entspricht gerade nicht die demütige Zerknirschung, sondern die Befähigung zur Liebe – also die eigene Entfaltung, Lebendigkeit, Lebenslust und Souveränität. Ein Christentum in der Gefolgschaft Jesu kann nur das Beste des Menschen im Blick haben.

Ausgesprochen realistisch ist auch die Kennzeichnung des Menschen als »Sünder«, sofern sie nicht in den gewohnten juristischen Bahnen von Verwerfung und Erlösungsbedürftigkeit gedacht ist und nicht als moralische Qualifikation des Menschen verstanden wird. In ihrer klugen Deutung meint Sünde Trennung, Absonderung (Sund, ab-sondern), also ohne Beziehung und Zusammenhang sein. Zusammenhang ist ein Synonym für Sinn, die Erfahrung des Zusammenhanges wird als das Bedeutungsvolle erlebt: was einen Zusammenhang ergibt, was wir in eine Beziehung stellen können, erscheint uns als sinnvoll. Das gilt im Einzelfall wie im ganzen Leben. So verstanden bedeutet Sünde eine Sicht des Menschen, die angesichts der Bedrohung und Verletzlichkeit des Lebens um Begrenzung und Verstrickung weiß. Sie zielt darin auf eine weit menschlichere Gemeinschaft und Lebensauffassung als etwa der heutige Konkurrenzkapitalismus. »Sünde ist ein Begriff der Würde«[62], so Fulbert Steffenskys bündige und treffende Einsicht. Erlösungsbedürftig ist der Mensch also durchaus! Aber nicht im Sinne einer Forderung nach Unterwerfung und moralischer Selbsterniedrigung, sondern im Sinne einer Rückführung in den Zusammenhang des Lebens, als liebevoller Ausweg aus Not, als Stärkung, als neue Einsetzung zu dem, wozu er angelegt ist: zum Ebenbild Gottes.

Tief ist die Einsicht in eine als Abtrennung verstandene Sünde auch darin, dass sie weiß, wie schwer es dem Menschen fällt, zu empfangen und anzunehmen. Wo der Mensch unfähig zum Nehmen ist, fehlt ihm auch die Motivation zur Beziehung und zur Hingabe an das Leben, also zur Erfahrung des Zusammenhangs. Die Sünde meint die menschliche Abtrennung von Gott als Abtrennung vom Leben, als seelische Erstarrung, die auch und gerade inmitten betriebsamer Aktivität, hektischer Produktivität und Erlebnisintensität zu Tage treten kann. Sie entlarvt den Egoismus als Not und den Glauben an eine absolute menschliche Selbstmächtigkeit als Ideologie.

Es sind darum keineswegs nur Fehlbarkeit und Schuld, die den Menschen vor dem Leben verschließen, wie kirchlich oft so vehement behauptet wurde und wird. Gegen die gängige Einsicht der allermeisten Theologen, die Sünde in der Tat als existenzielle, keineswegs als mora-

---

62. Fulbert Steffensky: Wo der Glaube wohnen kann, 62.

lische Kategorie deuten, ist sie in der Liturgie des christlichen Gottesdienstes aber als juristisch verrechenbare Schuld verstanden – die häufige Rede von Vergebung und Erbarmen Gottes und das Bekenntnis, jedermann habe »gesündigt mit Gedanken, Worten und Werken«, machen das überdeutlich. Die Rede von der Sünde weist aber darauf hin, dass sich die dominante oder ausschließliche Orientierung an Aktivität, Haben, Selbstverwirklichung, Erfolg *an die Stelle* von Beziehungsstrukturen setzten kann, die uns tragen, und darum nicht nur amoralisch, sondern vor allem tragisch ist. Die Tragik solcher Orientierung zeigt sich, wo das Angestrebte zur Macht wird, die den Strebenden selbst dominiert. Alles Leben, das sich an Eigentum, Erfolg, erreichten Zielen bemisst, ist der prinzipiellen Unbarmherzigkeit ausgeliefert. Konkurrenz tritt an die Stelle von Übereinstimmung und Liebe.

Anders als die Moral, anders als Technik, Konsumorientierung und Effektivitätsdenken ist eine kluge Religion fähig, den Blick auf die Verletzlichkeit des Menschen, auf seine Nöte und Schwächen auszuhalten, ohne diese überdecken oder ihnen entfliehen zu müssen. Sie weiß um die alles menschliche Leben entscheidende Alternative zwischen vertrauendem Glauben und der Angst, mit der eigenen Not allein zu bleiben. Es ist diese Angst, die zur Flucht in die vermeintliche Sicherheit von ordnenden Strukturen, Weltdeutungen und Hierarchien, von Macht, Erfolg und Gewinnstreben, vom Trost religiöser Rituale und Ideologien flüchtet, die das Leben aber gerade heillos machen.

Der exemplarische und auch für die philosophische Tradition bedeutsame Text für diesen Zusammenhang ist die biblische Urgeschichte in Gen 1–12, vor allem der sogenannte »Sündenfall« in Gen 3. Kaum ein zweiter Text ist in der abendländischen Kultur so oft bedacht worden. Der alte, vom Jahwisten gestaltete Mythos erzählt, wie die ersten Menschen vom Lebensbaum essen, d. h. sich am Leben vergreifen. Er verbindet die »Erkenntnis von gut und böse« mit dem Gewahrwerden der eigenen Nacktheit, die als Strafe Gottes erlebt wird. Sehr naiv ist die (leider übliche) moralische Auslegung dieser Erzählung: Gott bestraft die Übertretung eines von ihm willkürlich erlassenen Verbots. Statt dessen führt die Urgeschichte mit eindringlicher Realistik vor Augen, wie ausgesetzt und hilflos sich der Mensch fühlen muss, wo er sich seiner Trennung vom geschaffenen Leben (– wie es im Schöpfungslied in Gen 1 lyrisch und bildmächtig beschrieben ist), von selbstverständlich gegebenem Vertrauen, und von dem Gefühl der Verbundenheit mit allem Leben bewusst wird. Diese Erfahrung des Getrenntseins ist mit dem Gefühl der isolierenden und beschämenden »Nacktheit« gemeint, vor der Gott den Menschen mit seinem Gebot der Achtung vor dem Leben gerade bewahren wollte.[63] »Die Menschen werden ihrer Nacktheit inne; sie werden im Widerspruch zu Gott auf das zurückgeworfen, was sie ohne Gott sind, und sie beginnen, sich ihrer selbst zu schämen.«[64]

Eugen Drewermann hat diese Aussage der Urgeschichte zu Recht als theologisch fundamental verstanden. In einer akribischen exegetischen Analyse des jahwistischen Erzählstrangs in Gen 1–11 deutet er diesen als die Geschichte der Bosheit des Menschen, die in der Entfernung von Gott geradezu zwangsläufig entsteht. Der Mensch ohne Vertrauen auf Gott wird als der Mensch beschrieben, der aus einer prinzipiell gewordenen Angst heraus versucht, sein Leben zu sichern: durch Streben nach Erkenntnis (Gen 3), durch Selbstbehauptung vor dem Lebensrecht des Anderen (Kain und Abel, Gen 4), durch die Überschreitung der natürlichen und sozialen Ordnungen in einer magischen Verbindung mit der Transzendenz (die weitgehend unbekannten Engels-Ehen, Gen 6,1-4, die sich auch als Ausdruck des Strebens nach Absicherung und Macht durch falsche Religion deuten lassen) oder durch eigene Schaffenskraft (Der babylonische Turmbau, Gen 11). Die Abfolge dieser Erzählungen zeigt einen ganzen Katarakt von »Sündenfällen« und führt vor Augen, wie die menschlichen Versuche einer Kompensation mangelnden Vertrauens in Gott tragische Auswege sind, die notwendig scheitern müssen – die Missachtung des Lebens (der Lebensbaum) durch Beschämung und eigene Isolation, die Konkurrenz (Brudermord) durch Zerstörung tragender sozialer Beziehungen, die religiöse Selbstermächtigung (Engelsehen) durch eine Verstärkung des Todesbewusstseins, die aktive Schaffenskraft (Turmbau) durch die Erfahrung prinzieller Unvollendbarkeit und der Entfremdung aller von allen. Das alles ist von einer geradezu erstaunlichen Aktualität für die psychische Situation des Menschen in der späten Moderne.

Wo das Vertrauen auf Gott fehlt, kommt es nach der Erzählung des Jahwisten zum Verlust der Geborgenheit. *Alle* Antriebe und Handlungen eines Menschen, der sich nicht verbunden und geborgen weiß, lassen sich dann als Vermeidungs- oder Sicherungsaktionen verstehen, die

---

63. Eine vergleichbare tiefenpsychologische Auslegung des Sündenfalls gibt C. G. Jung in seiner Schrift »Antwort auf Hiob«, die freilich keineswegs eine moralische sein will. Die Schrift gehört zu den erregendsten Texten zur Religion im 20. Jahrhundert. Wenn Jung hier von Gott spricht, stellt er psychologische Bilder und Vorgänge vor, die sich einer moralischen Beurteilung entziehen. Sie verstehen den Mythos als Spiegel der menschlichen Not, die sich in innerpsychischen Bildern ausdrückt, die von machtvoller Realität sind.

64. Eugen Drewermann: Strukturen des Bösen Band 1, 72.

die eigene Unverbundenheit nur weiter steigern müssen. Mag man in diesem Zusammenhang eine symbolische Spiegelung der »Erbsünde« sehen, oder psychologisch eine Verschiebung, oder eine Projektion, oder einen Fluch – jedenfalls lässt sich hier eine »*Struktur* des Bösen«[65] erkennen, die keineswegs eine ethisch-moralische Aussage sein will, sondern im Wortsinne Ur-Geschichte – nicht also historisches Ereignis, sondern eine Wesensaussage über den Menschen.

Nur so ist der Vers Gen 8,21 angemessen zu verstehen »Der Mensch ist böse von Jugend an« – ohne Beziehung zu Gott *wird* der Mensch böse, da er sich aus sich selbst heraus begründen muss und dabei der verschließenden Selbst-Sicherung verfällt. Er empfindet genau dies als Last und Überanstrengung. Die Zerstörungsarbeit, die der Mensch anrichtet, resultiert durchaus aus guten Zielen und Vorsätzen; sie ist aber immer auch ein Spiegel der eigenen Zerrissenheit des Menschen ohne Gott.[66] Die gesamte Zivilisation der Menschheit ist demnach ein gigantisches Bemühen, die untergründig überall wirksame Gegenmacht des Zerstörerischen zu bändigen. Dieser biblische Realismus angesichts der Wucht des Bösen – vor allem in Gestalt von Lüge und Dummheit, Gewalt und Unrecht – ist das genaue negative Spiegelbild einer Erfahrung der Geborgenheit in Gott, die den Menschen leben lässt ohne vorgehende Sicherungen. »In letzter Konsequenz ist die Sünde somit der Versuch, das verlorene Sein in oder mit Gott in ein Sein-wie-Gott umzuwandeln, den verlorenen Gott also durch Vergöttlichung des Menschen wiederherzustellen. Es ist indessen nicht richtig, dieses Wie-Gott-sein-Wollen als originären Stolz, Hochmut, Titanismus u. ä. zu verstehen; ja, nicht einmal die beliebte Formel vom Ungehorsam des Menschen trifft den Sachverhalt … [Sie erscheint] selbst als Ergebnis, nicht aber als Urstreben des Menschen.«[67]

---

65. Drewermann spielt mit diesem Titel auf die Hintergründe des erfahrbaren Bösen an, gerade nicht auf eine metaphysische Erklärung.
66. Eine säkulare, aber psychologisch sehr ähnliche Grundaussage zum Menschen macht die Selbst-Psychologie des Heinz Kohut, die den von Freud bereits bearbeiteten Narzissmus-Begriff als den Mittelpunkt der Selbstwerdung des Menschen versteht. Die narzisstische »Kränkung« führt zu zwei ganz verschiedenen, in der Wurzel aber zusammenhängenden Ausdrucksphänomenen: entweder zur inneren Selbstüberhebung (dem »Größen-Selbst«), oder zu äußeren Idealisierungen bzw. Ideologisierungen (der »Idealisierten Eltern-Imago«). In beiden schafft sich der Mangel an Selbstsicherheit seine meist unbewusste Projektion, in der die eigene Verlorenheit mit Überheblichkeit, Größenwahn oder falscher Anbetung verschmolzen ist. Heinz Kohut: Narzissmus.
67. Eugen Drewermann: Strukturen des Bösen Band 1, 314

Die Theologie bestimmt den Menschen als Geschöpf Gottes. Damit macht sie ihn gerade nicht allein an seinen kulturellen Leistungen und Kompensationen fest, sondern sie formuliert die grundlegende Erfahrung, dass es zum Wesen des Menschen gehört, sich verdankt zu wissen. Dieses Verdanktsein ist im Begriff der »Ebenbildlichkeit« (*imago Dei*; der Jahwist sagt: »Abbild und Entsprechung«, Gen 1, 27) als die hohe Würde einer Gleich-zu-Gleich-Beziehung zu Gott beschrieben, die in Gott allerdings allem Leben gilt. Der Mensch ist Gottes »Hoheitszeichen«, das aber gerade nicht für sich steht, sondern sich in Beziehungen verwirklicht. Er wird dort seiner Bestimmung und seinem Wesen gerecht, wo er sich selbst als Spiegel erfährt, als angeblickt, als gewollt, nicht also als solipsistischer Herr und Erschaffer seiner selbst, sondern als »schlechthin abhängig« (Schleiermacher) und darin als bezogen auf das Leben. Der Mensch ist Mensch in Beziehung, in seiner Abhängigkeit ebenso wie in seiner Hingabe.

»Wahrscheinlich ist die doppelte Aussage richtig, dass ein Mensch das wird, was zu ihm gesagt wird und was er selbst aus seiner ›Story‹ in seinem Leben macht.«[68] Wie wahr! Der Mensch ist weder als schuldbeladener Sünder, noch als titanischer zweiter Schöpfer angemessen beschrieben. Er lebt immer zugleich aus dem, was ihm mitgegeben wird, und aus dem, was er daraus macht. Wenn sein Wesen Beziehung ist, dann werden dem vor allem polare, d.h. gegensätzliche, aber einander zugehörige Beschreibungen gerecht. »Im Verständnis des an die Grenzen unserer Ohnmacht führenden Zwiespalts, nicht in der braven Befolgung des (sittlichen oder religiösen) Gesetzes liegt ein deutlicher anthropologischer Fortschritt.«[69]

Die christliche Theologie bewahrt ein ausgesprochen kluges Erbe darin, dass sie auf diese unverrechenbare Doppelseitigkeit immer hingewiesen hat. Mit Begriffen wie Gesetz und Evangelium, Sünde und Gnade, Zwei Reiche Gottes (eines der menschlichen Ordnungen und eines der Erlösung und des heilen Lebens), unfreier und freier Wille, Vorletztes und Letztes (Dietrich Bonhoeffer), geschöpfliches Verdanktsein und Freiheit usw. wird der Mensch keineswegs auf zwei verschiedene Sphären von Gut und Böse verteilt; die Pointe dieser theologischen Bestimmungen besteht gerade darin, dass der Mensch auch als

---

68. Dietrich Ritschl: Zur Logik der Theologie, 251.
69. Matthias Kroeger: Im religiösen Umbruch der Welt, 339.

Geschöpf, auch als Sünder, auch als Bewohner des Reichs »zur Linken« der von Gott geliebte und darin zum Leben berufene ist.

Von grundlegender Bedeutung bereits für Paulus ist die Unterscheidung von Evangelium und Gesetz geworden, die später in der Reformation mit der Unterscheidung von »Glauben und Werken« verbunden wird. Paulus beschreibt darin seine Erfahrung einer fundamentalen Befreiung durch die Begegnung mit Christus, die ihn zu einem grundlegenden Wechsel der Lebensorientierung befreit – von einer angstgebundenen Verhaftung und Verpflichtung auf Regeln, Strukturen und Ordnungen zu einem befreiten Umgang mit ihnen. Unter »Gesetz« sind also keineswegs nur moralische Forderungen und Gebote zu verstehen, sondern gerade auch die Bindung an religiöse Formen und Pflichten, die Verhaftung in Frömmigkeitsvollzügen und »objektiven« dogmatischen Wahrheiten. Diese stellen sich der menschlichen Erfahrung, seiner Not und seiner Gottessuche gegenüber und halten gegen den eigenen Willen Gott gerade auf Distanz. Die reformatorische Unterscheidung von »Glauben und Werken« hat mit dem Vorrang des Glaubens, d. h. des Vertrauens auf Gott vor allen Versuchen der religiösen Absicherung genau diesen Zusammenhang festgehalten. Freilich könnte man mit Meister Eckhart zum religiösen Streben des Menschen auch liebevoll-ironisch sagen: »es ist gut, aber es ist nicht das beste« – man kann religiöser Praxis ja nicht schlechtweg jeden Heilssinn absprechen. Dass sich Sinn, Erfüllung, Gelingen einstellen, hat der Mensch aber nicht in der Hand.

Der Mensch bleibt »*simul iustus et peccator*« (zugleich Sünder und gerechtfertigt), also immer zugleich in Trennung, nicht so wie er sein könnte, hinter seinen Möglichkeiten und der heilsamen Erfahrung des Zusammenhangs mit allem Leben zurück – und doch von Gott geliebt, d. h. anerkannt in seiner Würde. Das befreit den Menschen davon, sich abmühen zu müssen um sein Heil. Erfüllung und Sinn stellen sich eben gerade nicht als Ergebnis eines besorgten, strebenden, arbeitsamen, angestrengten und religiös möglichst korrekten Lebens ein, sondern sie sind weit eher Sache des Vertrauens und liegen als Möglichkeiten immer schon vor. Alle Leistung, alles Leben, alle Aktivität, alle Lebensfreude des Menschen ist gut und gewürdigt, immer bedarf der Mensch aber der Gnade. Das ist auch psychologisch einsichtig. Das Bedeutsame, den Sinn kann man trotz aller Bemühungen nicht selbst herstellen.

Das Luthersche »simul« gilt neben dem Menschen auch ganz grundsätzlich innerhalb der Religion. Es lässt sich nicht trennen (sondern allenfalls unterscheiden) zwischen heilig und profan, Geist und Materie, Gott und Welt. »In, mit und unter« profanen Elementen geschieht der Vollzug des Sakraments; alles Leben ist profan – und dennoch geheiligt. Das Entscheidende ist immer Sache des Glaubens, d. h. der eigenen Einstellung und Vertrauenshaltung. Kluge Religion bezeichnet keine Sonderwelt, nichts Abgesondertes und nichts Mirakulöses, sondern eine Lebens-Deutung und einen anderen Blick auf das Leben. Autonomie und Gnade widersprechen sich nicht, sondern gehören auch religiös untrennbar zusammen. Darum ist die Rede von zwei (evangelischen) oder sieben (katholischen) Sakramenten religiös nur als Annäherung gültig; man könnte auch von hundert und prinzipiell unendlich vielen Sakramenten sprechen, wie das Augustin einmal vorgeschlagen hat.

So, und nicht mit der plakativen Verwendung einer moralisch abzuwertenden »Sünde«, könnten die Christen kritisch und konstruktiv Stellung beziehen gegen die gegenwärtigen gesellschaftliche Tendenzen, die das gesamte Leben unter das Diktat von Tempo, Ökonomie, Erfolg und Effizienz stellen. Dass die Religion heute keine gesellschaftlichen Zusammenhalte und Bestände mehr garantieren und keine metaphysischen Deutungen der Natur und des Menschen mehr leisten muss, befreit sie zu dieser Aufgabe. Klug ist die Einsicht des Christentums, dass das Leben nicht dadurch lebenswert wird, dass man das Letzte aus ihm herauspresst: aus Zeit, Rohstoffen und psychischen Ressourcen. Sie sind ungeschuldetes Geschenk, also Gnade, und darum bedachtsam zu bewahren und bewusst zu genießen. Die mit dieser inneren Einstellung verbundene Haltung ist eine Gelassenheit, die aus dem Vertrauen kommt, dass das Leben – so wie es nun einmal ist – ein großartiges Geschenk, vollkommen und genug ist. Das meint die reformatorische »Rechtfertigung aus Glauben«: nicht durch eigenes Bemühen, sondern schon immer ist das Leben von Gott anerkannt und gut – wenn man denn Vertrauen zu dieser Einsicht fassen kann. Eine solche Einstellung wird unter Bedingungen der fortgeschrittenen Moderne allmählich zu einem religiösen Erfordernis, ohne das das Leben zwangsläufig in Isolation und Erschöpfung mündet.

Der ebenso missverständliche wie theologisch grundlegende Begriff »Gnade« ist klar und deutlich auf das konkret zu lebende menschliche Leben zu beziehen, und nicht auf ein metaphysisch verstandenes Heilsspektakel. Die Gnade zeigt sich im Leben, wo auch sonst. *Schöpfung* und *Inkarnation* sind die theologischen Leitbegriffe für eine Heiligung des Diesseitigen durch die Gnade Gottes. Die Zusage des Heils gilt der kreatürlichen, körperlichen, diesseitigen Welt.

Der Begriff Gnade weist darauf hin, dass Erfüllung, Gelingen, Glück, Sinn, Mut und Gewissheit nicht oder nur sehr begrenzt durch den Menschen selbst herzustellen sind, und dass auch der Erfolg der eigenen Arbeit und Anstrengung niemals garantiert ist. Gnade ist also *weit* mehr als Schulderlass, wie die Kirche so lange gelehrt hat. Und die Gnade ist keineswegs an die Kirche gebunden, sie ist mit der Schöpfung, mit der Tatsache des Lebens längst gegeben. Sie ist Sache des Glaubens, des Sehen-Könnens.

Nicht erst die Nächstenliebe, sondern eine offene, dankbare und gelassene Empfänglichkeit ist die Quintessenz einer christlichen Einstellung. Sie kann in die tätige Liebe münden – hat aber auch als Haltung, als Bewusstsein, selbst als Ahnung ihr unbestreitbares religiöses Recht. Sie stellt die *Voraussetzungen* eines aktiven Lebens bereit. Wer nicht annehmen kann, kann nicht geben. Wer keine Liebe empfängt, kann nicht leben. Nicht die eigene Anstrengung, sondern allein das Wissen um die ungeschuldete Schönheit des Lebens und der Glaube an die eigene Geschöpflichkeit, d. h. das Gewolltsein durch Gott, führen in eine Haltung der Gelassenheit und der Souveränität, die sich mit dem Leben verbindet, im erfüllten Augenblick ebenso wie im Lauf einer Biographie.

Kaum etwas dürfte dem heutigen Menschen so schwer fallen wie die bloße Empfänglichkeit. Selbst das Glück kann die Menschen misstrauisch machen, wenn es sich einstellt – man meint dann, es nicht zu verdienen, dafür zu sehr beneidet zu werden, seiner nicht wert zu sein, dafür irgendwie bezahlen zu müssen usw. Hinter dieser Unfähigkeit zur Annahme und zum Sich-Beschenken-Lassen lässt sich wiederum die Angst vermuten, die aus dem Gefühl kommt, nicht wirklich willkommen zu sein. Genau dies will der christliche Glaube angehen und verändern: Glaube ist nicht Festhalten an Lehrwahrheit, sondern das gelassene Vertrauen darauf, dass Gott die Liebe ist, die mir gilt.

Soll das christlich zur Erfahrung werden, so bedarf es der sinnlich wahrnehmbaren Zeichen, weniger der rationalen Belehrung. Sinnlichkeit und auch sinnliche Lust gehören zum Menschen und können theologisch nicht als minderwertig verstanden und schon gar nicht unter die »Sünde« gerechnet werden, denn sonst ist der Mensch insgesamt abgewertet. Was ist ein Mensch ohne sinnliche Erfahrung und Lust? Sinnliche Wahrnehmung ist zudem die Bedingung religiöser Erfahrung, die sich nicht geistig rein, »metaphysisch« denken lässt. Gnade will sinnlich und leiblich erfahren werden – sonst ist sie nicht. Vertrauen in Gott und das Leben lässt sich nicht in Form von Informationen und Worten mitteilen. Theologie und Kirche müssen dagegen an den Prozessen von Gewisswerdungen und Evidenzen interessiert sein, die dem Leben dienen, d. h. vor allem am Entstehen von Vertrauen. Das braucht eher die Darstellung, eine kluge Form der Inszenierung und der Verbildlichung, eine plastische Rhetorik, als (allein) lehrhafte theologische Aussage und belehrende Verkündigung. Jesus von Nazareth hat es in seinen Gleichnissen und Zeichenhandlungen vorgemacht: große Erfahrungen bedürfen einer klugen Kultur der Zeichen.

7. Religiöses Leben
Wie eine attraktive christliche Religionspraxis aussehen könnte

»Glaube, Hoffnung, Liebe«: in dieser berühmten Umschreibung des Christlichen durch Paulus (1 Kor 13,13) gilt der Liebe der höchste Rang; das Christentum aber hat fast ausschließlich auf den Glauben gesetzt. Und dieser Glaube ist weitgehend als ein Festhalten an formulierten Wahrheiten aufgefasst worden, nicht als die Pflege und Einübung einer christlichen Haltung zum Leben. Was eine christliche Lebenskunst sein könnte, woran man einen Christen erkennt, das ist heute eine offene Frage geworden. Sicher: Liebe lässt sich nicht institutionalisieren; und ohne Institution ist nicht klar, wie das christliche Erbe überlebt hätte und bis heute überliefert worden wäre. Überlieferungsträger sind aber keineswegs nur Lehren, sondern auch die Bilder, Symbole und rituellen Prozesse, die die Orientierungskraft und das Lebenswissen des Christentums in sich tragen.

Die christliche Religion ist weniger ein fixierbarer Glaube, als vielmehr eine Anleitung zum Sehen des Heilsamen. Sein Wissen um einen überall nahen Gott und um die Möglichkeit und die Erfahrung eines zu Gelassenheit führenden Vertrauens sind nicht nur realistisch und bisweilen regelrecht nüchtern. Sie geben auch ausgesprochen kluge Hinweise, wie mit diesem oft genug schwierigen Leben sinnvoll umzugehen ist.

Wenn diese Hinweise erkennbar bleiben und weitergegeben werden sollen, brauchen sie Formen, die weit mehr und anderes sind als dogmatische Fixierungen oder die rationalen Ausführungen theologischer Experten. Das christliche Erbe braucht Gestaltungsformen, die erkennbar, aber auch wandelbar sein müssen und die den Menschen die Möglichkeit geben, in sie einzutauchen und sie innerlich nach- und mitzuvollziehen. »Große Lebensoptionen … halten sich nur, wenn sie in Kulturen eingebettet sind.«[1] Ideen verkümmern ohne Gestaltung. Religion ist ein grundlegend emotionales Phänomen, das Lebensperspektiven und Erfahrungen von Sinn in Form von Zeichen und Ritualen kommuniziert. Auch das Christentum »lebt vital in seinen Hymnen, Utopien, in der Kraft seiner Symbole.«[2]

---

1. Fulbert Steffensky: Wo der Glaube wohnen kann, 157.
2. Peter Cornehl: Lieder – Lyrik – Liturgien, 300.

Religiöse Ausdrucksformen – Bilder, Symbole, Rituale, Bauten, Zeremonien, Texte, Musik usw. – sind also ebenso unverzichtbar wie eine kritische Selbstklärung und für das religiöse Leben sogar weit wichtiger als jene. Sie dürfen freilich nicht der großen Gefahr aller gestalteten Religion verfallen und sich mit dem Heiligen selbst gleichsetzen; das ist vor allem die katholische Gefahr und Tendenz, die sich dann in lebloser Routine ausdrückt. Und ebenso wenig dürfen sie auf die Darstellbarkeit des Heiligen überhaupt verzichten und meinen, allein rationales Denken und »das Wort« seien der angemessene Weg zu ihm; das ist vor allem die protestantische Gefahr und Tendenz, die faktisch oft gar nicht damit rechnet, dass sich das Heilige in religiösen Gestaltungsformen tatsächlich zu zeigen vermag. Die tiefen Wahrheiten der christlichen Religion sind nicht als immerwährende Gültigkeiten wahr, sondern nur als je neu übersetzte und gestaltete Anwendung wirklich präsent. Es gibt sie nicht, wenn sie nicht zur Erfahrung werden. Sie müssen vor allem die religionskritische Religion Jesu transparent halten: sein souveränes Vertrauen in den überall nahen Gott, der in allem gesehen werden kann, was lebt, und den Jesus als Liebe erfahren und beschrieben hat.

Die christlichen Ideen müssen freilich nicht nur gestaltet, sondern auch kommuniziert werden. Die Kirche sollte zu einer solchen Kommunikation der christlichen Religion anstiften, sie anleiten und ein offenes Forum für sie bereitstellen. Sie ist Sachwalterin des Christlichen und als solche eine Agentin für das Leben der Menschen heute. Würde sie dem Geist Gottes mehr Vertrauen schenken als der eigenen sakralen Macht und der Wahrung der Rechtgläubigkeit, dann würde sie diese Kommunikation des Christlichen nicht allein gestalten, sondern die gebildete und interessierte Öffentlichkeit – die »freie Geistesmacht«, wie Friedrich Schleiermacher sie nannte – mit einbinden. Das gäbe dann im Übrigen auch einen Impuls dafür, dass sich das allgemeine Interesse am Christentum wieder erhöhen könnte.

Als selbstkritische Religion (und auch im Sinne der Weitergabe der eigenen Gehalte durch Sozialisation) wird das Christentum immer auch auf religiöse Bildung Wert legen. Für die Präsentation und Kommunikation der christlichen Idee ist und bleibt jedoch der Kultus der zentrale und entscheidende Ort. Er ist als lebendiger Kern- und Kristallisationspunkt der Religion von nicht zu überschätzender Bedeutung. Er ist der Gradmesser für die religiöse Lebendigkeit – und nicht die Vielzahl der kirchlichen Aktivitäten auf den verschiedensten Ebenen.

Überzeugend und der eigenen Sache gerecht kann das Christentum aber auch nur sein, wenn es in kluger und nachvollziehbarer Weise auch

Anleitung zu einer privaten religiösen Praxis gibt. Die Zukunft der Kirche wird sich an ihrer Spiritualität entscheiden, und zwar nicht nur an der von ihr selbst gelebten, sondern auch an deren Nachvollziehbarkeit im Leben der Menschen. In einem so verstandenen Christentum – einer dynamischen, liturgisch lebendigen, offen kommunizierten, spirituellen und nachvollziehbaren Religion – wird sich gleichsam von selbst ein heilender Zug zeigen. Erlösung zielt auf ein gelöstes Leben.

In alledem geht es nicht um Sozialhilfe oder politische Stellungnahme, sondern um Religion, und zwar um eine nicht nur theologisch abgesicherte und institutionell verwaltete, sondern um eine von den Menschen heute nachvollziehbare Religion. Nur in der strukturierenden, heilsamen und kritischen Begleitung der Religiosität der Menschen wird das Christentum seiner Sache letztlich gerecht. Und kaum etwas wäre für die Menschen heute so attraktiv wie eine heilende, d. h. orientierende, zurechtbringende, lösende Form von Religion. Das muss theologisch gewollt und in der Kirche zu spüren sein. Dringend notwendig erscheint darum eine Öffnung des verkirchlichten Christentums hin zu gängiger Sprache, zum heute gelebten Alltag, zur Kultur der Gegenwart. Eine solche Öffnung sollte aber keineswegs dazu verführen, der Kraft der eigenen sprachlichen und symbolischen Tradition nicht mehr zu vertrauen. Viele gedankliche und sprachliche Verklausulierungen und Altbackenheiten müssen aber unbedingt aufgebrochen werden.

In all dem ist *religiöse Kompetenz* beschrieben. Die Agenturen des Christentums müssen zeigen, was überhaupt Religion ist, und wie man in kluger Weise mit ihr umgeht. Sie müssen den christlichen Kern kennen, seine Ur-Erfahrung der Bewusstwerdung, der Umkehr und der Wandlung durch die Wahrnehmung Gottes, und sie müssen deren orientierende, stärkende und heilsame Konsequenzen klar artikulieren und offen kommunizieren können. Eine so verstandene religiöse Kompetenz wäre gerade unter modernen Lebensbedingungen ausgesprochen überzeugend.

7.1 Religiöse Darstellung
Sakralraum, Kultus und religiöse Inszenierung

Kirchenräume als Gestalt gewordene Religion

»Was seine Gestaltung nicht findet, das geht mit der Zeit auch als Idee verloren.«[3] Das stimmt: In ihren Gestaltwerdungen kommt Religion zum Ausdruck, ohne sie *ist* Religion gar nicht. Es ist ganz ähnlich wie bei einem Drama: da wäre das Textbuch nur die tote Hülle dessen, was als Aufführung zu starker Wirkung kommen kann. Es gibt Shakespeares »Hamlet« als Gegenstand von zahllosen gelehrten Interpretationen, aber es gibt das Stück als erlebbare Realität nur als Ereignis und Aufführung. Das Evangelium kann nicht bloßer Text bleiben oder sich nur in dogmatische Lehre übersetzen, es muss zum religiösen *Ereignis* werden.[4]

Die christlichen Räume, Symbole, Erzählungen, Bilder und Aufführungsprozesse haben darum eine hohe und durch nichts anderes zu ersetzende Bedeutung. In seinen Gestaltungsformen verfügt das Christentum über einen immensen Schatz. Manche Worte eines Psalms, eines Passionschorals oder manche in einer Kirche gemachte Erfahrung sind durch nichts anderes einholbar. Diese Formenschätze müssen im Christentum wertgeschätzt, gelernt, verstanden und gekonnt reproduziert werden. Wo sie nicht zentral stehen, sondern einer Lehre unterstellt sind, käme die Religion einer Kunst gleich, die sich als Kunsttheorie und Kunstverein etabliert hat und die künstlerische Produktion nach deren Vorgaben richtet.

Es sind vor allem die religiösen Gestaltungsformen, in denen sich die Menschen wiederfinden. »Kirche« ist zunächst einmal ein besonderes Gebäude. Die Bilder und Räume eines gehaltenen, gelingenden Lebens sind es, die den unschätzbaren Wert der christlichen Religion bedeuten. Sie werden gebraucht, damit die Erfahrungen der Ohnmacht, der Zerstörung und der Angst – die nicht widerlegt werden können – nicht übermächtig werden, und damit die Idee eines erfüllten Lebens präsent bleibt.

Der Kultus (Gottesdienst, Messe, Andacht, Kasualhandlung usw.)

---

3. Fulbert Steffensky: Feier des Lebens, 120.
4. »Die Kirche ... muss nichts kopieren und nichts importieren. Sie muss ihre *eigene Sache* gut machen ... Das setzt Kompetenzen voraus, die gelernt und geübt werden müssen. Hier liegen Defizite in der Ausbildung und in der beruflichen Kompetenz von Menschen, die Religion machen und lehren.« Hans-Martin Gutmann: Die Suche nach Attraktivität ist langweilig!, 12.

und die Sakralräume bergen darum die größten und evidentesten Möglichkeiten der christlichen Religion. In der Alltagssprache ist »Kirche« keine Organisation, sondern ein Gebäude. Kirchen sind Orte von einer unvergleichbaren Aura und Atmosphäre, in denen Kraft und Heiligkeit erfahren werden können. Religion hat einen starken Bezug zum Raum. Das zeigen nicht nur die vielen heiligen Orte der alten Religionsformen (Haine, Quellen, Berge, heilige Bezirke usw.), es spricht sich auch im Begriff »Orientierung« aus, der bedeutet: zum Orient, also zum Licht, zum anbrechenden neuen Tag und zur Neuwerdung hin ausgerichtet sein.

Welche religiöse Bedeutung vor allem viele der alten Stadtkirchen haben, lässt sich an den stark gewachsenen Besucherzahlen ablesen. Man mag die fotografierenden Betrachter als »Kirchentouristen« bezeichnen; sie bringen aber doch zum Ausdruck, dass die alten Kirchen besuchenswert sind und anziehend. Kirchen sind eben keine bloßen Funktionsräume. Ganz anders als z. B. ein Sportstadion oder ein Museum wirken sie nicht leer und ausgestorben, wenn in ihnen keine sakrale Handlung stattfindet. Leere und Stille, auch die Dunkelheit, wirken in vielen Sakralbauten gerade besonders beeindruckend.

Kirchen sind also keineswegs zunächst Lehr-Gebäude, wie man vor allem im Protestantismus annehmen könnte, der seine Kirchen im Alltag meist immer noch verschlossen hält. Sie sind Räume der Verortung am heiligen Punkt, Räume des Schweigens und einer Begegnung mit dem Heiligen, die keineswegs nur im Sonntagsgottesdienst stattfindet. Und darum müssen die seit einigen Jahrzehnten überall neu eingerichteten Gemeindezentren im religiösen Sinne als Fehlschlag bewertet werden; sie bedeuten eine Abwendung vom Heiligen und eine Zersplitterung der religiösen Aktivität in den Gemeinden.

Die großen Stadtkirchen sind immer Bürgerkirchen gewesen; in ihnen haben sich die angesehenen Leute wiedergefunden und regelrecht repräsentiert. Es war *ihre* Kirche, die sie da errichtet hatten. Die Kirchen sind Orte des Kultus, aber auch der Kultur. Die Kirchenräume bieten bis heute den unschätzbaren Vorteil, dass sie öffentliche Räume sind, und dass sie von Menschen genutzt werden können, die da keine Vereinnahmung fürchten müssen. »Wenn die Kirche heute ungenutzte Chancen hat, dann liegen sie in der Ästhetik ihrer Räume. Der größte Fehler, den sie gegenwärtig machen kann, besteht deshalb darin, ihre Räume, weil sie scheinbar hier und da nicht mehr besucht werden, aufzugeben.«[5] Die Schließung und der Verkauf von Kirchen ist in der Tat

---

5. Wilhelm Gräb: Sinnfragen, 134.

höchst prekär; sie sind auch symbolische Akte der Selbstpreisgabe. Darum sollte eine Kirchenschließung wirklich nur die ultima ratio sein, niemals Kalkül.[6]

Der Kultus als Herz der Religion

Die Kirchenräume bieten den Rahmen für die zentrale Inszenierung der christlichen Religion, den Kultus. Er ist das Herzstück der Religion und der Gradmesser für ihre religiöse Lebendigkeit. Seine Gesten, seine Sprache, seine zur Teilnahme einladenden Bewegungen und rituellen Vollzügen und seine Musik zielen auf religiöse Resonanz.

Die Einbeziehung des Menschen in einen quasi objektiv gegebenen Heilsraum, in ein vorgegebenes metaphysisches Geschehen oder in eine sakrosankte Zeremonie kann der Sehnsucht nach Lebendigkeit nicht wirklich gerecht werden. Der Kultus einer klugen Religion ist daher ein Ereignis und ein Prozess, die aus einer tiefen Quelle heraus leben und auf Verwandlung und Krafterschließung zielen. Er ist ein performatives und kommunikatives Inszenierungsgeschehen, ein kunstvolles Spiel mit bedeutsamen Zeichen. Kunst, Spiel und Religion sind die höchsten Bildungsagenturen des Menschen. Denn sie schließen in einer nicht verrechenbaren, nicht funktions- und zweckorientierten Weise auf für das Leben. Sie sind Spiegel von Lebenssinn. Im Kultus vereinen sie sich zu einem verdichteten symbolischen Prozess des gemeinsam gefeierten und erneuerten Lebens.

Auch wenn es der ganz selbstverständlichen Auffassung des weit überwiegenden Teils der Kirchenleute widerspricht: die Aufgabe der Predigt ist nicht die Weitergabe der christlichen Tradition, Verkündigung nicht die erste Aufgabe der Kirche![7] »Nicht eine vorgegebene ›Botschaft‹ ist auszurichten, sondern die Erfahrungen des Lebens sind in die christlich-religiöse Deutung zu heben.«[8] Der Alltag, die Lebenserfah-

---

6. In der St. Petri-Kirche in Lübeck hat man die Konsequenz aus diesen Überlegungen gezogen. Hier ist der erste gemeindefreie Kirchenraum in Deutschland entstanden, der ausschließlich für Veranstaltungen genutzt wird: Ausstellungen, Tanzereignisse, Konzerte. Das Experiment hat eine enorme Resonanz gefunden. Die Kirche ist allabendlich belegt und auf Monate im voraus ausgebucht. Die Prägekraft der Eindrücke, die Menschen hier erleben, ist kaum auszuloten. Die Lübecker Bürger haben inzwischen einen regelrechten Stolz auf »ihre« Petrikirche entwickelt.
7. So explizit schon Paul Tillich: Religiöse Verwirklichung, 38.
8. Wilhelm Gräb: Sinnfragen, 188.

rungen, Sorgen und Nöte, die eigene Biographie wollen religiös gedeutet sein und einen Ort finden, an dem sie »geerdet« und gut aufgehoben sind.

Grundsinn des Kultus ist also nicht eine Rekapitulation von Glaubensinhalten und nicht eine *Interpretation* des Heiligen! Sondern die Suche und der Weg in die Begegnung mit dem Heiligen und die Erneuerung des Lebens. Diese freilich lassen sich nicht je neu erfinden. Sie orientieren sich an symbolischen Vorgaben und kultischen Traditionen. Es geht im Kultus um den Umgang mit dem Geheimnis des Lebens. Gottesdienst darf nicht die theologisch-dogmatische Vorstellungswelt wiederholen und in Szene setzen, sondern muss Raum und Gelegenheit zur Begegnung mit Gott geben – und die Bilder einer klugen Beschreibung des Menschen und eines gelassenen, heilen Lebens vor Augen führen. Er soll die religiöse Erfahrung präsent halten und sie neu begehbar machen. Theologische Interpretationen haben ihr bleibendes Recht, sie sind der kultischen Suche nach Gottesbegegnung aber klar nachzuordnen. Sonst wäre der Kultus die Umsetzung einer Religionstheorie.

Die religiöse Tradition, d. h. christlich vor allem die Erinnerung an die Lehre und das Leben Jesu und an die in diesem Geist vor uns gemachten Erfahrungen mit Gott, ist dennoch von zentraler Bedeutung für den Gottesdienst. Sie ist allerdings nicht Selbstzweck, sondern Medium; also bedeutsam und religiös wertvoll, *sofern* sie die Erfahrung des Heiligen bewahrt und neue Erfahrungen, heutige Deutungen, jetzt vorgehende Prozesse der Ermutigung und der Verwandlung anstößt. Der Kultus ist Hinweis auf die Heiligkeit des Lebens, er ist aber nicht selbst heilig. Eine »religiöse Sonntagspflicht« ist christlich widersinnig. Der Kultus hat Verweisungsfunktion – wie alle sinnvolle Religionsform. Ganz im Sinne der Liebe Gottes muss die religiöse Tradition also zum Medium der Selbstfindung werden können, und sie muss entsprechend arrangiert und angeboten werden.

Gottesdienst ist symbolische Kommunikation über ein Angebot von Sinn-Bildern für die Grundfragen und Erfahrungen der Menschen. Er kommuniziert Symbole und Anregungen zu ihrer Selbstdeutung. Dabei folgt er einer anthropologisch verstehbaren rituellen Ordnung. Er benutzt Mythen und Symbole, die auch in anderen Kulturen und Religionen zu finden sind; denn sie verweisen auf menschliche Grundfragen. Gottesdienst ist der »Weg in das Leben«[9], seine Bewusstmachung, Feier und Erneuerung. Sein tiefster Sinn ist eine rituelle Hin-

9. Manfred Josuttis: Der Weg in das Leben.

führung zu einer heilsamen Begegnung mit Gott, in der das Leben zu seiner Quelle kommt. Das muss im Gottesdienst spürbar werden! Und das geht realistischerweise nicht ohne den klaren Einbezug von Schuld und Scham, des Schmerzes und des nicht Vollendeten und Vollendbaren. Die Elemente, die dem dienen, sind die Reinigung von Belastungen und Hemmungen (keineswegs also allein von »Schuld«!) zu Beginn des Gottesdienstes; die Bewusstmachung von tragischen Strukturen und Erfahrungen; die Beruhigung von Sorgen und Ängsten; der Zuspruch und das symbolische Angebot von Kraft und Lebensmut. Das geschieht vor allem in Predigt, Sakramentsfeier und Segen, aber auch in der Erfahrung von Gemeinschaft.

Gottesdienst ist, wie theologisch traditionell gesagt wird, natürlich auch die »Versammlung der Gläubigen« – die aber gerade keinen perfekten Glauben mitbringen, oft ganz im Gegenteil. Gottesdienst soll darum die Einladung zum Glauben, zur Erneuerung von nicht vorhandenem oder verlorenem Vertrauen und zur Klärung von Lebenszusammenhängen sein, die oft genug in Konflikten und abgebrochenen Beziehungen bestehen. Er soll das Angebot einer elementaren Kraftquelle sein, die sonst nicht zur Verfügung steht. Der Kultus muss also in kluger Weise zwischen der religiösen Tradition, die größer ist als unsere eigenen begrenzten Erfahrungen, und subjektivem Befinden und Fragen vermitteln. Das ist eine Kunst, die nicht gelingt, wo theologische Lehren und Glaubenssätze als bekannt vorausgesetzt und immer nur neu illustriert werden; sondern nur da, wo das Leben dramatisch zur Darstellung kommt und in einen größeren Rahmen der Deutung einbezogen wird.

Es mag Zeiten gegeben haben, in denen ein missionarischer, lehrhafter oder am Bekenntnis orientierter Gottesdienst angemessen war. Heute dürfte der Gottesdienst das Evangelium vor allem dann plausibel vermitteln, wenn er die christlichen Erzählungen, Symbole und Einsichten für die Sinnerfahrung der Menschen öffnet; wenn er orientierende und therapeutische Kraft mit sich führt.

Gelungene attraktive Gottesdienstformen sind in aller Regel Alternativ-Formen zum Sonntagmorgen-Gottesdienst. Das ist bemerkenswert und wohl auch bezeichnend. Diese Feiern sind meist meditativ und oft durchaus anspruchsvoll. Oft gibt es eine betont lange Predigt, sogar theologische Vorträge. Sie beziehen den Körper mit ein und bieten Räume leiblich-sinnlicher Erfahrungen. Sie haben oft einen Moderator, der die Liturgie führt, und geben Gelegenheiten zur offenen Kommunikation. Sie bemühen sich um zeitgemäße Sprache, bringen auch Texte aus der Literatur und anderen Religionen, zum Teil moderne Musik.[10] Sie bieten vor allem der individuellen Interessenlage Raum; entsprechende Möglichkeiten des Sich-Einschwingens werden offensichtlich sehr geschätzt. Hier kommt es also zu Resonanz – das Gegenteil von versuchter Missionierung, und etwas ganz anderes als die immer neue Wiederholung und Vergegenwärtigung wahrer und gesicherter Glaubenswahrheiten. Interessant ist: wo solche Gottesdienstformen sich etablieren (was nach wie vor allzu selten geschieht), rücken sie tendenziell an die Stelle des »klassischen« Sonntagsgottesdienstes. Das zeigt dann, dass sie ernst genommen werden.

Auch die alternativen Formen aber brauchen eine ritualisierte Gestalt der Wiedererkennbarkeit, die der Beliebigkeit und dem Zerreden entgegenwirkt.[11] Gottesdienste für bestimmte Zielgruppen sollten der Ausnahmefall bleiben; für sie gilt Ähnliches wie für die Gemeindezentren. Die symbolische rituelle Kommunikation des Kultus hat eine das Leben zentrierende Funktion und lässt sich nur im Ausnahmefall für bestimmte Gruppen von Menschen denken.

Religiöse Inszenierung

Der Kultus zielt auf Resonanz. Michael Meyer-Blanck hält es darum für »ausgesprochen sinnvoll, den Gottesdienst in Analogie zu einer Theateraufführung zu sehen … Auch der Gottesdienst will gut *inszeniert* sein. Je besser nämlich ein Stück ist, desto schlimmer sind eine schlechte Inszenierung und eine schlechte Aufführung.«[12] Die Bedeutung sorg-

---

10. Unter den vielen Beispielen nachgefragter und erfolgreicher Gottesdienste: Siegfried Zimmer / Georg Schützler: Nachteulen-Gottesdienste. »Gottesdienst 08/16«, vgl. in: Wolfgang Vögele (Hg.): Die Krise der Kirche ist eine große Chance!, 94 ff. Oder: Gottesdienst »GoSpecial«, vgl. a. a. O., 133 ff.
11. Als Beleg mag die sog. »Thomas-Messe« dienen, die in großen Stadtkirchen inzwischen zum regelmäßig wiederkehrenden Angebot gehört. Die Thomas-Messen werden von bis zu 1000 Leuten besucht. Sie sind eine Verbindung von klassisch-ehrwürdiger alter Liturgie mit der Möglichkeit individueller Zuordnungen. Während des Gottesdienstes gibt es Phasen, in denen die Menschen durch den Kirchenraum streifen, an Seitenaltären meditieren oder sich segnen lassen können – je nach Lust und Bedürfnis. Hier machen die Menschen nicht nur religiöse Erfahrungen, sie fühlen sich ganz offensichtlich auch als Personen ernst genommen. Genau diese Verbindung von religiösem Profil und individueller »Übersetzung« ist gelungene Inszenierung religiöser Kultur.
12. Michael Meyer-Blanck: Inszenierung des Evangeliums, 17. Das Buch hat sehr konstruktiv erstmals den Inszenierungsbegriff in die Debatte geworfen.

fältiger Gestaltung kann daher kaum überschätzt werden.[13] Das Spezifikum solcher Gestaltung ist – anders als bei einer Theateraufführung – der bewusste Einbezug der Hörer, ihrer Fragen, Sehnsüchte, Nöte und Freuden. Gottesdienstliche Inszenierung braucht darum unter anderem eine gute Rhetorik. Denn Worte geben nicht nur Informationen weiter, sondern haben die Kraft zu bewegen. Das ist nicht Magie, sondern Kunst – ohne die eine religiöse Inszenierung nicht denkbar ist.

Für die Gestaltung von klugen Gottesdiensten ist daher inszenatorische, kommunikative und kontemplative Kompetenz notwendig. Keineswegs aber muss der symbolische Vollzug erklärt werden. »Eine symbolische Handlung spricht sich selbst aus: sagt sie nicht, was sie sagen soll, so hat ihr Erfinder übel symbolisiret« (Johann Gottfried Herder). Wer alles erklärt, wirkt nur belehrend, nicht einladend. Gottesdienst will nicht erklärt, sondern spannend und involvierend *vollzogen* sein.

Zentrale Sinngehalte der Religion lassen sich nur symbolisch, metaphorisch, prozessual und bildhaft mitteilen. Das Evangelium muss in Bildern sprechen und zur Szene werden. Orientierendes Vorbild können die Gleichnisse Jesu sein, diese frei erfundenen poetischen »Miniaturdramen«, die eine alternative Realität vor Augen stellen; aber auch Jesu Zeichenhandlungen und Feiern. Die Präsentation, Inszenierung und professionelle Gestaltung religiöser Vollzüge und der daran teilnehmende Mitvollzug erschließt die Religion weit eher als das Bekenntnis. Religion wird durch Religion gelernt, verstanden und weitergegeben, und nur sehr begrenzt durch dogmatische Lehre und Katechese.

Der Kultus sollte grundsätzlich befreiend, erdend, zur Präsenz führend sein – nicht aber anstrengend. Er ist darum kaum denkbar ohne Versenkung, also Meditation. Das vor allem muss die Gottesdienstgestaltung lernen, mehr noch als das Angebot gestalteter religiöser Kommunikation. Dem widerspricht eine intellektuell anspruchsvolle Predigt keineswegs; sie ist aber nur *ein* Element im Ablauf der heiligen Handlung. Der Kultus soll Raum geben für intensive Erfahrungen, für religiöse »Erregungen« (Friedrich Schleiermacher). In allem zielt der Kultus auf Resonanz, denn diese erst schafft Evidenz – dies gilt gerade

13. »Eine Psychoanalyse realisiert sich in therapeutischen Sitzungen. Ein Fußballspiel wird Wirklichkeit im Zeitraum von 90 Minuten auf einem Sportplatz. Eine Vorlesung findet in einem Hörsaal statt.« Das gilt genau so auch für eine kultische Handlung. »Auch in den religiösen Methoden geht es um nichts anderes als um die Vergegenwärtigung einer atmosphärischen Macht ... Religiöse Methoden können dann dadurch charakterisiert werden, dass sie mit den Bedingungen umzugehen verstehen, unter denen sich Göttliches einzustellen bereit ist.« Manfred Josuttis: Religion als Handwerk, 62 und 81.

auch dann, wenn die Gehalte Symbole und Traditionen sind, die nicht vertraut sind. Er sollte darum gestaltetes Alleinsein (vor allem durch meditative Elemente) ebenso ermöglichen wie Gemeinschaftserfahrung. Die Erfahrung Gottes ist weit eher im Schweigen und in der gestalteten Leere zu finden als in durchgehendem Reden und einer pausenlosen Abfolge liturgischer Einzel-Elemente. Ausgesprochen störend sind da die oft endlos langen, oft auch mechanischen und sprachlich befremdlichen liturgischen Gebete.

»Christentum ist gelebte, imaginierte Analogie, Spiel der Symbole. Über Anfang und Ende der Welt, Geburt und Tod des Logos gibt es kaum objektive Kunde; es handelt sich vielmehr vornehmlich um Bilder der Erlösung, die bei allem gebotenen Ernst doch auch zu einer Luftreise der Phantasie einladen ... All dies muss immer neu geschmeckt, nacherzählt, imaginiert, erfunden, ausgelegt und ausgelebt werden, anders ist Christentum nicht; Dogma und Moral sind nur ein entfernter Niederschlag solchen Wortgeschehens.«[14] Gottesdienst ist »heiliges Spiel«, was freilich nicht ein Hinweis auf seine Verspieltheit, sondern im Gegenteil auf seinen spielerischen Ernst sein will: er ist das Drama, das zeigt, was mit dem Leben »auf dem Spiel steht«. Kult und Ritual sind insofern mit dem Spiel verwandt, als ihre Intensität und ihre gespürte Präsenz den klaren Gegensatz zum zweckorientierten Nutzen und zum Denken in Effektivitätskategorien darstellen. Im (heiligen) Spiel kommt das Leben zu sich selbst. Nirgendwo sonst kommt der Mensch so in die bewegende Selbst-Erfahrung wie im Spiel, und nirgendwo sonst erfährt er Vergewisserung so wie im Kultus – abgesehen nur von der Erfahrung der Liebe.

Der Kultus macht Ernst mit dem Leben, er darf darum nicht in Harmlosigkeit steckenbleiben. Er soll zeigen und symbolisch darstellen: der Mensch ist bedroht durch Schicksal, Tod, ausbleibende Lebensenergie, Beziehungs- und Sinnlosigkeit. Darum sollte der gestalteten Klage, dem Bedenken von Ohnmacht und Negativität ein weit größerer Raum gegeben werden. Zeigen muss der Kultus auch, dass der Mensch auf Beziehung angewiesen ist, auf Vergewisserung und auf Lebenskraft: alles gelingende Leben ist Gnade. Das hat vor allem im Sakrament seinen Ort.

Die Inszenierung dieser Aufgaben erfordert eine Autorität, die dem Liturgen anzumerken sein sollte. Sie erfordert Leidenschaft, Emphase und Lebenserfahrung. Die sorgfältige Gestaltung der kultischen Atmosphäre prägt die inhaltlichen Aussagen in hohem Maße mit und ist

14. Elmar Salmann OSB: Der Gott des freien Geleits, 76 und 78.

darum von hoher Bedeutung. Zu ihr zählt vor allem die Musik; Klänge können die Grenzen zwischen Ich und gehörtem Raum aufheben wie nichts sonst; sie werden *vor* Worten gehört. Abhängig ist die Resonanz natürlich auch von der Ernsthaftigkeit, mit der die Liturgie vollzogen wird.

Neben die Neuwahrnehmung der Sakralräume und die Aufwertung einer kompetenten, sorgfältigen Inszenierung des Kultus sollte auch eine Neubewertung des religiöse Festes treten. Das Fest ist eine der wichtigsten Ausdruckformen jeder Religion, und die christlichen Feste im Jahreskreis sind nach wie vor auch öffentlich recht bekannt. Im Kirchenjahr sind im Übrigen auch alle dogmatisch wichtigen Themen in symbolischer und oft auch bereits in rituell gestalteter Form präsent. Das zeigt vor allem das Weihnachtsfest, das Fest der Erscheinung Gottes im und unter den Menschen. Die weihnachtlichen Symbole und Rituale sind nicht nur überall geläufig, sie bringen auch die zentrale Erfahrung des nahen Gottes in verständlicher Form zum Ausdruck.

Neben Sakralraum, Kultus und religiösem Fest wäre auch die lange unterbewertete künstlerische religiöse Darstellung in Bild, Musik, Tanz und religiösem Spiel (Mysterienspiel, Bibliodrama usw.) einer besonderen und bewussten Pflege wert. Hier hat nicht nur die religiöse Erfahrung einen herausgehobenen Ort, hier finden sich auch die Menschen mit ihren religiösen Bedürfnissen und Emotionen wieder.

7.2 Religiöse Kommunikation
Die zentrale Bedeutung des religiösen Gesprächs

Die christliche Kirche muss, so wurde deutlich, eine grundsätzliche Korrektur am eigenen Selbstverständnis vornehmen, die über die Bestimmungen der Reformation noch hinausgeht. Sie muss eine Kirche für die Religion der Menschen sein. Das ergibt sich nicht nur aus dem gewachsenen Autonomiebewusstseins der Menschen, das sich auch und besonders deutlich in religiösen Angelegenheiten zeigt. Die Kirche ist aber auch im Sinne ihres Stifters an die Menschen verwiesen, so wie sie sie eben vorfindet; sie kann keine Bedingungen stellen auf dem Weg zu Gott, sondern muss sich im Gegenteil als Hinweis auf diesen Gott verstehen, der allen gilt – und darum allen so zu sagen und zu zeigen ist, dass das für jeden verständlich und plausibel nachvollziehbar wird. Die Kirche muss also, mit einem Wort, Anwältin einer klugen Religion sein, die weiß, dass weder ein kirchlicher Selbstzweck noch eine kirchliche Sonderwelt den Menschen und der christlichen Idee gerecht werden.

Friedrich Schleiermacher hat in diesem Sinne die theologisch übliche Definition der Kirche als »Gemeinschaft der Heiligen«, die als die Gemeinschaft der Glaubenden verstanden wird, bereits relativiert. Nach seiner Einschätzung ist die Kirche gar nicht die Gemeinschaft der Religiösen, sondern derer, die *Religion suchen.* Das ist realistisch gedacht, es entlastet, und es entspricht dem Auftreten Jesu. Darum also ist die erste und vornehmste Aufgabe der Kirche die, die Suchenden und Fragenden zu einem eigenen religiösen Verstehen und zu einer eigenen Religionspraxis anzuleiten.

Die Weitergabe christlich-religiöser Erfahrung

Diese Auffassung setzt die Kommunikation von Religion an zentrale Stelle, nicht also Bekenntnis oder »Verkündigung«, oder gar moralische oder kirchenrechtliche Vorschrift.[15] Kluge religiöse Ideen lassen sich nicht mehr in Form von Vorordnungen, sondern nur noch als Angebot

---

15. »Wir müssen wegkommen von einem Verkündigungsbegriff, bei dem einige den anderen eine ›Botschaft‹ ausrichten und hin zu einer Kirche als Kommunikationsraum, wo – gut und kompetent angeleitet und moderiert – um Wesentliches gerungen und auch gestritten wird.« Uta Pohl-Patalong: Wie geht es weiter in der Hannoverschen Landeskirche?, 60.

und im bewussten Eingehen auf die Menschen weitergeben. Sie verlangen darum eine erkennbar dialogische Form. Unter Buddhisten ist das religiöse Gespräch untereinander, auch zwischen Lehrer und Schüler, eine Selbstverständlichkeit; Fragen wie die nach religiösen Erfahrungen, spirituellen Übungsfortschritten oder dem Verhältnis von religiöser Einsicht und rationalem Denken (»Kopf« und »Herz«) gehören da zur Tagesordnung religiöser Praktikanten. Aber auch das Urchristentum kann als Vorbild dienen: die ersten christlichen Kirchen waren gerade keine besonders weihevollen Sakralgebäude, sondern übernahmen die Idee der Basilika: des antiken Versammlungsbaus. Das Urchristentum war pure religiöse Kommunikation; es hat sich durch den offenen Austausch der Bekenntnisse zu Christus, durch Mitteilungen über Glaubenserfahrungen und durch die Diskussion theologischer Deutungen geradezu erst konstituiert.

Friedrich Schleiermacher hatte die religiöse Kommunikation den »Austausch religiöser Erregungen« genannt, von dem bis heute in den Kirchen allerdings so gut wie nichts zu spüren ist. Diese Idee wäre endlich einzulösen. Sie ist klug gedacht: Der Austausch religiöser Erregungen ist ja keineswegs an die eigene religiöse Erregung gebunden; man kann an ihm teilnehmen und in ihn eintreten auch als Fragender und Suchender. Für die eigene Suche und religiöse Bildung dürfte kaum etwas so wichtig und sinnvoll sein wie die Begegnung und der lebendige Austausch mit Menschen, die religiöse Erfahrungen gemacht haben. Der gestische, symbolische oder rhetorische Ausdruck und die Mitteilung von religiösen Ideen, Erfahrungen, Deutungen und Ausdrucksformen kann so zum orientierenden Vorbild und zum inspirierenden Anstoß für die eigene religiöse Entwicklung werden.

Die religiöse Kommunikation lebt nicht aus sich selbst, sondern aus den Erfahrungen, die ihr vorliegen und die in ihr zum Ereignis werden. Was wirklich trägt, was Sinn stiftet und tragfähige Deutung anbietet, ist in aller Regel weit größer als der Erfahrungs- und Verstehensbereich eines einzelnen Individuums – das vergessen die Menschen, wo sie ihre Autonomie als absolute denken und dann übersehen, dass eine uneingeschränkte, allein auf sich selbst setzende Freiheit tendenziell gleichbedeutend mit Isolation ist. »Wir erfinden fast nichts. Wir übernehmen fast alles.«[16] Im offenen Gespräch hat die religiöse Tradition also ihr unverzichtbares Recht – nicht allein in den theologischen Dogmatiken oder als kirchlich gehüteter Besitz. Die Kirche hat mit ihrem symbolischen Erfahrungsschatz in dieser Kommunikation

16. Jörg Zink: Die Urkraft des Heiligen, 112.

einen klaren Vorsprung, nicht aber eine prinzipielle Vorrangstellung. Religiöse Kommunikation gibt es nur in Absehung von Selbstzentrierung und behauptetem Wahrheitsbesitz. Ein Dialog ist mit Überzeugten gar nicht denkbar, und darum auch nicht zwischen Fragenden und Besitzern von Wahrheiten.

Die religiöse Kommunikation ist dann besonders tragfähig, wenn traditionelle Gehalte so präsentiert werden, dass die Menschen sich in ihnen wiederfinden und von ihnen lernen und leben können. Dazu bedarf es von Seiten der religiösen Institutionen einer weiten Öffnung. Theologie und Kirche, aber auch die Frömmigkeit der Gläubigen, müssen die religiösen Traditionen mit den Grundfragen des Lebens so vorbehaltlos wie möglich ins Gespräch und in Kontakt bringen.

Die Konsequenzen dieser Idee sind vor allem für die Kirchen durchaus folgenreich. Denn zunächst wäre in ihnen primär und vor allem die Kommunikation von religiösen Erfahrungen zu betreiben, die an der christlichen Lehrtradition geprüft und von ihr her gedeutet werden – nicht aber kann die Lehre, auch nicht der Bibeltext, der alleinige Ausgangspunkt für religiöse Kommunikation sein, der dann allenfalls sekundär und nur allzu oft unbeherzt, d. h. mehr schlecht als recht in Lebenszusammenhänge hinein »übersetzt« wird. Die religiösen Erfahrungen von uns Menschen heute, und vor allem natürlich unsere allgemeinen Lebenserfahrungen und fragen, sind in eine christlich religiöse Deutungsperspektive zu stellen und so ins Gespräch zu bringen. Grundaufgabe der Predigt wäre nicht die Schriftauslegung, sondern eine Lebensdeutung aus und im Gespräch mit der christlichen Tradition, die dann Anlass für andere werden sollte, in das Gespräch einzutreten.

Dass für ein solches Gespräch, für die Möglichkeit von Rückmeldungen, Fragen und eigenen Beiträgen Bedarf besteht, lässt sich an den »Kirchencafés« ablesen, die im Anschluss an den Sonntagsgottesdienst vielerorts eingerichtet wurden. Hier freilich kommt es selten zu mehr als zum Small Talk unter den gemeindlichen Insidern oder zu einem »Schön wars', Herr Pfarrer!«; kaum jedoch zu einem religiösen Gespräch. Wo das möglich werden soll, kann der Rahmen nur der sein, der für die religiöse Kommunikation insgesamt zentral ist und der ja gerade nicht dem Geistlichen allein vorbehalten sein kann: der Kultus. Im Gottesdienst selbst müssten Formen des religiösen Gesprächs ihren gewichtigen und festen Platz haben, und zwar durchaus so wie für den Kultus angemessen, d. h. in liturgischer Form. Weder ein offenes Palaver, noch die Bekenntnisse der besonders Frommen gehören hierher, sondern allein eine strukturierte gottesdienstliche Form, die wirklich dem Gespräch dient, also dem, was immer auch die Anderen religiös interessiert und ihnen weiterhilft. Rainer Volp, einer der wohl tiefsten Kenner des christlichen Kultus, fasst am Ende seiner voluminösen Liturgik genau diese Einsicht in den gewichtigen Satz: »Die Fähigkeit zur dialogischen Gestaltung ist die höchste Zielsetzung aller liturgischen Bildung.«[17]

Ein solches Gespräch soll eine theologisch kompetente Predigt keineswegs ersetzen, eher ergänzen. Es sollte mit einem rituellen Schweigen beginnen, um die eigene Empfänglichkeit in religiösen Dingen zum Ausdruck zu bringen – etwa so, wie dies bei den Quäkern gemacht wird. Und es braucht einen Eröffnenden und einen Moderator, der der Geistliche selbst, aber durchaus auch ein Gemeindemitglied sein kann; er kann etwa mit einer Frage oder Rückmeldung zur Predigt, zu einer Lesung oder mit einer mit dem Thema des Gottesdienstes zusammenhängenden Erfahrung beginnen. Hier darf und muss auf jeden Fall liturgisch experimentiert werden. Was sich als sinnvoll herausstellt, muss sich erst einmal zeigen. Möglich ist natürlich auch, das religiöse Gespräch als eigene Form zu inszenieren; dafür wäre der Gestaltungsspielraum entsprechend größer. Auch hier aber muss der Sakralraum der Ort des Gesprächs sein – nicht das Gemeindezentrum! Und das nicht nur, weil spirituelle Denker, Orientierung Suchende und religiöse Frager kaum ein Gemeindezentrum betreten würden. Es geht um *religiöse* Kommunikation, und diese braucht einen entsprechenden Rahmen.

Die religiöse Kommunikation dürfte eine entscheidende Stelle sein, an der sich die weitere Entwicklung des Christentums in der späten Moderne entscheidet. Die religiösen Formen und Gehalte, Religion überhaupt, haben weitgehend ihre Selbstverständlichkeit verloren. Das bedeutet zum einen, dass religiöse Kommunikation weitgehend voraussetzungslos verfahren muss – so wie Jesus das in seinen Erzählungen und Gleichnissen vorführt, die für jedermann spontan nachvollziehbar sind. Wo die Religion traditionell geronnene Zeichen benutzt, muss sie diese *plausibel machen*. »Religiöse Kommunikation hat nur dann einen Sinn, wenn sie das erschließt, wovon sie spricht.«[18] Würde das ernst genommen, müsste sich nicht nur die Inszenierungssorgfalt, sondern der ganze Stil verändern, mit dem das Christentum in Erscheinung tritt. Sein Stil aber hängt in hohem Maße von einem veränderten Denken und einer Neubesinnung auf Religion ab. Gelänge es erneut, eine

---

17. Rainer Volp: Liturgik, 948.
18. Hans-Joachim Höhn: Zerstreuungen, 130.

derartige religiöse Kommunikation zu etablieren, könnte sie auch ein kulturwirksames Vorbild nach außen hin sein.

Religiöses Gespräch und religiöse Bildung

Die Menschen lassen sich nicht länger durch Wahrheiten und Autoritäten belehren, die ihre Legitimation aus der Vergangenheit holen oder aus Zusammenhängen, die der Überprüfbarkeit und dem eigenen Lebensbereich entzogen sind. Darum ist Religion längst zu einer Sache der Bildung geworden. Es wird zunehmend auch in der »Glaubensvermittlung tendenziell *Traditionsleitung* durch *Bildungsleistung* ersetzt; an die Stelle der Geltung religiöser Selbstverständlichkeiten tritt tendenziell die Befähigung zu ihren Begründungen«[19]. Bildung aber braucht das Gespräch.

Genau hier nun, im Bereich religiöser Bildung, werden auch von den Repräsentanten des Christentums zu Recht religiöse Kompetenzen erwartet. Was ist Religion? Was ist kluge, sinnvolle Religion, wie kann ich das von neurotischen Fehlformen unterscheiden? Wie und wo zeigt sich Religion in und neben den religiösen Medien, der allgemeinen Kultur? Wie kommt sie in meinem Leben vor, wie ist sie da integrierbar, wie wirkt sie auf mich? Was ist meine Form von Religion, wie leitet sie sich aus religiösen Vorgaben ab, wo verhält sie sich sperrig zu ihnen? Wie kann ich meinen Wunsch nach Autonomie, mein kritisches Denken (alles ist historisch geworden, alles ist relativ!), mein immer zu geringes Selbstwertgefühl, meine Bedürfnisse und Erlebniswünsche mit ihr zusammenbringen oder gar in ihr wiederfinden? All das und vieles mehr kann und muss zum Inhalt religiöser Kommunikation im Raum der Kirchen werden, wenn die Menschen sich in ihnen wiederfinden sollen. »Erst wenn das Vertrauen zu den Kirchen entsteht, dass man mit … Gedanken, Phantasien und Empfindungen sich heraustrauen und sie aussprechen darf, ohne zensiert zu werden und Ablehnung zu erfahren, können die Kirchen zu Orten wachsender freier Religiosität und wirklichen Glaubens werden.«[20] Die Kirchen müssen also den Menschen ein Höchstmaß an Freigabe und motivierender echter Beteiligung geben. Pfarrer sollten Liturgen und religiöse Moderatoren sein, nicht Amtswalter.

19. Volker Drehsen: Wie religionsfähig ist die Volkskirche?, 46. – Zu diesem grundlegenden Zusammenhang vgl. auch vom Verf.: Religion und Bildung.
20. Matthias Kroeger: Im religiösen Umbruch der Welt, 50.

Eine offene, kompetent verortete, inszenierte und moderierte religiöse Kommunikation dient nicht nur der Kirche selbst, sondern auch den Menschen. Auch für die immer privater werdenden religiösen Erfahrungen gilt unbedingt, dass deren Abschottung im geradezu intimen Bereich des Privatlebens, ihre Behütung vor jeder kritischen Rückfrage, als problematisch gelten muss. Die Meinung, keiner theologischen Deutung zu bedürfen oder sich selbst für spirituell reifer als andere zu halten, ist da weit verbreitet, wo religiöse Erfahrung als reine Privatsache verstanden wird. Problematisch ist das nicht nur, weil auch im privaten Bereich mit falscher, neurotischer Religiosität gerechnet werden muss, sondern auch, weil sorgsam gehütete private Erfahrungen mit der Zeit verblassen. Auch religiöse Erfahrung kann absolutistisch und dogmatisch werden! Sie braucht die Kritik, Strukturierung und Deutung durch andere und durch die Erfahrungen der Tradition. Im Übrigen geht der Rückzug in den religiösen Privatbereich auch auf Kosten des religiösen Lebens. Religiöse Kommunikation ist also unter heutigen Bedingungen ein prinzipielles Erfordernis der religiösen Kultur. Religion braucht *Darstellung* und *Mitteilung* (Friedrich Schleiermacher), das gilt individuell wie kulturell.

Der »protestantische« Bildungsauftrag bleibt für das gesamte Christentum von zentraler Bedeutung. Freilich aus religiöser Motivation heraus! Religiöse Bildung kann und darf sich nicht in Katechese einerseits und in Yogakursen andererseits erschöpfen. Sie ist ein »Überbildetwerden durch Gott« (Meister Eckhart), ein neues, verwandeltes Sehen. Sie versucht darum, andere zum eigenen religiösen Ausdruck zu befähigen. Religion – verstanden als das Gewahrwerden des geschenkten Lebens – ist der Grund aller Bildung und Religion ohne Bildung nur als falsche Religion denkbar (so Friedrich Schleiermachers fundamentale Verbindung von Religion und Bildung).

Die Grundeinsicht der Bildungsidee ist: Bildung ist Entfaltung dessen, was angelegt ist, durch Anstoß, Gespräch und Begegnung – vorzugsweise mit den Symbolen der Kultur, denn in ihr sind die wichtigen Erfahrungen und Deutungsmuster aufbewahrt. Mensch *und* Welt, Sich-Bildender und sein Gegenüber, werden im Bildungsprozess verändert. Religiöse Bildung geschieht in aller Regel in den Bahnen der religiösen Kulturtradition, und dennoch kann *alles* zum Medium der religiösen Selbstbildung werden. Die eigene religiöse Entfaltung bereichert dann immer auch die religiöse Kommunikation und mit ihr die religiöse Kultur. Der Zusammenhang von religiöser Bildung und religiöser Kommunikation macht hier auch noch einmal deutlich, dass Religion nicht mehr durch Lehre weitergegeben wird, sondern eher durch die Erfahrung des Sich-Aussetzens.

Religiöse Tradition als Fundus der Lebensdeutung

Religiöse Kommunikation wird es nur in den wenigsten Fällen über explizit religiöse Erfahrungen geben, vor allem dagegen über die religiöse Deutung von Existenz- und Lebensfragen. Wie kann ich mein Leben verstehen? Wie kann ich mit Leid umgehen? Was ist sinnvoll? Wie kann ich sterben? Was trägt? Wie lernt man Gottvertrauen als Befreiung von Angst und den daraus folgenden Sicherungsbedürfnissen? Viele sehnen sich ja danach, glauben zu *können;* aber ein »Sprung« in den Glauben (Søren Kierkegaard) dürfte heute kaum noch eine verständliche Option sein. Wie verändert sich religiös gesehen ein Bewusstsein angesichts innerer Angestrengtheit, Einsamkeit, Zerrissenheit und angesichts äußerer Zerstörung? Wie kann man Vertrauen lernen und gleichsam nachholen? Diese Fragen verweisen Theologie und Kirche auch noch einmal auf die Psychologie.

Existenzfragen, Lebensführung und Lebenssinn sind die Basis und auch die Elemente religiöser Kommunikation; denn sie sind das, was die einzelnen Menschen »unbedingt angeht« (das ist Paul Tillichs Definition für Religion). Solche Fragen lassen sich nicht aus einer sozusagen »reinen« Religion heraustrennen; und immer da, wo Menschen Lebensfragen und Religion zusammengesehen haben, etwa bei Meister Eckhart oder bei Martin Luther, sind große Theologien entstanden. Was sagt und wie hilft das Christentum im Umgang mit Schmerz, bei der Suche nach Gelassenheit und einem guten Leben? Wie und wo fördert es Zufriedenheit, antwortet es auf Sinnfragen? Wo und wie gibt es eine reife Form von Geborgenheit? Das sind Fragen, in denen ein spiritueller Unterton mitschwingt, also Fragen nach lebbarer religiöser Praxis. Nach alledem wird man in den Dogmatiken und in den Kirchen derzeit lange suchen müssen – wenn man denn zu dieser Suche überhaupt noch bereit ist.

Das Christentum wird nicht nur den Lebensfragen, sondern auch der faktischen Religiosität der Menschen mit weit größerem Respekt begegnen müssen. Da ist wenig zu belehren, viel aber zu deuten, zu helfen, zu fördern – also zu kommunizieren. An dieser Stelle steht eine geradezu radikale christliche Öffnung bevor, die dem etablierten Christentum nicht leicht fallen wird. Nur so aber, in einer prinzipiellen Offenheit, wird sich das Christentum wieder als Gesprächspartner und als

Raum für religiöse Kommunikation empfehlen. Religiöse Suche, Hunger nach Spiritualität, religiöse Erfahrungen müssen christlich kompetent gedeutet und begleitet werden. Nur so wird das Christentum keine Sonderwelt kultivieren, die gesellschaftlich und kulturell zunehmend folgenlos bleibt. Religiöse Exklusivitätsansprüche zeigen keine Autorität mehr, sondern Provinzialität.[21] Dem eigenen Anspruch wird das Christentum nur durch das einladende und lebensfördernde religiöse Gespräch gerecht – anders und etwas technisch gesagt: durch kommunikativ entfaltete religiöse Kompetenz.

Neben der Öffnung für die Sorgen und religiösen Erfahrungen der Menschen ist auch ein Einbezug der Exegese an der Zeit, deren Erkenntnisse innertheologisch wie nach außen hin, vor allem aber in den Gemeinden, offen kommuniziert werden müssen. Klar und deutlich muss herausgestellt werden, dass die Christen weder einer absolutistisch verstandenen »Offenbarung« anhängen, noch einem wortwörtlich verstandenen biblizistischen Buchstaben- und Bekenntnisglauben. Klar und offen muss kommuniziert werden, dass alle christlichen Texte und Bekenntnisse Erfahrungen auf den Begriff zu bringen versuchen, zeitbedingt sind und einzig als symbolische Aussagen Geltung beanspruchen können – als solche aber von unschätzbarem Wert für das Leben der Menschen sind.

Die Erzählungen, Mythen, Unterscheidungen und Symbole der christlichen Tradition haben dennoch eine durch nichts ersetzbare Bedeutung und Würde. Nichts vermag so zum Leben hin zu öffnen wie die Szenen und Symbole der religiösen Tradition. Vor allem im psychodramatischen religiösen Spiel zeigt sich immer wieder, dass sich die Gehalte der religiösen Tradition sogar von selbst herstellen, auch wenn sie den Teilnehmenden gar nicht geläufig sind.[22] Hier sind unbewusst verstehbare Ursymbole aufbewahrt.

Die Erfahrungen der religiösen Tradition sind wertvolle Hinweise

21. »Wir müssten uns schon die Augen ausreißen, wenn wir nicht sehen wollten, dass es auch andere gültige Religionen als Wege zu Gott gibt; dass man auch in Moscheen, Synagogen, Tempeln niederknien, beten, anbeten, das göttliche Geheimnis in anderen Gestalten als den christlichen verehren und erkennen kann. Wer einmal in Moscheen mitgebetet, mit Buddhisten oder Taoisten meditiert und für Lord Shiva *puja* dargebracht und diese Erfahrung in sich zugelassen hat, wird schwerlich noch die Stirne haben, das alles einfach als Heidentum abzutun.« Matthias Kroeger: Im religiösen Umbruch der Welt, 132.

22. Darauf hat vor allem Samuel Laeuchli immer wieder hingewiesen, der schon aus diesem Grund nicht das Bibliodrama, sondern das »mimetische Spiel« (»Mimesis«) mit den großen Erzählungen, Mythen und Figuren der religiö-

für die eigene Lebensorientierung. Sie geben ein mögliches Spektrum an bewährten Einsichten vor, mit denen die eigene Lebensorientierung leichter wird und besser gegründet ist. Diese Tradition muss vor allem der heute gängigen traditions-freien Auswahlmentalität entgegengestellt werden, denn diese ist im Umgang mit existenziellen Fragen ganz unbrauchbar. Wichtige Erfahrungen, wie etwa eine Ehe, eine Freundschaft, ein Tabubruch, eine Grundüberzeugung, der Tod, lassen sich weder frei wählen noch einfach ausprobieren. Wer schuldig geworden ist, kann wohl Vergebung erfahren und ist um eine Erfahrung reicher, er kann aber nicht einfach fröhlich wieder von vorn anfangen. Wer das Scheitern einer Ehe erfahren hat, ist eben nicht einfach wieder unverheiratet.

Die religiöse Tradition muss als Fundus heutiger Lebensdeutung und Lebensorientierung aber auch wirklich ins Spiel gebracht werden. Gemeinden und Kirchen, vor allem aber die Gottesdienste und das religiöse Gespräch, könnten dann Orte der Einübung in das Verstehen von religiösen Deute- und Symbolzusammenhängen und von deren Übernahme ins eigene Leben sein.

Wer für religiöse Kommunikation plädiert, bejaht damit auch religiöse Vielfalt. Diese kann und soll der Bereicherung der eigenen Auffassung dienen, als Vertiefung und Anregung. Das Christentum sollte da keine übertriebene Angst vor Normierungsverlusten haben. Denn man darf der Kraft der eigenen Tradition durchaus etwas zutrauen. Zu erwarten wäre gerade, dass die Frage nach dem christlichen »Kern« in einer offenen Kommunikation wieder neu lebendig werden würde – während die eigenen Normierungen diese Frage oft eher verschlossen als wachgehalten haben. Religiöse Kommunikation ist nicht primär der Austausch über traditionelle christliche Vorstellungsgehalte, sondern vor allem »Austausch religiöser Erregungen«.

sen Tradition favorisiert. Hier sind Grundkonflikte und Grundthemen des Lebens vorgegeben, nicht aber schon vorgefestigte Szenen.

7.3 Gottes-Bewusstsein und Liebe zum Leben
Christliche Lebenskunst zwischen Mystik und spiritueller Praxis

Das neu erwachte Interesse an Religion ist vor allem eine Suche nach Spiritualität, d. h. nach den lebbaren und spürbaren Elementen der Religion. Darin kann man eine Reaktion auf das verbreitete Gefühl sehen, es gebe »von allem zu viel«: Reize, Optionen, Informationen, Freiheiten, Tempo und Veränderungen. Das moderne Leben führt eine Sehnsucht nach dem Wesentlichen, nach dem Bedeutsamen, generell einen Wunsch nach Reduktion und intensivem Spüren mit sich, dessen Einlösung freilich in der Praxis sehr schwer fällt und vor allem nirgendwo Anleitung erhält. Offenbar wird in der Religion nach wie vor ein lebendiges und praxistaugliches Wissen um Lebensgestaltung vermutet, das eine Alternative zu den immer unbefriedigender und bedrohlicher werdenden Weltzuständen, Arbeitsverhältnissen und Konsumgewohnheiten bietet. Darum wären Theologie und Kirche gut beraten, wenn sie aus religiöser Sicht, d. h. im Sinne religiöser Lebensdeutung – und keineswegs im Sinne einer moralischen Abwertung und Besserwisserei –, eine deutliche und plausible Kritik an diesen Verhältnissen vorbringen und eine religiöse Kultur anbieten würden, die zu den üblichen Lebenseinstellungen und Lebensgewohnheiten eine sinnvolle Alternative darstellt.[23]

Konsum und Erlebnisorientierung erzeugen immer neue Bedürfnisse und führen so zu einem Zustand der dauernden Unzufriedenheit, der durch gesteigerten Konsum, gesteigerte Arbeitsleistung, erhöhte Erwartungen, schließlich durch zunehmende Unterhaltung zugedeckt wird. Konsum und Erlebniseffekte sind so leicht zugänglich, dass viele Menschen Leben und Bedürfnisorientierung immer mehr gleichsetzen und Alternativen zu dieser Auffassung kaum noch kennen. Ein Vergnügen, das ein Ausweichen vor innerer Leere ist, macht aber Zufriedenheit gerade unmöglich und verhindert auf die Dauer jede Lebensfreude. Die innere Leere vieler Menschen heute ist ein Ausdruck des Verlustes von

---

23. »Es ist … nicht genug, das kapitalistische, konsumorientierte ›Haben‹ ›kritisch‹ zu behandeln. Zur Überwindung von dessen Suggestion bedarf es inhaltlicher und zu Herzen gehender Alternativen der Lebenssprache und Lebenserfüllung, des Glaubens und Vertrauens. Die aber werden von keiner ›kritischen‹ Theorie, sondern alleine von symbolfähiger und zu Herzen gehender Kultur, die allein die Religionen und religiösen Subkulturen haben, geboten.« Matthias Kroeger: Die Notwendigkeit der unakzeptablen Kirche, 158.

Beziehungen, die den Menschen, christlich das Ebenbild Gottes, eigentlich erst zum Menschen machen – Beziehungen zu den Dingen, zur Natur, zu den Menschen und zu geistigen Gehalten. Das Christentum kann und soll den heutigen Menschen die Einsicht vermitteln, dass es nur wenige Dinge sind, die im Leben wirklich sinnvoll und von Gewicht sind, dass diese aber gewusst und gepflegt sein wollen.

Christliche Spiritualität

Mit der Reduktion auf das Wesentliche und Bedeutsame ist nun geradezu eine Definition des Phänomens Spiritualität gegeben, in der Religion als Übung und als Haltung erscheint. Spiritualität ist ein weiter und sehr verschieden gefüllter Begriff, dennoch aber gut eingrenzbar. Gemeint ist diejenige geistige Praxis, die in eine eigene Wirklichkeitserfahrung führt. Sie ist konkret die Bereitung für die Erfahrung des Göttlichen durch bestimmte religiöse Übungsformen, zugleich damit die Öffnung für ein bewussteres Leben. Sie dient der Freiwerdung des Bewusstseins und der Offenhaltung der religiösen Urerfahrung – weit mehr, als Dogma und Theologie das zu leisten vermögen. Es gibt sie darum in allen Religionen.

In der Theologie ist die Spiritualität wenig angesehen und wird kaum bearbeitet. Dabei braucht die Theologie im Grunde keinerlei Ängste vor der Unverrechenbarkeit und der Nicht-Normierbarkeit spiritueller Wege zu haben, denn »wer auch nur irgendeine Religion – und sei es in diesem Lichte gesehen die eigene Religiosität – ernst nimmt, gerät ans Ende seiner Beliebigkeiten«[24]. Spirituelle Praxis öffnet für die Erfahrung des Heiligen und mittelbar auch für die Bedeutung religiöser Traditionsgehalte.

Typisch christliche Formen der Spiritualität sind die Meditation über biblische Verse, die Kreuzesbetrachtung, das Klosterleben, die Pilgerschaft und das Fasten. Der Katholizismus ist spirituell deutlich reicher als der sinnlich verarmte, »intellektuelle« Protestantismus. Als Zentrum evangelischer Spiritualität wird immer wieder die Bibellektüre genannt, eine ins Denken und Verstehen tendierende Praxis. Kaum verwunderlich, dass »Frömmigkeit« unter evangelischen Pfarrern als unangemessen und deren Liebe eindeutig der intellektuellen Theologie gilt.[25] Weiterhin gibt es die evangelischen und katholischen Kirchen-

24. Matthias Kroeger: Im religiösen Umbruch der Welt, 413, Anm. 277.
25. Nach wie vor sehr lesenswert ist das Buch von Gerhard Ruhbach: Theologie

tage, neben den katholischen Klöstern gibt es einige evangelische Kommunitäten, ferner eine charismatische christliche Spiritualität vor allem in freikirchlichen Gemeinden – das ganze Spektrum aber ist schmal und bleibt so sehr am Rande des etablierten und sichtbaren Christentums, dass es in der Öffentlichkeit kaum bekannt ist, und dass von hier aus auch so gut wie keine das Ganze des Christentums gestaltende Impulse ausgehen.[26]

An der Askese, die christlich vor allem in der Form des Fastens praktiziert wird, lässt sich Sinn und Praxis der Spiritualität gut verdeutlichen. Auch in ihr zeigt sich die typische Ambivalenz aller Religion. Asketische, also demütig verzichtende Haltungen können als Ersatz von Lebensfreude und als Ausdruck von Lebensangst stehen und durchaus zu einem unbewussten Lebenshass führen. Ganz ähnlich wie die modernen Anforderungen in Disziplin und Selbstkontrolle führt die Askese dann tendenziell zu einem zwanghaften Verschluss vor dem Leben. Der kluge Sinn christlicher Askese dagegen ist das freiwillige Abstandnehmen vom Üblichen und ein bewusster Rückzug aus dem Alltäglichen. Askese besteht gerade nicht in der Einschränkung des Lebens als solcher. Sondern sie ist der bewusste, kultivierte, um der eigenen Bewusstwerdung vollzogene Verzicht, der als Reinigung erfahren wird und dem Leben zu einer neuen Offenheit und Wahrnehmungsintensität verhilft.

Selbst gewählte Einsamkeit findet sich bei allen großen religiösen Geistern. Der Gang in die »Wüste« ist die Konfrontation mit sich selbst, die immer auch eine Begegnung mit den eigenen Dämonen ist: mit halbbewussten Ängsten, traumatischen Verletzungen, ungestillter Sehnsucht nach Liebe oder verdrängter Wut. Diese Konfrontation ist ein unerlässlicher Schritt zur Bewusstwerdung, d. h. zur Reifung. Klöster, zeitlich begrenzte Retraiten, selbstverständlich auch die Natureinsamkeit können diese innere Begegnung und Reifung fördern, die in der Routine des Alltagslebens nur selten gelingen kann. Die Kirche muss solche Orte des Rückzugs pflegen und zur Verfügung stellen.

Spiritualität ist aber nicht nur ein Rückzug, sondern immer mit

und Spiritualität. – Über Evangelische Spiritualität existiert auffallend wenig theologische Literatur – es gibt nicht mehr als eine Handvoll theologische Monographien. In diesen wird Spiritualität regelmäßig dringend angemahnt als eine vergessene, aber unverzichtbare christliche Dimension, in deren Übung der Protestantismus Nachholbedarf habe.

26. So trotz der guten Bestandsaufnahme kaum zu übersehen bei Peter Zimmerling: Evangelische Spiritualität.

Übung verbunden. Es gibt sie nicht, oder doch nur im Grenzfall, als reine religiöse Bewegtheit. Spiritualität ist religiöse Praxis und sie bedeutet das Begehen eines religiösen Weges.[27] Sie ist durch traditionelle Rituale angeleitete Übung, die zu einer inneren Haltung führt. Man gleicht sich nicht nur dem an, was man ansieht, sondern auch dem, was man praktiziert. Mit der Spiritualität ist darum auch die umfassende Frage nach der privaten christlichen Praxis gestellt, die als Form anzubieten, zu fördern und einzuüben wäre. Dass der Buddhismus genau dies tut, erklärt seine derzeit hohe Attraktivität.

Christliche Lebenskunst

Was wäre eine christliche Haltung, die aus der spirituellen Praxis resultiert, gar eine christliche Lebenskunst? Vollkommen blind scheinen Theologie und Kirche in Sachen der inneren Haltung, des Habitus, der Lebenseinstellung eines Christen zu sein. Dabei ist gerade die innere Haltung das, was über die Überzeugungsfähigkeit des Christlichen entscheidet – nicht ein rechter Glaube und eine Überzeugung. Die Gläubigen geben da viel zu wenig zu erkennen. Außer den verschämten Fischsymbolen auf der Rückseite mancher Autos ist nahezu nichts zu sehen, wodurch sich ein Christ profiliert von anderen Menschen unterscheidet. Dringende, noch kaum verstandene Aufgabe theologischen Denkens und Darstellens wäre daher die Beschreibung eines christlich klugen, lebensfördernden religiösen Bewusstseins, seiner Entstehung, seiner Entwicklung, der Möglichkeiten seiner Förderung und seines Wachsens, und deren Übersetzung in eine christlich-religiöse Lebenshaltung.

»Religiös sein heißt, in Symbolen leben. Religiöse Lebenskunst ist Lesekunst für die Aufschwungbilder des Geistes.«[28] Wo eine christlich-religiöse Haltung ausgebildet werden soll, braucht es einen vertrauten Umgang mit dem religiösen Symbolkontext des Christentums, also den Umgang mit den christlichen Geschichten, Symbolen, sakralen Räumen und Ritualen, und eine geübte spirituelle Praxis. Ziel und Ertrag

---

27. Hier gilt: »Wollte ein Maler gleich beim ersten Strich alle [weiteren] Striche bedenken, so würde nichts daraus. Sollte jemand in eine Stadt gehen und wollte [schon] überlegen, wie er die ersten Schritt täte, so würde wiederum nichts daraus. Darum soll man der ersten [Eingebung] folgen und so voranschreiten; dann kommt man dahin, wohin man soll, und so ist's recht.« Meister Eckhart: Werke Band I, 661.
28. Hermann Timm: Sprachenfrühling, 34.

dieses Weges werden eine wache Empfänglichkeit sein, das Gefühl der Verbundenheit mit dem Leben, die Fähigkeit des kultivierten und bewussten Verzichts und des Loslassenkönnens, der Wille und die Fähigkeit zur religiösen Kommunikation; schließlich ein wenigstens anfänglicher Sinn für mystische Erfahrung.

Christliche Lebenskunst beruht aber auch auf Einsichten, vor allem auf dem Wissen um Sünde und Gnade, also um das, was vom Leben trennt und was zu ihm hinführt. Gnade kann Vergebung sein, keineswegs aber nur diese. Gnade kann sich in einer offenen Haltung der Empfänglichkeit ausdrücken, in Wahrnehmungsfähigkeit für Schönheit, für alle Formen von Lebendigkeit und für alles Erscheinende. Solche Empfänglichkeit führt in Bezogenheit, in Hingabe und Liebe. Es ist ganz deutlich: Religiosität hat viel zu tun mit einer spezifischen Form von Sensibilität für Lebensprozesse. Es ist darum kein Zufall, dass Friedrich Schleiermacher die Religiosität mit der Musikalität verglichen hat. Diese Sensibilität ist immer eine Sache von Begabung und Veranlagung. Man kann sie trainieren und fördern, ebenso aber kann man sie zum eigenen Schaden auch verkümmern lassen.

Zur christlichen Lebenskunst gehören neben der wachen Aufgeschlossenheit für das Leben immer auch Gelassenheit und Freiheit von innerer Unruhe. Vermutlich ist »Gelassenheit« für die Erfahrung von Gottes bergender Nähe ein besserer Begriff als »Glaube«. »Des Fastens, Betens und aller Kasteiung achtet und bedarf Gott nicht im Gegensatz zur Ruhe. Gott bedarf nichts weiter, als dass man ihm ein ruhiges Herz schenke.«[29] Gott braucht nicht einmal das Gebet! Meister Eckhart gehört zu den ganz wenigen, die die Liebe Gottes wirklich ernst genommen haben. Alles tut Gott für den Menschen, der daher sein Heil nicht selbst besorgen muss. Loslassen können – auch die religiöse Pflicht! – ist der tiefste Ausdruck religiösen Verstehens und religiöser Haltung. »Der Mensch hätte ein rechtes Himmelreich, der um Gottes willen auf alle Dinge verzichten könnte, was immer Gott gäbe oder nicht gäbe.«[30] Das gilt sogar für das Leid: Gelassenheit im Leid dürfte den höchsten Grad menschlicher Reife darstellen. Eckhart erklärt: »Bist du krank und bittest Gott um Gesundheit, so ist dir Gesundheit lieber als Gott.«[31] Das ist religiös radikal gedacht – und ausgesprochen zuträglich für das eigene Leben.

Das Wissen um Gnade und die Gelassenheit können zu einer

---

29. Meister Eckhart: Werke Band I, 639.
30. A. a. O., Bd. II, 427.
31. A. a. O., Bd. I, 285.

Lebensfreude und einer charakterlichen Souveränität führen, die weder Konsum, noch intensive Erlebnisse, noch Coachingseminare vermitteln können. Das meint die Lehre von der »Rechtfertigung des Sünders«: *Es nicht nötig haben*, sich nicht beweisen müssen, weil man sich gehalten und gewürdigt weiß. Und das ist nicht nur ein Ausdruck von Überlegenheit, sondern auch Ausdruck einer Übereinstimmung mit dem Lebensfluss, und ein erster Schritt in die Befähigung zur Hingabe.

»Erlöster müssten mir seine Jünger aussehen!« hatte Friedrich Nietzsche über die Christen gesagt – und damit den Finger in die Wunde einer zwanghaft demütigen, von Lebendigkeit abgesonderten und freudlosen Lebenshaltung gelegt. Auch hier wieder gibt es den Kontrast des Christentums zu Jesus von Nazareth. »Freut euch!« hat er seinen Anhängern zugerufen, denn Gott ist nah und als selig können alle gelten, die ihn suchen und die ihn zu sehen vermögen. Das Leben ist Anlass zur Freude und zum Fest, und nicht zur verhärmten Ernsthaftigkeit und Verdrießlichkeit. Auch die Einsicht in Schöpfung und Gnade kann eigentlich gar nichts anderes bedeuten, als dass mein eigenes Dasein und das allen Lebens von Gott gewollt ist. Die Verneinung von Lebensfreude, Genuss und Ekstase ist darum auch eine Verneinung Gottes, Lebensfreude dagegen ein Ausdruck religiöser Haltung. »Erfüllung und Freude sind das innerste Ziel des Lebens, der Sinn der Schöpfung und der Erlösung.«[32]

Christliche Mystik

All das zielt auf ein Christentum nicht als gelehrte, sondern als gelebte Religion. Sein Zentrum hat es in der mystischen Erfahrung des nahen Gottes und in einer auf sie bezogenen spirituellen Theologie und Kirche, die nicht auf Normierung und Eingemeindung setzen, sondern auf Wege, den Menschen in die Wirklichkeit des Heiligen zu stellen. »Der Fromme von morgen wird ein ›Mystiker‹ sein, einer, der etwas ›erfahren‹ hat, oder er wird nicht mehr sein, weil die Frömmigkeit von morgen nicht mehr durch die im voraus zu einer personalen Erfahrung und Entscheidung einstimmige, selbstverständliche öffentliche Überzeugung und religiöse Sitte aller mitgetragen wird«[33] – dieses oft zitierte Wort von Karl Rahner kann als prophetisch gelten. Die Hochschätzung der Mystik dürfte für das theologische Denken der wohl wichtigste und

32. Paul Tillich: Religiöse Reden, 317.
33. Karl Rahner: Frömmigkeit früher und heute, 22.

auch zentrale Schritt zu einer Veränderung im Geist Jesu sein. Das mystische Bewusstsein der Verbundenheit und Einheit mit dem wunderbaren, aus Gnade geschenkten Leben ist nebenbei auch der wohl weitreichendste Berührungspunkt im Dialog der Religionen; in Lehrfragen dagegen wird eine substanzielle Annäherung zwischen den Religionen immer nur mit Mühe gelingen.

Die Mystik ist einem begrifflich geordneten Denken freilich zunächst schwer verständlich; sie gilt allgemein als geheimnisvoll und schwer zugänglich. Wer sich jedoch auf sie einlässt, wird in der Regel aus dem Staunen so schnell nicht herauskommen; und er wird vielleicht sogar zu der Einsicht gelangen, dass sich in der Mystik der eigentliche Glutkern des Christlichen ausspricht wie nirgendwo sonst, dass es die orthodoxe Gestalt des Christentums diesem Glutkern aber immer wieder schwer macht. Echte Mystik ist Erfahrung und Disziplin; sie ist von verblüffender Einfachheit und oft von erstaunlich kritischem religiösen Verstand. So verbinden sich etwa bei Meister Eckhart ein umfassendes Gewahrwerden Gottes mit ebenso schlichten wie elementaren, oft geradezu psychologisch modernen Einsichten in die Zusammenhänge des Lebens. »Der Mensch soll sich nicht genügen lassen an einem *gedachten* Gott; denn wenn der Gedanke vergeht, so vergeht auch der Gott. Man soll vielmehr einen *wesenhaften* Gott haben, der weit erhaben ist über die Gedanken des Menschen und aller Kreatur ... Wer Gott so, im Sein, hat, der nimmt Gott göttlich, und ihm leuchtet er in allen Dingen; denn alle Dinge schmecken ihm nach Gott, und Gottes Bild wird ihm aus allen Dingen sichtbar.«[34] Der Meister gibt den Rat, der Mensch solle sich grundsätzlich nie so verstehen, als sei er fern von Gott – und mit diesem einzigen knappen Gedanken, der so etwas wie die Quintessenz kluger Religion formuliert, hebelt er bereits lange vor Luther die gesamte mittelalterliche Struktur der kirchlichen Gnadenvermittlung aus den Angeln. Der Mensch, so Eckhart, solle sich in diesem Gedanken des Bei-Gott-Seins regelrecht *üben*, gerade wenn er sich mit ihm schwer tut. Es ist kaum auszudenken, was ein solches spirituell-seelsorgerliches Denken – und nicht der Bekenntnisglaube – als Grund und Tenor des Selbstverständnisses und Empfindens aus dem Christentum geformt hätte.

Wo die Mystik sich gedanklich ausspricht, ist ihre erste Einsicht und ihr erstes Wort ein negatives. Eckhart spricht von der »Entbildung«, d. h. dem Freiwerden von Verhaftungen, Gedanken, Überlegungen, Sorgen, traumatischen Erfahrungen und Belastungen, generell also

---

34. Meister Eckhart: Werke Band II, 347 / 349.

allen Vorstellungsbildern, zu denen eben auch die theologischen Begriffe zählen. Damit verfolgt die Mystik dasselbe Ziel wie jede kluge Form der Askese: eine innere Reinigung und Öffnung zu umfassender neuer Wahrnehmung. Die Entbildung meint eine innere Befreiung, die die Voraussetzung für die Wahrnehmung Gottes ist. Die Welt ist erfüllt von Gott: alle Dinge »schmecken« nach ihm. Das freilich muss man sehen können; es ist elementar eine Sache des Blicks und der Perspektive, die wir einnehmen. Man muss nur bereit sein dafür, die Augen aufzumachen. Dagegen kann kein einziger der üblichen theologischen Begriffe Gott fassen: Gott ist weder Licht, noch das »Eine«, noch Geist, nicht Weisheit, ja nicht einmal »Liebe«. Tauler sagt: Die Theologen reden, »als wären sie über alle Himmel geflogen«, und sie erkennen nicht einmal das Nächstliegende: die eigene vollkommene Unbedeutendheit, das »eigene Nichts«. Vernünftig können sie sein, aber nicht lebendig! Zur lebendigen Wahrheit kommt der Mensch nur »auf dem Weg seines Nichts«, d. h. im Durchgang durch die möglichst weit getriebene innere Freiheit von allen Verhaftungen und durch Gelassenheit.

Gott ist kein Objekt. Das gilt für alle Religion: gibt sie sich als objektiv wahre Tatsache, ist sie Ideologie und Illusion. Darum gilt auch: Gott ist nicht außerhalb meiner selbst. Die Mystik weiß, dass für das religiöse Bewusstsein dasselbe gilt wie für alles Leben: es vollzieht sich »sunder warumbe« (ohne Warum, d. h. ohne Begründung), es kann und darf seinen Grund und seine Motivation nicht von außerhalb seiner selbst beziehen. Wer mit »Gründen« lebt, sein Leben also an Zielen, Zwecken, Projekten usw. ausrichtet, bleibt unreif; wer sein Leben instrumentalisiert – sei es zum Zweck von Erfolg oder Genuss – geht am Leben vorbei und lebt ohne Übereinstimmung.[35] Da eine kluge Religion sich dem bewusst wahrgenommenen Fluss des Lebens zuwendet, ist das »sunder warumbe« auch der innerster Grund jeder echten Religiosität.

Der christliche Grundtext für das mystische Sehen Gottes in allen Dingen ist, noch vor dem »Hohenlied der Liebe« des Paulus in 1 Kor 13, die Rede Jesu in der Bergpredigt, in der er die religiöse Grundhaltung der Offenheit für das Leben mit dem mystischen Blick für die Präsenz Gottes in allen Dingen verbindet (Mt 6,19 ff.): »Macht euch keine Sorgen um euer Leben! Seht euch die Vögel an, die Blumen auf dem Feld!

---

35. »Wer das Leben fragte tausend Jahre lang: ›Warum lebst du?‹ – könnte es antworten, es spräche nichts anderes als: ›Ich lebe darum, *dass* ich lebe.‹ Das kommt daher, weil das Leben aus seinem eigenen Grunde lebt und aus seinem eigenen quillt; darum lebt es ohne Warum.« A. a. O., Bd. I, 71.

Auch Salomo in all seinem Reichtum war nicht so gekleidet wie eine einzige von ihnen. Sucht zuerst nach dem Reich Gottes!« Die Suche nach dem Reich Gottes ist eine Einladung zum wahren Leben. Nicht Projekte, Erlebnisse und Erfolge machen das Leben aus, wenn sie auch mit großer Befriedigung verbunden sein können; nicht die täglichen Pläne, Verrichtungen und Sorgen und auch nicht die Befriedigung von Bedürfnissen, Gier und Hunger. Sie können beglücken, können das Leben aber auch behindern, genau so, wie es Ängste tun. Letztlich bedeutungsvoll ist allein die intensive Beziehung zur Welt, mit allem, was da auf mich zukommt. Sie allein wird als *Sinn* erfahren und ist Ausdruck der Liebe zum Leben.

Literatur

Angel, Hans-Ferdinand u. a.: Religiosität. Anthropologische, theologische und sozialwissenschaftliche Klärungen, Stuttgart 2006.

Asserate, Asfa-Wossen: Manieren, München ³2007.

Auerbach, Erich: Mimesis. Dargestellte Wirklichkeit in der abendländischen Literatur, Tübingen ¹⁰2001.

Barth, Karl: Die Kirchliche Dogmatik, Bd. I/2, Zollikon-Zürich ⁵1960.

Barth, Ulrich: Was ist Religion?, ZThK 93 (1996).

Beck, Ulrich: Risikogesellschaft. Auf dem Weg in eine andere Moderne, Frankfurt/M. 1986.

Beck, Ulrich / Beck-Gernsheim, Elsabeth: Das ganz normale Chaos der Liebe, Frankfurt/M. 1990.

Berger, Klaus: Der katholische Gottesbegriff, Merkur 53 (1999).

Biser, Eugen: Theologie der Zukunft. Im Gespräch mit Richard Heinzmann, Darmstadt ²2008.

Bizer, Christoph: Kirchgänge im Unterricht und anderswo. Zur Gestaltwerdung von Religion, Göttingen 1995.

Blank, Josef: Jesus von Nazareth. Geschichte und Relevanz, Freiburg ⁵1977.

Böhlemann, Peter: Wie die Kirche wachsen kann und was sie davon abhält, Göttingen 2006.

Bolz, Norbert: Das Wissen der Religion. Betrachtungen eines religiös Unmusikalischen, München 2008.

Bornkamm, Günther: Jesus von Nazareth, Stuttgart ¹²1980.

Bourdieu, Pierre: Die Auflösung des Religiösen. Rede und Antwort, Frankfurt/M. 1992.

Buntfuß, Markus: Metaphern – Schlüssel zur religiösen Kommunikation, in: Klaus Tanner (Hg.): Religion und symbolische Kommunikation, Leipzig 2004.

Claussen, Johann Hinrich: Zurück zur Religion. Warum wir vom Christentum nicht loskommen, München 2006.

Coenen, Lothar: Art. »Kirche«, in: ders. u. a. (Hg.): Begriffslexikon zum Neuen Testament, Bd. 2, Wuppertal ⁵1971.

Cornehl, Peter: Lieder – Lyrik – Liturgien. Sprache des Glaubens – Sprache des Zweifels, in: Praktisch-theologische Hermeneutik. Ansätze, Anregungen, Aufgaben, hg. von Dietrich Zilleßen u. a., Rheinbach-Merzbach 1991.

Dávila, Nicolás Gómez: Das Leben ist die Guillotine der Wahrheiten. Ausgewählte Sprengsätze, Frankfurt/M. 2007.

Dawkins, Richard: Der Gotteswahn, Berlin 2007 (2006).

Drehsen, Volker: Wie religionsfähig ist die Volkskirche? Sozialisationstheoretische Erkundungen neuzeitlicher Christentumspraxis, Gütersloh 1994.

Drewermann, Eugen: Der Krieg und das Christentum. Von der Ohnmacht und Notwendigkeit des Religiösen, Regensburg 1982.

Drewermann, Eugen: Psychoanalyse und Moraltheologie. Band 1: Angst und Schuld, Mainz 1982.

Drewermann, Eugen: Psychoanalyse und Moraltheologie. Band 3: An den Grenzen des Lebens, Mainz 1984.

Drewermann, Eugen: Strukturen des Bösen. Band 1: Die jahwistische Urgeschichte in exegetischer Sicht, Paderborn [5]1984.

Drewermann, Eugen: Tiefenpsychologie und Exegese. Band 1: Traum, Mythos, Märchen, Sage und Legende, Olten 1984.

Drewermann, Eugen: Wozu Religion? Sinnfindung in Zeiten der Gier nach Macht und Geld, Freiburg [2]2004.

Drobinski, Matthias: Oh Gott, die Kirche. Versuch über das katholische Deutschland, Düsseldorf [2]2006.

Ebeling, Gerhard: Das Wesen des christlichen Glaubens, Freiburg 1993.

Eckhart, Meister: Werke. Texte und Übersetzungen, 2 Bände, hg. von Niklaus Largier, Frankfurt/M. 1993.

Ehrenberg, Alain: Das erschöpfte Selbst. Depression und Gesellschaft in der Gegenwart, Frankfurt/M. 2004.

EKD (Hg.): Christlicher Glaube und nichtchristliche Religionen, Hannover 2003.

EKD (Hg.): Gestaltung und Kritik. Zum Verhältnis von Protestantismus und Kultur im neuen Jahrhundert, Hannover 1999.

EKD (Hg.): Kirche in der Vielfalt der Lebensbezüge. Die vierte EKD-Erhebung über Kirchenmitgliedschaft, hg. von Wolfgang Huber u. a., Gütersloh 2006.

EKD (Hg.): Unternehmerisches Handeln in evangelischer Perspektive. Eine Denkschrift des Rates der EKD, Gütersloh 2008.

Feige, Andreas: Vom Schicksal zur Wahl. Postmoderne Individualisierungsprozesse als Problem für eine institutionalisierte Religionspraxis, in: PastThl 83 (1994).

Fraas, Hans-Jürgen: Bildung und Menschenbild in theologischer Perspektive, Göttingen 2000.

Fraas, Hans-Jürgen: Pietas und eruditio. Chancen und Grenzen religiöser Sozialisation heute, in: Schreiner, Martin: Vielfalt und Profil. Zur evangelischen Identität heute, Neukirchen-Vluyn 1999.

Friedell, Egon: Kulturgeschichte der Neuzeit. Die Krisis der europäischen Seele von der Schwarzen Pest bis zum Ersten Weltkrieg, München 1965 (1927).

Frost, Ursula: Anpassung und Widerstand. Reflexionen über Bildung in Zeiten der Unbildung, in: Vierteljahresschrift für wissenschaftliche Pädagogik 84 (2008).

Gadamer, Hans-Georg: Wahrheit und Methode. Grundzüge einer philosophischen Hermeneutik, Tübingen [6]1990 (1960).

Geißer, Hans Friedrich: Art. »Offenbarung«, in: TRT, Göttingen [4]1983.

Gerhardt, Volker: Individuum und Religion, in: Weyel, Birgit / Gräb, Wilhelm

(Hg.): Religion in der modernen Lebenswelt. Erscheinungsformen und Perspektiven, Göttingen 2006.

Gerl-Falkowitz, Hanna-Barbara: Wider das Geistlose im Zeitgeist, München 1992.

Geyer, Christian: Wohin mit der Heilsanstalt? Kirche in der Gesellschaft, Merkur 53 (1999).

Gnilka, Joachim: Jesus von Nazareth. Botschaft und Geschichte, Freiburg 1993.

Gräb, Wilhelm: Religion als Deutung des Lebens. Perspektiven einer Praktischen Theologie gelebter Religion, Gütersloh 2006.

Gräb, Wilhelm: Religion und die Bildung ihrer Theorie. Reflexionsperspektiven, in: Weyel, Birgit / ders. (Hg.): Religion in der modernen Lebenswelt. Erscheinungsformen und Perspektiven, Göttingen 2006.

Gräb, Wilhelm: Sinnfragen. Transformationen des Religiösen in der modernen Kultur, Gütersloh 2006.

Gutmann, Hans-Martin: Die Suche nach Attraktivität ist langweilig! Theologische Bemerkungen zur Marktorientierung kirchlicher Arbeit, in: Wolfgang Vögele (Hg.): Die Krise der Kirche ist eine große Chance! Kirchen- und Gemeindereformprojekte im Vergleich, Loccumer Protokolle 17/99, Loccum 1999.

Halbfas, Hubertus: Das Christentum. Erschlossen und kommentiert, Düsseldorf 2004.

Hendriks, Jan: Gemeinde als Herberge. Kirche im 21. Jahrhundert – eine Utopie, Gütersloh 2001.

Heinrich, Klaus: Tertium datur. Eine religionsphilosophische Einführung in die Logik, Frankfurt/M. 1981.

Hermelink, Jan: Die Vielfalt der Mitgliedschaftsverhältnisse und die präkeren Chancen der kirchlichen Organisation, in: Kirche in der Vielfalt der Lebensbezüge. Die vierte EKD-Erhebung über Kirchenmitgliedschaft, hg. von Wolfgang Huber u. a., Gütersloh 2006.

Hilger, Georg: Wahrnehmungsschulung für die Religiosität Jugendlicher in: Werner Ritter / Martin Rothgangel (Hg.): Religionspädagogik und Theologie, Stuttgart 1998.

Höhn, Hans-Joachim: GegenMythen. Religionsproduktive Tendenzen der Gegenwart, Freiburg [3]1996.

Höhn, Hans-Joachim: Zerstreuungen. Religion zwischen Sinnsuche und Erlebnismarkt, Düsseldorf 1998.

Holl, Adolf: Jesus in schlechter Gesellschaft, München [5]1983.

Huber, Bischof Wolfgang: Der christliche Glaube. Eine evangelische Orientierung, Gütersloh 2008.

Huber, Bischof Wolfgang: Protestantismus und Kultur, in: Richard Zachhuber u. a. (Hg.): Was hat uns das Christentum gebracht?, Münster 2003.

Jäger, Willigis: Die Welle ist das Meer. Mystische Spiritualität, hg. von Christoph Quarch, Freiburg 2000.

James, William: Die Vielfalt religiöser Erfahrung. Eine Studie über die menschliche Natur, Frankfurt/M. 1997 (1902).

Jens, Walter: Nachdenken über die Freude, in: Heimann, Hans (Hg.): Anhedonie – Verlust der Lebensfreude. Ein zentrales Phänomen psychischer Störungen, Stuttgart 1990.

Jörns, Klaus-Peter: Lebensgaben Gottes feiern. Abschied vom Sühnopfermahl: eine neue Liturgie, Gütersloh 2007.

Jörns, Klaus-Peter: Die neuen Gesichter Gottes. Was die Menschen heute wirklich glauben, München 1997.

Jörns, Klaus-Peter: Notwendige Abschiede. Auf dem Weg zu einem glaubwürdigen Christentum, Gütersloh ³2006.

Josuttis, Manfred: Religion als Handwerk. Zur Handlungslogik spiritueller Methoden, Gütersloh 2002.

Josuttis, Manfred: Der Weg in das Leben. Eine Einführung in den Gottesdienst auf verhaltenswissenschaftlicher Grundlage, Gütersloh ²1993.

Jung, Carl Gustav: Antwort auf Hiob. Grundwerk Bd. 4, Olten 1984.

Jung, Carl Gustav: Erinnerungen, Träume, Gedanken. Aufgezeichnet und herausgegeben von Aniela Jaffé, Olten 1984.

Jung, Carl Gustav: Psychologie und Religion. Grundwerk Bd. 4, Olten 1984.

Katholischer Erwachsenenkatechismus, Bonn 1985.

Kierkegaard, Søren: Einübung im Christentum, Simmerath 2003.

Koch, Herbert: Einheit der Kirche. Besichtigung einer Utopie, Düsseldorf 2007.

Koestler, Martin: Stirbt Jesus am Christentum? Ideologie oder Glaube, Schaffhausen ²1983.

Kohut, Heinz: Narzissmus. Eine Theorie der psychoanalytischen Behandlung narzisstischer Persönlichkeitsstörungen, Frankfurt/M. ⁹1995.

Kopp, Sheldon B.: Triffst du Buddha unterwegs. Psychotherapie und Selbsterfahrung, Frankfurt/M. 1978.

Körtner, Ulrich H. J.: Wiederkehr der Religion? Das Christentum zwischen neuer Spiritualität und Gottvergessenheit, Gütersloh 2006.

Kroeger, Matthias: Im religiösen Umbruch der Welt – Der fällige Ruck in den Köpfen der Kirche. Über Grundriss und Bausteine des religiösen Wandels im Herzen der Kirche, Stuttgart ²2005.

Kroeger, Matthias: Die Notwendigkeit der unakzeptablen Kirche. Eine Ermutigung zu distanzierter Christlichkeit, München 1997.

Kumlehn, Martin: Kirche im Zeitalter der Pluralisierung von Religion. Ein Beitrag zur praktisch-theologischen Kirchentheorie, Gütersloh 2000.

Kunstmann, Joachim: Christentum in der Optionsgesellschaft. Postmoderne Perspektiven, Weinheim 1997.

Kunstmann, Joachim: Religion und Bildung. Zur ästhetischen Signatur religiöser Bildungsprozesse, Gütersloh / Freiburg 2002.

Kunstmann, Joachim / Reuter Ingo (Hg.): Sinnspiegel. Theologische Hermeneutik der Populären Kultur, Paderborn 2009.

Laeuchli, Samuel: Die Bühne des Unheils. Das Menschheitsdrama im mythischen Spiel, Stuttgart 1988.

Laeuchli, Samuel: Das Spiel vor dem dunklen Gott. »Mimesis« – ein Beitrag zur Entwicklung des Bibliodramas, Neukirchen-Vluyn 1987.

Laube, Martin: Sprachlos gegenüber Leistung und Erfolg? Das ambivalente Profil der Kirche in der modernen Gesellschaft, Loccumer Protokolle 64/07, Loccum 2008.

Laudert-Ruhm, Gert: Jesus von Nazareth. Das gesicherte Basiswissen. Daten, Fakten, Hintergründe, Stuttgart 1996.

Lehmann, Kardinal Karl: »Glauben bezeugen – Gesellschaft gestalten«. Reflexionen und Positionen, Freiburg 1993.

Lindner, Herbert: Kirche am Ort. Ein Entwicklungsprogramm für Ortsgemeinden, Neuausg. Stuttgart 2000.

Lorenzer, Alfred: Das Konzil der Buchhalter. Die Zerstörung der Sinnlichkeit. Eine Religionskritik, Frankfurt/Main 1984.

Lück, Wolfgang: Die Zukunft der Kirche. Evangelische Gemeinden im 21. Jahrhundert, Darmstadt 2006.

Luckmann, Thomas: Die unsichtbare Religion, Frankfurt/M. 1991.

Luhmann, Niklas: Die Ausdifferenzierung der Religion, in: ders.: Gesellschaftsstruktur und Semantik. Studien zur Wissenssoziologie der modernen Gesellschaft, Band 3, Frankfurt/M. 1989.

Machovec, Milan: Jesus für Atheisten, Stuttgart [2]1973.

Meyer-Blanck, Michael: Inszenierung des Evangeliums. Ein kurzer Gang durch den Gottesdienst nach der Erneuerten Agende, Göttingen 1997.

Moser, Tilman: Gottesvergiftung, Frankfurt/M. 1976.

Nietzsche, Friedrich: Die fröhliche Wissenschaft, KSA 3, München 1999.

Nietzsche, Friedrich: Die Geburt der Tragödie aus dem Geist der Musik, KSA 1, München 1999.

Nietzsche, Friedrich: Jenseits von gut und böse, KSA 5, München 1999.

Nietzsche, Friedrich: Menschliches, Allzumenschliches, KSA 2, München 1999.

Nietzsche, Friedrich: Vom Nutzen und Nachtheil der Historie für das Leben. Unzeitgemäße Betrachtungen II, KSA 1, München 1999.

Nigg, Walter: Das Buch der Ketzer, Zürich [4]1962 (1949).

Nipkow, Karl-Ernst: Bildung als Lebensbegleitung und Erneuerung. Kirchliche Bildungsverantwortung in Gemeinde, Schule und Gesellschaft, Gütersloh 1990.

Oertel, Holger: Gesucht wird: Gott? Jugend, Identität und Religion in der Spätmoderne, Gütersloh 2004.

Otto, Rudolf: Das Heilige. Über das Irrationale in der Idee des Göttlichen und sein Verhältnis zum Rationalen, München 1979 (1917).

Pauly, Wolfgang: Abschied vom Kinderglauben. Ein Kursbuch für aufgeklärte Christen, Oberursel 2008.

Pfister, Oskar: Das Christentum und die Angst. Eine religionspsychologische, historische und religionshygienische Untersuchung, Zürich 1944.

Pohl-Patalong, Uta: Wie geht es weiter in der Hannoverschen Landeskirche? Perspektiven der Kirchenreform im 21. Jahrhundert, in: Vögele, Wolfgang (Hg.): Die Krise wahrnehmen – Veränderungen anstiften. Wege zu einer zukunftsfähigeren Gestalt von Kirche, Loccumer Potokolle 59/00, Loccum 2001.

Pollack, Detlef: Was tun? Ein paar Vorschläge trotz unübersichtlicher Lage, in: Huber, Wolfgang u.a (Hg.): Kirche in der Vielfalt der Lebensbezüge. Die vierte EKD-Erhebung über Kirchenmitgliedschaft, Gütersloh 2006.

Quarch, Christoph: Kein Blick in den offenen Himmel. Publik Forum 13 (2006).

Quint, Josef: Einleitung, zu: Meister Eckehart, Deutsche Predigten und Traktate, München 1968.

Rad, Gerhard von: Theologie des Alten Testaments, Band 1: Die Theologie der geschichtlichen Überlieferungen Israels, München 1978.

Rahner, Karl: Frömmigkeit früher und heute, in: ders.: Schriften zur Theologie Bd. 7, Einsiedeln [2]1971.

Rentsch, Thomas: Religion und Philosophie, in: Weyel, Birgit / Gräb, Wilhelm (Hg.): Religion in der modernen Lebenswelt. Erscheinungsformen und Perspektiven, Göttingen 2006.

Rentsch, Thomas: Religiöse Vernunft: Kritik und Rekonstruktion. Systematische Religionsphilosophie als kritische Hermeneutik, in: Höhn, Hans-Joachim (Hg.): Krise der Immanenz. Religion an den Grenzen der Moderne, Frankfurt/M. 1996.

Reuter, Ingo: Religionspädagogik und populäre Bilderwelten. Grundlagen, Analysen, Konkretionen, Jena 2008.

Ritschl, Dietrich: Zur Logik der Theologie. Eine kurze Darstellung der Zusammenhänge theologischer Grundgedanken, München 1984.

Robinson, Bischof John A. T.: Gott ist anders [Honest to God], München 1963.

Rosien, Peter: Mein Gott, mein Glück. Ansichten eines frommen Ketzers, Oberursel 2007.

Ruhbach, Gerhard: Theologie und Spiritualität. Beiträge zur Gestaltwerdung des christlichen Glaubens, Göttingen 1987.

Safranski, Rüdiger: Religiöse Sehnsucht – Sehnsucht nach Religion, in: Ruff, Wilfried (Hg.): Religiöses Erleben verstehen, Göttingen 2002.

Salmann, Elmar OSB: Der Gott des freien Geleits. Christentum als Phänomen und Leitmotiv, in: Pauly, Stephan (Hg.): Der ferne Gott in unserer Zeit, Stuttgart 1998.

Schellenbaum, Peter: Abschied von der Selbstzerstörung. Befreiung der Lebensenergie, München [3]1990.

Schiller, Friedrich: Über die ästhetische Erziehung des Menschen in einer Reihe von Briefen, Leipzig 2000.

Schleiermacher, Friedrich: Der christliche Glaube. Nach den Grundsätzen der evangelischen Kirche im Zusammenhang dargestellt, in: Werke. Auswahl in vier Bänden, hg. von Otto Braun und Johannes Bauer, Band 3, Aalen 1981.

Schleiermacher, Friedrich: Über die Religion. Reden an die Gebildeten unter ihren Verächtern, in: Werke. Auswahl in vier Bänden, hg. von Otto Braun und Johannes Bauer, Band 4, Aalen 1981.

Schnädelbach, Herbert: Der Fluch des Christentums. Die sieben Geburtsfehler einer alt gewordenen Weltreligion. Eine kulturelle Bilanz nach zweitausend Jahren, Die ZEIT Nr. 20, 11. 5. 2000.

Schröder, Richard: Abschaffung der Religion? Wissenschaftlicher Fanatismus und die Folgen, Freiburg 2008.

Schwemmer, Oswald: Ethos und Lebensform. Der blinde Fleck im zweiten Christentum, in: Richard Schröder u. a. (Hg.): Was hat uns das Christentum gebracht? Münster 2003.

Schulze, Gerhard: Die Erlebnisgesellschaft. Kultursoziologie der Gegenwart, Frankfurt/M. 8 2000.

Simmel, Georg: Das Problem der religiösen Lage. Philosophische Kultur, Frankfurt/M. 2008.

Skårderud, Finn: Unruhe. Eine Reise in das Selbst, Hamburg 2000.

Sloterdijk, Peter: Der Denker auf der Bühne. Nietzsches Materialismus, Frankfurt/M. 1986.

Sloterdijk, Peter: Du mußt dein Leben ändern. Über Anthropotechnik, Frankfurt/M. 2009.

Sloterdijk, Peter: Kopernikanische Mobilmachung und ptolemäische Abrüstung. Ästhetischer Versuch, Frankfurt/M. 1987.

Sloterdijk, Peter: Weltfremdheit, Frankfurt/M. 1993.

Smart, Ninian: Die großen Religionen, München 1981.

Spong, Bischof John Shelby: Was sich im Christentum ändern muss. Ein Bischof nimmt Stellung, Düsseldorf 2004.

Steffensky, Fulbert: Feier des Lebens. Spiritualität im Alltag, Stuttgart 3 1987.

Steffensky, Fulbert: Wo der Glaube wohnen kann, Stuttgart 2008.

Theißen, Gerd: Biblischer Glaube in evolutionärer Sicht, München 1984.

Theißen, Gerd / Merz, Annette: Der historische Jesus. Ein Lehrbuch, Göttingen 3 2001.

Thilo, Hans-Joachim: Die therapeutische Funktion des Gottesdienstes, Kassel 1985.

Tillich, Paul: Gesammelte Werke Bd. VII, Stuttgart 1962.

Tillich, Paul: Gesammelte Werke Bd. VIII, Stuttgart 1961.

Tillich, Paul: Gesammelte Werke Bd. XIII, Stuttgart 1972.

Tillich, Paul: Religiöse Reden, Berlin / New York 1987.

Tillich, Paul: Religiöse Verwirklichung, Berlin 2 1930.

Timm, Hermann: Geerdete Vernunft. Von der Lebensfrömmigkeit des Okzidents, Hamburg 1991.

Timm, Hermann: Sprachenfrühling. Perspektiven evangelisch-protestantischer Religionskultur, Stuttgart 1996.

Timm, Hermann: Zwischenfälle. Die religiöse Grundierung des All-Tags, Gütersloh 3 1986.

Vattimo, Gianni: Glauben – philosophieren [credere di credere], Stuttgart 1997.

Vögele, Wolfgang (Hg.): Die Krise der Kirche ist eine große Chance! Kirchen- und Gemeindereformprojekte im Vergleich, Loccumer Protokolle 17/99, Loccum 1999.

Volp, Rainer: Die Kunst, Gott zu feiern. Sieben Grundsätze zur Gestaltung einer lebendigen Religion, in: Albrecht Grözinger / Jürgen Lott (Hg.): Gelebte Religion. Im Brennpunkt praktisch-theologischen Denkens und Handelns, Rheinbach 1997.

Volp, Rainer: Liturgik. Die Kunst, Gott zu feiern, 2 Bände, Gütersloh 1994.

Wagner, Falk: Blind für Individualität. Über die Religionsvergessenheit evangelischer Theologie, EK 31 (1998).

Wagner, Falk: Religion zwischen berufstheologisch-normativer Binnensicht und empirischer Außensicht, in: Ernst Feil (Hg.): Streitfall Religion. Diskussionen zur Bestimmung und Abgrenzung des Religionsbegriffs, Münster 2000.

Wagner, Falk: Zur gegenwärtigen Lage des Protestantismus, Gütersloh 1995.

Weizsäcker, Carl Friedrich von: Im Garten des Menschlichen. Beiträge zur geschichtlichen Anthropologie, Neuausgabe München 1992.

Wetz, Franz Josef: Illusion Menschenwürde. Aufstieg und Fall eines Grundwerts, Stuttgart 2005.

Wolff, Hanna: Jesus der Mann. Die Gestalt Jesu in tiefenpsychologischer Sicht, Stuttgart 41979.

Yalom, Irvin D.: Die Liebe und ihr Henker und andere Geschichten aus der Psychotherapie, München 2001.

Zachhuber, Richard u. a. (Hg.): Was hat uns das Christentum gebracht?, Münster 2003.

Zager, Werner (Hg.): Liberales Christentum. Perspektiven für das 21. Jahrhundert, Neukirchen-Vluyn 2009.

Ziebertz, Hans-Georg (Hg.): Erosion des christlichen Glaubens? Umfragen, Hintergründe und Stellungnahmen zum »Kulturverlust des Religiösen«, Münster 2004.

Zimmer, Siegfried / Schützler, Georg: Nachteulen-Gottesdienste. Spirituelle Angebote für Kirchenferne, Stuttgart 2001.

Zimmerling, Peter: Evangelische Spiritualität. Wurzeln und Zugänge, Göttingen 2003.

Zink, Jörg: Dornen können Rosen tragen. Mystik: die Zukunft des Christentums, Stuttgart 1997.

Zink, Jörg: Die Urkraft des Heiligen. Christlicher Glaube im 21. Jahrhundert, Freiburg 2003.